Cuentos chinos

El engaño de Washington, la mentira populista
y la esperanza de América latina

ANDRÉS OPPENHEIMER

Cuentos chinos

*El engaño de Washington, la mentira populista
y la esperanza de América latina*

EDITORIAL SUDAMERICANA
BUENOS AIRES

Oppenheimer, Andrés
    Cuentos chinos : el engaño de Washington, la mentira populista
y la esperanza de América Latina - 10ª ed. - Buenos Aires : Sudamericana, 2006.
    352 p. ; 23x16 cm. (Investigación periodística)

    ISBN 950-07-2685-8

    1. Investigación Periodística I. Título
    CDD 070.44.

Primera edición: noviembre de 2005
Décima edición: agosto de 2006

IMPRESO EN LA ARGENTINA

Queda hecho el depósito
que previene la ley 11.723.
© 2005, *Editorial Sudamericana S.A.*®
Humberto I 531, Buenos Aires.

www.edsudamericana.com.ar

© 2005, Andrés Oppenheimer

ISBN 10: 950-07-2685-8
ISBN 13: 978-950-07-2685-6

Prólogo

✦

A mediados de la primera década del siglo XXI, dos estudios de procedencia muy diferente —uno del centro de estudios a largo plazo de la CIA, y el otro de uno de los principales expertos en América latina del Parlamento Europeo, el socialista Rolf Linkohr— estremecieron a los pocos latinoamericanos que tuvieron acceso a ellos. Ambos contradecían frontalmente la visión presentada por la mayoría de los gobiernos de América latina, en el sentido de que la región estaba gozando de una recuperación económica y se encaminaba hacia un futuro mejor. El primer estudio era del Consejo Nacional de Inteligencia de los Estados Unidos (CNI), el instituto de estudios a largo plazo de la CIA. El segundo, casi simultáneo, había sido escrito por el eurodiputado socialista alemán Linkohr en su condición de presidente de la Comisión de Relaciones con Sudamérica del Parlamento Europeo. Ambos estudios analizaban el futuro de América latina en los próximos veinte años, y llegaban a la misma conclusión: la región se ha vuelto irrelevante en el contexto mundial, y —de seguir así— lo será cada vez más.

El Informe Linkohr comenzaba diciendo: "La influencia de América latina en el acontecer mundial está decreciendo. La participación de la región en el comercio y la economía mundiales es pequeña, y cada vez menor, a medida que crecen las economías de Asia".[1] Linkohr, que sintetizaba en su informe sus observaciones tras veinticinco años de viajes a casi todos los países de la región, agregaba: "Es sorprendente que a pesar de todos los cambios que han ocurrido (en el mundo), y que América latina también ha experimentado, poco ha cambiado en este panorama algo deprimente del continente... Aunque existe una calma relativa en América latina en el presente, la situación podría deteriorarse en el futuro".[2]

El estudio del CNI, la central de estudios a largo plazo de la CIA y todas las demás agencias de inteligencia de los Estados Unidos, con sede en el edificio de la CIA en Langley, Virginia, era un informe de 119 páginas que contenía los pronósticos de los principales "futurólogos" del mundo académico, empresarial y gubernamental norteamericanos sobre cómo será el mundo en el año 2020. Y decía prácticamente lo mismo, aunque menos explícitamente. En su gráfico inicial, titulado "El Paisaje Global en el 2020", el CNI pintaba un mapa político-económico del mundo a fines de la segunda década del siglo XXI en el que América latina no aparecía ni pintada.[3]

En la visión de los futurólogos convocados por el centro de inteligencia a largo plazo de los Estados Unidos, el mundo del 2020 será bastante diferente del actual. Estados Unidos seguirá siendo la primera potencia mundial, pero menos poderoso que ahora. La globalización económica seguirá su curso, la economía mundial crecerá significativamente, y el promedio del ingreso per cápita mundial será un 50 por ciento mayor al actual, pero el mundo será menos "americanizado", y más "asiático". China será la segunda potencia mundial en el 2020, seguida de cerca por la India, y Europa, quizás en ese orden. Las corporaciones multinacionales, en su afán de conquistar los inmensos mercados vírgenes de China y la India —cuya población conjunta abarca casi la mitad de la humanidad— cambiarán su cultura y producirán sus bienes para satisfacer los gustos y exigencias de la creciente clase media asiática. "Para el 2020, la globalización ya no será asociada en el imaginario colectivo con los Estados Unidos, sino con Asia", dice el estudio del instituto de inteligencia norteamericano.[4] Viviremos en un mundo un poco menos occidental, y un poco más oriental, afirma.

Y, al mismo tiempo, la política mundial tendrá cada vez menos que ver con ideologías, y cada vez más con identidades religiosas y étnicas, según el pronóstico del CNI. El Islam seguirá creciendo en todo el mundo, aglutinando a sectores de diferentes países y culturas, y quizá creando una entidad central multinacional. Podría surgir un califato, que abarcaría gran parte de África, Medio Oriente y Asia Central. Y en Asia, podría surgir un "modelo chino de democracia", que permitiría elecciones libres para funcionarios locales y miembros de un organismo consultivo a nivel nacional, mientras que un partido único mantendría el control sobre el gobierno central, especula el informe.

¿Dónde quedará parada América latina en el nuevo contexto mundial? El estudio del CNI le dedica sólo un breve recuadro a América latina, casi al final. Aunque el estudio considera factible que Brasil se convierta en un país importante, y ve a Chile como un posible oasis de progreso, su visión de la región es lúgubre. El CNI ve un continente dividido entre los países del norte —México y Centroamérica— atados a la economía de los Estados Unidos, y los del sur, más atados a Asia y Europa. Pero lejos de tener bloques comerciales exitosos que aseguren el progreso económico y social, los "futurólogos" convocados por el centro de estudios de la CIA auguran que la región estará "dividida internamente", jaqueada por la "ineficiencia de sus gobiernos", amenazada por la criminalidad, y sujeta al "creciente peligro de que surjan nuevos líderes carismáticos populistas, históricamente comunes en la región, que explotarían a su beneficio la preocupación de la sociedad por la brecha entre ricos y pobres" para consolidar regímenes totalitarios.[5]

Pero el informe mundial del CNI apenas tocaba la superficie en lo que hace a América latina. Había otro estudio de ese organismo, más específico, titulado "América latina en el 2020", que resumía las conclusiones de varios académicos, empresarios y políticos latinoamericanos y norteamericanos que habían participado en una conferencia académica organizada por el CNI para aportar conclusiones al informe mundial. La conferencia se había realizado en Santiago de Chile con la participación de ex funcionarios y políticos de varios países, incluyendo al norteamericano-chileno Arturo Valenzuela, ex jefe de Asuntos Latinoamericanos de la Casa Blanca durante el gobierno de Bill Clinton; el argentino Rosendo Fraga, director del Centro de Estudios Nueva Mayoría; la mexicana Beatriz Paredes, senadora del Partido de la Revolución Institucional de México y ex embajadora en Cuba; el ex presidente peruano Valentín Paniagua, y el ex ministro de Defensa colombiano Rafael Pardo. El informe final de la conferencia auguraba que "pocos países (de la región) podrán sacar ventaja a las oportunidades del desarrollo, y América latina como región verá crecer la brecha que la separa de los países más avanzados del planeta".[6] Agregaba que "las proyecciones económicas indican que América latina verá caer su participación en la economía global como resultado de los bajos niveles de crecimiento (de los últimos años), y el 'efecto arrastre' que éstos tendrán en la productividad y la capacidad instalada de los países".[7] En otras palabras, la región se ha quedado atrás, y será difícil que recupere el terreno perdido.

Y en el mundo de la economía del conocimiento, en que los servicios se cotizan mucho más que las materias primas, "casi ninguno de los países latinoamericanos podrá invertir sus escasos recursos en desarrollar grandes proyectos de investigación y desarrollo", decía el informe regional. "La brecha entre las capacidades tecnológicas de la región y los países avanzados aumentará. Ningún proyecto tecnológico amplio a nivel latinoamericano de relevancia que permita la creación de una capacidad exportadora como la de los países asiáticos será desarrollado en los próximos quince años", decía el estudio, aunque agregaba que puede haber excepciones aisladas, como la inversión de Intel en Costa Rica, o programas estatales de la industria de defensa en Brasil.

Cuando leí ambos estudios, con una diferencia de pocas semanas, no pude evitar sorprenderme por sus conclusiones. El estudio del CNI y el Informe Linkohr llegaban a conclusiones diametralmente opuestas a las que se escuchaban a diario en boca de los gobernantes de América latina y de instituciones como la Comisión Económica para América Latina y el Caribe de las Naciones Unidas (CEPAL), que presentaban un panorama mucho más optimista de la región. Por primera vez en muchos años, había un "escenario positivo" en la región, decían estos últimos. Los países latinoamericanos estaban volviendo a crecer a tasas del 4 por ciento anual luego de varios años de crecimiento cero, y las inversiones en la región habían subido por primera vez en seis años, a 56.400 millones de dólares.[8] En Sudamérica, los presidentes habían firmado en 2004 un convenio para la creación de la "Comunidad de América del Sur" o "los Estados Unidos de Sudamérica", que según proclamaban algunos sería el prólogo de un futuro más auspicioso para la región. El ex presidente argentino Eduardo Duhalde, uno de los arquitectos de la Comunidad de América del Sur, pronosticaba que los países sudamericanos lograrían "el sueño de los libertadores de América de tener una Sudamérica unida", que llevaría a un mañana mucho más auspicioso. Y en el norte, el presidente mexicano Vicente Fox les decía a sus coterráneos que "cada día estamos más cerca del país que todos queremos tener: un lugar donde cada mexicano y mexicana tenga la oportunidad de una vida mejor, un México en el que todos estemos dispuestos a dar lo mejor de nosotros mismos por el bien del país".[9]

¿Quién estaba más cerca de la realidad? ¿El CNI y el Informe Linkohr con sus oscuras predicciones? ¿O los jefes de Estado latinoamericanos y la CEPAL con sus discursos optimistas? Había motivos para desconfiar de ambos bandos. ¿Acaso los estudios del CNI y el Informe Linkohr no estaban sesgados por el enamoramiento de los países ricos con el *boom* asiático, el milagro irlandés y el despertar de la ex Europa del Este? Y, por el otro lado, ¿no había un propósito claro de contagiar el optimismo en los discursos de los líderes latinoamericanos, desde el mesiánico presidente venezolano Hugo Chávez hasta sus colegas más pragmáticos como Fox? ¿A quién creerle? ¿Quién estaba presentando un panorama realista, y quién estaba contando cuentos chinos?

Mi propósito al escribir este libro fue contestarme a mí mismo estas preguntas. Durante los tres años previos a su publicación, entrevisté a los actores más relevantes del futuro de América latina, desde el secretario de Defensa de los Estados Unidos Donald Rumsfeld y el encargado de América latina del Departamento de Estado Roger Noriega hasta el diputado cocalero boliviano Evo Morales, pasando por figuras como el ex presidente brasileño Fernando Henrique Cardoso, el ex presidente español Felipe González, y los presidentes de México, la Argentina, Perú, Colombia y Chile. Y viajé a países tan disímiles como China, Irlanda, Polonia, la República Checa y Venezuela para ver de cerca qué están haciendo los países que avanzan, y qué están haciendo los que retroceden. En todas mis entrevistas y viajes, quise descubrir cuál será el mejor camino a seguir para América latina en las próximas dos décadas. Y, curiosamente, lejos de terminar resignado a un permanente rezago de América latina, como lo hacían los informes del CNI y el Informe Linkohr, me encontré con que estos estudios son más acertados como diagnósticos del presente que como augurios del futuro. Tanto en mis entrevistas con líderes mundiales como en mis viajes, una de las cosas que más me sorprendió fue la rapidez con que los países pueden pasar de la pobreza y la desesperanza a la riqueza y el dinamismo. Como veremos a lo largo de este libro, mucho de lo que descubrí me hizo cambiar viejos prejuicios, y me hace ver el futuro con más esperanza que antes.

ANDRÉS OPPENHEIMER

FUENTES

[1] "Algunas conclusiones personales y recomendaciones basadas en mi experiencia en América latina", Rolf Linkohr, Documento del Parlamento Europeo, 10 de octubre de 2004, pág. 1, punto 1.

[2] Ídem.

[3] Mapping the Global Future, Gráfico "The 2020 Global Landscape", National Intelligence Council, página 8.

[4] Ídem.

[5] Ídem.

[6] Latin America 2020: Discussing Long-term scenarios, Final report, National Intelligence Council Global Trends 2020 Project, página 2.

[7] Ídem.

[8] Boletín de la CEPAL, 15 de marzo de 2005.

[9] Mensaje de Año Nuevo 2005 del presidente Vicente Fox, Presidencia de la República, México.

CAPÍTULO 1
El desafío asiático

Cuento chino: "Éste puede ser el siglo de las Américas"
(George W. Bush, discurso en Miami, Florida,
25 de agosto de 2000).

BEIJING - BUENOS AIRES - CARACAS - CIUDAD DE MÉXICO - MIAMI - WASHINGTON D. C. — Uno tiene que viajar a China, en la otra punta del mundo, para descubrir la verdadera dimensión de la competencia que enfrentarán los países latinoamericanos en la carrera global por las exportaciones, las inversiones y el progreso económico. Antes de llegar a Beijing, había leído numerosos artículos sobre el espectacular crecimiento económico de la República Popular China y de otros países asiáticos como Taiwan, Singapur y Corea del Sur. Y estaba asombrado de antemano por el éxito chino en sacar a cientos de millones de personas de la pobreza en las últimas dos décadas, desde que el país se había abierto al mundo. Sin embargo, nunca imaginé lo que vería, y escucharía, en China.

Desde el minuto en que aterricé en la capital china, me quedé boquiabierto ante las gigantescas dimensiones de todo. Todavía sentado en el avión, desde la ventanilla, advertí que mi vuelo se aprestaba a ubicarse en el hangar número 305, lo que de por sí ya era un primer motivo de asombro para un viajero frecuente acostumbrado a bajarse en la puerta B-7 del aeropuerto de Miami, que tiene apenas 107 hangares, o en el hangar 28 del aeropuerto de Ciudad de México, que tiene 42. Cuando salí del avión con el resto de los pasajeros, me encontré con un aeropuerto gigantesco, parecido a un estadio cerrado de fútbol, sólo que cinco veces mayor, y de arquitectura futurista. Por el aeropuerto de Beijing transitan nada menos que 38 millones de personas por año, y ya está quedando pequeño, según me enteré después. De allí en más, saliendo del aeropuerto, la fiebre capitalista que se está viviendo en China, disfrazada por el régimen como una "apertura económica" dentro del socialismo, me deparó una sorpresa tras otra.

Era difícil no hacer comparaciones constantes entre lo que se ve en China y lo que está ocurriendo en América latina. Horas antes de mi llegada, en el vuelo de Tokio a Beijing, había leído en uno de los periódicos en inglés que repartían en el avión una noticia breve, según la cual Venezuela acababa de cerrar por tres días los ochenta locales de McDonald's que operan en ese país. La medida, según el cable noticioso reproducido en el periódico, había sido tomada por las autoridades venezolanas para investigar presuntas infracciones impositivas. El autoproclamado gobierno "revolucionario" de Venezuela sostenía que no toleraría más transgresiones de las multinacionales a la soberanía del país. Y aunque la controversia todavía no había sido resuelta en la Justicia, las autoridades habían ordenado cerrar los locales, y citaban la medida como un gran logro de la revolución bolivariana. La noticia no me sorprendió demasiado: había estado en Venezuela pocos meses antes, y había escuchado varios discursos incendiarios del presidente Hugo Chávez contra el capitalismo, el neoliberalismo, y el "imperialismo" norteamericano. Pero lo que me asombró fue que, al día siguiente de mi llegada a la capital china, leyendo ejemplares recientes del *China Daily* —el periódico oficial de lengua inglesa del Partido Comunista chino— me encontré con un titular que parecía escrito a propósito para diferenciar a China de Venezuela y de otros países "revolucionarios": "¡McDonald's se expande en China!", anunciaba jubilosamente. El artículo señalaba que el consejo de directores en pleno de la multinacional norteamericana estaba por iniciar una visita a China, y sería recibido por las máximas autoridades del gobierno. Durante su estadía, los ilustres visitantes de la corporación multinacional anunciarían la decisión de McDonald's de aumentar su red actual de seiscientos locales en China a más de mil durante los próximos doce meses. "China es nuestra mayor oportunidad de crecimiento en el mundo", señalaba Larry Light, el jefe de marketing de McDonald's, al *China Daily*.[1] Qué ironía, pensé para mis adentros: mientras en China comunista le dan una bienvenida de alfombra roja a McDonald's, en Venezuela lo espantan.

Lo cierto es que hay un enorme contraste entre el discurso político de los comunistas chinos y el de sus primos lejanos más retrógrados en el escenario político latinoamericano. Mientras los primeros se desvelan por captar inversiones, una buena parte de los políticos, académicos y empresarios proteccionistas latinoamericanos se regodean en ahuyentarlas. En China, me encontré con un pragmatismo a ultranza y una determinación de captar inversiones para asegurar el crecimiento a largo plazo. Mientras Chávez recorría el mundo denunciando el "capitalismo salvaje" y el "imperialismo norteamericano", y recibiendo ovaciones en los congresos latinoamericanos, los chinos les estaban dando la bienvenida a los inversionistas norteamericanos, ofreciendo todo tipo de facilidades económicas y promesas de seguridad jurídica, aumentando el empleo y creciendo sostenidamente a tasas de casi el 10 por ciento anual. Los jerarcas chinos mantienen un discurso político marxista-leninista para justificar su dictadura de partido único, pero en la práctica están llevando a cabo la mayor revolución capitalista de la historia universal. Después del XVI Congreso del Partido Comunista de 2002, que acordó "deshacerse de todas las nociones que obstaculizan el crecimiento económico", el pragmatismo ha reemplazado al marxismo como el valor supremo de la sociedad. Y, aunque a muchos nos repugnen los excesos del sistema chino, y no quisiéramos trasplantar ese modelo a América latina, no hay duda de que la estrategia está logrando reducir la pobreza a pasos agigantados en ese país. Como veremos en el capítulo siguiente, el progreso económico de China —cuyo rostro más visible son las grúas de construcción de rascacielos que uno divisa por doquier, los automóviles Mercedes Benz y Audi último modelo que transitan por las calles, y las tiendas de alta costura como Hugo Boss y Guy Laroche que se anuncian en las grandes avenidas— deja a cualquier visitante con la boca abierta.

En una de mis primeras entrevistas con altos funcionarios chinos en Beijing y Shanghai, Zhou Xi-an, el subdirector general de la Comisión Nacional de Desarrollo y Reforma, el poderoso departamento de planificación de la economía china, me contó que un 60 por ciento de la economía china ya está en manos privadas. Y el porcentaje está subiendo a diario, agregó. Zhou, un hombre de unos cuarenta años que no hablaba una palabra de inglés a pesar de tener un doctorado en Economía y trabajar en el sector más conectado con Occidente del gobierno chino, me recibió en el majestuoso edificio de la comisión, en la calle Yuetan del centro de la ciudad. Intrigado por cuán lejos había transitado China en su marcha hacia el capitalismo, yo había ido a la cita armado de un fajo de recortes periodísticos sobre la ola de privatizaciones que estaba teniendo lugar en el país. Acostumbrado a viajar a países donde la palabra "privatización" tiene connotaciones negativas, en parte por sus resultados no siempre exitosos, pensaba que algunos de los datos que había leído sobre China eran exagerados, o por lo menos no serían admitidos públicamente por los funcionarios del gobierno comunista. Pero me equivocaba.

"¿Es cierto que ustedes piensan privatizar cien mil empresas públicas en los próximos cinco años?", le pregunté al doctor Zhou, artículo en mano, a través de mi intérprete. El funcionario meneó la cabeza negativamente, casi enojado. "No, esa cifra es falsa", replicó. E inmediatamente, cuando yo ya pensaba que me iba a dar un discurso en defensa del socialismo, e iba a acusar a los periódicos extranjeros de estar exagerando la nota sobre las privatizaciones, agregó: "Vamos a privatizar muchas más". Acto seguido, el doctor Zhou me explicó que el sector privado es "el principal motor del desarrollo económico" de China, y que hay que brindarle la mayor libertad posible. Yo no podía dar crédito a lo que estaba escuchando. El mundo estaba patas para arriba.

De ahí en más, mis entrevistas con funcionarios, académicos y empresarios en la capital china me depararían una sorpresa tras otra. Sobre todo, cuando entrevisté a los máximos expertos sobre América latina, que —sentados al lado de la bandera roja y profesando fidelidad plena al Partido Comunista— me señalaban que los países latinoamericanos necesitaban más reformas capitalistas, más apertura económica, más libre comercio y menos discursos pseudorrevolucionarios. Uno de ellos, como relataré más adelante, me dijo que uno de los principales problemas de América latina era que todavía seguía creyendo en la teoría de la dependencia, el credo económico de los años sesenta según el cual la pobreza en Latinoamérica se debe a la explotación de los Estados Unidos y Europa. En la República Popular China, el Partido Comunista había dejado atrás esta teoría hacía varias décadas, convencido de que China era la única responsable de sus éxitos o fracasos económicos. Echarles la culpa a otros no sólo era erróneo, sino contraproducente, porque desviaba la atención pública del objetivo nacional, que era aumentar la competitividad, me aseguró el entrevistado. Ése era el nuevo mantra de la política china, que eclipsaba a todos los demás: el aumento de la competitividad como herramienta para reducir la pobreza.

La única salida: inversiones productivas

En los dos años previos a escribir estas líneas, hice una vuelta al mundo para recoger ideas sobre qué debería hacer América latina para romper el círculo vicioso de pobreza, desigualdad, frustración, delincuencia, populismo, fuga de capitales y aumento de la pobreza. Además de China, viajé a lugares tan disímiles como Irlanda, la República Checa, Polonia, España y más de una docena de países latinoamericanos. Y aunque los Estados que progresan son muy distintos entre sí, tienen un denominador común: todos han crecido gracias a un aumento de las inversiones productivas. Si algo tienen que enseñar al resto del mundo es que sólo aumentando las inversiones se puede lograr un crecimiento económico a largo plazo, que ofrezca oportunidades de empleo a quienes menos tienen y quiebre el círculo vicioso que está evitando el despegue de América latina. Si los países latinoamericanos lograran atraer apenas una porción de los capitales que hoy en día están yendo a las fábricas de China, o a los centros de producción de software en India, o si lograran captar un porcentaje de los más de 400 mil millones de dólares que según el banco de inversiones Goldman Sachs los propios latinoamericanos tienen depositados en bancos extranjeros, América latina podría dar un salto al desarrollo en menos tiempo de lo que muchos creen.[2] Si hay algo que me sorprendió en mis viajes a estos países es la rapidez con que han pasado de la pobreza a la esperanza, y la irrelevancia de sus respectivas ideologías políticas en el proceso de modernización. Contrariamente al determinismo cultural que está tan en boga en ciertos ambientes académicos, no hay motivos ideológicos, geográficos o biológicos que impidan que América latina pueda convertirse en un imán de inversiones de la noche a la mañana.

¿Qué tienen en común los países que visité? En apariencia, son muy diferentes entre sí. Políticamente, tienen sistemas totalmente distintos: China es una dictadura comunista; Polonia y la República Checa son países ex comunistas convertidos en democracias con economías de mercado; España y Chile son ex dictaduras de derecha que están prosperando como democracias capitalistas, y gobernadas por partidos socialistas. Étnicamente, no podrían ser más diferentes: algunos de estos países, como China, se ufanan de tener una cultura del trabajo milenaria, mientras que otros, como España, tienen una historia más identificada con la siesta, el vino y la juerga. En algunos casos, tienen poblaciones de más de mil millones de habitantes, y en otros de poco más de diez millones. Las diferencias entre ellos son abismales. Sin embargo, todos han logrado atraer un aluvión de inversiones extranjeras, en gran parte gracias a su capacidad de mantener políticas económicas sin cambiar de rumbo con cada cambio de gobierno, y están invirtiendo en la educación de su gente.

A grandes rasgos, en la nueva geografía política mundial hay dos tipos de naciones: las que atraen capitales y las que espantan capitales. Si un país logra captar capitales productivos, casi todo lo demás es aleatorio. En el siglo XXI, la ideología de las naciones es un detalle cada vez más irrelevante: hay gobiernos comunistas, socialistas, progresistas, capitalistas y supercapitalistas que están logrando un enorme crecimiento económico con una gran reducción de la pobreza, y hay otros que se embanderan en las mismas ideologías que están fracasando miserablemente. Lo que distingue a unos de otros es su capacidad para atraer inversiones que generan riqueza y empleos, y —en la mayoría de los casos, por lo menos en Occidente— sus libertades políticas.

En el mundo hay cada vez menos pobres

Antes de entrar en detalles, convengamos en que, contrariamente a la visión apocalíptica de muchos latinoamericanos, según la cual la globalización está aumentando la pobreza, lo que está ocurriendo a nivel mundial es precisamente lo contrario. La pobreza en el mundo —si bien continúa a niveles intolerables— ha caído dramáticamente en los últimos años en todos lados, menos en América latina. La globalización, lejos de aumentar el porcentaje de pobres en el mundo, ha ayudado a reducirlo drásticamente: tan sólo en los últimos veinte años, el porcentaje de gente que vive en extrema pobreza en todo el mundo —con menos de 1 dólar diario— cayó del 40 al 21 por ciento.[3] Y la pobreza genérica —el número de gente que vive con menos de 2 dólares por día— a nivel mundial ha caído también, aunque no tan dramáticamente: pasó del 66 por ciento de la población mundial en 1981, al 52 por ciento en 2001.[4] De manera que, en general, el mundo está avanzando, aunque no tan rápidamente como muchos quisiéramos.

Pero, lamentablemente para los latinoamericanos, casi toda la reducción de la pobreza se está dando en China, India, Taiwan, Singapur, Vietnam y los demás países del Este y Sur asiático, donde vive la mayor parte de la población mundial. ¿Por qué les va tanto mejor a los asiáticos que a los latinoamericanos? En gran parte, porque están atrayendo muchas más inversiones productivas que América latina. Hace tres décadas, los países asiáticos recibían sólo el 45 por ciento del total real de las inversiones que iban al mundo en vías de desarrollo. Hoy en día, el porcentaje de inversión en Asia ha subido al 63 por ciento, según cifras de las Naciones Unidas.[5] Y en América latina el fenómeno ha sido a la inversa: las inversiones han caído dramáticamente. Mientras los países latinoamericanos recibían el 55 por ciento de todas las inversiones del mundo en desarrollo hace tres décadas, actualmente sólo reciben el 37 por ciento.[6]

Hay un monto limitado de capitales en el mundo, y el grueso de las inversiones en los países en vías de desarrollo se está concentrando en China y otras naciones de Asia, los países de la ex Europa del Este, y algunos aislados de América latina, como Chile. Y a pesar de que hubo un leve repunte de las inversiones en Latinoamérica en 2004, China está recibiendo más inversiones extranjeras que todos los 32 países latinoamericanos y del Caribe juntos. En efecto, China, sin contar Hong Kong, está captando 60 mil millones de dólares por año en inversiones extranjeras directas, contra 56 mil millones de todos los países latinoamericanos y caribeños.[7] Si sumamos la inversión extranjera directa en Hong Kong, China capta 74 mil millones de dólares anuales, y la diferencia con América latina es aun mayor. Y, lo que es más triste, las remesas familiares que envían los latinoamericanos que viven en el exterior están a punto de superar el monto total de las inversiones extranjeras en la región. No hay que ser ningún genio, entonces, para entender por qué a China le está yendo tan bien: los chinos están recibiendo una avalancha de inversiones extranjeras, lo que les permite abrir miles de fábricas nuevas por año, aumentar el empleo, hacer crecer las exportaciones y reducir la pobreza a pasos agigantados. En las últimas dos décadas, desde que se abrió al mundo y se insertó en la economía global, China logró sacar de la pobreza a más de 250 millones de personas, según cifras oficiales. Y mientras ese país ha estado aumentando sus exportaciones a un ritmo del 17 por ciento anual en la última década, América latina lo ha venido haciendo a un ritmo del 5,6 por ciento anual, según estimaciones de la Corporación Andina de Fomento. A medida que corre el tiempo, China está ganando más mercados y desplazando cada vez más a sus competidores en otras partes del mundo. En 2003, por primera vez, desplazó a México como el segundo mayor exportador a los Estados Unidos, después de Canadá.

¿Qué hacen los chinos, los irlandeses, los polacos, los checos y los chilenos para atraer capitales extranjeros? Miran a su alrededor, en lugar de mirar hacia adentro. En lugar de compararse con cómo estaban ellos mismos hace cinco o diez años, se comparan con el resto del mundo, y tratan de ganar posiciones en la competencia mundial por las inversiones y las exportaciones. Ven la economía global como un tren en marcha, en el que uno se monta, o se queda atrás. Y, tal como me lo señalaron altos funcionarios chinos en Beijing, en lugar de enfrascarse en interminables discusiones sobre las virtudes y los defectos del libre comercio, o del neoliberalismo, o del imperialismo de turno, China se concentra en el tema que considera prioritario: la competitividad. Y lo mismo ocurre en Irlanda, Polonia o la República Checa, que ya son parte de acuerdos de libre comercio regionales pero saben que la clave del progreso económico es ser más competitivos que los demás. A diferencia de muchos países latinoamericanos, que están enfrascados en debates sobre el libre comercio como si éste fuera un fin en sí mismo, los países que más crecen no pierden de vista el punto central: que de poco sirven los tratados de libre comercio si un país no tiene qué exportar, porque no puede competir en calidad, en precio ni en volumen con otros países del mundo.

"Aquí todavía se puede vivir muy bien"

Cuando les comenté a varios amigos dedicados al análisis político en América latina que estaba escribiendo este libro, tratando de comparar el desarrollo de Latinoamérica con el de otras regiones del mundo, muchos me dijeron que estaba perdiendo el tiempo. Era un ejercicio inútil, decían, porque partía de la premisa falsa de que hay grupos de poder en la región que quieren cambiar las cosas. Aunque muchos miembros de las élites latinoamericanas saben que sus países se están quedando atrás, no tienen el menor incentivo para cambiar un sistema que les funciona muy bien a nivel personal, me decían. ¿Qué incentivos para cambiar las cosas tienen los políticos que son electos gracias al voto cautivo de quienes reciben subsidios estatales que benefician a algunos, pero hunden a la sociedad en su conjunto? ¿Por qué van a querer cambiar las cosas los empresarios cortesanos, que reciben contratos fabulosos de gobiernos corruptos? ¿Y por qué van a querer cambiar las cosas los académicos y los intelectuales "progresistas" que enseñan en universidades públicas que se escudan detrás de la autonomía universitaria para no rendir cuentas a nadie por su ineficiencia? Por más que digan lo contrario, ninguno de estos sectores quiere arriesgar cambios que podrían afectarlos en el bolsillo, o en su estilo de vida, se encogían de hombros mis amigos. Mi esfuerzo era bienintencionado, pero totalmente inútil, decían.

No estoy de acuerdo. Hay un nuevo factor que está cambiando la ecuación política en América latina, y que hace que cada vez menos gente esté conforme con el *statu quo*: la explosión de la delincuencia. En efecto, la pobreza en América latina ha dejado de ser un problema exclusivo de los pobres. En el pasado, los niveles de pobreza en la región eran altísimos, y la distribución de la riqueza era obscenamente desigual, pero nada de eso incomodaba demasiado la vida de las clases más pudientes. La gente sin recursos vivía en las periferias de las ciudades y —salvo esporádicos brotes de protesta social— no alteraba la vida cotidiana de las clases acomodadas. No era casual que los turistas norteamericanos y europeos que visitaban las grandes capitales latinoamericanas se quedaran deslumbrados por la alegría de vida que se respiraba en sus barrios más pudientes. "¡Los latinoamericanos sí que saben vivir!", exclamaban los visitantes. Las vacaciones de cuatro semanas, los restaurantes repletos, el hábito de la sobremesa, las reuniones familiares de los domingos, el humor ácido sobre los gobernantes de turno, la pasión compartida por el fútbol, la costumbre de tomarse un café con los amigos, la riqueza musical y el paseo por las calles le daban a la región una calidad de vida que no se encontraba en muchas partes del mundo. Quienes tenían ingresos medios o altos decían, orgullosos: "A pesar de todo, aquí todavía se puede vivir muy bien". Aunque América latina tenía una de las tasas de pobreza más altas del mundo, y la peor distribución de la riqueza del planeta, su clase dirigente podía darse el lujo de vivir en la negación. Los pobres estaban presentes en el discurso político, pero eran invisibles en la realidad cotidiana. La pobreza era un fenómeno trágico, pero disimulable detrás de los muros que se levantaban a los costados de las autopistas.

Esa época llegó a su fin. Hoy día, la pobreza en América latina ha aumentado al 43 por ciento de la población, según cifras de las Naciones Unidas. Y el aumento de la pobreza, junto con la desigualdad y la expansión de las comunicaciones, que está llevando a los hogares más humildes las imágenes sobre cómo viven los ricos y famosos, están produciendo una crisis de expectativas insatisfechas que se traduce en cada vez más frustración, y cada vez más violencia. Hay una guerra civil no declarada en América latina, que está cambiando la vida cotidiana de pobres y ricos por igual. En las "villas" en la Argentina, las "favelas" en Brasil, los "cerros" en Caracas y las "ciudades perdidas" en Ciudad de México, se están formando legiones de jóvenes criados en la pobreza, sin estructuras familiares, que viven en la economía informal y no tienen la menor esperanza de insertarse en la sociedad productiva. En la era de la información, estos jóvenes crecen recibiendo una avalancha de estímulos sin precedentes que los alientan a ingresar en un mundo de afluencia, en un momento histórico en que —paradójicamente— las oportunidades de ascenso social para quienes carecen de educación o entrenamiento laboral son cada vez más reducidas.

La región más violenta del mundo

La combinación del aumento de las expectativas y la disminución de las oportunidades para los sectores de menor educación es un cóctel explosivo, y lo será cada vez más. Está llevando a que progresivamente más jóvenes marginados estén saltando los muros de sus ciudades ocultas, armados y desinhibidos por la droga, para adentrarse en zonas comerciales y residenciales y asaltar o secuestrar a cualquiera que parezca bien vestido, o lleve algún objeto brillante. Y a medida que avanza este ejército de marginales, las clases productivas se repliegan cada vez más en sus fortalezas amuralladas. Los nuevos edificios de lujo en cualquier ciudad latinoamericana ya no sólo vienen con su cabina blindada de seguridad en la entrada, con guardias equipados con armas de guerra, sino que tienen su gimnasio, cancha de tenis, piscina y restaurante dentro del mismo complejo, para que nadie esté obligado a exponerse a salir al exterior. Tal como ocurría en la Edad Media, los ejecutivos latinoamericanos viven en castillos fortificados, cuyos puentes —debidamente custodiados por guardias privados— se bajan a la hora de salir a trabajar por la mañana, y se levantan de noche, para no dejar pasar al enemigo. Hoy, más que nunca, la pobreza, la marginalidad y la delincuencia están erosionando la calidad de vida de todos los latinoamericanos, incluyendo a los más adinerados.

En estos momentos, hay 2,5 millones de guardias privados en América latina.[8] Tan sólo en São Paulo, Brasil, hay 400 mil guardias privados, tres veces más que los miembros de la policía estatal, según el periódico *Gazeta Mercantil*. En Río de Janeiro, la guerra es total: los delincuentes matan a unos 133 policías por año —un promedio de dos por semana, más que en todo el territorio de los Estados Unidos— y la policía responde con ejecuciones extrajudiciales de hasta mil presuntos sospechosos por año.[9] En Bogotá, Colombia, la capital mundial de los secuestros, hay unos siete guardias privados por cada policía, y están prosperando varias industrias relacionadas con la seguridad. Un empresario llamado Miguel Caballero me contó que está haciendo una fortuna diseñando ropa blindada de última moda. Ahora, los empresarios y los políticos pueden vestir guayaberas, chaquetas de cuero o trajes forrados con material antibalas, cosa de que nadie se percate. "Hemos desarrollado una industria pionera", me señaló con orgullo Caballero. Su empresa vende unas 22 mil prendas blindadas por año, de las cuales una buena parte son exportadas a Irak y varios países de Medio Oriente. "Ya tenemos 192 modelos. Y estamos desarrollando una línea femenina, de uso interior y exterior", agregó el empresario.[10]

América latina es actualmente la región más violenta del mundo. Ya se ha convertido en un chiste habitual en conferencias internacionales sobre la delincuencia decir que uno tiene más probabilidades de ser atacado caminando por la calle de traje y corbata en Ciudad de México o Buenos Aires que haciéndolo en Bagdad disfrazado de soldado norteamericano. Según la Organización Mundial de la Salud, de Ginebra, la tasa de homicidios en América latina es de 27,5 víctimas por cada 100 mil habitantes, comparada con 22 víctimas en África, 15 en Europa del Este, y 1 en los países industrializados. "Como región, América latina tiene la tasa de homicidio más alta del mundo", me dijo Etienne Krug, el especialista en violencia de la OMS, en una entrevista telefónica desde Ginebra. "Los homicidios son la séptima causa de muerte en América latina, mientras que son la causa número 14 en África, y la 22 a nivel mundial."[11] Y las posibilidades de que un homicida o un ladrón vaya a la cárcel son reducidas: mientras la población carcelaria en los Estados Unidos —una de las más altas del mundo— es de 686 personas por cada 100 mil habitantes, en la Argentina es de 107 personas por cada 100 mil habitantes, en Chile de 204, en Colombia de 126, en México de 156, en Perú de 104 y en Venezuela de 62.[12] En otras palabras, la mayoría de los crímenes en América latina permanecen impunes.

"Estamos ante un fenómeno epidémico"

En pocos lugares la calidad de vida se ha derrumbado tan precipitadamente como en las grandes capitales de la región. Buenos Aires, la majestuosa capital argentina que hasta hace pocos años era una de las ciudades más seguras del mundo, donde sus habitantes se enorgullecían de que las mujeres podían caminar solas hasta altas horas de la noche, es hoy en día una ciudad aterrorizada por la delincuencia. Ya antes del colapso económico de 2001, las poblaciones marginales se habían incrustado cerca del centro de la ciudad. La "villa" situada al lado de la estación central de Retiro, por ejemplo, creció de 12.500 habitantes en 1983 a 72.800 en 1998, y su población ha aumentado mucho más desde entonces.[13] Y dentro de los muros de estas "villas de emergencia", a pocas cuadras de las zonas más elegantes de la ciudad, hay decenas de miles de jóvenes cuyo único espacio de socialización es la calle. En muchos casos, estos jóvenes excluidos empiezan a consumir drogas a los 8 o 10 años, y a delinquir poco después. "Estamos ante un fenómeno epidémico", me dijo en Buenos Aires Juan Alberto Yaría, director del Instituto de Drogas de la Universidad del Salvador y ex funcionario de la provincia de Buenos Aires. "Estamos viendo cada vez más personas que tienen el cerebro tan dañado por las drogas, que ya no puede haber recomposición... Todos estos chicos que no van a la escuela, no conocen al padre, que no pertenecen a una iglesia ni a un club, y que viven en la calle y consumen drogas, son mano de obra para la criminalidad. Y lo serán cada vez más, por el creciente fenómeno de la desfamiliarización —el número de madres solteras en la Argentina ha subido del 23 por ciento en 1974 al 33 en 1998— y de consumo de drogas", dijo Yaría.[14]

Y en el extremo norte de América latina, las "maras", o pandillas, el más novedoso fenómeno de violencia organizada en la región, están teniendo en vilo a El Salvador, Honduras, Guatemala y el sur de México, y se expanden cada vez más hacia la capital mexicana, y hacia Colombia, Brasil y otros países sudamericanos. Los "mareros", jóvenes marginales que se identifican por sus tatuajes y las señas manuales con que se comunican sus respectivas pandillas, ya suman más de 100 mil en Centroamérica, contando únicamente los que se han sometido a ritos de iniciación. Y casi la mitad de ellos tienen menos de 15 años, según las policías de varios países.

Los mareros se originaron en Los Ángeles, California, y se desparramaron por toda la región tras ser repatriados de las cárceles de los Estados Unidos a sus países de origen. En Honduras, una de estas bandas detuvo a un microómnibus repleto de pasajeros que viajaban a sus pueblos para celebrar las fiestas navideñas de 2004 y mató a 28 hombres, mujeres y niños, simplemente por revancha contra una ofensiva policial contra las pandillas. Para cada vez más niños, las maras son la única posibilidad de lograr reconocimiento social. El marero es el héroe del barrio. Los jóvenes compiten por tener la oportunidad de someterse al rito de iniciación —que puede variar desde vender droga hasta matar a un policía— y, si son capturados, posan triunfantes para las cámaras de televisión. La pertenencia a la mara es su mayor orgullo.

"El marero es el delincuente del siglo XXI", me dijo en una entrevista Oscar Álvarez, el ministro de Seguridad de Honduras. "Tenemos en las maras a personas que se dedican al narcotráfico, a ser sicarios (asesinos a sueldo), al robo, al hurto, al desmembramiento de personas. En otras palabras, son máquinas de matar. Pero, a diferencia de otros delincuentes, no les importa cuáles son las consecuencias. A diferencia de un asaltante de bancos, que se pone una máscara para delinquir, ellos no se esconden. Más bien, la propaganda que les dan los medios de comunicación les sirve para ascender en la jerarquía de mando de sus grupos."[15]

La Mara Salvatrucha, en El Salvador, tiene más de 50 mil miembros, que no sólo roban, asaltan y secuestran sino que están torturando y decapitando a sus víctimas como señal de su poder. Y la explosión de las maras está llevando a gobiernos de mano dura, y a una cada vez mayor aceptación social de procedimientos considerados legal o humanamente indefendibles hasta hace poco. La propia expresión "mano dura", un término que hasta no hace mucho era visto con resquemor por la mayoría de los latinoamericanos, se ha convertido en una palabra con connotaciones positivas.

El presidente salvadoreño Tony Saca bautizó su programa de seguridad "Súper Mano Dura". Bajo este plan, la policía salvadoreña detuvo a casi 5 mil jóvenes sospechosos de ser pandilleros por el solo hecho de llevar un tatuaje. La policía simplemente interroga a jóvenes con aspecto de pandilleros, les exige que se quiten la camisa para verificar si tienen tatuajes ocultos, y se los lleva. Cuando le pregunté al presidente Saca ante las cámaras de televisión si su táctica de combate a las pandillas no viola los derechos humanos fundamentales, como el caminar por la calle sin interferencia del Estado, me miró extrañado. "¿Por qué?", preguntó. "El Salvador ha cambiado el código penal para permitir a la policía arrestar a menores de edad", me explicó. "Por supuesto, protégeles el rostro o la identidad cuando los capturen, pero definitivamente llévalos a la cárcel", dijo Saca. "Puede tener 15 años el muchacho, pero si es un asesino, aplícale el plan Súper Mano Dura, y métetelo preso. En algunos casos son irrecuperables."[16] Para Saca, y para cada vez más latinoamericanos, la "mano dura" es la onda del futuro.

¿Se viene la "africanización"?

En Washington D. C. y en las principales capitales de la Unión Europea hay serios temores de que la ola de delincuencia que azota a América latina produzca un fenómeno de desintegración social —o "africanización"— que quiebre irreversiblemente la gobernabilidad, aumente la fuga de capitales y el caos social, y genere "áreas sin ley". Estas últimas serían regiones donde los gobiernos no puedan ejercer su autoridad, y se asentarían los carteles del narcotráfico y del terrorismo. Curiosamente, mientras la opinión generalizada en muchos países latinoamericanos es que la pobreza está generando mayor delincuencia, y que por lo tanto hay que concentrar todos los esfuerzos en reducirla, en los países industrializados muchos ven el fenómeno al revés. Una opinión cada vez más difundida en Washington es que la delincuencia está haciendo aumentar la pobreza, y por lo tanto habría que atacarla de entrada. El Consejo de las Américas, la influyente asociación con sede en Nueva York que agrupa a unas 170 multinacionales con operaciones en América latina, concluyó en un reciente informe que la inseguridad es uno de los principales factores de atraso en América latina, porque está frenando las inversiones. Tras señalar que a pesar de tener sólo el 8 por ciento de la población mundial América latina registró el 75 por ciento de los secuestros que ocurrieron en el mundo en 2003, el estudio del Consejo reveló que una encuesta de multinacionales con operaciones en América latina muestra que la seguridad constituye "el principal riesgo" para las empresas en la región.[17] La encuesta mostró que muchas multinacionales no invierten en América latina por los altos costos de seguridad: mientras los gastos operativos en seguridad representan el 3 por ciento de los gastos totales de las empresas en Asia, en América Latina la cifra asciende al 7.[18]

Para el Pentágono, el aumento de la delincuencia y la proliferación de "áreas sin ley" en América latina constituyen una preocupación mucho mayor de lo que muchos piensan. Contrariamente a lo que ocurría hace dos décadas, cuando los gobiernos de Washington se preocupaban por los gobiernos latinoamericanos hostiles que asumían demasiados poderes, ahora —en la era de la lucha contra el terrorismo— la mayor preocupación parecerían ser los gobiernos débiles de cualquier signo ideológico, que no pudieran controlar su territorio. Ésa fue una de las cosas que más me llamaron la atención cuando entrevisté a Donald Rumsfeld, el poderoso secretario de Defensa de los Estados Unidos. Cuando le pregunté cuál era su mayor preocupación respecto de Latinoamérica, lo primero que mencionó no fue el régimen de Cuba, ni Venezuela, ni la guerrilla colombiana, ni ninguna otra amenaza política. En cambio, se refirió a la ola de criminalidad. Rumsfeld me dijo que, "además de proteger el sistema democrático", su principal preocupación en la región "son los problemas de la delincuencia, y las pandillas, y el narcotráfico, el tráfico de armas y los secuestros. Todas estas actividades antisociales que vemos no sólo en este hemisferio, sino en otros lados del mundo, son temas que merecen (mucha) atención".[19]

De la misma manera, el ex jefe del Comando Sur de las fuerzas armadas de los Estados Unidos, general James Hill, me dijo en una entrevista que "el tema de las maras es una amenaza cada vez mayor, que tiene un tremendo potencial de desestabilizar a los países".[20] "¿Y en qué forma afectaría esa 'desestabilización' a los Estados Unidos?", le pregunté. Hill señaló que las maras que asesinan y violan en los barrios latinoamericanos están haciendo aumentar la emigración ilegal a los Estados Unidos, tanto de las víctimas de la delincuencia como de mareros. Los militares del país del Norte temen una invasión de delincuentes latinoamericanos (paradójicamente, los seguidores de los mareros que Estados Unidos sacó de las cárceles de Los Ángeles y deportó a Centroamérica y el Caribe). Ya se están viendo en Nueva York, Los Ángeles y Miami pandillas de mareros que vienen de Centroamérica. "Hace unos seis meses, tuve una conversación con el presidente de Honduras, Ricardo Maduro, que me contó que el gobierno estaba negociando con una pandilla, y el jefe de la pandilla dijo que necesitaba la aprobación de sus superiores para los puntos en discusión, y llamó a Los Ángeles. Ese dato es escalofriante", dijo Hill.[21] "Sólo es una cuestión de tiempo para que las maras reexporten la violencia a los Estados Unidos, y pasen de vender sus servicios al crimen organizado a convertirse en carteles de la droga o bandas terroristas", agregó. "Va a ocurrir lo que sucedió con las Fuerzas Armadas Revolucionarias de Colombia (FARC) y el narcotráfico hace diez años. En un momento dado, las maras van a preguntarse: ¿por qué voy a ser el intermediario, si puedo hacer el negocio por mi cuenta?".[22] Hill concluyó diciendo que a menos que se haga algo pronto, "va a haber grandes barrios marginales sin presencia de la ley, ocupados por el crimen organizado, con conexiones internacionales".[23]

Uno de los síntomas más visibles del crecimiento de la violencia en América latina es el auge inmobiliario de Miami. En los primeros años del nuevo milenio, la ciudad de Miami vivía el mayor *boom* de la construcción de su historia reciente. De las quinientas multinacionales que tenían sus oficinas centrales para América latina en Miami —incluyendo Hewlett Packard, Sony, FedEx, Caterpillar, Visa y Microsoft—, muchas se habían mudado recientemente de países latinoamericanos, tras sufrir problemas de inseguridad, o para reducir sus gastos de seguridad. Tan sólo en 2005 se estaban construyendo unos 60 mil apartamentos en Miami, mientras que en los diez años anteriores se habían construido un total de apenas 7 mil.[24] ¿Y quiénes estaban comprando esos departamentos? Es cierto que, en muchos casos, eran especuladores que estaban aprovechando las bajas tasas de interés y apuntaban al creciente mercado de turistas europeos que —con el euro fuerte— querían comprar propiedades en Miami. Pero una gran parte de los compradores eran latinoamericanos víctimas de la delincuencia. Además de los inversionistas tradicionales, que querían tener una propiedad en el exterior para protegerse contra la inestabilidad política o económica en sus países, había cada vez más empresarios que estaban dejando a sus familias en Miami para proteger a sus hijos de los secuestros, robos violentos o asesinatos. En áreas exclusivas de Miami como Key Biscayne, había un aumento constante de empresarios colombianos; en la exclusiva isla de Fisher Island, cada vez más mexicanos, y en Bal Harbour, cada vez más argentinos. Su principal motivo de emigrar no era económico, sino de seguridad. Hace unos años, había comenzado una de mis columnas en *The Miami Herald* diciendo que "el alcalde de Miami debería erigir una estatua a los líderes latinoamericanos que más han hecho por el progreso económico de la ciudad: el presidente cubano Fidel Castro, el presidente venezolano Hugo Chávez y el comandante de las FARC, Manuel Marulanda". Si la volviera a escribir hoy, tendría que cambiar la segunda parte, para decir que el alcalde de Miami también debería erigir una estatua a los secuestradores y a los pandilleros, que estaban empujando a ricos y pobres por igual a dejar sus pueblos de origen para establecerse en Miami. Todos ellos eran exiliados de la delincuencia, esa guerra civil no declarada que estaba azotando a América latina.

El tema no es el libre comercio, sino la competitividad

Tal como me lo habían recordado los funcionarios chinos, el motor que hace avanzar a los países que progresan en la economía global del siglo XXI no es simplemente firmar acuerdos de libre comercio, sino ser más competitivos. Y en esto, no hay ideología que valga. Hay países de izquierda "captacapitales", y países de izquierda "espanta-capitales", como los hay de derecha en ambos campos. En China, una dictadura comunista de 1.300 millones de habitantes, el porcentaje de la población que vive con menos de 1 dólar diario se redujo del 61 al 17 por ciento de la población en las últimas dos décadas. En Vietnam, otra dictadura comunista, está ocurriendo lo mismo: desde que el país empezó a atraer capitales extranjeros —la fábrica de calzado deportivo Nike ya es el empleador más grande del país, con 130 mil trabajadores— y a permitir la apertura de más de 140 mil empresas privadas en la última década, está creciendo a niveles del 7 por ciento anual, y casi ha triplicado su ingreso per cápita.

Por el otro lado, otro país comunista situado en América latina que se ha negado a abrir su economía, Cuba, vive en una pobreza deprimente. Hoy día, Cuba tiene uno de los ingresos per cápita más bajos de América latina, lo que explica por qué el régimen cubano se niega a medir su economía con estándares internacionales y prefiere dar a conocer sus propias cifras alegres. Pero algunas estadísticas oficiales de Cuba, fácilmente verificables por cualquier visitante de la isla, hablan por sí solas. *Granma*, el órgano oficial del Partido Comunista Cubano, reconoció recientemente que el salario promedio en la isla es de aproximadamente 10 dólares por mes.[25] Un maestro en Cuba gana 9 dólares y 60 centavos por mes; un ingeniero, 14 dólares con 40 centavos, y un médico, 27 dólares por mes.[26]*

Y Venezuela, otro país espantacapitales, se está pauperizando rápidamente a pesar de sus fabulosos ingresos petroleros de los últimos años. Según las propias cifras del gobierno venezolano, la pobreza aumentó de 43 al 53 por ciento de la población entre 1999 y 2004, los prime-

* En teoría, el régimen cubano provee a la población de alimentos subsidiados y cuidados médicos gratuitos que no existen en otros países, y que deben ser tomados en cuenta en cualquier comparación salarial. Pero cualquiera que haya visitado Cuba sabe que la tarjeta alimentaria no cubre más que las necesidades mínimas para una semana por mes, y que los servicios médicos a menudo sólo funcionan en los hospitales para turistas. Paradójicamente, hoy día Cuba vive de los casi 1.000 millones de dólares anuales en remesas familiares enviadas por los cubano-norteamericanos en Miami, que se han convertido en la mayor fuente de ingresos de la isla.

ros cinco años del gobierno de Chávez.[27] Contrariamente a lo que estaban haciendo los chinos, el discurso anticapitalista de Chávez había desatado una fuga de capitales de 36 mil millones de dólares y provocado el cierre de 7 mil empresas privadas en los primeros años de su gobierno. Increíblemente, aunque los precios del petróleo —el motor de la economía venezolana— habían subido de 9 a 50 dólares por barril durante los primeros cinco años de Chávez en el poder, el desempleo en el mismo lapso había aumentado del 13 por ciento al 19 por ciento de la población.[28]

Como lo habían hecho antes tantos otros militares populistas, a medida que aumentaba la pobreza en Venezuela, Chávez subía el tono de su retórica contra supuestos enemigos externos, y cerraba cada vez más los espacios a la oposición. Por supuesto, culpaba a la oligarquía por los cierres de empresas, regalaba petrodólares a muchos de los desempleados, y ganaba votos cautivos, pero el país se empobrecía a diario. Mientras tanto, otros presidentes de izquierda insertados en la economía global, como los de Chile y Brasil, estaban haciendo crecer sus economías, generando más empleo y más oportunidades. Los resultados económicos tan disímiles de gobiernos de izquierda como los de China, Vietnam, Brasil, Chile, Venezuela y Cuba no hacen más que corroborar que las viejas definiciones políticas de "izquierda" y "derecha" han dejado de tener sentido. Los países que avanzan son los "captacapitales", de cualquier signo. Los que retroceden son los "espantacapitales".

El ejemplo de Botswana

Un reciente ranking del Foro Económico Mundial señaló que, sorprendentemente, casi todos los paises de América latina están por debajo de Botswana en materia de competitividad internacional. Cuando lo leí, me pareció increíble. Cuando yo era niño, Botswana era uno de los países más pobres del mundo, de esos que aparecen en las portadas de la revista de *National Geographic* ilustrando hambrunas que requieren atención mundial. Y, sin embargo, el ranking de competitividad del Foro, realizado entre 8.700 empresarios y profesionales de 104 países, ubicaba a Botswana por encima de todos los países de América latina, con la única excepción de Chile. El ranking se basa en la percepción de los entrevistados sobre los principales factores que atraen las inversiones, como el clima para los negocios, la calidad de las instituciones y los niveles de corrupción. Los países que ocuparon los primeros puestos fueron, en este orden, Finlandia, los Estados Unidos y Suecia. Le seguía una larga lista de países de Europa y Asia, y Chile, que estaba en el lugar Nº 22. De allí en más, venía otra larga lista de naciones como Jordania, Lituania, Hungría, Sudáfrica y Botswana. Recién más abajo —mucho más abajo— estaban México, Brasil, la Argentina y los demás países latinoamericanos.

Otro estudio similar, dado a conocer por la empresa consultora AT Kearney, colocaba a los países latinoamericanos en los últimos puestos de un ranking de 25 naciones, según su atractivo para las inversiones. Según el ranking de Kearney, basado en encuestas a mil ejecutivos, los países más atractivos para las inversiones eran China, los Estados Unidos e India. Brasil y México habían caído a los puestos Nº 17 y 22, respectivamente, después de estar entre los primeros diez el año anterior. Y el resto de América latina ni aparecía en la lista.

Intrigado, llamé al jefe de economistas del Foro Económico Mundial en Ginebra, Suiza. "¿Qué está haciendo Botswana que no está haciendo América latina?", le pregunté a Augusto López-Claros. Según me explicó, Botswana está creciendo sostenidamente a uno de los ritmos de expansión económica más altos del mundo desde su independencia en 1966. Gracias a una disciplina fiscal férrea y una política económica responsable —y, es cierto, con la ayuda nada despreciable de su producción de diamantes—, Botswana ha pasado rápidamente de ser uno de los países más pobres del mundo, a uno de ingresos medios. Hoy día, tiene un producto per cápita de casi 8.800 dólares al año, más que Brasil y casi tanto como México. López-Claros me señaló que, en su encuesta, los empresarios de Botswana se quejaron mucho menos que los mexicanos, los brasileños y los argentinos de problemas como la calidad de las instituciones públicas, la ecuanimidad del gobierno en su trato con las empresas privadas, o la incidencia de la delincuencia común en los costos de hacer negocios. Pero sobre todo, dijo, Botswana ofrece una ventaja enorme, que no se ve en muchos países latinoamericanos: la previsibilidad. Es un país que, aunque está atravesando una gravísima crisis por la epidemia de SIDA, y está ubicado en un continente de constantes golpes de Estado y guerras regionales, no ha cambiado las reglas del juego. Entonces, sus propios empresarios, y los extranjeros, apuestan a su futuro.

De hecho, hay un consenso cada vez mayor en el mundo respecto de que los países más exitosos tienen en común el ofrecer previsibilidad, seguridad jurídica y un clima favorable a los inversionistas. En

España, las elecciones son ganadas por los socialistas, luego los conservadores, y luego las vuelven a ganar los socialistas, sin que los inversores huyan despavoridos del país. Lo mismo pasa en prácticamente todos los países desarrollados, y —en América latina— en Chile. Este último es el país políticamente más aburrido de la región, y en eso radica una buena parte de su éxito: no tiene líderes mesiánicos que hacen grandes titulares con sus discursos en el balcón presidencial, ni cuartelazos militares. Es el primer país de América latina que aparece en la lista de competitividad del Foro Económico Mundial, y en gran medida es por su estabilidad: ha tenido gobiernos derechistas, centristas y socialistas, sin por ello perder el rumbo. Eso le ha permitido tener el crecimiento más sostenido de América latina, y el mayor éxito en la lucha contra la pobreza: desde 1990 hasta 2000, el porcentaje de chilenos que viven en la pobreza cayó casi a la mitad, del 39 al 20 por ciento de la población. Los índices de pobreza absoluta cayeron aun más: del 13 por ciento de la población en 1990 al 6 por ciento en 2000, según datos del Banco Mundial. Y desde 2003, cuando Chile firmó su acuerdo de libre comercio con los Estados Unidos, las proyecciones son de un crecimiento económico mayor, y una reducción de la pobreza aun más acelerada.

El milagro chileno

¿Cómo lograron los chilenos mantener su estabilidad? En parte, el milagro chileno se debió a la fatiga política. La experiencia de la dictadura del general Augusto Pinochet fue tan traumática, dividió a tantas familias, generó tantos exilios y tantas muertes, que la sociedad chilena optó por el camino de la moderación. Pero también hubo un elemento de pragmatismo, que ayudó a los gobernantes de centro y de izquierda de los últimos años a construir sobre la base de lo que habían heredado, en lugar de tratar de inventar la cuadratura del círculo y hacer tabla rasa con todo lo anterior. Tanto el democristiano Patricio Aylwin, el primer presidente democrático de Chile tras los diecisiete años de dictadura de Pinochet, como su correligionario Eduardo Frei y el socialista Ricardo Lagos, que lo sucedieron, evitaron la tentación de destruir lo que habían hecho sus adversarios políticos. Pensaron en el país, antes que en ellos mismos. Y sobre todo, el hecho de tener una izquierda inteligente y moderna le permitió a Chile lograr un clima de previsibilidad que fue mejorando paulatinamente la economía, haciéndola cada vez más solidaria con las clases marginadas de su población, y a la vez cada vez más abierta al mundo.

El 6 de junio de 2003, el día en que Chile firmó su acuerdo de libre comercio con los Estados Unidos en Miami, le pregunté a la entonces canciller chilena Soledad Alvear cómo resumiría la fórmula del éxito chileno. Acabábamos de hablar sobre los vaivenes políticos y económicos por los que estaban atravesando los países vecinos de Chile, como la Argentina, que vivía una de las peores crisis de su historia. ¿Cuál era el secreto de Chile? Alvear me respondió que, si tuviera que citar un motivo por encima de los demás, escogería la decisión de la sociedad chilena de elegir un rumbo, y de mantenerlo. "No se pueden reinventar, en cada gobierno, los objetivos estratégicos del país", me dijo la canciller. "Nosotros hemos establecido objetivos estratégicos claves para el país, sostenidos en el tiempo. Hay un consenso en la sociedad respecto de la necesidad de tener políticas económicas serias, responsabilidad fiscal, y no se ponen en duda las bondades de una política de apertura económica", señaló.[29]

En otras palabras, sin previsibilidad no hay inversión. Y si uno quisiera llevar este argumento al extremo, podría argüir que los países latinoamericanos ni siquiera necesitan tanta inversión extranjera: podrían obtener una enorme inyección de capitales con sólo atraer a su territorio los gigantescos depósitos que sus propios ciudadanos tienen en el exterior. Si los latinoamericanos repatriaran esos depósitos, los países de la región recibirían una inyección de inversiones que reactivaría sus economías de inmediato. Si no lo están haciendo, no es por falta de patriotismo, ni de mayores retornos sobre el capital, sino por falta de confianza en la continuidad de las reglas de juego.

Tal como lo señaló magistralmente Rudiger Dornbush, el fallecido economista del Massachusetts Institute of Technology (MIT), cuando le preguntaron durante una visita a la Argentina por qué motivo ese país tenía tantas dificultades: "Los países desarrollados tienen normas flexibles de cumplimiento rígido. Ustedes tienen normas rígidas de cumplimiento flexible". O sea, en los países que funcionan, los Congresos actualizan sus leyes periódicamente, pero una vez que lo hacen sus gobiernos las hacen cumplir. En los otros, las leyes son estáticas, pero no necesariamente inflexibles. Mientras no se respeten las leyes y no exista confianza, los países no recibirán inversiones nacionales ni extranjeras, y tendrán que seguir endeudándose para mantener sus economías a flote.

La opción supranacional

¿Cómo pueden hacer los países latinoamericanos para atraer inversiones, crecer y reducir la pobreza? Considerando el rechazo mayoritario al modelo "ortodoxo" aconsejado por el Fondo Monetario Internacional, y el fracaso rotundo de los modelos ahuyentacapitales de Cuba y Venezuela, quizás ha llegado el momento de considerar una nueva opción de crecimiento: la vía supranacional. Aunque la supranacionalidad no está pasando por su mejor momento en Europa, tras la derrota del voto por la Constitución de la Unión Europea en Francia y Holanda a mediados de 2005, ha sido el modelo de crecimiento más exitoso y equitativo de la historia contemporánea. Y ante la falta de consensos internos para adoptar políticas de crecimiento sostenibles en América latina, quizá no haya otra forma más fácil y efectiva de convertir a nuestros países en centros de inversión confiables que a través de acuerdos macroeconómicos supranacionales.

Como ocurrió en la Unión Europea, los acuerdos supranacionales ayudan a los países a autodisciplinarse. A diferencia de lo que pasó en Chile, donde se lograron consensos internos sobre las políticas económicas a largo plazo, en la mayoría de los países latinoamericanos no existe tal consenso. Al contrario, se vive en una polarización total. En casi todos los países de la región, la falta de consenso está impidiendo adoptar políticas de Estado que alienten la inversión productiva a largo plazo. Sin embargo, la experiencia europea demuestra que los consensos internos se pueden lograr, en condiciones favorables, desde afuera. En España, Portugal y otros países de la Unión Europea, la estabilidad y la confiabilidad se consiguieron mediante la firma de tratados supranacionales, que obligaron a sus miembros a respetar reglas de juego y generaron confianza dentro y fuera de sus fronteras. Acoplarse a acuerdos supranacionales les sirvió de vacuna contra el populismo y los extremismos políticos.

Para Polonia, la República Checa y otros países de la ex Europa del Este, que en muchos casos tienen historias de incertidumbre política muy parecidas a la de sus pares en América latina, el pasar a formar parte de la Unión Europea en 2004 significó —como antes para España y Portugal— firmar un pacto de previsibilidad. Todos estos países dejaron atrás sus antiguas interpretaciones sobre la soberanía política y económica y se comprometieron a seguir políticas económicas responsables y reglas democráticas inflexibles. Y, en cierta manera, en China ocurrió algo parecido: el régimen comunista utilizó la incorporación

34

del país a la Organización Mundial del Comercio en 2001 como justificación para implementar dramáticas reformas económicas que no tenían un apoyo interno absoluto. Todos estos países centraron su estrategia de desarrollo en acuerdos externos. Pasaron de la era del nacionalismo a la del supranacionalismo. Y aunque en Europa estaban atravesando una crisis de mediana edad, lo cierto es que en las últimas cuatro décadas les fue muy bien.

¿Por cuál marco supranacional debería optar América latina? ¿Un Área de Libre Comercio de las Américas (ALCA) con los Estados Unidos? ¿Una comunidad latinoamericana-europea? ¿Una comunidad latinoamericana? La mejor opción sería todas y cada una de ellas. Cualquiera de estas variantes —o las mismas variantes reforzadas, como sería el caso de México si logra profundizar su tratado de libre comercio con Estados Unidos y Canadá— les permitiría presentarse ante el resto del mundo como países serios, sujetos a reglas de juego claras, y con mecanismos de resolución de controversias que atraerían muchas más inversiones extranjeras. Para hablar mal y pronto, y decirlo en un lenguaje que ningún político puede usar, los países latinoamericanos necesitamos lo que funcionó tan bien en Europa: una camisa de fuerza.

La larga historia de golpes de Estado, nacionalizaciones, confiscaciones y suspensiones de la deuda externa, sumada a la retórica espantacapitales, nos han generado mala fama a los latinoamericanos. Buena parte de las inversiones que está recibiendo la región son pequeñas, especulativas, a corto plazo, buscando el negocio rápido con ganancias extraordinarias. Las grandes inversiones corporativas de las multinacionales norteamericanas, europeas y asiáticas están yendo a países más previsibles, en otras partes del mundo.

Contrariamente a lo que piensan muchos líderes políticos latinoamericanos, la principal razón para crear una Comunidad de las Américas —en cualquiera de sus variantes— no es económica, sino jurídica: América latina necesita un contrato político, como el que une a los países de la Unión Europea, que asegure la estabilidad. No se trata de crear un gobierno supranacional que tome todo tipo de decisiones, sino de establecer una autoridad compartida para vigilar ciertos comportamientos fundamentales, muy específicos, como el manejo responsable de la economía, la democracia y los derechos humanos.

La Unión Europea logró crear esta camisa de fuerza para sus miembros adoptando el concepto de "soberanía compartida". Según los reglamentos de la UE: "Compartir la soberanía significa, en la práctica, que los Estados miembros delegan algunos de sus poderes decisorios a

las instituciones comunes creadas por ellos para tomar democráticamente y a nivel europeo decisiones sobre asuntos específicos de interés
conjunto".[30] Para ser miembros de la Unión Europea, los países candidatos deben cumplir con parámetros concretos de democracia, derechos humanos, economía de libre mercado, y aceptar someterse a las
reglas de la comunidad. A diferencia de un simple acuerdo de libre
comercio, la Unión Europea tiene instituciones supranacionales —como
el Parlamento Europeo, el Consejo de la Unión Europea, el Tribunal de
Justicia Europeo y el Banco Central Europeo— que tienen jurisdicción
sobre aspectos específicos de las decisiones de cada país miembro. En
otras palabras, en la Unión Europea no puede surgir un líder populista
radical que dé un golpe militar o constitucional, o que ordene la confis-
cación de empresas extranjeras. Y si surge, es expulsado del club y deja
de gozar de sus beneficios.

Los bloques regionales del siglo XXI

La supranacionalidad es una necesidad económica, porque América latina nunca va a poder competir con el bloque europeo, o asiático, a menos que tenga una economía de escala. ¿Qué empresa
internacional va a hacer una inversión de importancia en Bolivia, con
un mercado de apenas 9 millones de habitantes, cuando puede hacerlo en la República Checa, un país de población parecida, pero que
gracias a su pertenencia a un mercado común puede exportar sin tarifas aduaneras a un mercado de 460 millones de personas?

El mundo se está dividiendo en tres grandes bloques de comercio: el de América del Norte y Centroamérica, que representa alrededor del 25 por ciento del producto bruto mundial, el de la Unión Europa,
con un 16, y el de Asia, con un 23, aunque su proceso de integración
recién se está iniciando.[31] El Tratado de Libre Comercio de América del
Norte entre los Estados Unidos, Canadá y México ya es un bloque de
426 millones de personas con un producto bruto de 12 mil billones de
dólares anuales. La Unión Europea, de veinticinco miembros, está de-
batiendo admitir a cuatro miembros más —Croacia, Rumania, Bul-
garia y Turquía—, lo que la convertiría en un bloque de casi treinta
países con un producto bruto conjunto de más de 8 mil billones de
dólares por año, y 460 millones de personas. Y China acaba de firmar
un acuerdo comercial con los países de la Asociación de Países del Sudeste Asiático (ASEAN) —que incluye Indonesia, Malasia, Filipinas,

Singapur, Tailandia y Vietnam— por el cual se creará el bloque de libre comercio más grande del mundo en términos de población, aunque no en el tamaño de su economía, a partir de 2007. El bloque asiático tendrá 1.700 millones de personas, y si India se le uniera en el futuro, tendría 3 mil millones de personas.

En este contexto, los países de América latina cuyas exportaciones no tengan acceso preferencial a alguno de estos tres grandes bloques de comercio mundiales quedarán marginados, y serán cada vez más pobres. Quedarse encerrados en la región, o crear un bloque puramente regional, será autocondenarse a la pobreza, porque el lugar que ocupa América latina en la economía mundial es muy pequeño. La región apenas representa el 7,6 por ciento del producto bruto mundial, y el 4,1 por ciento del comercio mundial.[32] O sea, casi nada. Y cada día que pasa sin que se integre a un mercado más grande, su presencia en el comercio internacional será menor, porque los miembros de los bloques comerciales más grandes comerciarán entre ellos, haciendo uso de sus preferencias arancelarias, y crecerán cada vez más aceleradamente. El mercado de América latina será demasiado pequeño —y arriesgado— para justificar grandes inversiones extranjeras. De no integrarse a un bloque más grande, la región continuaría rezagada. Como en el juego infantil de las sillas, si América latina no se inserta en uno de los grandes bloques mundiales, se quedará sin un lugar donde sentarse.

Los líderes políticos latinoamericanos coinciden —con justa razón— en que estarían mucho mejor dispuestos a firmar un acuerdo supranacional hemisférico si Estados Unidos actuara como lo hicieron los países más ricos de Europa, y ayudara a financiar el crecimiento de sus vecinos más pobres. En Europa, Alemania y Francia desembolsaron miles de millones de dólares en los años ochenta para impulsar el desarrollo económico en España, Portugal, Grecia e Irlanda. Y entre 2000 y 2006 donaron casi 22 mil millones de dólares para obras de infraestructura en los países menos desarrollados de la Unión Europea, incluidos los nuevos socios de la ex Europa del Este. Sin embargo, como escuché decir a los propios funcionarios españoles e irlandeses, la ayuda económica de la Unión Europea, aunque importante, explica apenas una parte del éxito europeo, y quizá la menos significativa.

En Irlanda, contrariamente a lo que esperaba, la mayoría de los funcionarios y políticos con quienes hablé me aseguraron que la ayuda económica europea había jugado un rol relativamente menor en el "milagro celta". Más bien, el secreto del éxito irlandés fue someterse a reglas supranacionales de adhesión a la democracia, la economía de mercado y el acceso preferencial a un mercado mucho más grande, me señalaron. Según me aseguraron en Dublin, y luego —en diferentes idiomas— en los países de la ex Unión Soviética, lo que alentó la confianza y las inversiones extranjeras fue la combinación de mayores garantías de certidumbre otorgadas por acuerdos legales supranacionales y el mercado ampliado. En América latina, como están ahora las cosas, los países no pueden beneficiarse ni de una cosa ni de la otra.

¿Pero acaso la recién creada Comunidad Sudamericana no es un paso en esa dirección?, les pregunté a muchos funcionarios de la Unión Europea. La respuesta que me dieron fue unánimemente negativa. Cuando los presidentes sudamericanos se reunieron en Cuzco, Perú, para firmar el acta de constitución de la Comunidad Sudamericana a fines de 2004, firmaron un acuerdo grandilocuente lleno de buenas intenciones, pero no diseñaron un marco legal común para la región. Eso era lo único que le podría haber dado seriedad a la propuesta, dijeron. Los presidentes sudamericanos cometieron el mismo error que sus antecesores cuando en décadas pasadas firmaron —con igual entusiasmo— la constitución de la Comisión Especial de Coordinación Latinoamericana (CECLA), la Asociación Latinoamericana de Libre Comercio (ALALC), la Asociación Latinoamericana de Integración (ALADI), y el Sistema Económico Latinoamericano (SELA). O sea, firmaron un documento fijando las grandes metas para la unión regional, pero que no incluía compromisos comerciales concretos, sujetos a mecanismos supranacionales de resolución de disputas.

Comparativamente, la Unión Europea hizo exactamente lo contrario que los sudamericanos, me señalaron funcionarios europeos: empezó estableciendo mecanismos supranacionales de resolución de disputas desde su mismo nacimiento, en 1952, y dejó para más adelante las grandes metas de integración regional. En efecto, la Unión Europea se inició como una Comunidad de Carbón y Acero. Seis países se unieron en un mercado común para aunar sus recursos de carbón y acero, para enfrentar conjuntamente los estragos del frío del invierno europeo. Tras firmar su tratado y crear un marco de resolución de disputas regional, los europeos lo fueron expandiendo a otros productos. Los sudamericanos, en cambio, firmaron un acuerdo prometiendo crear un mercado común de todos sus productos, pero sin comprometerse a unificar las tarifas aduaneras de ningún producto en particular.

La marca comunitaria

La supranacionalidad también tiene una ventaja de tipo propagandístico. Los países más pobres de Europa se beneficiaron enormemente de la mejora automática de su imagen externa tras su incorporación a la Unión Europea. Al ingresar en la institución supranacional, los países menos desarrollados de Europa pasaron a tener automáticamente una "marca comunitaria" mucho más atractiva para los inversionistas y potenciales compradores de sus exportaciones que sus respectivas "marcas país". En Praga, la bella capital de la República Checa, me llamó poderosamente la atención la respuesta que me dio Martin Tlapa, el viceministro de Comercio e Industria checo, cuando le pregunté cómo había hecho un país tan pequeño como el suyo, de apenas 10 millones de habitantes, y en una región del mundo azotada por las guerras, para recibir tantas inversiones. Para mi sorpresa, Tlapa respondió que el factor clave había sido haber obtenido "la marca comunitaria". "¿Qué significa eso?", le pregunté, intuyendo lo que me estaba diciendo, pero queriendo escucharlo más en detalle. Tlapa me explicó que desde el momento en que la República Checa había anunciado su intención de unirse a la Unión Europea, aun sin haber firmado ningún papel, pasó a ser vista en el resto del mundo como un país más emparentado con Alemania que con el Tercer Mundo. En la economía global, explicó Tlapa, hay que salir a venderse al mundo para atraer más inversiones y para poder exportar más. Y la República Checa, un país nuevo, producto de la subdivisión de la ex Europa del Este tras la caída del comunismo, tenía un grave problema de marketing: no tenía una "marca país" como Alemania para vender automóviles, o Italia para sus prendas de vestir.

"Construir una marca país es muy caro: si contratas empresas especializadas en campañas publicitarias, te cuesta una buena parte de tu producto bruto", me dijo Tlapa. "Sin embargo, el solo hecho de unirnos a la Unión Europea nos dio la marca comunitaria: una garantía de que, al estar sujetos a las mismas normas y a los mismos tribunales de arbitraje de la Unión Europea, invertir en nuestro país es lo mismo que invertir en Alemania o Italia. Y eso hizo una diferencia abismal."[33]

La experiencia europea de cesión de soberanía a un marco supranacional fue sumamente exitosa. En España, Portugal, Irlanda y Grecia, como en los nuevos socios europeos de la ex Europa del Este, se acabaron los grandes bandazos políticos. Hoy en día, son pocos los inversionistas internacionales que no instalan fábricas en España, Irlanda, Polonia o la República Checa por miedo a que ganen el Partido Comunista, los socialistas o los derechistas. Los países del sur europeo duplicaron y en algunos casos triplicaron sus ingresos per cápita al ceñirse a reglas comunes que aseguran la estabilidad económica. Y los países de la ex Europa del Este que se integraron a la UE en 2004 se convirtieron de la noche a la mañana en las economías de crecimiento más rápido de Europa. El solo hecho de planear integrarse a la Unión Europea motivó un crecimiento espectacular de las inversiones. Tanto es así que, en 2004, el año de su incorporación a la Unión Europea, Polonia y la República Checa ya figuraban muy por encima de México, Brasil o cualquier otro país latinoamericano en el ranking de las Naciones Unidas de los países más atractivos para las inversiones extranjeras en los próximos cinco años.[34] En vez de alimentar un nacionalismo estéril y culpar a los de afuera —el Fondo Monetario Internacional, los Estados Unidos, "los banqueros" o el chivo expiatorio de turno— por sus problemas, los países de Europa del Este se envolvieron en la bandera supranacional de la Unión Europea aun antes de pertenecer a ella. Y la "marca comunitaria" les ayudó a atraer un aluvión de inversiones.

La experiencia española

¿Estarían dispuestos los países latinoamericanos a ceder soberanía a un ente supranacional? ¿Es posible una Comunidad de las Américas, con organismos supranacionales como los existentes en la Unión Europea, en una región donde algunos todavía salen al balcón a proclamar "soberanía o muerte", o siguen promoviendo las ideas de "independencia económica" del mundo preindustrial del siglo XIX?

Se lo pregunté en una larga entrevista a Felipe González, el ex jefe de gobierno español y líder moral del Partido Socialista de España, que durante sus catorce años de gobierno, de 1982 a 1996, había sido el arquitecto de la incorporación de España a la Unión Europea. González es un apasionado de América latina, y la conoce mejor que cualquier otro líder europeo. Aprovechando una ocasión en que coincidimos en un viaje a la Argentina para participar de una conferencia, le había pedido una entrevista para hablar sobre el tema.

A los 61 años, González todavía conservaba su imagen de intelectual de izquierda convertido en estadista, con un atuendo bohemioempresarial: chaqueta de cuero negro, camisa celeste, corbata azul y zapatos sport Timberland. Durante las dos horas en que conversamos en su habitación del Hotel Plaza, González habló con apasionamiento e inusual sinceridad. Me dijo que uno de los principales obstáculos para la integración de los países latinoamericanos bajo un esquema supranacional era la falta de liderazgo de la mayoría de los presidentes de la región, y la glorificación nacionalista y anticapitalista de gran parte de su clase política. Palabras más, palabras menos, González me dijo que los países latinoamericanos viven en un engaño permanente: los políticos ganan elecciones con propuestas populistas, y gobiernan con programas de ajuste. Y la prensa, los intelectuales y los académicos siguen usando un discurso nacionalista y anticapitalista que está en abierta contradicción con la realidad mundial, y que en la mayoría de los casos no creen ni ellos mismos, pero repiten como loros para ganar el aplauso de la audiencia.

¿Pero acaso en España no había ocurrido lo mismo?, le pregunté. ¿No existía el mismo discurso nacionalista y anticapitalista allí? Efectivamente, respondió, pero la adhesión a la entonces Comunidad Europea había permitido superar muchos de esos escollos. En un principio, la motivación principal de adhesión a la Comunidad Europea había sido política, más que económica. No sólo los políticos, sino los empresarios españoles, veían la integración económica a la Comunidad Europea con miedo. Creían que el proyecto traería consigo medidas de ajuste económico durísimas, la pérdida de la identidad nacional, y el peligro de ser "anexados" por los países más poderosos. "No es que primero hubo un consenso social a favor de la integración europea y luego los líderes tomaron la decisión de implementar esa decisión", explicó González. "Más bien fue al contrario: la adhesión de España a la Comunidad Europea se dio más por liderazgo político que por apoyo social", dijo.

"Yo lo tenía claro (este temor a la integración), y lideré el debate, porque desde el principio lo definí como 'ceder soberanía para compartirla, no para perderla, e incluso en algunos casos para recuperarla'. La única manera de impulsar la modernización en España era ejercer el liderazgo y gobernar por encima del partido de gobierno", prosiguió González. "Yo me comunicaba con mi partido a través de la sociedad, y no con la sociedad a través del partido. Era la única manera de modernizar y moderar el partido. El partido estaba sobrecargado ideológicamente desde la dictadura, y aceptaba mal el lenguaje y el contenido de lo que yo ofrecía. Pero una de las cosas que he constatado es que las llamadas políticas impopulares suelen ser las más populares que uno adopta."[35]

El gobierno socialista había usado el pretexto del proyecto de integración con Europa para tomar medidas de saneamiento económico que difícilmente hubiera podido hacer aprobar por el Congreso español en circunstancias normales. González recordó que, a fines de 1985, España carecía de un impuesto al valor agregado, IVA, y la Comunidad Europea exigía la adopción de ese impuesto como una de las condiciones de ingreso al club regional. En un plazo de dos o tres meses hacia fines de ese año, el gobierno de González había logrado que el Congreso aprobara la medida, que había despertado gran oposición en la sociedad.

¿Cómo pudo tomar esa medida tan impopular? Lo había hecho "a traición", sin avisar, respondió, con una sonrisa pícara. "Necesitábamos hacerlo, lo pusimos sobre la mesa, como una condición de integración, y pasó en el Parlamento con apoyo unánime. Fue una cosa... típica del autoritarismo. Fuera de broma —prosiguió—, los presidentes latinoamericanos deberían ejercer un mayor liderazgo, para adoptar medidas impopulares que produzcan el desarrollo a largo plazo. Las políticas llamadas impopulares lo son, pero son políticas que la gente es capaz de apoyar", continuó González. En España, todo el mundo estaba de acuerdo en que era imprescindible una reconversión industrial, y que la obsolescencia del aparato productivo era realmente dramática. "Pero la reacción social lógica era, 'empiece usted por el otro'", recordó González. "Lo mismo que a la hora de repartir, la gente dice 'empiece usted por mí'. Siempre ocurre igual. Aquí hay un problema sustancial de comprensión del proyecto, y de liderazgo. Si tú tienes un discurso de país, y eres capaz de enganchar consistentemente con liderazgo la medida que adoptas, la medida pasa."[36]

González coincidió en que un marco supranacional le daría a América latina la estabilidad económica y política para lograr esas metas. Y las resistencias nacionalistas a una condicionalidad política en Latinoamérica no son insuperables, aseguró. Cuando le pregunté si un tratado de integración hemisférico debería incluir una condicionalidad política a la democracia, asintió con una sonrisa. "Claro. Pero cuando se habla de 'condicionalidad política' puede sonar ofensivo. Entonces, sustituyo la expresión, y prefiero hablar de 'homologación en los comportamientos de respeto a las libertades básicas y al funcionamiento de la democracia'." Era una pirueta semántica de un viejo zorro político, pero que subrayaba la idea de que los tratados de integración necesitan una cláusula que despeje la incertidumbre política, como en la Unión Europea.

Hacia el final de la entrevista, González admitió que cuando decía estas cosas en América latina, "la verdad es que nunca he ganado". Recordó que, en sus periódicos viajes a la región, siempre contaba una anécdota muy reveladora: el número de decisiones en la agenda del Consejo de Ministros de España había bajado de 150 por día, antes de la incorporación del país a la Unión Europea, a unas 15 diarias después. El motivo era que la mayoría de las autorizaciones económicas que antes debían ser hechas por el gabinete ya no eran necesarias. Eso liberó al gobierno español de un enorme tramiterío, y le permitió concentrarse en decisiones más locales, en las que la intervención del Estado podía hacer una diferencia más notable. "Pero cuando hablo de la crisis del Estado-nación en América latina, se erizan los cabellos de todo el mundo", se encogió de hombros, sonriendo. "La adopción de la supranacionalidad en América latina sería un proyecto difícil, pero no imposible. Haría falta una buena dosis de liderazgo", concluyó el ex presidente español.

Si se une el Pacífico, pobre América latina

Poco después, le hice la misma pregunta a Fernando Henrique Cardoso, el ex presidente brasileño que había iniciado con gran éxito la apertura de Brasil al mundo durante sus dos presidencias entre 1995 y 2003. Cardoso había iniciado su carrera como sociólogo defensor de la teoría de la dependencia en América latina, y como crítico acérrimo de la dictadura militar de su país. Tras vivir en el exilio entre 1964 y 1968, había sido arrestado a su regreso a Brasil, y poco después inició su carrera política. Tras ser electo senador y nombrado canciller en 1992, su popularidad se había disparado en 1993 cuando, como ministro de Finanzas, había logrado frenar la hiperinflación brasileña con el Plan Real. Cuando lo entrevisté poco después de dejar la presidencia, seguía siendo uno de los políticos más influyentes de su país, y de América latina.

Cardoso coincidió de entrada con la idea de un acuerdo regional que actúe como camisa de fuerza para asegurar la estabilidad. "Pero el tiempo corre en contra de América latina", señaló. Pocas semanas antes de nuestra conversación, China y los diez países de ASEAN habían firmado su plan de acuerdo de libre comercio para 2007. Y aunque el presidente chino Hu Jintao acababa de visitar Brasil y otros países de América del Sur prometiendo —según la prensa sudamericana— más de 30 mil millones de dólares en inversiones y un aumento espectacular del comercio latinoamericano con China, el ex presidente brasileño se mostraba más preocupado que entusiasmado por el acercamiento latinoamericano con China.

¿Era realista pensar que China podía convertirse en una alternativa a los Estados Unidos o Europa para América latina? "Yo creo que eso es un sueño", respondió Cardoso. "Porque más tarde o más temprano, China va a ser un competidor." Actualmente, "China es un competidor principalmente para México y América Central, pero un enorme comprador de materias primas de Brasil, Argentina y otros países sudamericanos", continuó. "Pero dentro de poco, van a pasar a exportar acero y otros productos de mayor valor agregado, y nos van a hacer competencia a todos."[37]

A Cardoso le preocupaba sobremanera la inminente formación de un bloque comercial en Asia. Porque si ahora países como Brasil, la Argentina y Chile tenían a China como uno de sus principales mercados de exportación, la bonanza podría acabarse pronto, cuando los países de ASEAN obtuvieran acceso preferencial al mercado chino. "Toda América latina sufrirá las consecuencias de la consolidación de un bloque asiático, pero especialmente el Cono Sur, a menos que se integre de inmediato a alguno de los grandes bloques económicos mundiales", decía Cardoso. "Si el Pacífico se integra y el Cono Sur no, pobre Cono Sur", advirtió el ex presidente.[38]

"Entonces, ¿qué tiene que hacer América latina?", le pregunté. "Hay que tener una visión más clara de que el mundo de hoy en día no permite más un aislamiento espléndido. Eso ya no existe", dijo Cardoso. América latina necesita mucha inversión, y si sus países no son previsibles y logran acceso a mercados más grandes, a los inversionistas no les vale la pena invertir en ellos. "¿Por qué los inversionistas van a China? ¿Por qué van a poner plata hasta en Rusia? ¿Por qué, cuando muchos de estos países son menos coherentes con la visión occidental que Brasil o la Argentina? Porque creen que allá tendrán una cierta previsibilidad", señaló el ex presidente. "El mundo actual requiere previsibilidad: la escala de producción es muy amplia, requiere tiempo, y la inversión rinde frutos mucho tiempo después. Entonces, yo creo que nosotros tenemos que entender que el mundo es así, y tenemos que plantear cuáles son las condiciones mínimas para la integración."[39]

"¿Entre esas condiciones estaría un compromiso a acatar reglas supranacionales?", le pregunté. "Yo creo que sí", respondió. "Significa crear instituciones que vayan más allá de los Estados nacionales. No llegar al punto de un gobierno latinoamericano, pero por lo menos una corte para tomar decisiones sobre las controversias, y que los acuerdos puedan ser implementados por una autoridad que sea supranacional." Cardoso, al igual que el ex presidente español González, alertó que la tarea será difícil. "Ceder soberanía es algo que nos cuesta mucho", señaló. "Porque para eso hace falta que el liderazgo latinoamericano esté convencido de que ese acuerdo sea mutuamente beneficioso. Y no está claro que el liderazgo latinoameriacano esté de acuerdo en eso. El liderazgo no son los presidentes, no son los ministros de Finanzas, ni siquiera los ministros de Relaciones Exteriores. Si la idea va a los Congresos, o va a los medios, donde cotidianamente se discuten estos asuntos, siempre hay la impresión de que un acuerdo como ése podría atarnos. Hay miedo a eso. Entonces, hay que quitar ese miedo."[40]

¿Una carta económica interamericana?

Salí de la entrevista con Cardoso contento de que estuviera de acuerdo en la necesidad de una salida supranacional, y preocupado por los obstáculos que el ex presidente veía en lograr ese objetivo. Pero, poniendo ambas cosas en la balanza, la visión de Cardoso —como la de González— daba margen para el optimismo. La Unión Europea, al fin y al cabo, había tardado varias décadas en convertirse en realidad, y hasta el día de hoy tenía sus marchas y contramarchas. Si América latina no lograba ponerse de acuerdo en un marco supranacional de envergadura, podía hacerlo parcialmente, en temas específicos.

Una salida supranacional políticamente factible —aunque mucho menos ambiciosa que la integración efectiva a uno de los tres grandes bloques comerciales— era firmar una Carta Económica Interamericana, como la Carta Democrática Interamericana de la Organización de Estados Americanos (OEA). Efectivamente, la Carta Democrática firmada por los 33 países de la OEA en Lima, Perú, el 11 de septiembre de 2001, constituye un tratado de defensa colectiva de la democracia, que convoca a los países a ejercer presiones diplomáticas conjuntas cuando un país interrumpe la democracia. La Carta Democrática nació después del "fujimorazo", la decisión del ex presidente peruano Alberto Fujimori de disolver el Congreso de su país. Los países de la región se habían dado cuenta de que había un vacío legal en las convenciones políticas regionales: no existían mecanismos para la defensa colectiva de la democracia cuando un presidente democráticamente electo, como

Fujimori en su momento, quebraba el estado de derecho. De la misma manera, hoy día los países latinoamericanos tienen un vacío legal en sus convenciones económicas regionales: carecen de un marco legal que dé seguridad jurídica a las inversiones, para el caso de que presidentes democráticamente electos no respeten los contratos. Una Carta Económica podría, por ejemplo, crear un mecanismo de solución de controversias y ayudar a establecer una "marca comunitaria" que permita estimular las inversiones mientras se negocia la integración regional con alguno de los grandes bloques mundiales.

Sea como fuere, todo parece indicar que la supranacionalidad, ya provenga de una Carta Democrática o de la integración a bloques comerciales, es el mejor remedio para que América latina pueda quebrar su círculo vicioso de pobreza, marginalidad, delincuencia, inestabilidad política, fuga de capitales, falta de inversión, y más pobreza. Es una decisión política que no puede postergarse indefinidamente. Como veremos en el próximo capítulo, el vertiginoso desarrollo de China y del resto de Asia —un verdadero tsunami económico que avasallará al mundo en el siglo XXI— hace que América latina no pueda perder un minuto más en ponerse al día.

FUENTES

[1] "McDonald's revamps menu, expands in China", *China Daily*, 16 de agosto de 2004.
[2] Entrevista del autor con Paulo Leme, director de mercados emergentes de Goldman Sachs, 15 de marzo de 2005.
[3] Banco Mundial, "Global Poverty down by half since 1981", comunicado de prensa, Banco Mundial, 23 de abril de 2004.
[4] Ídem.
[5] UNCTAD, citado en "Fostering Regional Development by Securing the Hemispheric Investment Climate", Council of the Americas, noviembre de 2004.
[6] Ídem.
[7] *China Daily*, "Overseas Investment on the up", 1 de febrero de 2005, y CEPAL, "La inversión extranjera en América Latina y el Caribe", 2004, pág. 14.
[8] "Fostering regional development by securing the hemispheric investment climate," Council of the Americas, noviembre de 2004.
[9] *The Miami Herald*, "Corruption, high death toll tear at Rio's police force", 2 de mayo de 2005.

[10] Entrevista del autor con Miguel Caballero, en el programa "Oppenheimer Presenta", marzo de 2005.

[11] *The Miami Herald*, "Think Miami's dangerous? Try Latin America", 24 de julio de 2003.

[12] "Informe de Desarrollo Humano de las Naciones Unidas", 2003, Tabla 31, pág. 117.

[13] Instituto Nacional de Estadística y Censos.

[14] Entrevista del autor con Juan Alberto Yaría, Buenos Aires, 20 de abril de 2005.

[15] Oscar Álvarez, ministro de Seguridad de Honduras, en el programa Nº 63 de "Oppenheimer Presenta".

[16] Entrevista al presidente Tony Saca, "Oppenheimer Presenta", Nº 63, diciembre de 2004.

[17] "Fostering regional development by securing the hemispheric investment climate," Council of the Americas, noviembre de 2004, pág. 6.

[18] Ídem, pág. 9.

[19] Entrevista del autor con el secretario de Defensa de los Estados Unidos Donald Rumsfeld, 5 de abril de 2005.

[20] Entrevista del autor con el ex jefe del Comando Sur, general James Hill, 18 de enero de 2005.

[21] Ídem.

[22] Ídem.

[23] Ídem.

[24] "Condo Boom Worries Wall Street", *The Miami Herald*, 11 de marzo de 2005.

[25] *Granma*, 22 de febrero de 2002; "Revelan que el salario mensual equivale a 10 dólares", Agencia France Press, 22 de febrero de 2003.

[26] Associated Press, 18 de febrero de 2005.

[27] Instituto Nacional de Estadística, República Bolivariana de Venezuela, "Reporte Estadístico", Nº 2, año 2004, pág. 5.

[28] CEPAL, Comisión Económica para América latina de las Naciones Unidas, *Anuario 2004*.

[29] Entrevista del autor con Soledad Alvear, Miami, 6 de junio de 2003.

[30] "Presentación de la Unión Europea", página web de la UE, www.europa.org.

[31] Fondo Monetario Internacional, "World Economic Outlook Report", septiembre de 2004, pág. 191.

[32] Ídem.

[33] Entrevista del autor con Martin Tlapa, Praga, República Checa, 1 de septiembre de 2004.

[34] "Global Ranking, UNCTAD-DITE, Global Investment Prospects Assessment" (GIPA), Figure 2, Global Ranking, junio de 2004.

[35] Entrevista del autor con Felipe González, Buenos Aires, Argentina, 9 de junio de 2003.

[36] Ídem.

[37] Entrevista del autor con Fernando Henrique Cardoso, 6 de noviembre de 2004.

[38] Ídem.

[39] Ídem.

[40] Ídem.

CAPÍTULO 2

China: la fiebre capitalista

Cuento chino: "El sector estatal de la economía, es decir, el sector económico de propiedad socialista de todo el pueblo, es la fuerza rectora de la economía nacional" (artículo 7º de la Constitución de la República Popular China).

BEIJING, China — El señor Hu, el funcionario del Ministerio de Relaciones Exteriores de la República Popular China que me escoltaba durante mi visita a Beijing, me señaló con la mano un inmenso edificio rectangular a un costado de la avenida del segundo circuito nordeste por la que transitábamos en el taxi que nos estaba llevando a una entrevista en el centro de la ciudad. "Es la embajada de Rusia", dijo el señor Hu, agregando que desde hacía mucho tiempo era la representación diplomática extranjera más grande en la capital china. "Pero en 2006 se va a terminar de construir la nueva embajada de los Estados Unidos, que pasará a ser la más grande de todas", agregó después de un instante, con una sonrisa entre divertida y pícara, como si todavía no pudiera creer lo que estaba diciendo. En la China de hoy, todo está cambiando tan rápidamente que ni sus propios funcionarios pueden dar crédito a todo lo que escuchan, ni a mucho de lo que ven.

No era ninguna coincidencia que Estados Unidos estuviera construyendo la embajada más grande en China. Según el estudio del Consejo Nacional de Inteligencia (CNI), el centro de estudios a largo plazo de la CIA, China se está convirtiendo a pasos acelerados en una potencia mundial, y será el principal rival económico, político y militar de los Estados Unidos en el año 2020. Al igual que ocurrió con Alemania a principios del siglo XIX y con los Estados Unidos a principios del siglo XX, China e India "transformarán el panorama geopolítico mundial, con un impacto potencialmente tan dramático como el que se dio en los dos siglos anteriores", dice el estudio.[1] "Así como los analistas se han referido al Siglo XX como 'al siglo americano', el siglo XXI puede ser visto como el de China e India… La mayoría de los pronósticos indican que, para el año 2020, el producto bruto de China será superior al de todas las potencias económicas occidentales, con la sola excepción de los Estados Unidos."

Desde que China inició su giro hacia el capitalismo en 1978, el país ha venido creciendo a un promedio del 9 por ciento anual, y nada hace prever que su ritmo de crecimiento baje significativamente en los próximos años. Según las proyecciones del gobierno chino, en el año 2020 el producto bruto nacional será de 4 trillones de dólares, cuatro veces más que el actual, y el ingreso per cápita será tres veces superior al actual.[2] Y eso se traducirá en el nacimiento de una enorme clase media china, que numéricamente será mayor que toda la población de los Estados Unidos o de Europa, y que transformará la economía mundial tal como la conocemos hoy. Según la Academia de Ciencias Sociales de China, uno de los centros de estudios más importante del país, la clase media china —definida como el número de gente que gana entre 18 mil y 36 mil dólares por año— crecerá del 20 por ciento de la población actual al 40 por ciento en el año 2020. Eso significará que para ese año habrá 520 millones de chinos de clase media. Y las empresas globales, que hoy producen ropa, automóviles y noticias para el gusto de los consumidores norteamericanos, modificarán sus productos para conquistar a los consumidores chinos. Las compañías multinacionales "tendrán una orientación más asiática y menos occidental", dice el informe del CNI. El centro de gravedad del mundo se moverá unos cuantos grados hacia el Lejano Oriente. "Aunque América del Norte, Japón y Europa en su conjunto continuarán dominando las instituciones políticas y financieras internacionales, la globalización tendrá características cada vez menos occidentales y cada vez más orientales. Para el año 2020, es probable que la opinión pública mundial asocie el fenómeno de la globalización con el ascenso de Asia, en lugar de con la 'americanización'", pronostica el centro de estudios a largo plazo de la CIA.[3]

Cuando uno llega a China, no tarda mucho en concluir que estos pronósticos no pecan de exagerados.

La fiebre capitalista que se está viviendo en ese país me deparó sorpresas en cada esquina. Hay que venir a esta nación gobernada por el Partido Comunista, por ejemplo, para encontrar el centro comercial más grande del mundo, donde se pueden ver las últimas colecciones de Hugo Boss, Pierre Cardin, Fendi, Guy Laroche o cualquiera de las grandes casas de alta costura, antes de que sus modelos se estrenen en Milán, París o Nueva York. El Golden Resources Shopping Mall —así se llama, en inglés, como lo indica su inmenso letrero en letras luminosas amarillas— abrió sus puertas a fines de 2004 en Zhongguancun, en el lado oeste de Beijing, una zona a la que llegan pocos turistas. El complejo, perteneciente a una empresa privada presidida por Huang Rulun, un empresario que hizo una fortuna en el negocio inmobiliario en la provincia costeña de Fujian, tiene un área total de 56 hectáreas en cinco pisos que albergan mil tiendas, con 100 restaurantes, 230 escaleras mecánicas y una playa de estacionamiento para 10 mil autos. En total, el centro comercial emplea a unas 20 mil personas. Dentro de poco, se construirán a su alrededor 110 edificios de departamentos, oficinas y escuelas.

Cuando lo visité, un sábado por la tarde varios meses después de su inauguración, se estaba terminando de construir una pista artificial de esquí, un acuario con seis cocodrilos tailandeses, un complejo de cines y un gigantesco gimnasio. Según los dueños del centro comercial, lo visitan unas 80 mil personas por día durante el fin de semana. En total, hacen falta unos cuatro días para recorrer todo el lugar. Yo lo hice durante cuatro horas, lo suficiente como para convencerme de que China está en medio de un proceso de expansión capitalista con pocos parangones en la historia del mundo. Y, como para que mi asombro no disminuyera, después me enteré de que, lejos de ser una isla de consumo capitalista en un país comunista, el Golden Resources Shopping Mall es apenas uno de los cuatrocientos centros comerciales de grandes dimensiones que se han construido en China en los últimos seis años. Y eso no es todo. Dentro de poco, ni siquiera podrá seguir ostentando el título del más grande del mundo. Ya está en construcción el South China Mall, que tendrá una réplica del Arco de Triunfo de París, y calles que imitarán el centro de Hollywood y Amsterdam, que será el más grande del mundo, de lejos. Para el año 2010, por lo menos 7 de los 10 centros comerciales más grandes del mundo estarán en China.[4]

El pájaro nacional: la grúa de construcción

Beijing hoy es como Nueva York a comienzos del siglo XX: una ciudad que crece por minuto y que se está convirtiendo en el centro del mundo, o por lo menos en una de las dos o tres principales capitales del mundo, a un paso febril. Por donde uno mira, se levanta un nuevo rascacielos ultramoderno. En 2005, cuando visité Beijing, había 5 mil grúas de construcción trabajando día y noche en la ciudad, más que en ningún otro lado del mundo, según me aseguraron funcionarios y empresarios chinos. Y lo más probable es que no estuvieran mintiendo. Mi colega Tim Johnson, corresponsal de la cadena de periódicos Knight Ridder en la capital china, me comentaba mientras tomábamos un trago frente a la ventana de su departamento que cuando él había llegado a China no existía ninguno de los cinco rascacielos que se alzaban frente a su edificio. Y Johnson había llegado hacía apenas trece meses.

Los chinos están construyendo como si no hubiera un mañana. El ritmo de trabajo es tan frenético que los obreros de la construcción duermen en su lugar de trabajo, y los departamentos se ocupan antes de que los edificios estén totalmente terminados. No es inusual ver, en las calles de Beijing, rascacielos en plena construcción con luces en algunas de sus ventanas. En toda China, el *boom* de la construcción está consumiendo el 40 por ciento del cemento mundial. Por lo general, son gigantescas torres de vidrio parecidas a las más sofisticadas de Occidente, pero con techos orientales, en forma de pagodas estilizadas con diseños contemporáneos. El *boom* de la construcción está atrayendo a los arquitectos más famosos del mundo, como I. M. Pei, Rem Koolhaas y Norman Foster. ¿Qué los atrae? Principalmente, la posibilidad de hacer lo que no pueden realizar en los Estados Unidos y Europa, por lo caro de la mano de obra en sus países de origen. Al igual que ocurría a principios del siglo pasado en Nueva York o París, cuando la mano de obra era más barata en esas ciudades, en la China de hoy se pueden construir edificios con frentes de mármoles trabajados e interiores exquisitamente ornamentados. Mientras que los edificios en los Estados Unidos y Europa se construyen cada vez con mayor simplicidad por el encarecimiento de la mano de obra, en China los arquitectos pueden dar rienda suelta a su imaginación y a sus antojos.

Hay construcciones ovaladas, redondas, piramidales, y para todos los gustos, que sólo tienen una cosa en común: un toque oriental moderno y, sobre todo, el gigantismo. Durante mi visita, fueron pocos los chinos con los que me encontré que no tuvieran un comentario jocoso sobre la transformación vertiginosa de sus ciudades. En Beijing, un alto funcionario del Partido Comunista me preguntó, en broma, si yo sabía cuál era el pájaro nacional de China. Cuando le respondí que no tenía la más remota idea, me respondió con una sonrisa llena de orgullo: la grúa de construcción. En Shanghai, cuando le comenté a otro funcionario sobre mi asombro por el diseño futurista de la ciudad, me sugirió que no parpadeara durante mi visita: podía perderme la inauguración de un nuevo rascacielos. Todo es inmenso, ultramoderno, muy limpio, y —se apresuran a comentar los chinos— lo más grande de Asia, o del mundo.

Al pie de los rascacielos de la avenida central de Beijing, el Changan Boulevard, hay una flamante tienda de Rolls Royce. Cuando pasé por allí, pensé que era una oficina de representación para vender motores de aviones, o maquinaria para la agricultura. Pero me equivocaba: al acercarme, comprobé que lo que estaba en venta eran automóviles Rolls Royce último modelo. Y no muy lejos hay tiendas de Mercedes Benz, Alfa Romeo, Lamborghini, BMW y Audi. En las grandes ciudades de China se respira la abundancia, por lo menos para una minoría que se ha enriquecido vertiginosamente en los últimos años. El crecimiento chino no sólo creó una nueva clase media, sino una nueva clase de superricos, que logró su legitimación definitiva en 2004 cuando el Parlamento chino enmendó la Constitución para establecer que "la propiedad privada y legítima de los ciudadanos es inviolable", y que "el Estado, de conformidad con las leyes vigentes, debe proteger los derechos de la propiedad privada de los ciudadanos, como también los de su herencia".

Los nuevos ricos chinos

Según la Academia China de Ciencias Sociales, ya existen unos 10 mil empresarios chinos que han superado la barrera de 10 millones de dólares cada uno. Si uno toma en consideración la corrupción y la economía informal, probablemente la cifra sea varias veces mayor. Y los nuevos ricos chinos, como sus antecesores en los Estados Unidos y Gran Bretaña a finales del siglo XIX, presumen de su fabulosa riqueza a los cuatro vientos. Uno de los nuevos millonarios, Zhang Yuchen, no sólo construyó una réplica del Château Maisons-Lafitte de París, erigido en 1650 por el arquitecto francés François Mansart sobre el río Sena, sino que lo "mejoró" —según dijo— agregándole un jardín de esculturas copiado del palacio de Fontainebleau. "Me costó 50 millones de dólares, porque quisimos hacerlo mejor que el original", se ufanó Zhang.[5] Otro supermillonario pagó 12 mil dólares por una mesa para la cena de fin de año en el restaurante South Sea Fishing Village, de la provincia sureña de Guangdong. El resto de las mesas de año nuevo del restaurante valían 6 mil dólares. Cuando la noticia salió en la prensa, durante mi estadía en China, otro restaurante quiso sumarse a la ola publicitaria y anunció que ofrecía su mesa principal para la noche de año nuevo por 37 mil dólares. Entre otros manjares, el restaurante de Chongking, en el sudoeste del país, ofrecía una sopa de gallina cocinada con un ginseng de cien años de antigüedad. Tan sólo la sopa costaba 30 mil dólares, se ufanó el restaurante.[6]

En el Changan Boulevard, el tráfico es tan denso como en las otras ciudades más pobladas del mundo, si no peor. De los 13 millones de habitantes de la capital china, unos 1,3 millones ya tienen automóviles. Y muchos de los coches que circulan por la Changan son Audi 6 —el favorito de los empresarios y altos funcionarios, que cuesta unos 60 mil dólares—, Volkswagen Passat y Honda. Según el *China Daily*, el periódico destinado a la comunidad de extranjeros en China, las ventas de automóviles de lujo se han disparado en los últimos cinco años: Mercedes Benz ya vende unos 12 mil por año, BMW alrededor de 16 mil, y Audi unos 70 mil. La demanda interna por autos de lujo ha crecido tanto que Mercedes Benz se ha asociado con un grupo chino para montar una planta que a partir de 2006 tendrá capacidad para fabricar unos 25 mil Mercedes por año en China.[7]

Y la gente por las calles parece mejor vestida que en Nueva York o Londres. Gracias a la gigantesca industria de la piratería, por la cual los chinos producen un porcentaje de sus bienes por encima de los pedidos de sus clientes, y luego los venden en China y en el mercado negro internacional por una fracción de su precio, la gente en las calles de Beijing y las otras grandes ciudades parece estar estrenando ropa constantemente, como si el país entero estuviera saliendo de las navidades todas las semanas. Los chinos han cambiado el traje Mao por el Armani pirateado, o alguna de sus versiones locales. Hasta en los barrios de clase media baja y pobres de Beijing, uno ve gente en ropa barata, pero casi siempre nueva. La primera impresión de cualquier visitante en Beijing, sin dudas, es de perplejidad total por la rapidez y el entusiasmo con que un país que hace tan sólo veinte años era conocido por sus hambrunas y su cerrazón al resto del mundo se ha convertido del comunismo al consumismo. Y, como me lo señaló Xu Yilin, un veterano traductor que había pasado los mejores años de su vida en Cuba traduciendo a Mao al español, la segunda impresión de Beijing a menudo es de aun mayor asombro que la primera: "La gente que vuelve después de cuatro o cinco años no puede creer todos los nuevos edificios y avenidas que se han construido. Aquí, las autoridades municipales deben rehacer los mapas cada seis meses".

El monumento al consumidor

En mi primer domingo en Beijing, antes de iniciar mi semana de entrevistas en la capital china, hice la visita obligada al Palacio Imperial en la Ciudad Prohibida, el majestuoso complejo de ocho kilómetros de largo desde donde habían gobernado veinticuatro emperadores de las dinastías Ming y Qing durante varios siglos, hasta el año 1911. El Palacio Imperial había sido construido en 1406, frente a lo que es hoy la Plaza Tienanmen, y había sido preservado por la revolución comunista de 1949 como un testimonio del pasado Imperial chino. Ahora, es visitado por millones de turistas por año. Los catorce majestuosos palacios de la Ciudad Prohibida —casi todos con nombres como "Sala de la Suprema Armonía", "Sala de la Pureza Celestial" o alguna variante del mismo tema— estaban maravillosamente preservados, a pesar de haber sido construidos en madera y haber sobrevivido a varios incendios. Hubo dos cosas que me sorprendieron, además de lo inmenso de los palacios en que vivían los emperadores chinos y sus concubinas, que en el caso de uno de ellos llegaban a tres mil. Como latinoamericano, al contemplar la sofisticación arquitectónica de la ciudad imperial, con sus edificios de paredes rojas con ornamentos azules y verdes, y sus techos arqueados adornados con esculturas en cada uno de sus vértices, no pude dejar de pensar que cuando Colón descubrió América, los emperadores chinos ya vivían desde hacía casi un siglo en una ciudad tan avanzada como ésta. La segunda cosa que me sorprendió, como recién llegado a Beijing, tenía más que ver con la peculiar naturaleza del comunismo chino, o lo que quedaba de él. En cada palacio había un gran cartel de madera explicando, en inglés, el año de la construcción y una breve historia del edificio. Y abajo de todo, chiquitito, con fondo azul y letras blancas, había un rectángulo con la inscripción: "Made possible by the American Express Company". En la China de hoy, el Partido Comunista conserva los palacios de la dinastía Ming, y deja las explicaciones a los turistas en manos de American Express.

En la ciudad de Shanghai, una metrópoli comercial de unos 16 millones de habitantes en la desembocadura de la cuenca del Yangtzé, sobre el océano Pacífico, todavía queda un gigantesco monumento a Mao, con la mirada en el horizonte, sobre el río Hangpu. Pero la escultura más visitada en estos días es el nuevo monumento al consumidor que acaba de construir la ciudad a pocas cuadras de allí. En la entrada a la Nanjing Road, la calle peatonal donde se encuentran las principales tiendas comerciales de la ciudad, y por donde caminan a diario cientos de miles de personas, hay dos esculturas de bronce de tamaño natural, que le dan a uno la bienvenida al corazón comercial de la ciudad. Ninguna de ellas es el clásico Mao, con la frente en alto, enarbolando la bandera roja al viento, con sus discípulos cargando fusiles al hombro detrás de él. En su lugar está la figura de una mujer caminando con similar orgullo, pero con dos bolsas de compras en una mano. De la otra mano, la mujer lleva a su hijo, un adolescente sonriente con una mochila en la espalda, que en vez de un fusil tiene una raqueta de tenis sobre el hombro.

El gobierno de Shanghai no llama oficialmente a la escultura un monumento al consumidor, pero los habitantes de la ciudad así la conocen. La placa conmemorativa, en una piedra rectangular de dos metros de ancho, sólo dice que la calle peatonal fue diseñada por el arquitecto francés Jean-Marie Charpentier en 1999, e inaugurada por el gobierno popular de Shanghai. Pero por si a alguien le cabe alguna duda sobre el simbolismo de la escultura, al final de la avenida peatonal, diez cuadras más adelante, hay otro monumento similar del mismo artista, con el mismo tema. Muestra a una pareja con bolsas de compras en la mano, el padre con una cámara fotográfica colgada del pecho, mientras la hija —feliz— lleva media docena de globos. Mientras miles de turistas chinos llegados de todas partes del país se toman fotos al lado del monumento al consumidor con sus nuevas cámaras digitales, Mao permanece solitario, mirando al río, con un aire que uno no puede evitar interpretar como melancólico.

China crece más de lo que dice

Como muchos de los funcionarios que entrevisté en China, Kang Xuetong, subdirector general para América latina del Departamento de Relaciones Internacionales del Comité Central del Partido Comunista, me preguntó qué impresión me había causado el país hasta el momento. Estábamos hablando en un salón de protocolo del Comité Central, un moderno edificio de cuatro pisos con un lobby de paredes de vidrio que le daba un aspecto de banco más que de cuartel general del Partido Comunista. Era una de mis entrevistas más importantes en China, y una que me interesaba mucho: como en todos los países comunistas, el Comité Central del Partido Comunista es el poder detrás del trono, y sus funcionarios a menudo tienen mucho mayor influencia que sus pares en el gobierno. Y Kang, un hombre de aspecto atlético que hablaba perfecto español, era un elemento clave en las relaciones de China con América latina. "¡Estoy impresionado!", le contesté, con la mayor sinceridad. "Un crecimiento anual de más del 9 por ciento en varias décadas, 60 mil millones de dólares en inversiones anuales, 250 millones de personas rescatadas de la pobreza. ¡Como para no impresionar a cualquiera!", agregué. Lejos de festejar con orgullo lo que estaba diciendo, Kang levantó una mano en señal de advertencia y señaló: "Sí. Pero no pierda de vista que todavía somos un país en vías de desarrollo. Hay que poner las cosas en contexto. La inversión en China, calculada per cápita, es menor que en América latina. No hay que mirar las cifras globales. Todavía tenemos una enorme cantidad de pobres. Todavía tenemos muchos problemas. Y hay que tener siempre presente que cualquier logro que tenemos hay que multiplicarlo por 1.300 millones de personas. Y cuando multiplicamos un logro por 1.300 millones de personas, muchas veces se vuelve insignificante".

En entrevistas posteriores con otros funcionarios oficiales, me llamó la atención encontrarme con el mismo fenómeno: los funcionarios chinos parecen programados para minimizar los logros macroeconómicos del país, en lugar de explotarlos como herramientas propagandísticas. Al revés de lo que ocurre en otros países, en los que los funcionarios se agarran de cualquier cifra económica favorable para presentar a su nación como destinada a un futuro de grandeza, los chinos hacen lo contrario. Cuando comenté este fenómeno con algunos diplomáticos latinoamericanos con los que me vi en Beijing, varios de ellos me señalaron que, efectivamente, los funcionarios chinos nunca magnificaban sus logros. Por el contrario, exageraban las cosas hacia abajo. Lo más probable es que lo hicieran para evitar que el resto del mundo viera a China como una amenaza que podía poner en peligro el bienestar económico o la paz mundial. El gobierno chino es sumamente consciente de la opinión pública mundial, y enfatiza constantemente el rol de China como un país pacífico, con una filosofía supuestamente pacifista, me dijeron. En el año 2004, por ejemplo, el gobierno había adoptado el término "ascensión pacífica" para describir el *boom* económico chino en el contexto mundial. Pero poco después, advirtiendo que la palabra "ascensión" estaba acrecentando los temores en el resto del mundo, el gobierno había reemplazado el término por el de "desarrollo pacífico".

Sin embargo, muchos economistas occidentales sospechan que la costumbre del gobierno chino de minimizar sus logros va mucho más allá de las palabras. "La credibilidad de las estadísticas chinas es dudosa", dice Ted C. Fishman, el autor de *China Inc.*, un libro sobre el *boom* económico chino de gran difusión en los Estados Unidos.[8] "En el pasado, había muchas quejas de que los funcionarios chinos exageraban sus cifras para arriba, cosa de mostrar que estaban haciendo un buen trabajo. Ahora, un coro de escépticos argumenta que las cifras son demasiado bajas", explica. Efectivamente, hay un incentivo para minimizar las cifras: el gobierno chino está ejerciendo cada vez más presión sobre los bancos de inversión para que dirijan sus proyectos a las zonas más pobres del país. Por ese motivo, las ciudades de la costa, que son las más ricas y principales beneficiarias de la avalancha de inversiones extranjeras, reducen sus cifras de crecimiento económico para que el gobierno central no les quite recursos y los envíe a otras zonas del país. Y muchas zonas pobres que están empezando a desarrollarse también disimulan su crecimiento para no perder su estatus de "zonas de pobreza", con lo que dejarían de recibir varios apoyos económicos del gobierno. Quizá por eso las cifras económicas que el gobierno central recoge de las provincias chinas no coincide con las cifras económicas que los municipios, ciudades y regiones dan a conocer en sus propias publicaciones. A juzgar por la suma de las cifras económicas de los gobiernos locales, la economía China es un 15 por ciento mayor que lo que reporta el gobierno central a las instituciones financieras internacionales, dice Fishman. Esta disparidad en las estadísticas ha causado tantas críticas que el gobierno central ha presentado cargos contra unos 20 mil funcionarios locales en los últimos años, acusándolos de haber hecho fraude al enviar sus cifras a las autoridades en Beijing.[9] Asimismo, las cifras del gobierno central sólo representan la economía formal. Si se le agregara la enorme economía informal, las cifras serían mucho mayores aún. La CIA, en su "World Factbook", un almanaque mundial de acceso al público en Internet, señala que si la economía china se calcula en términos de paridad de poder adquisitivo —una de las dos medidas utilizadas internacionalmente para medir la actividad económica—, su monto total anual no sería de 1,4 trillones de dólares anuales, como lo indica el gobierno chino, sino de 7,2 trillones. "Si se mide en base a la paridad del poder adquisitivo (PPP), en 2004 China fue la segunda economía más grande del mundo, después de la de los Estados Unidos", estimó la agencia de inteligencia norteamericana.[10] O sea que mientras las estadísticas oficiales chinas señalan que la economía actual del país apenas equivale al 10 por ciento de la de Estados Unidos, otras ya señalan que equivale a más del 60 por ciento de ésta, y podría alcanzarla antes de lo que muchos suponen.

La nueva consigna comunista: privatizar

¿Qué porcentaje de la economía china está en manos privadas?, le pregunté a Zhou Xi-an, un alto funcionario del Ministerio Nacional de Desarrollo y Reforma, en mi primera entrevista oficial en Beijing. Pocos minutos antes, había llegado al salón de ceremonias del Ministerio acompañado por el señor Hu, mi escolta gubernamental. En China, los periodistas extranjeros deben tramitar todas las entrevistas a través del Ministerio de Relaciones Exteriores, que les da las visas de entrada al país, les tramita las entrevistas y los acompaña en las mismas. El salón donde nos esperaba Zhou era una sala elegante, de color durazno, con las sillas colocadas en forma de "U", como un rectángulo con uno de sus extremos abiertos. En la cabecera había dos sillones alineados, orientados hacia el mismo lado y separados por una mesita. Zhou me invitó a tomar asiento en el sillón a su derecha. Detrás nuestro, había dos enormes floreros con orquídeas, tras los cuales se escondían un hombre y una mujer que, según logré establecer poco después, harían de traductores. Era una escenografía como la que usan los jefes de Estado para sacarse una foto con un visitante extranjero, salvo que la ubicación alineada de las sillas con la misma orientación lo obligaba a uno a tener el cuello girado hacia la izquierda todo el tiempo. No sé si era una tortura china, pero hacia la mitad de la entrevista, después de una hora con el cuello girado 90 grados a la izquierda para mirar a Zhou, y 180 grados para escuchar la traducción que venía de atrás del florero, estaba más preocupado en evitar quedarme con el cuello duro o la espalda petrificada que en lo que me estaba diciendo el funcionario con gran dedicación. Pero entre lo poco que saqué en claro de la entrevista, estaba el hecho de que el capitalismo en China está mucho más avanzado de lo que yo creía. El Estado chino actualmente controla menos del 30 por ciento del producto bruto nacional, mientras que un 60 por ciento está en manos del sector "no gubernamental", y un 10 por ciento en manos colectivas. China ya tiene 3,8 millones de empresas privadas, que constituyen "el principal motor del desarrollo económico, y la fuente de empleos que está creciendo más rápidamente", me dijo el florero angloparlante ubicado detrás de Zhou.[11]

—¡¡¡Uau!!! —exclamé—. Jamás pensé que un 60 por ciento de la economía china ya estuviera en manos del sector privado.

—No está en manos del sector privado —se apresuró Zhou—. Está en manos del sector no gubernamental.

—¿Y cuál es la diferencia entre el sector no gubernamental y el sector privado? —pregunté buscando entre los pétalos de orquídeas algún fragmento del rostro de la traductora.

—Bueno, hay diferentes formas de convertir a las empresas públicas en empresas no gubernamentales, según cómo se reparten las acciones —replicó la voz detrás del florero.

—¿Y cuál es la diferencia entre eso y privatizar? —insistí.

—En realidad, no mucha —respondió el florero parlante, mientras Zhou sonreía con picardía.

Comunismo sin seguro médico

El Partido Comunista chino hace todo tipo de piruetas verbales y conceptuales para disfrazar su conversión al capitalismo, pero a pocos visitantes les quedan dudas de que las reformas económicas iniciadas en 1978 han desembocado en una carrera hacia la competitividad capitalista como pocas en la historia. Como en la Revolución Industrial en Inglaterra, o las primeras décadas del siglo XX en los Estados Unidos, en la China de hoy la desigualdad está en aumento, el trabajo infantil es tan común que ni llama la atención, el horario de trabajo rara vez es de menos de 12 horas diarias, millones de trabajadores viven hacinados en dormitorios comunes, turnándose para dormir en las mismas camas que dejan libres sus compañeros, y no hay tal cosa como el derecho de asamblea o —mucho menos— de huelga. Desde 1978, el gobierno cerró casi 40 mil empresas ineficientes. Y entre 1998 y 2002 las compañías estatales chinas despidieron a nada menos que 21 millones de trabajadores, más que toda la población de Chile, y casi dos veces la de Cuba.[12]

Hasta la salud y la educación superior, que uno cree deberían ser gratuitas en un sistema comunista, han sido aranceladas en la China de hoy. Los estudiantes universitarios, excepto los pocos que reciben becas, deben pagar por cursar sus estudios, y cifras que no tienen nada de simbólico. Un 45 por ciento de la población urbana del país y un 80 por ciento de la población rural no tienen ningún tipo de seguro médico, admitió recientemente el viceministro de Salud Gao Qiang.[13] "La mayoría de ellos pagan sus cuentas médicas propias", dijo el viceministro, según la agencia oficial de noticias Xinhua. Como resultado de la falta de cobertura médica "un 48,9 por ciento de la población china no puede darse el lujo de ver a un médico cuando se enferma, y un 29,6 por ciento no es hospitalizada cuando debiera."[14]

La China comunista de hoy es un capitalismo de Estado, un régimen autoritario cuyo principal objetivo económico es mejorar la competitividad a cualquier costo, que no admite reclamos salariales y puede despedir sin problema a millones de personas de empresas estatales ineficientes. Y, por ahora, el modelo parece darles resultado a los chinos. Las empresas internacionales están invirtiendo allí más que en ningún lado del mundo, y —aunque la brecha entre los chinos ricos y los pobres está creciendo a pasos gigantes— el progreso está llegando a todos los habitantes de las grandes ciudades de la costa este del país, aunque mucho menos a los 800 millones de campesinos que viven en el interior. Así y todo, el ingreso per cápita está creciendo todos los años, el régimen ha logrado sacar de la pobreza a 250 millones de personas en los últimos veinte años, y todo parece indicar que rescatará de la pobreza a otros cientos de millones de personas en la próxima década.

En los restaurantes de Beijing, me fue difícil ver a una mesera o a un mesero de más de 21 años. Los mozos, casi siempre uniformados con algún traje escogido por su restaurante, son en su gran mayoría jovencitos de 18 a 21 años, muchas veces con ayudantes de quince años, si no menos. Los jóvenes viven en dormitorios comunes, y en muchos casos están haciendo pasantías por menos del salario mínimo, que no llega a 1 dólar por hora. "¿A qué hora empezás a trabajar?", le pregunté a la joven sonriente que me atendía en el Four Seasons Restaurant de la Avenida Changan. "A las 8 de la mañana", contestó, feliz. "¿Y hasta qué hora trabajás?" "Hasta las 11 de la noche, aunque tengo un rato para descansar por la tarde", contestó, con la mayor naturalidad, sin dejar de sonreír en ningún momento. La joven estaba contentísima de haber tenido la oportunidad de trabajar en el restaurante, ya que había competido con decenas —quizá cientos— de otros aspirantes al puesto. Pensaba trabajar allí durante dos años más, y luego volver a su pueblo natal, bastante lejos de Beijing.

Con algún dinerito ahorrado, aunque en China todavía no se usa mucho dejar propinas.

El comunismo: un ideal para el futuro

¿Qué quedó del comunismo en China? Durante varios días quise hacerle esta pregunta al señor Hu, mi acompañante oficial. Pero decidí esperar hasta el final de mi visita, o alguna ocasión especial, para no enturbiar la relación de entrada. La oportunidad se dio cuando el señor Hu me comunicó levantando las cejas que su jefe, el señor Hong Lei, el subdirector de Información del Ministerio de Relaciones Exteriores, me estaba invitando a un almuerzo privado al día siguiente. Era un gesto muy inusual de parte del señor Hong, al que muy pocos periodistas extranjeros tenían acceso, agregó el señor Hu, que a la usanza china se refería a todo el mundo como "el señor tal", o "la señora cual", incluso cuando hablaba de sus propios colegas. "¿Acepta la invitación?" "Por supuesto", contesté.

El señor Hong era un hombre de no más de 35 años, de aspecto atlético, que vino al restaurante en que nos citamos vestido con el nuevo atuendo de los funcionarios chinos educados en el exterior: chaqueta de cuero negro de casa de alta costura italiana y suéter marrón de cuello alto. Hong parecía la simpatía en persona, y hablaba un inglés perfecto, en parte fruto de los años que había vivido en los Estados Unidos trabajando en el consulado en San Francisco. Como siempre ocurre en China, el almuerzo privado resultó ser un evento colectivo, aunque menos multitudinario que otros. El señor Hong vino acompañado de su asistente, el señor Wang Xining, que no debe haber tenido más de 30 años, y de mi acompañante oficial, el señor Hu. Después de la comida, un menú delicioso de no menos de diez platos compartidos, tras pasarnos casi dos horas hablando sobre las inversiones extranjeras, las privatizaciones y los cambios que China estaba haciendo en sus leyes para adaptarse a su creciente apertura económica, le disparé al señor Hong la pregunta que tanto me intrigaba. "Y entonces", dije, "¿qué ha quedado del comunismo en este país?"

Hong cambió su talante de inmediato. Depositó los palitos chinos en la mesa, y abandonó de un segundo a otro su jovialidad para adoptar el aire de gravedad con que los funcionarios comunistas suelen explicar el mundo a los infieles. "Nosotros seguimos siendo comunistas. Lo que ocurre es que el comunismo es un ideal a largo plazo, que puede tardar doscientos o trescientos años en alcanzarse", me dijo el señor Hong, mientras sus dos asistentes asentían con la cabeza. "Durante la década del cincuenta, nuestra percepción del comunismo no era la correcta. Cometimos el error de adoptar políticas destinadas a implantar el comunismo de la noche a la mañana. Sin embargo, como ya lo decía Marx, el comunismo debe darse en una sociedad que ya alcanzó el bienestar material."

Cuando lo miré con una sonrisa irónica, como sugiriendo que el Partido Comunista estaba tratando de no perder imagen, porque resultaba bastante difícil de creer que se puede construir el socialismo con recetas capitalistas, el señor Hong siguió su discurso entrando en más detalles. Sin abandonar su nueva solemnidad, explicó que "estamos construyendo el socialismo con características chinas. Y en esta etapa, lo que caracteriza nuestras decisiones es el pragmatismo". Según me dijo, el plenario del Partido Comunista Chino en 1997 había resuelto que toda decisión del gobierno debía cumplir con tres requisitos, que eran comúnmente conocidos como "los tres criterios". El primero era: "Si la medida conduce a mejorar la productividad". El segundo, "si la medida ayuda a mejorar la vida de la gente". El tercero, "si la medida contribuye a aumentar la fortaleza del país". Y, siguió explicando el señor Hong, "según nuestra nueva política, todo lo que cumpla con estos tres requisitos está bien, y todo lo que no los cumpla está mal. Y con estos criterios nos ha ido muy bien".

¿Pero acaso no son estas acrobacias verbales una excusa del Partido Comunista para no admitir el fracaso de su modelo ideológico y mantenerse en el poder como partido único?, pregunté. El señor Hong había vivido muchos años en el exterior, conviviendo con periodistas occidentales, de manera que calculé que no era demasiado arriesgado hacer esta pregunta. Seguramente, se la habían hecho muchas veces antes. "De ninguna manera. En China tenemos una democracia de un partido, que es lo que necesitamos", contestó, sin un trazo de agitación. El argumento era sencillo: China tiene 1.300 millones de habitantes, de 55 grupos étnicos diferentes, con tantas tensiones sociales latentes que era impensable un sistema multipartidista. Con 800 millones de personas en la pobreza, "no podemos correr el riesgo de turbulencias", dijo.

Sin embargo, el Partido Comunista estaba permitiendo cada vez más democracia dentro de su proceso de toma de decisiones, aseguró. El partido se estaba abriendo, al punto de que ya no aceptaba sólo miembros provenientes del sector obrero, campesino y de las fuerzas armadas, sino que desde el año 2002 también aceptaba de igual manera a empresarios, intelectuales y trabajadores de empresas multinacionales. Y todas las decisiones eran sometidas a un riguroso proceso de consulta con todos los sectores del partido. China tenía una democracia, cuya única diferencia con las de los Estados Unidos o Europa era que el debate se producía dentro de las filas del partido dominante, agregó.

Sin poder evitar una sonrisa, comenté que, a los ojos de un extranjero, China estaba en una marcha acelerada hacia el capitalismo. Si el 60 por ciento de la economía ya estaba en manos privadas, o semiprivadas, y el propio gobierno chino admitía que otros cientos de miles de empresas estatales serán privatizadas en el futuro próximo, y que el traspaso de empresas era "el mayor motor del desarrollo económico" —como me lo había dicho el señor Zhou, el alto funcionario del Ministerio Nacional de Desarrollo y Reforma—, no había que tener un doctorado en Economía Política para sospechar que China estaba dejando atrás el comunismo a pasos agigantados, y que se seguía aferrando a la retórica marxista sólo para justificar su monopolio absoluto del poder.

Cuando salimos del restaurante, bajando por la escalera mecánica del centro comercial donde estábamos, le comenté a uno de los funcionarios que caminaba a mi lado que en los Estados Unidos hay un dicho según el cual si algo parece un pato, camina como un pato y suena como un pato, debe ser un pato. "Nosotros tenemos un proverbio parecido", me contestó el funcionario, encogiéndose de hombros con una sonrisa. "El presidente Deng Xiaoping solía decir que no importa de qué color sea el gato: lo importante es que cace ratones."

El modelo asiático de democracia

Sentado en el cuarto de mi hotel en Beijing navegando por Internet, no pude menos que pensar —con horror— que uno de los escenarios del informe del Consejo Nacional de Inteligencia de la CIA sobre el futuro de la democracia en China se extienda a América latina. Según el informe, en los próximos años "Beijing podría seguir un 'Modelo Asiático de Democracia', que consistiría en elecciones a nivel local y un mecanismo de consulta electoral a nivel nacional, con el Partido Comunista reteniendo el control del gobierno central".[15] El trabajo del centro de estudios de largo plazo de la CIA no auguraba específicamente la exportación del modelo político chino a otros países, pero en su sección sobre América latina alertaba sobre la creciente inconformidad en la región con los resultados de la democracia, y el incremento del descontento por el aumento de la delincuencia en las grandes ciudades. "Expertos en la región (latinoamericana) auguran sobre el creciente riesgo de que surjan líderes carismáticos populistas... que podrían tener tendencias autoritarias."[16] No hay que ser un genio para sospechar que, para los autoproclamados salvadores de la patria en América latina, el modelo de democracia asiático —un capitalismo de Estado con un discurso de izquierda y sin libertades políticas— resultará mucho más atractivo que el modelo democrático occidental.

En China, contrariamente a lo que dicen los funcionarios oficiales, no hay democracia ni libertad de prensa. El Partido Comunista es el órgano rector del gobierno. Todos los periódicos son oficiales y están manejados por el Departamento de Propaganda del Partido Comunista. Y aunque son mucho más modernos y entretenidos de lo que eran los periódicos soviéticos, o de lo que son los cubanos, se dedican a resaltar los temas que le interesa difundir al gobierno, y a censurar los que no quiere que salgan a la luz. El *China Daily*, que leí de cabo a rabo durante todos los días de mi estancia en China, contiene una enorme variedad de artículos bien documentados y escritos como el mejor periódico de los Estados Unidos o Gran Bretaña. Incluso no es inusual que incluya artículos que critiquen tal o cual política gubernamental, o columnas que llamen la atención del gobierno sobre problemas ambientales o de corrupción que todavía no han sido atendidos, o que traiga malas noticias económicas o políticas. Pero el periódico dirigido a la comunidad extranjera en China está claramente destinado a dar una imagen de modernidad, apertura económica y capitalismo, para que los inversionistas actuales y potenciales se sientan cada vez más cómodos con el "milagro chino". Las buenas noticias aparecen en primera plana. Las malas noticias, cuando salen, están en las páginas interiores, en breve. Sin embargo, brillan por su ausencia los temas que más preocupan a la dirigencia china: las críticas de los grupos internacionales de derechos humanos sobre los miles de fusilamientos anuales, el trabajo infantil, la secta religiosa Falun Gong y la ocupación del Tíbet.

Una noche, mientras navegaba en Internet en el cuarto del hotel Jianguo de Beijing antes de salir a cenar, decidí averiguar por mí mismo cuánta información del mundo exterior podían recibir los chinos. Traté de abrir la página de Amnesty International, para ver si los chinos con acceso a Internet —que ya suman 80 millones, según el propio gobierno— podían averiguar lo que decía la organización de derechos humanos sobre su país. Sin embargo, no lo conseguí: en lugar de la página de Amnesty International salió una página diciendo que "This page cannot be displayed" ("Esta página no puede ser desplegada"), como suele ocurrir cuando uno no puede acceder a un sitio de Internet por motivos técnicos. Hice la prueba con otros grupos de derechos humanos, como Human Rights Watch, sin mejor suerte. Lo mismo me ocurrió cuando traté de entrar en organizaciones ecologistas, como Greenpeace, o cuando intenté abrir www.state.gov, la página del Departamento de Estado de Estados Unidos que tiene información crítica sobre los abusos a los derechos humanos y las políticas ambientales de muchos países, incluyendo a China.

Acto seguido, hice el mismo ejercicio con medios de prensa occidentales. Traté de ingresar en el sitio de *The Miami Herald*, a ver si podía encontrar alguna de mis columnas. Imposible. La revista *Time*, lo mismo. La BBC, la misma cosa. Curiosamente, pude entrar en la página de *The New York Times*. Más tarde, cenando con un diplomático latinoamericano, me enteré de cómo funciona el sistema de censura en China: hay sitios de Internet que están totalmente bloqueados, y otros que el gobierno permite —para que la gente no se desconecte del resto del mundo— pero bloqueando informaciones políticamente inconvenientes para el régimen.

"Tú puedes leer todo lo que quieras en *The New York Times*, menos cuando sale algún artículo crítico de China", me dijo el diplomático. Cuando el periódico saca un artículo negativo sobre China, la página correspondiente desaparece como por arte de magia, aunque el resto del periódico puede ser leído sin problemas. Y cuando algún internauta travieso crea una página sustituta para que la gente pueda leer una noticia censurada, y la dirección del nuevo sitio es transmitida por una cadena de e-mails, el gobierno no tarda más de cinco minutos en bloquearla. Según la estimación generalizada en círculos diplomáticos occidentales en Beijing, China tiene más de 30 mil agentes dedicados exclusivamente al bloqueo de páginas de Internet. "No te olvides de que si algo sobra en este país, es la mano de obra", me explicó el diplomático latinoamericano esa noche.

Probablemente no exageraba: un estudio del Centro Berkman de la Escuela de Leyes de la Universidad de Harvard buscó más de 204 mil sitios de Internet a través de los buscadores Google y Yahoo en China, y encontró que 19 mil de ellos estaban bloqueados.[17] Según el estudio, prácticamente todos los sitios que contienen las palabras "democracia", "igualdad", "Tíbet" o "Taiwan" asociados con China son inaccesibles en ese país. Y si se renuevan las páginas de Internet al día siguiente, con una nueva dirección, desaparecen a los pocos minutos. Según Amnesty International, en 2004 había por lo menos 54 personas en China que habían sido detenidas o cumplían penas de prisión de entre 2 y 14 años "por diseminar sus creencias o información a través de Internet".[18] Como para que no me quedara ninguna duda sobre el sistema policíaco imperante en China, el diplomático latinoamericano agregó con naturalidad: "No te quepa la menor duda de que ya han entrado en tu cuarto de hotel, revisado todos tus papeles y hecho copias de todo lo que tienes en la computadora. En eso, el comunismo sigue vivo como nunca".

Seguridad sin derechos humanos

En las grandes ciudades chinas, a diferencia de las latinoamericanas, no hay grandes problemas de delincuencia. Aunque no logré aprender más que tres palabras básicas en chino —"por favor", "gracias" y "sí"—, tanto los funcionarios chinos como mis colegas occidentales que viven en China me dijeron que podía caminar por la calle o tomar un taxi sin problema a cualquier hora del día o de la noche.

Nadie sabe cuál es el secreto de la relativa seguridad personal que existe en las ciudades chinas, pero todo el mundo lo sospecha: las penas para la delincuencia son draconianas, o mejor dicho bárbaras. Aunque el gobierno chino hace lo imposible para que las informaciones sobre los fusilamientos no se filtren al exterior, las ejecuciones son utilizadas como medidas ejemplares, y por lo tanto son casi públicas en el interior del país. Según me relató un diplomático occidental, en muchos casos las madres son invitadas al fusilamiento de su hijo, y se les permite escoger la bala con que será ejecutado, para que al regreso a su pueblo se enteren todos sus vecinos. Cuando les pregunté a otros diplomáticos y periodistas en Beijing si esta historia era cierta, casi todos me dijeron que era imposible saberlo, aunque muchos agregaron que era bastante probable.

Según Amnesty International, hay más fusilamientos por año en China que en todos los demás países del mundo juntos. "De acuerdo con un estimado basado en documentos internos del Partido Comunista Chino, hubo 60 mil ejecuciones en los cuatro años que van de 1997 a

2001, o sea, un promedio de 15 mil personas por año", afirma el informe anual de Amnesty International.[19] Esto significa que el gobierno chino ejecuta a una persona por cada 86 mil habitantes por año, lo que hace que la cifra no sólo sea la más alta del mundo cuantitativamente —lo que sería entendible, considerando que China tiene la población más grande del mundo— sino que también sería las más alta porcentualmente después de Singapur, señala el informe.

"Mi socio mexicano vivía de vacaciones"

Antes de llegar a China, me preguntaba si los 450 millones de latinoamericanos podrán competir con 1.300 millones de chinos, cuyo país les ofrece a los inversionistas una mano de obra mucho más barata, sin huelgas, y con trabajadores dispuestos a dormir en sus puestos de trabajo. Pero bastaron unos pocos días en este país para convencerme de que el problema era mucho peor que ése para los latinoamericanos. Una conversación casual con un empresario de los Estados Unidos me dio la pauta de la enorme ventaja que nos llevan los chinos en temas que van mucho más allá de la mano de obra barata.

Durante una visita turística a la Gran Muralla China, me tocó estar sentado en el bus con un empresario de Indiana, que bordeaba los cuarenta años y viajaba acompañado de un empleado chino-norteamericano que resultó ser uno de sus gerentes. En el trayecto de poco más de una hora desde Beijing hasta la muralla, me contó que su empresa estaba produciendo tubos de plástico para la construcción en China desde hacía tres años. Antes, los fabricaba en México. Claro, le dije yo, es imposible para México competir con los 72 centavos la hora que les pagan a los trabajadores en China. Para mi sorpresa, el joven empresario me miró con cara de asombro y me dijo que, para él, la ventaja de China sobre México no radicaba en los costos laborales sino en la calidad. "Mis socios chinos reinvierten en su fábrica constantemente. Apenas les mando un pago por un cargamento que me envían, compran nuevo equipo o mejores materiales. Y están siempre disponibles, las veinticuatro horas del día", señaló. "Con mis socios mexicanos, era al revés: apenas les pagaba, se iban de vacaciones y se compraban un departamento de lujo en Miami. No reinvertían nada, y sus productos no mejoraban la calidad, como los chinos. Para mí, fue una decisión cantada."

Está claro que no se puede generalizar de una conversación con un empresario durante una excursión turística. Quizá me tocó uno que tuvo la mala suerte de empatarse con un socio mexicano dado a la juerga, y de la misma forma existan muchos empresarios chinos más proclives a vivir el día que a reinvertir en sus empresas. Y también es cierto que, en otra ocasión, hablé con un alto empresario de una empresa alimenticia de los Estados Unidos, que me dijo que su compañía estaba expandiéndose en China, pero también en México. Cuando le pregunté qué los llevaba a invertir en México, me dijo que era un país con una mano de obra más estable que la China: "Los trabajadores chinos son más dedicados que los mexicanos, pero también saltan de una empresa a otra apenas les ofrecen unos centavos más la hora, y uno pierde dinero entrenando constantemente nuevos trabajadores. En México, uno puede entrenar un trabajador calificado, y lo más probable es que se quede con la empresa algunos años".

El impacto chino en América latina

Había concertado una cita con el doctor Jiang Shixue hacía varias semanas, deseoso de saber cómo veía el máximo especialista en América latina de China la competencia entre los países asiáticos y los latinoamericanos, y si veía a su país como una oportunidad o como una amenaza para Latinoamérica. El doctor Shixue, que hablaba perfecto inglés, aunque no español, es el principal investigador del Departamento de Estudios Latinoamericanos de la Academia de Ciencias Sociales, el centro de estudios estatal que asesora al gobierno chino. Era, según él, el mayor centro de estudios latinoamericanos del mundo: tenía 55 personas, incluyendo 40 investigadores dedicados tiempo completo al estudio de la región, y publicaba la única revista sobre América latina escrita en chino.

El doctor Jiang acababa de escribir un libro titulado *Estudio comparativo de los modelos de desarrollo de América latina y el Este Asiático*, que le había tomado cinco años de investigación, y tenía varios artículos anteriores sobre el tema. A mí me había sorprendido uno, publicado en 2003, titulado "La globalización y América latina". En ese estudio, Jiang decía que la globalización "aumenta la interdependencia y la integración económica entre los países desarrollados y los países en desarrollo, un proceso que tiende a mejorar la posición de estos últimos en la arena internacional".[20] Y añadía, "la globalización facilita el influjo de capitales y tecnología a los países en desarrollo, y también les da una oportunidad de expandir sus mercados".[21] Pero lo que más me había llamado la atención era un gráfico al final de su ensayo, en el que mostraba las diferencias de los procesos de desarrollo entre China y América latina: en uno de sus primeros cuadros, titulado "Sentimiento antiglobalización", el casillero de América latina decía "evidente", mientras que en el de China decía "pequeño".[22] Mientras en América latina las elites intelectuales y políticas se resistían a la globalización, la China comunista la había abrazado con entusiasmo.

Apenas se sentó en un sillón al lado de una bandera nacional, en la sala de recepción de un viejo edificio de dos pisos que alguna vez sirvió de sede del primer ministro, fui directo al tema que me había traído hasta su oficina: su último libro. "¿Podía explicarme más detalladamente sus conclusiones?", le pregunté. El doctor Jiang me dijo que había analizado el desarrollo chino y el latinoamericano desde el punto de vista cultural y económico, y había encontrado grandes diferencias en ambos rubros. Desde el punto de vista cultural, la principal diferencia era que los chinos son devotos seguidores de las enseñanzas de Confucio, el filósofo del siglo V antes de Cristo que todavía es venerado como el principal icono de la sabiduría china. Las tres principales características de la filosofía confuciana son: alentar a los padres a invertir tiempo y dinero en la educación de sus hijos, promover el ahorro y estimular la obediencia a la autoridad.

Los chinos ahorran toda su vida para pagarles las mejores escuelas a sus hijos, algo que se ve rara vez en América latina, dijo. Y de la misma forma, son un pueblo con tendencia a obedecer a sus autoridades. "Una de las cosas de América latina de las que se quejan los empresarios chinos son las huelgas. Muchos de ellos dicen que los obreros latinoamericanos van a la huelga todo el tiempo", me dijo el académico. Sin embargo, agregó que él mismo tomaba estas teorías de determinismo cultural con pinzas. "La cultura explica algunas cosas, pero no todas. De la manera en que lo vemos nosotros, es apenas un dato más a tener en cuenta", señaló.

El libro que había escrito comparando el desarrollo del Asia del Este con América latina se enfocaba más bien sobre las políticas económicas, continuó. Y, aprendiendo las lecciones de los éxitos y los fracasos de ambas regiones, había llegado a algunas conclusiones básicas. "La primera es que el modelo de apertura económica adoptado por los países del este asiático hace varias décadas, y más recientemente por América latina, es superior a los demás", comenzó. "Ahora podemos constatar que la teoría de la dependencia, que fue muy popular en los años sesenta, quedó totalmente superada." La segunda conclusión de su libro es que "el Estado debe jugar un rol importante en el desarrollo económico, pero no debe ser demasiado entrometido ni demasiado distante". Otras enseñanzas postulan que mientras América latina había emprendido las reformas económicas internas y la apertura económica en forma simultánea, China había hecho sus reformas económicas primero —para volverse más competitiva a nivel global— y recién después había realizado su apertura externa. Y mientras América latina hizo su integración a la economía mundial en forma "audaz y vertiginosa", China lo había hecho "gradualmente y con cautela" a lo largo de las últimas dos décadas. O sea, más despacio, pero sin cambiar el rumbo. El resultado final, según Jiang, era que la integración de América latina a la economía mundial había sido "en general buena", pero la de China había sido "mucho mejor".

Cuando salí de la entrevista con Jiang, no pude dejar de pensar en lo absurdo de la situación. Esa misma semana, el gobierno venezolano, en medio de una serie de arengas de Chávez contra el "imperialismo norteamericano", el "neoliberalismo criminal" y el "capitalismo salvaje", había ordenado el cierre por tres días de las ochenta sucursales de McDonald's en Venezuela, mientras el régimen chino anunciaba entusiasta que le estaría dando la bienvenida al directorio de McDonald's, que expandiría su red en China a más de mil en el próximo año. Mientras en América latina se agitaban las banderas de la dependencia y el imperialismo, aquí estaba yo, en el corazón de la China comunista, frente a un prominente asesor del gobierno sentado al lado de una bandera roja, escuchando que el modelo de apertura económica era el que mejor funcionaba, y que la teoría de la dependencia había quedado "totalmente superada". Y todo eso, apenas horas después que el señor Zhou, el alto funcionario del Ministerio Nacional de Desarrollo y Reforma, me hubiera señalado con orgullo que la conversión de empresas estatales al sector privado y la apertura al mundo eran "el principal motor del crecimiento" de su país.

No era casualidad que las inversiones extranjeras en China se hubieran disparado de 40 mil millones de dólares en 2000 a 60 mil millones de dólares en 2004, mientras que las inversiones extranjeras en América latina cayeron en picada de unos 85 mil millones de dólares a menos de 40 mil millones durante el mismo período.[23] Uno tenía que viajar medio mundo para ver cuán fuera de juego estaba el discurso político latinoamericano en el nuevo contexto mundial.

Las promesas de inversión: ¿realidad o fantasía?

Desde fines de 2004, cuando el presidente chino Hu Jintao hizo una gira de casi dos semanas por la Argentina, Brasil, Chile y Cuba, camino a una cumbre de la Asociación de Cooperación Económica del Asia-Pacífico (APEC) en Santiago de Chile, se habían creado enormes expectativas de un auge en las relaciones económicas con China en todos los países por los que pasó. No era para menos. El presidente chino pasó más tiempo en América latina ese año que el propio presidente Bush. Y a las pocas semanas, el vicepresidente chino Zeng Qinghong viajó a México, Venezuela y Perú, donde se quedó más tiempo de lo que el vicepresidente norteamericano Dick Cheney había estado en América latina en los últimos cuatro años.

El presidente Hu prometió el oro y el moro a sus anfitriones, y su extensa visita sin duda demostraba un nuevo interés de China por la región. Sin embargo, algunos presidentes latinoamericanos, o sus ministros, se dejaron llevar por el entusiasmo y creyeron escuchar más de lo que el mandatario visitante estaba ofreciendo. Quizá porque se expresó mal, o por un error de traducción, o por una interpretación demasiado optimista de sus anfitriones, el presidente Hu generó enormes titulares al decir —supuestamente— en un discurso ante el Parlamento brasileño el 12 de noviembre de 2004 que China invertiría 100 mil millones de dólares en América latina en los próximos diez años. "China quiere invertir 100 mil millones en América latina hasta el año 2014", gritaba un titular eufórico de *Folha de São Paulo*. En la Argentina, el periódico *Clarín* titulaba a toda página: "China promete invertir en América latina 100 mil millones de dólares". El subtítulo afirmaba que el presidente chino había asegurado que "se llegará a esa cifra en los próximos diez años".[24] Era una cifra suficiente como para sacar del pozo a la Argentina y a varios de sus vecinos, decían con entusiasmo los periódicos. La fiebre por la potencial ola de inversiones chinas fue tal que los medios argentinos reportaron un crecimiento meteórico del estudio del idioma chino, que había subido de la noche a la mañana de un puñado de estudiantes a más de seiscientos.

Pero lo cierto es que, según me aseguró el gobierno chino, la cifra real de posibles inversiones chinas en América latina en los próximos años será muchísimo menor: con suerte, llegará a 4 mil millones de dólares, o sea que será un 96 por ciento menos de lo que había augurado la prensa sudamericana. Todos los funcionarios chinos, advertidos de antemano de que les haría esa pregunta —el Ministerio de Relaciones Exteriores me había pedido que entregara mis principales preguntas por escrito con anticipación, para que los funcionarios pudieran prepararse mejor—, me respondieron con una sonrisa que las expectativas de inversiones chinas en América latina habían sido sobredimensionadas. Cuando le pregunté al señor Zhou, del Ministerio Nacional de Desarrollo y Reforma, sobre los supuestos acuerdos de inversión por 100 mil millones de dólares, me respondió que esos informes eran "exageraciones" de la prensa. "Yo también leí esos artículos de prensa", comentó con una sonrisa. "Por lo que sé, no hay nada de eso. No tengo idea cuál fue la fuente de esa noticia."

Días más tarde el señor Hu, mi acompañante oficial, me entregó una respuesta por escrito del Ministerio de Relaciones Exteriores a mi pregunta sobre cuánto sería el monto probable de inversiones chinas en América latina hasta el año 2010. "Haremos lo posible por aumentar las inversiones, que creemos alcanzarán el doble de las actuales a fines de la década", decía el documento. Las inversiones directas actuales de China en la región, según el propio gobierno, eran de 1.600 millones de dólares.[25]

Trataremos de incrementar el comercio

Sin embargo, China era mucho más optimista respecto de las posibilidades del comercio bilateral. Según las respuestas escritas del Ministerio de Relaciones Exteriores a mis preguntas, "trataremos de incrementar el volumen del comercio bilateral una vez y media para 2010, rompiendo la marca de los 100 mil millones de dólares". Según me explicaron varios funcionarios en entrevistas posteriores, el principal interés comercial de China en América latina era la compra de materias primas, como el petróleo de Venezuela, la soja de la Argentina y Brasil, y el cobre de Chile. Mientras la economía china siga creciendo como ahora, el país necesitará cada vez más materias primas. Y una de las principales prioridades del régimen chino era diversificar sus fuentes de abastecimiento, para no depender exclusivamente de Estados Unidos o Medio Oriente. Por ejemplo, China importa 100 millones de toneladas de petróleo por año, casi en su totalidad del Medio Oriente. El país quería multiplicar sus fuentes de importación, y estaba comenzando a crear una reserva estratégica de petróleo, como la de Estados Unidos, para estar mejor preparado en caso de una disrupción de sus abastecimientos por motivos políticos o económicos.

Al mismo tiempo, según me señalaron diplomáticos latinoamericanos en Beijing, otro de los principales objetivos económicos chinos en América latina era uno del que no hablan públicamente sus funcionarios: instalar progresivamente fábricas chinas en países latinoamericanos que tienen o van a tener acuerdos de libre comercio con los Estados Unidos, para poder seguir exportando a través de terceros países si Washington decidiera en el futuro reducir su gigantesco déficit comercial poniéndoles trabas a sus importaciones de China. "Los chinos piensan a largo plazo, y ése no sería un escenario nada raro", me dijo un embajador sudamericano, agregando que ése podría ser un regalo del cielo para América latina. Aunque el comercio con América latina representaba apenas el 3 por ciento del comercio exterior chino, el crecimiento proyectado por el gobierno de ese país no es nada desdeñable para muchas naciones latinoamericanas. China ya se encuentra entre los tres principales socios comerciales de Brasil, la Argentina y Chile. Y si decidiera escoger a América latina como una puerta trasera para seguir siendo el principal exportador a los Estados Unidos por muchos años, el beneficio económico para Latinoamérica sería aun mayor.

Con todo, a juzgar por lo que escuché de altos funcionarios chinos, y por lo que sugieren las respuestas escritas del Ministerio de Relaciones Exteriores a mis preguntas, es probable que el nuevo interés de China por América latina a corto plazo sea más político que económico. En el texto que me entregó el Ministerio queda claro que China tiene motivos políticos importantes para acercarse cada vez más a Latinoamérica: "Deberíamos apoyarnos mutuamente en el campo político" para enfrentar conjuntamente los grandes desafíos mundiales en las Naciones Unidas y otros foros internacionales", comenzaba diciendo la nota.

En buen español, lo que decía el texto que me envió el Ministerio de Relaciones Exteriores era que China quiere hacer un frente común con América latina y otros países en vías de desarrollo para lograr una reforma del Consejo de Seguridad de la ONU y detener los embates de los Estados Unidos en los temas que más le preocupan, como el de los derechos humanos o la ocupación del Tíbet. En segundo lugar, la nota del Ministerio decía que "China quiere establecer relaciones normales con todos los países de América latina y el Caribe". En otras palabras, quiere contrarrestar la influencia de Taiwan en la región, un tema de particular preocupación para el régimen. Todavía hay doce países de América latina que tienen relaciones diplomáticas con lo que el gobierno chino llama "la provincia" de Taiwan, sobre todo en Centroamérica y el Caribe. Una mayor penetración económica, política y cultural en América latina ayudaría a China a convencer a los países renegados de que corten sus relaciones con Taiwan y se sumen al tren de países que tienen vínculos con la China continental.

En vista de todo esto, "¿cuánto había de realidad y cuánto de fantasía en los pronósticos sobre las relaciones económicas bilaterales?", le pregunté al doctor Jiang, del Instituto de Estudios Latinoamericanos. Jiang me dijo que, en general, era bastante optimista. Hasta ahora, América latina había sido una mala palabra en China. "La prensa china habla de la amenaza de 'latinoamericanización' cuando se refiere al peligro de hiperinflación, desorden o violencia", me dijo. "Hasta habla del 'mal latinoamericano' en las páginas deportivas, cuando los equipos se pelean. Pero eso está cambiando. La visita del presidente Hu fue muy cubierta por la prensa china, y ahora muchos empiezan a ver la región con otros ojos", agregó. Y la visita presidencial había despertado el interés de los empresarios chinos: por primera vez, varios de ellos se habían acercado al instituto para recibir información de países latinoamericanos. "China se interesará cada vez más en América latina, porque sus intereses son estratégicos", concluyó el doctor Jiang. "Yo he estado en este puesto desde hace veinticuatro años, y nunca he visto tanto entusiasmo por América latina como ahora."

¿Quién gana? ¿China, América latina o ambos?

Probablemente, Jiang tenía razón. Después de entrevistar a varios funcionarios del gobierno y del Partido Comunista Chino encargados de América latina, no me quedaron muchas dudas de que China tiene un interés mayor que nunca en estrechar sus relaciones con América latina. ¿Pero quién llevaba las de ganar? ¿China, América latina, o ambos?

No hay duda de que, para muchos países latinoamericanos, el ascenso de China puede tener varias consecuencias positivas. Primero, su impresionante crecimiento —que ya ha superado a los Estados Unidos como el principal consumidor de materias primas del mundo— ha hecho subir significativamente los precios de los productos agrícolas, el petróleo y los minerales, lo que ha sido una bendición para muchos países. Para el deleite de Chile, los precios del cobre subieron un 37 por ciento en 2004, mientras que los del aluminio y el zinc aumentaron un 25 por ciento. En un golpe de buena suerte para Venezuela, los precios del petróleo se dispararon un 33 por ciento, y lo mismo ocurrió con los precios de muchos productos agrícolas que exportan Brasil, la Argentina y otros países sudamericanos. Si la economía china no se desinfla, todo hace prever que su crecimiento seguirá manteniendo altos los precios de las materias primas, y que la mayoría de los países latinoamericanos —con excepción de México y los de Centroamérica, cuyas economías dependen más de productos terminados— seguirán beneficiándose del fenómeno.

En segundo lugar, prácticamente todos los países latinoamericanos —sobre todo México y los países del Caribe— podrían ser grandes beneficiarios del incipiente *boom* del turismo chino al exterior. Durante la visita del presidente Hu a la región en 2004, China anunció que incorporaba a varios países latinoamericanos a su lista de naciones escogidas para recibir grupos turísticos chinos. Esto, bien explotado, podría ser una mina de oro para los destinos turísticos de América latina: según la Organización Mundial del Turismo, para el año 2020 habrá nada menos que 100 millones de chinos viajando al exterior todos los años. Actualmente, unos 20 millones viajan al exterior anualmente, la mayoría de ellos a países vecinos en Asia, pero un porcentaje cada vez mayor —en grupos organizados y autorizados por el gobierno de Beijing— se dirige a otras partes del mundo. Si los países latinoamericanos lograran ponerse en el mapa de los medios de comunicación chinos y ofrecer sus bellezas naturales a la nueva clase media, podrían sacarle aunque sea una pequeña tajada a la ola de turismo de ese país. "Yo me conformaría con el 1 o 2 por ciento de los 100 millones de turistas chinos", me dijo el embajador de México en Beijing, Sergio Ley López. "Estaríamos hablando de 2 o 3 millones de visitantes por año."[26]

En tercer lugar, así como China se beneficiará de un "consenso estratégico" con América latina en las Naciones Unidas, como dijo el presidente Hu, los países latinoamericanos también pueden beneficiarse de alianzas políticas con China en temas como la reforma de las Naciones Unidas y otros reclamos de los países en vías de desarrollo en la agenda Norte-Sur. En ese sentido, ambas partes ganan.

Sin embargo, una "relación especial" con China —como la que han propuesto no tan tácitamente los gobiernos de Brasil, la Argentina y Venezuela— traería aparejados mucho más peligros que beneficios. Primero, existe el claro peligro de una avalancha de productos baratos —muchos de ellos contrabandeados, o producidos sin pagar derechos de propiedad intelectual— que harían palidecer los temores de los industriales latinoamericanos sobre una posible invasión de productos norteamericanos o europeos como resultado de acuerdos de libre comercio con los Estados Unidos o la Unión Europea. Durante la visita del presidente Hu a Sudamérica en 2004, los presidentes latinoamericanos, felices con el aumento de sus exportaciones, le dieron a China el estatus de "economía de mercado", una definición legal que les hará mucho más difícil a los países laitinoamericanos presentar demandas comerciales por exportaciones subsidiadas, pirateadas, contrabandeadas por China o producidas sin apego a leyes laborales internacionales. ¿Cómo harán los países de la región para competir con las fábricas chinas, donde la gente trabaja doce horas seguidas, duerme en sus centros de trabajo y gana menos de la mitad que los latinoamericanos? ¿Y cómo se protegerán contra exportaciones chinas pirateadas, que no pagan derechos de patente, y por lo tanto son de excelente calidad pero mucho más baratas que sus competidoras en el mercado? Para cualquier turista que pasee por las calles de las grandes ciudades chinas, es obvio que el gobierno no hace mucho esfuerzo por controlar la piratería.

Dos Rolex por 12 dólares

Durante mi viaje a Shanghai, había leído en el avión un artículo reciente de la prensa oficial china, según el cual el país estaba haciendo progresos enormes en la lucha contra el robo de la propiedad intelectual. La viceprimera ministra china Wu Yi había declarado que "todo el país ha sido movilizado contra la violación de la propiedad intelectual",[27] y que la ofensiva —que había comenzado dos meses antes— ya había resultado en mil acusaciones ante la Justicia. Según la viceprimera ministra, las autoridades estaban detrás de los productores y vendedores de productos pirateados en todos los rincones del país. Pero por lo que yo pude ver en Shanghai, la venta de productos pirateados tenía lugar abiertamente, ante los ojos de la policía. Apenas salí de mi hotel, un palacio de principios del siglo XX en la avenida principal de la ciudad, me salió al cruce el primer vendedor de Rolex pirateados. El hombre no hablaba una palabra de inglés, pero conocía las suficientes para desarrollar su negocio: "¿Rolex?", me preguntó, sacando discretamente un puñado de relojes de su bolsillo izquierdo. Cuando le dije que no con la cabeza, sacó otro puñado de relojes de su bolsillo derecho, haciendo como que miraba a todos lados para ver si alguien lo estaba viendo, y volvió a preguntar: "¿Cartier?" Ante otra negativa, siguió: "¿Bulgari?",

"¿Omega?", "¿Raymond Weil?". Me puse a caminar por la Nanjing Road, y pronto descubrí que la escena se repetiría cada cincuenta metros. Los vendedores de relojes de lujo pirateados pedían 200 yuan —el equivalente a 25 dólares— por reloj a los turistas recién llegados, pero cuando uno se negaba terminaban ofreciendo dos Rolex por 12 dólares.

Pero lo que fue más sorprendente aún, cuando visité el barrio viejo de Shanghai —lo que había sido el centro económico y comercial de la ciudad bajo las dinastías Yuan, Ming y Ping, y que ahora era un centro turístico visitado por miles de turistas de otras regiones de China y del extranjero—, me encontré con que los Rolex pirateados estaban desplegados en los mostradores, a la vista del público, en las tiendas de la calle principal. Quizás el gobierno chino estuviera haciendo algo por perseguir a los vendedores de productos pirateados en todos los rincones del país, como decía la viceprimera ministra, pero obviamente se había olvidado de hacerlo en las principales ciudades, donde más se daba este tipo de comercio. Y si hacía la vista gorda en casa, donde tenía todo el control policial en manos del Estado, ¿por qué no habría de hacerlo en el exterior, donde sería mucho más fácil decir que no podía controlar el fenómeno?

La "maldición" latinoamericana: las materias primas

Además del peligro de una avalancha de productos chinos pirateados, existen otros que tienen más que ver con Latinoamérica. La nueva relación económica de China con América latina —tanto en el ámbito del comercio como de la inversión— se basa en la extracción de materias primas. Eso podría hacer aumentar la dependencia latinoamericana de los productos primarios y desalentar los esfuerzos de la región por producir exportaciones de mayor valor agregado.

Un amplio estudio del banco de inversiones Goldman Sachs, titulado "Una mirada realista a las relaciones comerciales entre América latina y China", concluye que el crecimiento del comercio de América latina con China es un fenómeno circunstancial, pero que no se traduciría en un aumento duradero de las exportaciones latinoamericanas de productos más sofisticados porque ni las empresas ni los gobiernos de la región tienen actualmente la capacidad de aumentar sus exportaciones como para satisfacer la demanda del mercado chino. El estudio concluye que, a menos que los países latinoamericanos se pongan las pilas y hagan las reformas que hizo China para ser más competitiva

—como flexibilizar sus leyes laborales e impositivas, y mejorar el sistema educativo para crear una mano de obra calificada—, seguirán siendo exportadores de materias primas, que se cotizan mucho menos que los productos terminados en el mercado mundial, y se quedarán cada vez más atrás.

Y las inversiones anunciadas por China en la región, independientemente de cuál sea su monto, tampoco ayudarán mucho, porque prácticamente en su totalidad están destinadas a industrias de extracción de materias primas y no contribuyen a aumentar la capacidad de exportación de productos de mayor valor agregado, dice el estudio. China está invirtiendo en pozos petroleros en Venezuela, ferrocarriles y puertos en Brasil y la Argentina, y en la industria del cobre en Chile, lo que "es una contribución limitada en lo que hace al desarrollo tecnológico de la región y a la diversificación de sus exportaciones a productos manufacturados más sofisticados", afirma el estudio. El caso de México es particularmente preocupante, continúa: su balanza comercial con China se ha deteriorado de un déficit de 2.700 millones de dólares para México en 2000 a uno de 12.400 millones de dólares en 2004, y todo indica que la brecha seguirá aumentando hasta llegar a un déficit comercial de 16.400 millones de dólares en 2010, señala. Aunque México está aumentando sus exportaciones de metales a China, "el total de sus exportaciones sigue siendo muy bajo, y no alcanza a eclipsar las crecientes pérdidas de México en la competencia de exportaciones a terceros mercados (como el de los Estados Unidos) ni la creciente penetración de importaciones chinas en el mercado mexicano".[28]

La conclusión del estudio de Goldman Sachs es que América latina corre el riesgo de engañarse a sí misma si cree que China es un sustituto viable a un tratado de libre comercio con los Estados Unidos o con la Unión Europea: mientras que una alianza económica con China perpetuaría la condición de economía de extracción de muchos países latinoamericanos, los acuerdos comerciales con los Estados Unidos y Europa —especialmente si esta última reduce sus obscenos subsidios agrícolas— permitirían un enorme aumento de las exportaciones de productos más sofisticados, que acelerarían el crecimiento económico de la región.

¿Era sesgada la visión de Goldman Sachs? ¿Representaba la opinión interesada de Wall Street, o se trataba de un análisis objetivo de la situación? Tal como lo señaló a fines de 2005 el Programa de las Naciones Unidas para el Desarrollo (PNUD), una institución que no puede ser acusada de neoliberal, el aumento de la dependencia latinoamericana de las materias primas era, en efecto, un peligro mayúsculo para la región. En su Informe de Desarrollo Humano de 2005, el PNUD se refería a este fenómeno como "la maldición de las materias primas".[29]

"Cuando se trata del desarrollo humano, algunas exportaciones son mejores que otras. La riqueza generada mediante las exportaciones de petróleo y los minerales puede ser mala para el crecimiento, mala para la democracia y mala para el desarrollo", dice el PNUD.[30] La mitad de la población conjunta de los 34 mayores exportadores de petróleo del mundo en desarrollo vive en la pobreza absoluta, y dos terceras partes de estos países no son democracias, señala el informe.

Los países latinoamericanos que venden principalmente productos agrícolas también se están quedando atrás respecto de los países asiáticos, dice el informe. "Las comparaciones entre el Este Asiático y América latina demuestran que en la producción de bienes de valor agregado, América latina ha estado perdiendo cuotas de mercado", afirma el PNUD. Agrega que "más de cincuenta países en desarrollo (en todo el mundo) dependen de la agricultura para por lo menos un cuarto de sus exportaciones. Estos países están en una escalera mecánica descendente".

Y las cifras del PNUD sobre la dependencia latinoamericana de los productos primarios son aterradoras: los productos primarios representan el 72 por ciento de las exportaciones totales de la Argentina, el 83 por ciento de las de Bolivia, el 82 por ciento de las de Chile, el 90 por ciento de las de Cuba, el 64 por ciento de las de Colombia, el 88 por ciento de las de Ecuador, el 87 por ciento de las de Venezuela, el 78 por ciento de las de Perú y el 66 por ciento de las de Uruguay. Comparativamente, los productos primarios representan apenas el 9 por ciento de las exportaciones totales de China, y el 22 por ciento de las de India, dice el PNUD. El reporte de esta institución concluye señalando que si los países latinoamericanos siguen como están, exportando materias primas o manufacturas de poco valor agregado, la región tardará hasta el año 2177 en alcanzar el nivel de desarrollo que países como Estados Unidos tienen hoy.

Y tampoco es seguro que, aunque China siga creciendo, los países sudamericanos puedan seguir vendiéndole como hasta ahora. Tras la firma a fines de 2004 del acuerdo con los diez países de la Asociación de Naciones del Sudeste Asiático (ASEAN) —que incluye a Indonesia, Malasia, Filipinas, Singapur y Tailandia— para crear la zona de libre comercio más grande del mundo en el año 2010, China les comprará más a sus vecinos. La mayoría de los países de ASEAN son productores agrícolas, aunque en muchos casos de productos tropicales, que comenzarán a exportar en condiciones preferenciales al mercado chino en 2007.

Cuando le pregunté al doctor Zhou, el alto funcionario del Ministerio Nacional de Desarrollo y Reforma de China, cuál será el impacto que tendrá el acuerdo de libre comercio con los países de ASEAN sobre el comercio internacional chino, me respondió: "Actualmente, los países de ASEAN representan el 30 por ciento de nuestro comercio internacional. Esperamos que, cuando entre en vigor el acuerdo de libre comercio, el porcentaje crezca al 40 por ciento".[31]

El "efecto contagio" de la corrupción china

Sin embargo, el mayor peligro de una relación especial con China no es comercial, es mucho más amplio: podría hacer retroceder en varias décadas la agenda anticorrupción y pro derechos humanos en América latina. En China, a diferencia de los Estados Unidos y la Unión Europea, no existen leyes antisoborno, y si existen se cumplen menos que en el resto del mundo. Desde los escándalos de los sobornos de la Lockheed en 1977, cuando Estados Unidos aprobó el Acta de Prácticas Corruptas en el Extranjero que prohíbe a las empresas norteamericanas sobornar a funcionarios extranjeros, los sucesivos gobiernos de Washington han avanzado cada vez más para lograr que se implementen las leyes antisoborno en el exterior. Y en los últimos años —especialmente después de los escándalos financieros de Raúl Salinas de Gortari en México, y Vladimiro Montesinos, el ex jefe de inteligencia, en Perú— la Unión Europea se plegó a esta ofensiva, firmando la convención antisobornos de la Organización para la Cooperación y el Desarrollo Económico (OECD), que prohíbe las deducciones impositivas que países como Francia y Alemania daban a sus empresas por las "comisiones" que éstas pagaban en América latina para ganar contratos. Aunque este frente común norteamericano-europeo contra los sobornos tiene un largo camino por recorrer —los sobornos pagados por la multinacional francesa Alcatel en Costa Rica en 2004 son apenas un ejemplo de cuánto queda por hacer en la materia—, sus avances son incuestionables. Desde fines de los noventa, la OECD aprobó convenios por los cuales las empresas multinacionales pagarán multas cada vez más altas si sobornan a funcionarios extranjeros, directamente o a través de sus subsidiarias.

Pero los empresarios chinos no están sujetos a leyes internas como el acta antisobornos de los Estados Unidos, ni a los convenios anticorrupción de la OECD. ¿Quién les va a impedir repartir billetes a diestra y siniestra en América latina para ganar licitaciones? A juzgar por el comportamiento chino hasta el presente, no habrá fuerza que los detenga. Según el Índice de Propensión a la Corrupción de Transparencia Internacional, China es uno de los países cuyas empresas pagan más sobornos. Ocupa el penúltimo lugar de la lista, que se ordena desde los que tienen mejor reputación en materia de honestidad entre los ejecutivos internacionales hasta los que tienen la peor imagen.[32] Según Peter Eigen, el presidente de Transparencia Internacional, el nivel de sobornos de las empresas chinas es "intolerable".[33] ¿Será posible evitar un "efecto contagio" en América latina a medida que aumenten los contratos entre empresas chinas y latinoamericanas? A menos que haya un cambio en China, lo dudo mucho.

No sólo en sus relaciones con el mundo exterior, sino también a nivel interno, la corrupción es una parte innata del capitalismo chino. En rigor, como en muchos otros sistemas de economía planificada, el capitalismo chino nació al margen de la ley. El gobierno prohibía la propiedad privada, y la gente que quería prosperar económicamente debía hacerlo operando en el mercado negro. Según la historia oficial, las reformas económicas de las últimas décadas fueron inspiradas por el éxito económico de dieciocho granjeros del pueblo de Xiaogang, en la provincia de Anhui, que habían firmado un acuerdo secreto —e ilegal en ese momento— para trabajar la tierra de forma individual dentro de su granja colectiva. Estos dieciocho granjeros, que vivían en la mayor de las pobrezas, firmaron un documento con sus huellas dactilares en diciembre de 1978, sabiendo que se arriesgaban a ser encarcelados, o fusilados, de ser descubiertos. En poco tiempo, la producción de sus granjas aumentó dramáticamente, y la noticia llego a oídos del flamante líder nacional Deng Xiaoping, que en lugar de ordenar castigar a los granjeros pidió un estudio de cómo habían logrado aumentar la productividad. Poco después, Deng ordenó experimentar con granjas privadas en varias provincias, y al poco tiempo extendió el sistema a todo el país. Al igual de lo que ocurrió con los famosos dieciocho granjeros que hicieron su acuerdo secreto para aumentar sus ingresos por debajo de la mesa, sin que se enteraran las autoridades, millones de otros empresarios chinos iniciaron sus negocios quebrando la ley, haciendo uso de pactos secretos, sobornos y todo tipo de argucias para sobrevivir. Fishman, el autor de *China Inc.*, señala que lo más frustrante para muchos empresarios extranjeros en la China de hoy es "la ligereza con que las empresas chinas tratan los acuerdos comerciales, y su frecuente falta absoluta de respeto a la legalidad. Pero lo cierto es que las empresas chinas nacieron en un clima en que la ilegalidad era la única opción disponible". Según el autor, "si el sistema de sobornos, pactos secretos y amiguismo continuara siendo la norma en China en las décadas venideras, tendría una influencia enorme sobre las compañías extranjeras que entren en ese mercado, que van a exigir (a sus empresas madres) una mayor libertad para poder actuar con la misma flexibilidad en el mercado chino".[34] Y si la cultura corporativa cambia para adaptarse a la corrupción en China, no hay razón para pensar que no cambiará en otros países con pocas salvaguardas contra la corrupción.

El "efecto contagio" también puede tener lugar en el campo de los derechos humanos. Cuando el gobierno chino coloca como primera razón para su acercamiento a América latina la creación de un "consenso estratégico" para contrabalancear la influencia de los Estados Unidos, uno de sus principales objetivos es lograr la adhesión de América latina en su defensa contra acusaciones en la Comisión de Derechos Humanos de la ONU. Si América latina accede a sus presiones como parte de una nueva "alianza estratégica" con China, se sentará un precedente nefasto y se erosionará aun más el principio de la universalidad de los derechos humanos. Si América latina defiende a China contra las acusaciones de violaciones de derechos humanos en la ONU, como lo están haciendo cada vez más la Argentina y Brasil, los futuros gobiernos represores en la región tendrán un buen argumento para regresar al nefasto principio de la "no intervención", por el cual los dictadores podían cometer todo tipo de abusos sin consecuencias internacionales. La alianza política con China encierra tantos peligros para las democracias como para las economías latinoamericanas.

Las patas flacas del milagro chino

Por el momento, todo parece indicar que el auge económico chino no se detendrá. Según las proyecciones del gobierno, el país seguirá creciendo a un ritmo superior al 7 por ciento anual durante los próximos diez o quince años, lo que hará subir el ingreso per cápita de los chinos de los 1.250 dólares actuales a más de 3 mil dólares por año. En las grandes ciudades comerciales como Shanghai, el ingreso per cápita en el año 2020 será de más de 10 mil dólares por año, con lo que —de permanecer estancadas las economías de América latina— los habitantes de estas grandes urbes chinas superarían en ingresos a la mayor parte de las capitales latinoamericanas, según las proyecciones del Ministerio Nacional de Desarrollo y Reforma.[35] Y si las proyecciones del gobierno chino y el Consejo Nacional de Inteligencia de la CIA se cumplen, la economía china habrá superado con creces a las de Europa e India en 2020, y estará en camino a convertirse en la primera potencia mundial una o dos décadas más tarde. Según algunos entusiastas, como el profesor de la Ohio State University Oded Shenkar, el autor de *El siglo de China*, China podría convertirse en la mayor economía mundial incluso antes, entre 2020 y 2025.[36]

¿Se cumplirán estos pronósticos? Después de entrevistar a decenas de funcionarios y académicos en China, y de conversar con numerosos chinos en las calles de Beijing y Shanghai, no me caben dudas de que —de no haber imprevistos— China será una de las grandes potencias mundiales en un futuro no muy lejano. Sin embargo, mi única reserva sobre estas proyecciones económicas es que la historia está llena de imprevistos, y en estos tiempos más que nunca. Si algún visionario ruso hubiera dicho en 1987 que la Unión Soviética dejaría de existir, que el Partido Comunista soviético se transformaría en poco más que una asociación de jubilados, y que Polonia y la República Checa se convertirían en los principales acusadores de Cuba en la Comisión de Derechos Humanos de las Naciones Unidas, no lo hubieran mandado a la cárcel, sino al manicomio. Y, sin ir más lejos, si un chino hubiera pronosticado durante la Revolución Cultural de Mao que la principal atracción de Shanghai en la primera década del nuevo milenio sería el monumento al consumidor, lo hubieran tildado de delirante.

Y en China pueden pasar muchas cosas. Puede haber una revuelta política de los 800 millones de campesinos que apenas han recibido unas migajas del nuevo crecimiento económico, y que podrían empezar a ver con menos simpatía la brecha que los separa de quienes se compran automóviles Mercedes Benz y gastan 37 mil dólares en una cena de Año Nuevo. Ya pasó una vez, durante la revuelta estudiantil de la plaza Tienanmen en 1989, y no hay ninguna seguridad de que no vuelva a ocurrir a mayor escala. Y, lo que es aun más probable, a juzgar por el ranking de preocupaciones del gobierno chino, puede haber una insurrección religiosa de alguna de las docenas de etnias del país. No es casual que el gobierno chino le tenga más miedo al Falung

Gong, la secta religiosa que es reprimida violentamente cada vez que intenta una manifestación pública, que a cualquier grupo político.

Incluso asumiendo que no se produzca un estallido social, la economía podría colapsar como producto de la fragilidad del sistema bancario. Los grandes bancos chinos están ahogados por préstamos irrecuperables, y podrían caerse como un dominó. Y aunque no se produzca ninguna catástrofe política o económica, la mera evolución del sistema político chino podría conducir a un choque de intereses entre diversos grupos corporativos —los poderes fácticos, como se suelen llamar en América latina— que lleve al desmoronamiento del milagro económico del país. A medida que pasan los años, es probable que los empresarios superpoderosos comiencen a tejer sus propias alianzas extrapartidarias para proteger sus intereses, y que esto desemboque en un sistema de barones feudales con sus propios servicios de seguridad que podrían terminar enfrentándose unos a otros.

Si tuviera que arriesgar un pronóstico, diría que es muy posible que no ocurra ninguna de estas catástrofes, y que China seguirá creciendo, aunque a un ritmo menos fenomenal que el de estos últimos años. El motivo es muy sencillo: los hijos de la generación que vino del comunismo y se convirtió entusiastamente al capitalismo de Estado habrán perdido la motivación de sus padres. La novedad de poder dejar atrás el uniforme de la Revolución Cultural y reemplazarlo por una chaqueta de cuero negro con blue jeans habrá pasado, y —al igual que ocurre en los países industrializados con los hijos y nietos de los inmigrantes— es probable que las nuevas generaciones no estén tan dispuestas a trabajar doce horas por día y a dormir en sus lugares de trabajo, por salarios de menos de 1 dólar por hora. De no haber sorpresas en el camino, China seguirá siendo la fábrica del mundo, pero será menos competitiva que ahora, porque sus trabajadores del futuro difícilmente tendrán el ímpetu de los actuales. La fiebre capitalista, como toda fiebre, pasará. Pero mientras tanto, en el corto plazo, este país tendrá un impacto cada vez mayor —beneficioso para muchos a corto plazo, pero potencialmente perjudicial para todos— sobre América latina.

FUENTES

[1] "Mapping the Global Future, National Intelligence Council's 2020 Project", 2005.

[2] "Country salutes extra foreign investment", *China Daily*, 31 de enero de 2005.

[3] Mapping the Global Future, Consejo Nacional de Inteligencia, CIA, pág. 12.

[4] "China, New Land of Shoppers, Builds Malls on Gigantic Scale", *The New York Times*, 25 de mayo de 2005.

[5] "China's elite learns to flaunt it while the new landless weep", *The New York Times*, 25 de diciembre de 2004.

[6] *Singapore Sunday Times*, "$37.000 dinner hard to stomach? Not for the rich in China", 6 de febrero de 2005.

[7] *China Daily*, "Low gear for the luxury car market", 7 de febrero de 2005.

[8] Ted C. Fishman, *China Inc.*, Editorial Scribner, pág. 9.

[9] Chi Lo, *The Misunderstood China*, Singapore, Pearson Education, 2004, pág. 22.

[10] "The World Factbook", CIA, en el sitio www.cia.gov.

[11] Entrevista del autor con Zhou Xi-an, en Beijing, 2 de febrero de 2005.

[12] "Reforming China's Economy: A Rough Guide," Royal Institute of International Economics, www.riia.org.

[13] *Xinhua*, 10 de enero de 2005.

[14] Ídem.

[15] "Mapping the Global Future", Consejo Nacional de Inteligencia, CIA, pág. 13.

[16] Ídem, pág. 78.

[17] "China's Internet Censorship", The Associated Press, 3 de diciembre de 2002.

[18] Amnesty International, "People's Republic of China Controls tighten as Internet activism grows", documento, 28 de enero de 2004.

[19] Amnesty International: "People's Republic of China: Executed. According to the law? –The death penalty in China", 22 de marzo de 2004.

[20] Jiang Shixue, "Globalization and Latin America", Institute of L. A. Studies, Chinese Academy of Social Sciences", Nº 5, 2003, pág. 2.

[21] Ídem.

[22] Ídem.

[23] "Overseas Investment on the up", *China Daily*, 1º de febrero de 2005, y CEPAL, "La inversión extranjera en América latina y el Caribe", 2003.

[24] *Clarín*, 13 de noviembre de 2004.

[25] *China Daily*, Xinhua, 8 de febrero de 2005.

[26] Entrevista del autor con Sergio Ley López, Beijing, jueves 3 de febrero de 2005.

[27] *China Daily*, "Progress on IPR protection in China", 14 de enero de 2005.

[28] "A Realistic Look at Latin American and Chinese Trade Relations", Goldman Sachs, 3 de diciembre de 2004.

[29] Ídem, pág. 6.

[30] "Human Development Report, 2005", Programa de las Naciones Unidas para el Desarrollo (PNUD), pág. 124.

[31] Entrevista del autor con Zhou Xi-an, subdirector de la Comisión Nacional de Desarrollo y Reforma, Beijing, 2 de febrero de 2005.

[32] Transparencia Internacional, Índice de Propensión a la Corrupción, 14 de mayo de 2002.

[33] Ídem.

[34] Ted C. Fishman, *China Inc.*, pág. 63.

[35] Entrevista del autor con Zhou Xi-an, subdirector de la Comisión Nacional de Desarrollo y Reforma, Beijing, 2 de febrero de 2005.

[36] *China Daily*, "China Poised to overtake U.S. in 2020s", 9 de febrero de 2005.

CAPÍTULO 3

El milagro irlandés

Cuento chino: "El modelo fracasado es el modelo capitalista"
(Hugo Chávez, presidente de la República Bolivariana de
Venezuela, en el programa "Aló Presidente", 17 de abril de 2005).

DUBLIN, Irlanda — Cuando llegué a Dublin, la capital de Irlanda, no tardé mucho en sentirme como en casa. Caminaba por la calle y sentía un aire familiar. Jamás había estado en Irlanda, ni tengo en mí una gota de sangre irlandesa, ni recuerdo haber tenido algún interés especial en ese país, más allá de haber leído las leyendas del Rey Arturo y el mago Merlín durante mi adolescencia en la Argentina. Pero siempre había tenido la idea de que los irlandeses son los latinoamericanos de Europa del Norte, o por lo menos tienen muchas afinidades con los latinoamericanos.

Y no me equivocaba. Los irlandeses siempre tuvieron fama de ser bebedores empedernidos, poetas, músicos, trotamundos, admiradores de la bohemia, y más talentosos para la improvisación que para el trabajo en equipo. Históricamente, fueron los primos pobres de sus vecinos británicos, con los que tradicionalmente tuvieron una relación de odio y amor no muy diferente de la que los latinoamericanos han tenido históricamente con los Estados Unidos.

Las grandes glorias de Irlanda, como las de América latina, se dieron en las artes, las letras y la equitación más que en las ciencias, la tecnología o el mundo empresarial. Los irlandeses que hicieron historia fueron W. B. Yeats, James Joyce, Oscar Wilde, Samuel Beckett, George Bernard Shaw, el pintor Francis Bacon, y —más recientemente— el conjunto de danza celta Riverdance, el grupo The Chieftains,

Enya, y la banda U2 y su líder Bono. Pero cuando uno pregunta si el país tiene figuras de semejante calibre en las ciencias, los irlandeses se miran unos a otros como buscando ayuda para recordar algún nombre. Por lo menos en mis conversaciones con ellos, no les vino ninguno a la memoria.

Todas mis sospechas sobre la idiosincrasia de los irlandeses fueron ratificadas a poco de arribar a Dublin, cuando, con gran angustia, me di cuenta de que estaba llegando con retraso a mi primera cita, de las 4 de la tarde. Me había demorado en un llamado telefónico en el hotel, quizá confiado en que estaba apenas a una cuadra de la oficina del Ministerio de Relaciones Exteriores donde tenía la entrevista. Salí corriendo, y llegué casi sin aire al edificio del Ministerio, en el Nº 74 de Hartcourt Street, a eso de las 4 y 10 minutos. Inmediatamente, pedí por el funcionario de relaciones públicas que había arreglado el encuentro. Yo suponía que ya estaría en la planta baja, mirando nerviosamente su reloj, esperándome. Pero no. Llegó unos minutos después, y cuando me disculpé profusamente por mi tardanza, me respondió con una sonrisita cómplice: "No se preocupe. La cita es a las 4 de la tarde 'I-r-i-s-h T-i-m-e' (T-i-e-m-p-o I-r-l-a-n-d-é-s)". En otras palabras, no había gran drama: podía llegar tranquilamente unos minutos tarde, sin problema, porque no estábamos en Suiza. "Irish Time" significaba que había cierta flexibilidad en el horario, agregó, como si estuviera explicando algo totalmente desconocido para un latinoamericano. De manera que cuando me enteré de que, además de todas sus otras semejanzas con los latinoamericanos, los irlandeses son impuntuales, no me quedaron dudas de que estaba en el lugar adecuado para investigar cómo los irlandeses habían logrado su milagro económico.

Doce años no es nada

Irlanda, hasta no hace mucho uno de los países más pobres de Europa, se ha convertido en uno de los más ricos del mundo en apenas doce años. Lo que es más, ha sido escogido como "el mejor país del mundo para vivir" por The Economist Intelligence Unit, la unidad investigadora de la revista *The Economist*, por encima de favoritos de años anteriores como Suiza, Noruega y Suecia.[1] ¿Qué han hecho los irlandeses para pasar de ser un país agrícola empobrecido a una potencia en tecnología de punta, y triplicar su producto bruto per cápita a unos 32 mil dólares anuales en apenas doce años? ¿Cómo han logrado enterrar siglos de agitación política, conflictos sociales y retraso económico, para llegar a tener el cuarto ingreso per cápita más alto del mundo? Y lo que es más intrigante aún: ¿cómo han logrado superar en desarrollo económico a sus propios vecinos británicos, que siempre los habían mirado con cierto desprecio?

Estas preguntas son más pertinentes que nunca a mediados de la primera década del siglo XXI, cuando proliferan en los Estados Unidos las teorías geográficas, religiosas y culturales sobre el atraso económico de las naciones. Según estas teorías, lideradas entre otros por el cientista político Samuel Huntington, de la Universidad de Harvard, la pobreza del Tercer Mundo se debe en gran medida a los climas tropicales de la mayoría de los países en desarrollo (que, según estas teorías, habrían debilitado a sus poblaciones con pestes a lo largo de la historia), y a la tradición católica (que habría privilegiado a la autoridad y el verticalismo por sobre la iniciativa individual). Al decidir viajar a Irlanda, yo me preguntaba: ¿podría América latina desvirtuar todas estas teorías deterministas y convertirse en un milagro económico en un lapso de diez años, como Irlanda?

Hace relativamente poco tiempo, a fines de la década de los ochenta, Irlanda era un desastre económico. El desempleo rondaba el 18 por ciento, la inflación había llegado al 22 por ciento, y la deuda pública era estratosférica. Como ocurriría una década después en muchos países de América latina, y confirmando brevemente los negros augurios de los "globafóbicos" de entonces, la apertura económica iniciada unos pocos años antes había resultado en el cierre de las plantas automotrices, textiles y de la industria del calzado, que hasta entonces habían empleado a decenas de miles de personas. El país sufría un estrangulamiento financiero por su deuda externa, y una emigración masiva parecida a la de muchos países latinoamericanos. Alrededor del 90 por ciento de los impuestos que recaudaba eran destinados a pagar los intereses de la deuda externa, lo que no dejaba prácticamente nada para impulsar proyectos de desarrollo o mejorar las condiciones de los pobres. Los niveles de pobreza eran similares a los del Tercer Mundo. Como muchos países latinoamericanos, Irlanda era un país estancado, que vivía de las remesas de su creciente población de emigrados en los Estados Unidos. En 1987, el chiste más popular en Irlanda era el que los latinoamericanos habían escuchado tantas veces en sus respectivos países: "El último irlandés que se vaya del país, por favor apague la luz".

Pero el país que encontré a mi llegada a Dublin quince años después no tenía nada que ver con la Irlanda casi tercermundista de pocos años antes. La economía irlandesa había crecido a un promedio de casi el 9 por ciento anual durante gran parte de la década del noventa, uno de los mejores índices del mundo. El producto bruto per cápita había subido de 11 mil dólares por año en 1987 a más de 35 mil dólares por año en 2003, lo que hizo que el promedio de ingresos personales en Irlanda pasara de estar un 40 por ciento debajo del promedio europeo en 1973, cuando el país se incorporó a la Unión Europea, al 36 por ciento por encima de la media europea en 2003. Ahora, Irlanda tenía un promedio de ingresos per cápita mayor que el de Alemania y Gran Bretaña, y el segundo más alto en la Unión Europea después de Luxemburgo. Y aunque los más beneficiados del auge económico irlandés habían sido los ricos, la profecía del ex primer ministro Sean Lemass de que "una marea en alza hace subir a todos los barcos" se había cumplido: el desempleo había disminuido al 4 por ciento, y la pobreza absoluta había caído al 5 por ciento.

Irlanda era ahora uno de los mayores centros tecnológicos y de la industria farmacéutica del mundo. Había logrado convertirse en la plataforma de exportación a la Unión Europea, África y Asia de las principales multinacionales de la industria informática y farmacéutica, incluidas Intel, Microsoft, Oracle, Lotus, Pfizer, Merck, American Home Products e IBM. Unas 1.100 empresas multinacionales se habían instalado en el país en los últimos años, y en su conjunto exportaban productos por unos 60 mil millones de dólares anuales. A pesar de su minúscula población de 4 millones de personas, Irlanda exporta un tercio de todas las computadoras que se venden en Europa, y —lo que es más sorprendente aún— es el mayor exportador de software del mundo, sobrepasando incluso a los Estados Unidos.[2]

El progreso se veía por doquier. A pesar de ser una de las capitales más caras de Europa, y de que la economía había perdido parte de su ímpetu de los noventa por la recesión mundial y la creciente competencia de India y China, la Dublin que conocí era una ciudad pujante, llena de energía.

En Grafton Street, la calle peatonal que cruza el centro de la ciudad, me encontré con una multitud cargando paquetes con las compras que acababan de hacer en las tiendas de última moda. Aunque no se veían tantos extranjeros como en Londres, una buena parte de los mozos en los restaurantes céntricos eran italianos, españoles o asiáticos. Irlanda no sólo había cesado de ser un país expulsor de personas, sino que se había convertido en uno de inmigración. Muchos de los irlandeses que se habían ido a los Estados Unidos estaban regresando, al mismo tiempo que jóvenes españoles, italianos y griegos estaban viniendo a trabajar por uno o dos años, para ganarse unos pesos más fácilmente de lo que podían hacerlo en sus países.

Los automóviles en las calles colindantes eran en su mayoría nuevos. Había obras en construcción por doquier. Las avenidas de gran parte de la ciudad estaban siendo abiertas por cuadrillas de trabajadores —creando grandes problemas de tránsito— para la construcción del Luas, un sistema de tranvías de 1.000 millones de dólares que conectará gran parte de la ciudad. En el puerto se estaba construyendo un megatúnel para facilitar el tráfico de camiones, y en todas las direcciones podían verse grúas de construcción en pleno trabajo. Definitivamente, a los irlandeses les estaba yendo muy bien.

La receta del progreso

"¿Cómo se logró el milagro irlandés?", le pregunté a cuanta persona pude entrevistar en Dublin. Según me explicaron funcionarios oficiales, empresarios y líderes obreros, fue una combinación de un "acuerdo social" entre empresarios y obreros de apostar a la apertura económica, la ayuda europea, la eliminación de obstáculos a la creación de nuevas empresas, la desregulación de la industria de telecomunicaciones, un blanqueo de capitales, cortes de impuestos individuales y corporativos, una fuerte inversión en la educación, y el hecho de que los sucesivos gobiernos del país hubieran mantenido el rumbo pese a los traspiés iniciales.

Para muchos, lo que hizo arrancar el "milagro celta" fue el acuerdo entre empresarios y obreros de 1987. A pesar de una crisis que había hecho colapsar la economía después de los primeros intentos de apertura económica, cuando los cierres de las fábricas de ensamblaje de Ford, Toyota y varias empresas textiles habían llevado el desempleo al 18 por ciento, el gobierno y una buena parte de la sociedad irlandesa llegaron a la conclusión de que Irlanda tenía un mercado demasiado pequeño como para proteger a las industrias nacionales. Un país de 3,5 millones de personas no podía tener una industria automotriz que pudiera producir autos tan buenos y baratos como los importados. No había otra opción que seguir adelante con la apertura económica, continuar con el recorte del gasto público y bajar las tasas de impuestos corporativos para atraer inversiones extranjeras, por más trauma social que estas reformas causaran durante los primeros años.

El gobierno decidió que la prioridad del país debía ser un acuerdo con los sindicatos obreros para que aceptaran menores aumentos de salarios a cambio de incrementos futuros, a medida que la economía volviera a crecer. De manera que en 1987 se firmó el primer "Acuerdo Social" entre el gobierno, los empresarios y los obreros, por el cual el gobierno se comprometió a reducir los impuestos a los empresarios, los empresarios se comprometieron a mantener los empleos de sus compañías, y los obreros se comprometieron a exigir menores aumentos salariales, bajo la promesa de que éstos crecerían cuando comenzaran a verse los frutos del acuerdo. El pacto inicial tenía una duración de tres años, pero fue renovado desde entonces por sucesivos períodos de tres años.

"Todo esto lo hicimos sin la ayuda del Fondo Monetario Internacional", me dijo con orgullo Kieran Donoghue, jefe de planeamiento de la Agencia de Inversiones y Desarrollo de Irlanda, una especie de Ministerio de Promoción Industrial del país. "Simplemente, llegó un punto en el que decidimos que el capitalismo nacional había sido un fracaso, porque las élites políticas y empresariales estaban apostando únicamente a inversiones seguras, en cosas como bienes raíces o terrenos, en lugar de tomar riesgos y crear industrias que generaran empleos. Entonces decidimos apostarle a la apertura comercial, un capitalismo al estilo norteamericano que estimulara el riesgo y premiara a los emprendedores."

En un principio, el "Acuerdo Social" funcionó a medias. La economía empezó a crecer, pero el crecimiento no se tradujo en más empleo ni en mejoras sociales. A los dos años, los sindicatos comenzaron a ponerse nerviosos: habían hecho sacrificios para lograr un crecimiento económico que sólo estaba beneficiando a los ricos, decían. Pero los economistas gubernamentales argumentaban que el crecimiento no lograba reducir el desempleo significativamente porque la industria irlandesa tenía una enorme capacidad ociosa acumulada. Las fábricas recién estaban empezando a producir haciendo uso de todo su potencial. El secreto era la persistencia. Cerrar los ojos, aguantar y mantener el rumbo.

Para acelerar el proceso de recuperación, el gobierno decretó una amnistía general para evasores de impuestos. La evasión impositiva en Irlanda era generalizada: en parte porque los impuestos eran sumamente altos —58 por ciento para los individuos de mayores ingresos, y 50 por ciento para las corporaciones—, había una enorme masa de irlandeses que no reportaban sus ingresos. El gobierno les dio seis meses para adherirse a la amnistía, y mientras los economistas gubernamentales esperaban que el blanqueo produjera ingresos de unos 45 millones de dólares, el país recibió el equivalente a 750 millones de dólares. Al poco tiempo, se demostró que las nuevas políticas estaban dando sus frutos: en 1993, el desempleo comenzó a disminuir lentamente, y luego a caer cada vez más vertiginosamente. Al final de los años noventa, el mismo país que expulsaba unos 30 mil trabajadores por año había frenado la emigración por completo, y se había convertido en un receptor neto de unos 40 mil trabajadores extranjeros por año.

Sin duda, el ingreso de Irlanda a la Unión Europea en 1973 y la ayuda económica de la UE en los años siguientes aceleró el crecimiento económico. Pero, contrariamente a lo que uno podía suponer, los subsidios europeos no fueron el factor más importante del milagro irlandés, ni tuvieron un efecto inmediato. La apertura económica irlandesa había comenzado mucho antes del ingreso del país a la UE, cuando tras varias décadas de nacionalismo político y proteccionismo comercial, Irlanda había firmado el acuerdo de libre comercio angloirlandés con Gran Bretaña en 1965.

"Hasta entonces, habíamos sido un país atrasado, aislacionista, cuya forma de expresar su independencia de Gran Bretaña había sido buscar la autosuficiencia y la sustitución de importaciones", me comentó Brendan Lyons, el subsecretario de Relaciones Exteriores. "Lo único que habíamos logrado fue crear una industria nacional ineficiente." En 1973, cuando Irlanda pasó a formar parte de la Unión Europea, su mercado se amplió de 3,5 millones a 300 millones de consumidores. "La entrada a la Unión Europea nos permitió reducir nuestra dependencia de Gran Bretaña, y al mismo tiempo convertirnos en plataforma para las inversiones de los Estados Unidos dirigidas a la Comunidad Europea", me explicó Lyons. Los años que siguieron no habían sido fáciles. La apertura económica había causado numerosos cierres de fábricas, y el país se había pauperizado paulatinamente hasta la firma del primer "Acuerdo Social" quince años después.

Claro, la ayuda económica de la UE hizo que la transición fuera más soportable. Sin embargo, desvirtuando la idea de muchos políticos latinoamericanos que exigían un nuevo "Plan Marshall" de los Estados Unidos con el argumento de que el milagro irlandés sólo había sido posible gracias a los generosos subsidios de la UE, los funcionarios irlandeses me aseguraron que la ayuda económica nunca llegó a ser el factor determinante del despegue de su país. Durante muchos años, la UE había aportado generosos "fondos de cohesión" y "fondos estructurales" a Irlanda, al igual que había hecho con España, Portugal y Grecia. Irlanda había recibido una buena porción de estos fondos, en parte para evitar un éxodo masivo de trabajadores a los países más industrializados de la comunidad europea. Tan sólo entre 1989 y 1993, la UE le había dado a Irlanda 3.400 millones de dólares para la construcción de puentes, caminos y líneas telefónicas, entre otras obras de infraestructura, y para subsidiar a los sectores más amenazados del sector agrícola. Entre 1994 y 1999, recibió un segundo paquete de fondos estructurales y de cohesión de la UE por valor de unos 11 mil millones de dólares, según datos de la propia Unión Europea.

"Sin esos fondos, hubiera sido muy difícil levantarnos", me confesó el viceministro de Relaciones Exteriores, Lyons. "En esa época teníamos que cortar los gastos del Estado para sanear nuestra economía. Sin ayuda de la Unión Europea, el costo social de los recortes hubiera sido mucho mayor de lo que fue... Pero el milagro irlandés se hubiera dado igual." El país se hubiera levantado de cualquier manera por todas las demás reformas estructurales que había emprendido para atraer la inversión, incluyendo la flexibilización laboral y la reducción de los impuestos corporativos, y por la decisión de sus empresarios y obreros de no torcer el rumbo a mitad de camino, agregó.

Sacando un libro de la pequeña biblioteca de su oficina, Lyons pasó a demostrarme su aseveración con datos estadísticos. Los subsidios de la UE a Irlanda habían comenzado en 1973, y sin embargo el país no había despegado sino hasta quince años después. Los fondos de ayuda de la UE a Irlanda se habían incrementado aun más en 1992, después del tratado de Maastricht, y sin embargo la ayuda económica europea nunca había llegado a representar más del 5 por ciento del producto bruto de su país. Los estudios más serios sobre la incidencia de los fondos de cohesión y los fondos estructurales sobre la economía irlandesa concluían que habían contribuido un promedio de un 0,5 por ciento al crecimiento económico del país en la década de los noventa. No era una ayuda despreciable, pero —en un país que crecía a un promedio de casi 7 por ciento anual— estaba lejos de ser el factor principal del éxito económico.[3] Más bien, había ayudado a hacer más soportable el sacrificio en la época de transición a una economía global.

Más técnicos, menos sociólogos

¿Qué fue, entonces, lo que hizo progresar tanto a Irlanda en tan poco tiempo? Además del "Acuerdo Social", Irlanda eliminó las trabas que obstaculizaban el establecimiento de empresas, convirtiendo al país en uno de los más amigables para las inversiones extranjeras. Hoy día, para abrir una empresa en Irlanda hacen falta sólo tres procedimientos legales que se realizan en un promedio de doce días, según las tablas del Banco Mundial.[4] Comparada con México, donde se requieren siete trámites legales y cincuenta y un días, o la Argentina, donde hacen falta quince trámites burocráticos y sesenta y ocho días, Irlanda es un paraíso para las inversiones extranjeras.

Otros factores clave de las políticas de Irlanda para atraer las inversiones extranjeras fueron el apoyo estatal a la investigación universitaria de productos con posibilidades comerciales, y los lazos tendidos por el gobierno a la diáspora irlandesa —sobre todo en los Estados Unidos— para atraer empresas al país. Tras desregular la industria de las telecomunicaciones, que hizo bajar enormemente el costo de los llamados telefónicos internacionales y las conexiones por Internet, y recortar los impuestos corporativos, Irlanda se propuso como política de Estado atraer a las principales empresas de computación del mundo. Y para poder abastecerlas con mano de obra calificada, los sucesivos gobiernos invirtieron fuertes sumas en las décadas del ochenta y noventa para estimular las carreras universitarias de ciencia y tecnología, creando dos nuevas universidades y dándoles más dinero a las existentes.

Antes de su entrada en la UE, Irlanda, al igual que los países latinoamericanos de hoy, tenía un enorme porcentaje de sus estudiantes en carreras vinculadas a las ciencias sociales. Pero el país resolvió que necesitaba más científicos y técnicos, y menos sociólogos. En la década del noventa, el número de estudiantes universitarios creció 80 por ciento, y el de los estudiantes que siguen carreras de ciencia y tecnología aumentó en más de 100 por ciento. Los estudiantes de computación, por ejemplo, aumentaron de 500 en el año 1996 a 2 mil en 2003, según cifras oficiales.

"Desde la década del setenta, cuando entramos en la Unión Europea, hemos tenido una política de Estado deliberada en el sentido de destinar más recursos a las escuelas de ingeniería y las ciencias", me señaló Dan Flinter, el presidente de Enterprise Ireland, una especie de Ministerio de Planeamiento del gobierno irlandés. "Lo hicimos mediante la creación de dos nuevas universidades, específicamente destinadas a estas carreras."

Desde la escuela primaria, los maestros irlandeses —siguiendo las orientaciones del Ministerio de Educación— incentivan el estudio de las carreras técnicas utilizando cualquier excusa, me comentaron varios padres de niños en edad escolar. Por ejemplo, una tarea típica para los estudiantes es analizar un concierto de rock de U2 desde docenas de aspectos técnicos: desde la fabricación del podio donde tocan los músicos, hasta la acústica del local, pasando por los detalles comerciales y administrativos del evento. Otra tarea se centra en el estudio del club de fútbol favorito de cada estudiante, incluyendo la construcción de su estadio, su contabilidad y administración.

El énfasis nacional sobre la educación en los últimos años produjo un impacto cultural enorme, al punto que los principales periódicos del país dedican varias páginas al día a noticias educativas, como debates de expertos en torno de los rankings de las mejores escuelas del país, o críticas de escuelas primarias, secundarias o universidades hechas en forma parecida a las críticas musicales o artísticas.

El gobierno apoyaba fuertemente las investigaciones científicas y técnicas que tuvieran posibilidades comerciales. Según Flinter, el encargado de la agencia de planificación económica irlandesa, una de las principales responsabilidades de su agencia era identificar proyectos de investigación promisorios en las universidades, y aportarles fondos para que pudieran concretarse. Como promedio, Enterprise Ireland invierte fondos estatales en unos setenta proyectos en distintas universidades para el desarrollo de productos con posibilidades comerciales, me explicó. Por ejemplo, en ese momento, la agencia acababa de constituir un fondo de inversión con empresas privadas para el desarrollo de un programa de computación con aplicaciones para teléfonos celulares. "¿Qué significa eso?", pregunté. "Significa que, junto con otros socios, le dimos un millón de euros a un equipo de investigadores del Trinity College para que desarrolle una aplicación concreta de un programa para que pueda ser usado para juegos en teléfonos celulares", respondió Flinter. "Le damos al equipo de investigadores de seis a nueve meses para que desarrollen la aplicación, luego hacemos las pruebas, y después salimos a ofrecer el producto a las empresas de telefonía celular."

A medida que aumentaba el número de proyectos y varios de ellos resultaban en éxitos comerciales, Enterprise Ireland vendía sus acciones en las empresas y, con suerte, recuperaba con creces su inversión original. En un buen año, la agencia de planificación irlandesa recaudaba 100 millones de dólares de la venta de acciones en las empresas embrionarias de las que participaba. Eso representaba un tercio del presupuesto total de la agencia estatal, que cuenta con 900 empleados públicos y 34 oficinas comerciales en todo el mundo para la promoción de las exportaciones irlandesas.

Pero quizá lo que más me llamó la atención de la receta económica irlandesa —por la posibilidad de ser imitada en América latina— era el uso de sus migrantes en otros países como puentes de presentación para aumentar las exportaciones y la inversión extranjera. Irlanda tenía entre 30 y 40 millones de paisanos y descendientes de irlandeses en los Estados Unidos. Muchos descendientes de irlandeses que habían emigrado durante la gran hambruna de 1840 eran ahora exitosos empresarios de las multinacionales más grandes del mundo. Los sucesivos gobiernos de Irlanda habían decidido, como política de Estado, cultivar al máximo las relaciones con sus comunidades en los Estados Unidos, especialmente con sus miembros más exitosos del mundo empresarial. Los funcionarios de la embajada de Irlanda en Washington, por ejemplo, conseguían a través de Internet o de registros públicos listas con los directivos de empresas en todo Estados Unidos, buscaban a los de origen irlandés y los contactaban.

"Usamos nuestras embajadas en el exterior para identificar y acercarnos a la gente de origen irlandés que más nos interesa", me explicó Donoghue, de la Agencia de Inversiones y Desarrollo, con la mayor naturalidad. "Tenemos la suerte de que muchos irlandeses-americanos han llegado a puestos importantísimos en las corporaciones norteamericanas. Nosotros los invitamos a eventos sociales en nuestras embajadas, hacemos contacto con ellos y luego les hacemos una presentación sobre las ventajas de invertir en Irlanda o en empresas irlandesas."

Por supuesto, el hecho de que un ejecutivo de una multinacional fuera irlandés, o descendiente de irlandeses, no garantizaba que contestara las llamadas de la embajada de Irlanda, y mucho menos que tratara de convencer a su empresa de invertir en ese país. Pero, en el mundo competitivo de hoy, donde los países gastan millonadas en agencias de relaciones públicas sólo para lograr que una empresa los reciba y escuche, era un sistema que abría numerosas puertas. Había muchas más posibilidades de que un ejecutivo de origen irlandés respondiera el llamado de la embajada de Irlanda a que lo hiciera uno descendiente de alemanes o guatemaltecos. Y una vez que los funcionarios irlandeses lograban la cita, tenían un buen producto para vender.

"Obviamente, estábamos equivocados"

Pero, desde una óptica latinoamericana, mi mayor curiosidad era hablar con los líderes sindicales irlandeses. ¿Habían participado voluntariamente en la apertura económica del país que había llevado a tantos cierres de empresas en una primera etapa? ¿O les habían torcido el brazo, ya fuera con un garrote o a billetazos? Al igual que sus pares en América latina de la actualidad, los líderes del Congreso de Sindicatos Laborales de Irlanda (ICTU), la central de trabajadores organizados del país, se habían opuesto tenazmente al libre comercio a comienzos de la década del setenta. La central sindical había sido la principal promotora del "No" en el referéndum de 1972 para decidir la entrada del país en la Unión Europea, argumentando —con razón, en el corto plazo— que el libre comercio resultaría en el cierre masivo de las fábricas automotrices, textiles y del calzado en Irlanda. Pero el "Sí" ganó el referéndum por un amplio margen, y el país entraría a la Unión Europea a los pocos meses.

Dos décadas después, los trabajadores irlandeses habían dado un giro de 180 grados. La ICTU ya no era un frente de batalla contra el capitalismo, sino un ente negociador para lograr mejores salarios para sus afiliados, que asomaba la cabeza cada tres años para negociar un nuevo "Acuerdo Social" con los empresarios y el gobierno. Pocos irlandeses saben ahora a qué se dedica la ICTU, o dónde están sus oficinas. El taxista que me llevó a la sede de la central sindical tardó un buen rato en encontrar el lugar. Tenía una vaga idea de lo que era la ICTU, pero nunca había visto el edificio, ni sabía dónde estaba. Resultó ser una de varias casas en una hilera de viviendas de cuatro pisos, como calcadas una de la otra, sobre Parnell Square, una de las zonas del viejo centro de Dublin. Años atrás, había sido una zona residencial de clase media alta, pero en años recientes había sido invadida por trabajadores asiáticos y africanos. La central de trabajadores era una casa más, apenas distinguible por un cartel al lado de la puerta. Obviamente, no era un punto de referencia central en la capital irlandesa como para que cualquier taxista nativo la conociera.

Oliver Donohoe, un veterano de las luchas sindicales irlandesas que ahora se desempeñaba como uno de los máximos funcionarios de la ICTU, me abrió la puerta y me invitó a pasar a la sala de conferencias, que obviamente había sido en alguna época el comedor de una casa de familia. El lugar estaba modestamente amueblado. La única decoración eran pósters de congresos sindicales internacionales, muchos de ellos sin enmarcar, pegados a las paredes con tachuelas. Una vez sentados, le pregunté a Donohoe cómo veía, a la luz de la historia, la decisión de la central sindical de oponerse al libre comercio y la integración con la Unión Europea a comienzos de los años setenta. El veterano sindicalista me respondió con una sonrisa resignada: "Obviamente, estábamos equivocados".

Según Donohoe, la central sindical había enfocado su oposición al libre comercio en sus temores bien fundados de que la integración a la Unión Europea terminaría destruyendo muchas industrias irlandesas y dejaría a miles de trabajadores en la calle. Lo que la ICTU no había previsto era que la conversión a una economía abierta crearía muchas más fuentes de trabajo, y con mucho mejor paga, de las que se perdieran en una primera etapa. Con el correr de los años, la ICTU cambiaría gradualmente su posición. "Una vez que perdimos el referéndum y el país se unió a la Unión Europea, empezamos a trabajar con la Confederación de Sindicatos de Trabajadores Europeos, y muy pronto nos dimos cuenta de que podíamos usar la integración europea a nuestro favor", me explicó.

El parteaguas del movimiento sindical irlandés había tenido lugar a mediados de la década del setenta, cuando la Unión Europea acordó exigir a todos sus países miembros que igualaran los salarios de las mujeres y los hombres. El gobierno irlandés se opuso a la medida, argumentando que el país necesitaba más tiempo para acomodarse a la nueva norma. La central sindical irlandesa, en cambio, apoyó la medida con entusiasmo, y se encontró —para su sorpresa— con que sus mejores aliados eran los demás países de la Unión Europea y las instituciones supranacionales de la comunidad. "Simbólicamente, eso marcó un cambio de rumbo en nuestra orientación política", recuerda Donohoe. "A partir de entonces, hemos apoyado la integración comercial y hemos votado a favor de una mayor integración con Europa en cada uno de los referéndums que se hicieron después", agregó. Los sindicalistas irlandeses habían descubierto que la apertura económica, con todos sus problemas, conducía a una mayor apertura política y a políticas sociales más a tono con las de los países más industrializados.

Hacia el final de la entrevista, cuando le pregunté si los trabajadores se habían beneficiado del milagro irlandés, Donohoe se encogió de hombros. Como reconociendo un hecho indiscutible sin dejar de rescatar la lucha sindical a la que había dedicado su vida, señaló: "En términos generales, no hay duda de que sí. Aunque la brecha entre los ricos y los pobres ha crecido, el nivel de vida de los pobres ha subido. La idea de que una marea creciente haría subir a todos los barcos resultó ser cierta. Si tuviera que resumir nuestra posición, diría que el crecimiento económico ha beneficiado a los trabajadores, aunque no lo suficiente".

¿Cuáles eran, entonces, las reivindicaciones del movimiento obrero irlandés? Pocos días después de mi entrevista con Donohoe, leí un artículo en el periódico *Irish Independent* que relataba el estado de las negociaciones por un nuevo "Acuerdo Social" que me hizo menear la cabeza de asombro. Según el periódico, el SIPTU, uno de los mayores sindicatos miembros de la central sindical irlandesa, había resuelto en su reunión anual exigir al gobierno que se redujera el horario laboral a 30 horas por semana, con horarios flexibles. Durante la reunión, la dirigencia sindical había calificado como un abuso el actual horario de trabajo de 40 horas semanales. Me pareció un dato sorprendente. Para un país que apenas quince años antes tenía una tasa de desempleo de 18 por ciento, la exigencia actual de los trabajadores parecía, por lo menos a los ojos de un visitante extranjero, más un motivo de celebración que otra cosa.[5]

Los traumas del progreso

Con el correr de los años, el éxito económico irlandés había elevado significativamente el nivel de vida del país, y por lo tanto los salarios. Los bajos costos laborales, que habían sido un importante aliciente para las inversiones extranjeras en las décadas de los ochenta y noventa, eran cosa del pasado. China, India y los nuevos países de la ex Europa del Este estaban ofreciendo salarios mucho más bajos y fuerzas de trabajo cada vez más calificadas. Sin embargo, desvirtuando las teorías de quienes aseguran que la apertura económica es "una carrera hacia abajo" que no hace más que forzar a los países a reducir sus salarios para no quedarse atrás de sus competidores aun más pobres, Irlanda salió airosa. A principios del nuevo milenio, no sólo tenía un desempleo de apenas 4 por ciento, sino que había aumentado los salarios de una buena parte de sus trabajadores al crear empleos cada vez mejor remunerados.

El caso de la multinacional Apple era un buen ejemplo. En 1977 empleaba 1.800 personas en su fábrica de Cork, en el sur de Irlanda. Pero en los años siguientes, cuando sus competidores comenzaron a producir más eficientemente en otros países, Apple trasladó gran parte de sus operaciones de Cork a la República Checa y Taiwan, donde los costos laborales eran mucho menores y había una gran oferta de mano de obra calificada. ¿Se produjo un colapso económico en Cork con la salida de una de sus principales fuentes de trabajo? En absoluto. Según directivos de la empresa, la fábrica de Apple en Cork se transformó en un centro de servicios e investigación regional para toda Europa, con 1.400 empleados, la mayoría de ellos graduados universitarios, y casi todos con trabajos mejor remunerados que los anteriores. En muchos casos, se capacitó a los propios operarios de las fábricas desmanteladas. En otros, se contrató a nueva gente. El cambio fue traumático para muchos, pero el resultado final fue una mayor infusión de dinero a la ciudad, con todo el efecto derrame que eso trajo.[6]

Claro, el progreso había traído nuevos problemas a los irlandeses: el costo de la vivienda había subido vertiginosamente, el tráfico en las calles de Dublin y otras ciudades era cada vez más caótico, y la llegada de nuevos inmigrantes estaba creando cada vez más problemas para el sistema de salud, que ya no daba abasto. Pero eran problemas propios del desarrollo, que la mayoría de los países estancados preferirían al desempleo, la criminalidad y la pobreza.

El ejemplo irlandés y América latina

Los gobiernos latinoamericanos nostálgicos del proteccionismo y los empresarios monopólicos para quienes la globalización es una amenaza argumentan que no se puede usar el milagro irlandés como un ejemplo para la región, porque Irlanda se benefició de varias circunstancias especiales. Ciertamente, hay algunos factores que ayudaron a Irlanda que no se dan en América latina, como la asistencia de sus vecinos, y que difícilmente se darán en un futuro próximo.

Irlanda recibió más de 15 mil millones de dólares en fondos de ayuda de la UE en un momento crítico de su transición a una economía abierta. Aunque estos fondos no fueron el factor determinante del éxito económico irlandés, le permitieron afrontar las presiones sociales que resultaron del ajuste económico. América latina, por ahora, no puede contar con una generosidad similar de los Estados Unidos. En segundo lugar, Irlanda —a diferencia de América latina— gozó de una ventaja natural: los irlandeses hablan inglés. Eso les ayudó no sólo a recibir centros de atención al público de las grandes empresas norte-americanas —que trasladaron sus "call-centers" primero a Irlanda, y en años más recientes a India, para reducir costos laborales— sino que les permitió también ofrecer una mano de obra que podía entenderse con supervisores en los Estados Unidos o Gran Bretaña en el idioma predominante del comercio y la industria mundiales. América latina no tiene esa ventaja, aunque muchos de sus países cuentan con una población suficientemente bilingüe como para desarrollar varias in-dustrias de servicios en inglés escrito. En tercer lugar, tal como me lo había comentado Donoghue, de la Agencia de Inversiones y Desarro-llo, Irlanda tenía la suerte de contar con una comunidad de más de 30 millones de irlandeses-americanos en los Estados Unidos, que no sólo habían enviado remesas millonarias al país de sus ancestros sino que habían resultado excelentes contactos para atraer inversiones al país. Los latinoamericanos tienen unos 36 millones de compatriotas en los Estados Unidos, que en su mayoría no alcanzaron los niveles económi-cos de los irlandeses-americanos, son inmigrantes más recientes y tie-nen lazos más sólidos con sus países natales.

¿Por qué América latina no podría hacer lo mismo? La lista de latinoamericanos en cargos clave del mundo empresarial es enorme: además de Carlos Gutiérrez, el cubano criado en México que fue presi-dente de la gigantesca multinacional de alimentos Kellogg's antes de ser nombrado secretario de Comercio, y del brasileño Alain Belda, el presidente de Alcoa, la empresa siderúrgica más grande del mundo, un porcentaje considerable de latinoamericanos está al frente de las oficinas para América latina de las multinacionales de los Estados Unidos. Basta mirar cualquier listado de ejecutivos de las quinientas empresas más importantes de los Estados Unidos que publica anual-mente la revista *Forbes* para encontrarlos.

Camino al aeropuerto de Dublin para tomar mi vuelo de regreso, no pude más que concluir que el "milagro celta" podría servir de ejemplo a varios países latinoamericanos, aunque más no fuera como modelo inspirador. Como lo señalaría poco después el académico mexicano Luis Rubio, "Irlanda demuestra que las limitantes no son económicas, sino mentales y políticas".[7] Tal como lo describió Rubio, "los irlandeses se vieron en el espejo y se percataron de lo obvio: su país se estaba rezagando no por causa de una conspiración del resto, o por-que el pasado fuera sagrado, ni porque las importaciones desplazaran a sus productores locales, ni porque faltara capital u oportunidades de inversión o exportación, sino simple y llanamente porque ellos mismos estaban inertes... Una vez que (los irlandeses) estuvieron dispuestos a enfrentar sus carencias y a organizarse para aprovechar su potencial, las oportunidades económicas se abrieron casi por arte de magia".[8]

Por supuesto que hay diferencias entre Irlanda y los países de América latina, y son dignas de ser tenidas en cuenta. Pero las semejanzas entre la Irlanda de hace dos décadas y la América latina de hoy son mucho mayores que las diferencias, y desvirtúan las predicciones de que América latina está condenada por su historia, religión y cultura a vivir en el atraso. Si Irlanda, hasta hace poco un país agrícola pobre, conocido apenas por su afición a la cerveza, sus poetas y músicos, la impuntualidad de su gente, su falta de apego a las leyes y la violencia política, pudo convertirse en una potencia económica en sólo doce años, no hay razones biológicas por las cuales los países de América latina no puedan copiar varias de sus recetas y convertirse en éxitos económicos parecidos.

FUENTES

[1] "The World in 2005", *The Economist*, y *Irish Times*, 17 de noviembre de 2004.

[2] *The Economist*, 16 de octubre de 2004.

[3] A Survey of Ireland, *The Economist*, 16 de octubre de 2004, pág. 5.

[4] "Doing Business in 2004: Understanding Regulation", Banco Mundial, Country tables.

[5] "Union sets target of 30-hour work week", *Irish Independent*, 28 de agosto de 2003, pág. 10.

[6] *The Economist*, 16 de octubre de 2004, pág. 7.

[7] "Irlanda: otro mundo", por Luis Rubio, *La Reforma*, México, 27 de marzo de 2005.

[8] Ídem.

CAPÍTULO 4
La "nueva Europa"

Cuento chino: "Después de la caída soviética... ¡el socialismo ha resurgido! Podemos decir con Carlos Marx: ¡el fantasma vuelve a recorrer el mundo!" (Hugo Chávez, presidente de la República Bolivariana de Venezuela, 14 de agosto de 2005).

CRACOVIA, Polonia — Mi llegada a Polonia no fue del todo afortunada. Me di cuenta de que había entrado con el pie izquierdo cuando, en mi primera entrevista con un alto funcionario polaco, le comenté entusiasmado —diciendo la verdad, pero también tratando de ganarme su confianza— que había venido a escribir "sobre el auge económico de Europa del Este". Para mi sorpresa, el hombre no reaccionó con mucha alegría. Más bien, me miró algo ofendido. Inmediatamente, su expresión cambió a un gesto de intriga —como si estuviera hablando con un extraterrestre— y pasó a leer mi tarjeta de presentación sobre la mesa. Cuando vio "Editor para América latina, *The Miami Herald*", se tranquilizó, y en tono paternal me dijo: "Mire, permítame sugerirle que no diga que está escribiendo sobre Europa del Este, porque a muchos en este país no les va a caer bien. Nosotros estamos en Europa Central. Polonia está en Europa Central, no en Europa del Este". Según me explicó, Polonia, la República Checa, Eslovaquia y Hungría ya no tenían nada que ver con la división artificial de la región que se había hecho en tiempos del bloque soviético. Ahora habían vuelto a ser lo que siempre habían sido, Europa Central. Y los países de Europa de Este, los más atrasados de la región, eran naciones como Ucrania y Bielorrusia. Le pedí perdón por mi ignorancia. Obviamente, había venido a escribir sobre una región y me había encontrado con otra, por lo menos en el imaginario colectivo de sus funcionarios.

Los países de Europa Central, o la "nueva Europa" —el término que el secretario de Defensa estadounidense Donald Rumsfeld había creado para describir a los países de la ex Europa del Este que ahora estaban abrazando el capitalismo con un entusiasmo casi religioso—, estaban tan compenetrados con su nueva imagen de potencias emergentes que hasta se habían cambiado el nombre. El término "Europa del Este" había sido desterrado del vocabulario local, y los funcionarios sacaban a relucir las glorias de sus países en siglos pasados para presentar su pobreza en la segunda mitad del siglo XX como un accidente de la historia. Poco después de mi primer traspié, me encontré con una situación parecida en una entrevista con Witold Orlowski, el jefe de asesores económicos del presidente polaco Aleksander Kwasniewski, cuando le pregunté cómo estaban haciendo Polonia y sus vecinos para atraer más inversiones en relación con su tamaño que México, Brasil o la Argentina.

Orlowski me sugirió que cualquier comparación con América latina era inapropiada, porque Polonia y muchos de sus vecinos habían sido países relativamente avanzados en el pasado, con altos niveles educativos y culturales. Algunos países de "Europa Central", como la República Checa, habían estado incluso entre los más ricos de toda Europa antes de la Segunda Guerra Mundial, explicó. "Nosotros somos países europeos que por una mala broma de la historia terminamos ubicados en el bloque soviético. Éramos países industrializados que nos empobrecimos a partir de que fuimos colocados en el campo soviético." Y lo que estaba ocurriendo ahora, según la última revisión histórica de "Europa Central", era que los países de la región estaban regresando a su antiguo esplendor.

Me había decidido a visitar Polonia y la República Checa después de leer un informe de la Conferencia de las Naciones Unidas para el Comercio y el Desarrollo (UNCTAD), según el cual estos dos países atraerían más inversiones extranjeras en los próximos años que México, Brasil, la Argentina y cualquier otro país latinoamericano. La UNCTAD había hecho una encuesta entre 335 compañías multinacionales sobre cuáles eran los países donde pensaban invertir en los próximos cinco años. Y América latina no figuraba ni por asomo entre los primeros puestos. En primer lugar, como era de prever, estaba China, seguida por India, Estados Unidos, Tailandia, y luego Polonia y la República Checa. El primer país latinoamericano que aparecía en la lista era México, que compartía con Malasia el séptimo lugar.[1] Los demás estaban muy por detrás.

El ranking de las Naciones Unidas confirmaba que las inversiones en América latina estaban cayendo en picada, mientras que los países de la ex Europa del Este estaban recibiendo una avalancha de inversiones de todas partes del mundo. ¿Qué estaban haciendo ellos que no estaban haciendo los latinoamericanos?, me preguntaba. La mejor forma de averiguarlo era viajar a los dos países y verlo en carne propia.

"El mejor momento desde el siglo XVI"

Como muchas naciones latinoamericanas, Polonia es un país de ingresos medios, agrícola-industrial, sumamente nacionalista, católico, futbolero, cortoplacista, burocrático y bastante corrupto. Tiene un ingreso per cápita no muy diferente del de México o la Argentina, un cinismo generalizado sobre su clase política, y una historia tanto o más convulsionada que la de la mayoría de los países latinoamericanos. En el índice de Transparencia Internacional, la organización no gubernamental que realiza todos los años una tabla de percepción de corrupción en 133 países de todo el mundo, Polonia aparece en el mismo nivel que México, y con mayores niveles de corrupción que Brasil, Colombia y Perú.[2] Prácticamente no hay mes en que la prensa no devele un nuevo escándalo de corrupción política. Los primeros ministros cambian a menudo, ya sea por acusaciones de recibir sobornos o porque el Congreso los echa por incompetentes. Los periódicos polacos no difieren mucho en sus titulares de los latinoamericanos. Y cuando salió una encuesta según la cual el 90 por ciento de los conductores polacos admitían haber pagado un soborno a la policía para que no les hiciera una boleta, el chiste que circuló por todo el país era que el 10 por ciento restante le había mentido a los encuestadores.

Muchos polacos con los que hablé atribuyen la corrupción al pasado reciente: durante el régimen comunista, los polacos —que eran los socios díscolos del bloque soviético, al punto de que Stalin había dicho que implantar el comunismo en Polonia era como tratar de ponerle una silla de montar a una vaca— se habían ufanado de arreglárselas para vivir mejor que los países comunistas vecinos.

Los polacos de la era socialista decían que éste era un país de negocios vacíos y departamentos llenos. El secreto de la supervivencia en aquella época era el "pokombinowac", o la habilidad de los polacos para tener una "conexión" en alguna tienda estatal para conseguir lo que no se encontraba en los escaparates de los negocios. La corrupción era de subsistencia contra la burocracia y el control estatal, y se había extendido a todos los rincones de la economía. Y tras la era soviética, muchas de las viejas costumbres seguían intactas. Todavía hoy, con el equivalente a 15 dólares se puede convencer a un policía para que deje de hacer una multa de tránsito, y hay gestores para casi todos los trámites burocráticos habidos y por haber.

Y como muchos países latinoamericanos, Polonia se define políticamente por sus temores ante las potencias imperiales más cercanas. En la Polonia de hoy, para mi asombro, el líder más admirado es el fallecido presidente de los Estados Unidos Ronald Reagan, el conservador republicano cuya carrera armamentista ayudó a precipitar el fin de la Unión Soviética. Polonia había sido invadido por la Unión Soviética y Alemania varias veces en su historia. Y así como muchos latinoamericanos sienten simpatía por Rusia o Cuba por el solo hecho de que representan una oposición a los Estados Unidos, muchos polacos son pro norteamericanos por el simple hecho de que los Estados Unidos representan un freno a Rusia o a Alemania. "Uno siempre idealiza a aquellos que no son sus vecinos", me señaló un funcionario polaco, explicando el fenómeno. "Polonia es probablemente el país más pro norteamericano de la ex Europa del Este, y la ex Europa del Este es mucho más pro norteamericana que la Europa Occidental". De manera que cuando el presidente Bush pidió ayuda internacional tras la invasión estadounidense a Irak, a nadie le sorprendió mucho que Polonia fuera uno de los primeros países en responder, enviando más de 2.500 hombres y haciéndose cargo de las tropas multinacionales en una de las principales regiones militares de Irak.

A pesar de todas estas semejanzas, hay una enorme diferencia entre la Polonia de hoy y muchos países latinoamericanos: se respira un aire de optimismo. Polonia, como sus vecinos de la ex Europa del Este, está renaciendo. La economía polaca está creciendo a un ritmo de casi 6 por ciento anual, en parte por un *boom* de inversiones extranjeras, atraídas por los bajos costos laborales, los incentivos fiscales y la alta educación de la población. Y aunque el desempleo todavía alcanzaba casi el 20 por ciento cuando visité este país, estaba empezando a bajar. Al igual que muchos de sus vecinos de la "nueva Europa", todo parece indicar que Polonia seguirá creciendo a un ritmo igual o superior en los próximos años. Las inversiones extranjeras crecieron de 4 mil millones al año a fines de la década del noventa a unos 8 mil millones en 2004, y el gobierno esperaba llegar a los 10 mil millones en 2006. "Polonia tiene por delante un período de muchos, pero muchos años de crecimiento muy alto", me dijo Orlowski, el jefe de asesores económicos del presidente polaco. Helena Luczywo, la jefa de redacción de *Gazeta Wyborcza*, fue aun más lejos: "Polonia está pasando por su mejor momento desde el siglo XVI", aseguró.[3]

En Cracovia, la antigua capital de Polonia, ahora convertida en un centro industrial y turístico, el progreso es visible por todos lados. Cuando llegué a la ciudad, algunos meses después del ingreso de Polonia en la Unión Europea, había un clima de fiesta. Aunque la incorporación a la UE había resultado en aumentos de precios de varios productos, la plaza central de Cracovia, conocida por su majestuosa Basílica de Santa María del siglo XIII, estaba repleta de gente haciendo compras. En la Rynek Glowny, la calle principal de la plaza, se veían polacos y turistas italianos y alemanes entrando y saliendo de las tiendas, con bolsas de compras en las manos, o sentados en los cafés, comiendo un chocolate. Una de las pequeñas delicias cotidianas de la vida poscomunista para muchos polacos era poder comer *czekolada*, como llaman aquí al chocolate. Tras la ley marcial de 1981, el régimen comunista había impuesto tarjetas de racionamiento que sólo permitían que los niños comieran chocolate. Ahora, los polacos parecían estar comiendo *czekolada* a cuatro manos, como para reponer todo el que no habían podido ingerir en su momento. Los cafés de la plaza central de Cracovia ofrecían chocolates de todos los colores, tamaños y sabores.

Dos nuevos hoteles de cinco estrellas, el Sheraton y el Radisson, acababan de abrir sus puertas a pocas cuadras de la plaza central. No muy lejos, se estaban levantando dos gigantescos centros comerciales, la Galería Kazimierz y la Galería Kakowska. Y en las afueras de la ciudad, varias multinacionales, incluidas Philip Morris, Motorola y Valeo, acababan de abrir plantas manufactureras.

La ventaja comparativa de Polonia

Polonia, como la mayoría de sus vecinos, se está beneficiando de un aluvión de inversiones de la "vieja Europa", atraídas por los bajos costos laborales, la mano de obra calificada y los bajos impuestos corporativos de los nuevos socios de la Unión Europea. "Tenemos la enorme ventaja comparativa de tener trabajadores muy calificados, con salarios más bajos que en Alemania y Francia", me explicó Orlowski. Los costos de producción en Polonia son en promedio 30 por ciento más bajos que en Alemania, 27 por ciento más bajos que en Italia, 26 por ciento más bajos que en Inglaterra o Francia, y 24 por ciento más bajos que en España.[4]

No es casualidad, entonces, que las grandes multinacionales europeas, como Siemens, Volkswagen y Fiat, hayan trasladado una buena parte de sus fábricas a Polonia. O que General Motors anunciara que cerraría dos plantas de automóviles Opel en Alemania, que empleaban a 10 mil personas, para abrir una nueva en Polonia. La GM no necesitó dar muchas explicaciones: mientras un trabajador en Alemania gana 38 dólares la hora, el mismo trabajador en Polonia gana 7 dólares. El éxodo hacia Polonia es tal que el canciller alemán Gerhard Schroeder, en un arrebato de ira que le costó fuertes críticas en la prensa, acusó a las compañías alemanas que están migrando a Polonia de ser "antipatrióticas", al tiempo que exigió a los países de la ex Europa del Este que aumenten sus impuestos corporativos para ponerle freno a la migración de fábricas a Polonia y sus vecinos.

Algunos de los empresarios extranjeros llegados al país en los últimos años, como Richard Lucas, eran todo un símbolo del "milagro" polaco. Lucas tiene 37 años, aunque aparenta mucho menos. Flaco, de blue jeans y camisa gastada, es uno de los muchos extranjeros que llegaron a Polonia tras la caída del bloque soviético para aprovechar la ola capitalista. Había llegado a Cracovia a los 24 años, me contó, y desde entonces había fundado ocho empresas. Tres habían colapsado, y cinco estaban vivitas y coleando, y progresando. Sus ingresos conjuntos eran de 11 millones por año, me dijo. "¿De dólares?", pregunté, incrédulo. "Sí, de dólares", contestó, impávido. La última empresa en la que había comprado un paquete accionario era la publicación *Emerging Europe*, donde me había recibido en la sala de conferencias. El crecimiento de la revista, una de las varias que ofrecen información sobre la ex Europa del Este en inglés a empresas extranjeras, era un síntoma del creciente interés en la región. Mientras subíamos las escaleras de la casa donde una veintena de jóvenes polacos escribían en inglés en sus computadoras, Lucas me contó que acababan de contratar a una docena de personas en los últimos meses, y la revista ya tenía un personal de 35 redactores a tiempo completo. La circulación había subido de cien suscripciones pagas dos años atrás, a quinientas en 2004, la mayoría de ellas a nombre de multinacionales en el exterior interesadas en la economía del país, que pagaban más de 500 dólares anuales cada una, me señaló. Para Lucas, la "Europa Emergente" —el nombre que había escogido para su revista— no era cuento.

Los polacos ven la avalancha de inversiones extranjeras como una señal clara de que el futuro sólo puede ser cada vez mejor. El folleto turístico de Cracovia que encontré en el mostrador de mi hotel decía que Polonia "ha pasado de ser un país en el que la gente hacía cola por irse, a un país en que la gente está haciendo cola por entrar". Es una exageración, claro, ya que el país sigue teniendo la tasa de desempleo más alta de la Unión Europea, y muchos jóvenes profesionales con dificultades para encontrar trabajo están aprovechando la nueva pertenencia de su país a la UE para irse a Irlanda o a España. Pero, en general, los polacos parecen optimistas sobre el futuro. "En este país, todo era blanco y negro durante la época comunista. Ahora es un país lleno de colores", me comentó un ingeniero con quien entablé una conversación casual en un café, mostrándome con la mano los letreros luminosos en la calle. Era una observación gráfica de la realidad, que lo decía todo.

Parte del optimismo reinante es un acto reflejo, producto del rechazo casi unánime al viejo sistema comunista. La mayoría de la población tiene malos recuerdos del bloque soviético —las colas interminables, la falta de calefacción, los alimentos racionados, entre otras cosas—, al punto que los tres partidos que se disputan los votos de la oposición al nuevo sistema capitalista han tomado distancia del pasado y se han refundado con nombres como Alianza Democrática de Izquierda, Partido Social Demócrata y Partido Campesino. Juntos, no llegan al 15 por ciento de la población. Son en su gran mayoría jubilados y pensionados del antiguo régimen, y trabajadores poco calificados que quedaron sin empleo cuando sus empresas fueron privatizadas, y ya estaban demasiado entrados en años como para reciclarse y encontrar nuevos empleos. Son una minoría, pero una minoría visible. Hoy, caminan por las calles mirando vitrinas repletas de productos que jamás soñaron ver, pero no tienen un céntimo para comprarlos.

La mejor ayuda es la condicionada

¿Cuándo comenzó a prosperar este país?, les pregunté a varios funcionarios, empresarios y académicos polacos. Contrariamente a lo que yo suponía, la economía de Polonia empezó a mejorar bastante antes de su ingreso en la Unión Europea. Ya desde cinco o seis años antes de que la integración se oficializara en 2004, la sola expectativa del ingreso a la UE había generado un ambiente de confianza que de inmediato se tradujo en mayores inversiones. Para los inversionistas polacos y extranjeros, el ingreso en la UE significaba que Polonia pronto podría ser usada como una plataforma desde donde podrían producir a bajo costo y exportar a un mercado de 450 millones de europeos sin barreras aduaneras. Y el ingreso en la UE también tendría un efecto legal concreto: daría seguridad a cualquier inversionista, en el sentido de que de haber una disputa que no se pudiera resolver satisfactoriamente en los tribunales locales, podría ser sometido a la corte europea.

Pero, a juzgar por lo que escuché de boca de la mayoría de la gente que entrevisté, el principal factor generador de confianza en los años anteriores a la ampliación de la UE fue que la pertenencia de Polonia al club de países ricos de Europa les daría a los inversionistas una garantía de estabilidad política y económica que los protegería contra políticas populistas. En efecto, desde que se vislumbró la posibilidad de ingresar en la UE, los políticos polacos comenzaron a realizar reformas económicas socialmente dolorosas a corto plazo, pero necesarias para reducir la pobreza a mediano plazo, con la expectativa de acelerar su integración en la UE. El hecho de que la UE pronto comenzaría a darle a Polonia unos 2.500 millones de dólares por año en fondos de cohesión para construir carreteras, escuelas, hospitales y otras obras de infraestructura, como lo habían recibido España, Grecia, Irlanda y otros países en el momento de su entrada en la comunidad económica regional, ayudó a hacer más "vendibles" las privatizaciones y otras reformas socialmente dolorosas. Sin embargo, lo que más me sorprendió fue la forma casi unánime en que la clase dirigente polaca celebraba el hecho de que la ayuda económica europea venía con estrictos condicionamientos en materia de honestidad, transparencia y disciplina económica. En otras palabras, el marco legal de la UE obligaría a que a partir de ahora los políticos polacos gobernaran mejor.

Bogdan Wisniewski, el presidente de Optima, una empresa ensambladora de computadoras que emplea a doscientas personas en las afueras de Cracovia, me citó el caso de las carreteras, uno de los más obvios ejemplos de la corrupción que sufría su país. Las carreteras polacas, como la que va de Cracovia a Katowiza por la ciudad de Olkusz, estaban cada vez más abandonadas. Los sucesivos gobiernos democráticos no habían sido capaces de darle buen mantenimiento a esa carretera, por el amiguismo político y la corrupción, que resultaba entre otras cosas en la concesión de licitaciones a empresas constructoras que nunca cumplían con sus contratos. La prensa local, a manera de broma, había bautizado esa carretera con el nombre del ministro de Infraestructura que en 2003 había anunciado un nuevo impuesto para repavimentar la autopista, pero después de recolectarlo nunca había hecho nada visible para mejorarla. Pero eso va a cambiar, me aseguró Wisniewski. "Los gobiernos anteriores hacían una licitación, la ganaba alguien, y ese alguien nunca construía la autopista. Ahora, por fin, tenemos reglas y obligaciones que nuestros políticos estarán obligados a seguir", me dijo el empresario. "Robar les será mucho más difícil que antes. La Unión Europea nos dará fondos para construir autopistas, pero condicionados a que nosotros sigamos ciertas reglas en las licitaciones. Se van a acabar las influencias indebidas de los políticos. La empresa que gane la licitación va a construir la autopista. Y lo mismo ocurrirá en todos los rubros de la economía."

Escuché argumentos parecidos en conversaciones con polacos de todos los órdenes de la vida. Thomasz Barbaiewski, un doctor en Física que enseña en la Universidad de Cracovia, me contó que casi todas las empresas polacas tienen un "gestor" para solucionar problemas con la aduana. Barbaiewski, un hombre de casi dos metros de altura, había sido un privilegiado del viejo régimen, y lo seguía siendo en el nuevo capitalismo rampante de Polonia. Antes de la caída del comunismo en 1989, cuando el ex obrero metalúrgico Lech Walesa llegó al poder, Barbaiewski ganaba apenas 30 dólares por mes como profesor universitario, pero como investigador científico era enviado constantemente al extranjero y por lo tanto ganaba unos viáticos en dólares que constituían una fortuna en su país. Ahora, su sueldo en la universidad había subido a unos 1.000 dólares por mes, y ganaba un total de 10 mil dólares mensuales gracias a sus trabajos como consultor de compañías de informática. Claro, la vida estaba más cara: un automóvil que costaba 1.500 dólares en la época comunista ahora —aunque de mejor calidad— no podía conseguirse por menos de 12.000 dólares. Pero el hecho de que una buena parte de la población sintiera que el bienestar no era un sueño imposible había creado un gran optimismo. Como muchos otros, veía con esperanza la entrada de Polonia en la Unión Europea, más que nada porque —según me dijo— ayudaría a reducir la burocracia y la corrupción. Pocos meses atrás, Barbaiewski había ordenado un libro de los Estados Unidos por Amazon.com. El paquete había llegado a Polonia en 48 horas por Federal Express, pero había quedado demorado en la aduana durante tres semanas por la burocracia polaca. Al más viejo estilo polaco, los funcionarios de aduana probablemente esperaban alguna compensación para apurar el trámite. "Ahora, desde que entramos en la Unión Europea, se van a reducir este tipo de trabas burocráticas, por lo menos en lo que respecta a Europa", me explicó. "Como un libro importado de otro país de Europa no va a tener que pasar por aduana, no habrá oportunidad para que me exijan dinero por debajo de la mesa."

¿Un ejemplo para América latina?

¿Qué tienen Polonia y la República Checa que no tengan México, Brasil o la Argentina?, me preguntaba yo. ¿Era sólo el hecho de que fueron aceptados para integrar la Unión Europea, o había otros factores que los hubieran colocado en esa posición ventajosa de cualquier manera? La mayoría de los expertos que consulté me citaron la adhesión a la UE como un elemento más del éxito de los países de la ex Europa del Este, pero no el único. Algunos factores de rápido ascenso de la ex Europa del Este eran propios de la región y no podían aplicarse a América latina. Por ejemplo, la súbita apertura de un mercado que había estado cerrado durante varias décadas a las inversiones privadas —locales o extranjeras— había producido un *boom* de inversiones en la ex Europa del Este.

"Imagínate lo que pasaría si Cuba se abriera de la noche a la mañana: eso es exactamente lo que pasó aquí", me dijo Richard Lucas, el dueño de la publicación *Emerging Europe*. "El crecimiento económico de estos países es en gran medida un fenómeno de demanda reprimida. Aquí ocurrió en quince años lo que en otros países tomó cien."

Pero aunque el fenómeno de la demanda reprimida por décadas de sistema comunista era un factor particular de la ex Europa del Este, la mayoría de los otros eran total o parcialmente aplicables para los países latinoamericanos. Por ejemplo, al igual que Irlanda, Polonia estaba aprovechando al máximo sus enormes comunidades de emigrados en los Estados Unidos y otros países de Europa, que tras la caída del comunismo en 1989 habían comenzado a enviar remesas y a regresar a sus países natales como inversores o como turistas. "Se dice que Chicago es la ciudad polaca más grande del mundo", bromeó Lucas. "Todos los ex países comunistas tienen diásporas enormes, y decenas de miles de emigrantes están llegando para comprarse un departamentito en Cracovia y rentarlo, o simplemente para visitar la tierra de sus antepasados."

Efectivamente, el barrio judío de Cracovia era el mejor ejemplo de cómo el país ha convertido la nostalgia, la curiosidad y la tragedia del pasado en una enorme industria turística. El barrio judío de Kazimierz, de apenas unas pocas cuadras, había sido la escena de los acontecimientos relatados en *La lista de Schindler*, la famosa película de Steven Spielberg sobre el empresario que había salvado a centenares de judíos de morir en las cámaras de gas del vecino campo de exterminio de Auschwitz pidiéndolos como mano de obra para su fábrica en Cracovia. Aunque prácticamente todos los judíos de Cracovia habían sido eliminados en la Segunda Guerra Mundial —según mi guía, apenas quedaban cien judíos, de los cuales todos menos uno habían venido de Rusia y otros países después de la guerra—, el antiguo barrio judío se había convertido en la principal atracción turística de la ciudad. No sólo había visitas guiadas a las siete sinagogas de Kazimierz, todas menos una convertidas en museos, sino que la profusión de turistas había atraído a comerciantes de todo tipo. Se estaban abriendo tantos cafés, bares, restaurantes y tiendas, que la propiedad inmobiliaria se había disparado en los últimos meses. Cuando visité el lugar, había ya cinco restaurantes de comida judía en un radio de tres cuadras a la redonda, con nombres como "Alef" y "Arka Noego", que supongo significa Arca de Noé, donde también se ofrecían pinturas con temas judaicos y literatura sobre Schindler y sobre Auschwitz. De la noche a la mañana, el barrio judío se había convertido en la zona más "in" para los jóvenes cracovianos. Y para Polonia, en una enorme fuente de divisas.

Lo mismo estaba ocurriendo en la vecina República Checa, un país mucho más rico, que como todo checo le recordaba a cualquier visitante había estado entre los siete países más industrializados del mundo antes de la Segunda Guerra Mundial. En Praga, quizá la capital más hermosa de Europa, casi todo estaba organizado para atraer a turistas checos y de otros países. El barrio judío, el castillo de Praga, el barrio medieval de Stare Mesto, todo era un atractivo turístico, que había resultado en una industria fabulosa de casi 5 millones de turistas al año para un país de apenas 10 millones de habitantes.

Hasta había un Museo del Comunismo. Según un folleto publicitario que encontré en el mostrador de mi hotel, este museo está ubicado en el primer piso del majestuoso Palace Savarin, "encima del McDonald's, al lado del Casino". Era difícil resistir la tentación de ver un museo del comunismo encima de un McDonald's. Estaba en el corazón del distrito comercial de Praga, entre un mar de letreros de tiendas norteamericanas, francesas y españolas. Había sido abierto en 2002 por Glenn Spicker, un estadounidense de 36 años que, tras abrir un club de jazz y un café en Praga, pensó que también sería un buen negocio crear una atracción turística para rememorar las penurias de la vida bajo el comunismo en el país. De manera que empezó a recorrer las casas de empeño y tiendas de antigüedades en Praga, y gastó 28 mil dólares en comprar unos mil objetos de la época comunista, desde estatuas de Marx y Lenin hasta lámparas para interrogatorios de la policía secreta, y trajes blindados para la lucha con armas químicas. Por el equivalente a siete dólares, cualquier visitante puede ver varios salones, incluido uno sobre "el culto de la personalidad", con pósters, libros y estatuas de los próceres del comunismo, hasta una sala de tortura, tal cual fue reconstruida por varios ex presos políticos de la era soviética. La última sala estaba dedicada a la Revolución de Terciopelo que había marcado el inicio del fin del sistema comunista en 1989. Pero lo más interesante del museo era el contraste con su entorno. Mientras varias de sus salas incluían películas, fotografías y escenas simuladas para ilustrar las carencias de la era comunista —como largas filas de personas con míseras ropas oscuras esperando para comprar raciones ínfimas de comida, o teléfonos que nunca funcionaban—, el visitante escuchaba por las ventanas semiabertas el bullicio de la calle, donde un gentío multicolor entraba y salía de las tiendas, y del McDonald's. Ironías de la historia.

La ciencia y la tecnología

Además de las reformas económicas y el aprovechamiento de sus diásporas, Polonia y la República Checa se ufanan de estar creciendo gracias a su mano de obra altamente calificada, producto de sus políticas educativas. Según sus funcionarios, el énfasis en los estudios de ingeniería y otras materias técnicas, y el aprendizaje intensivo del inglés ayudaron a transformar a la ex Europa del Este en una de las zonas industriales más atractivas del mundo.

En la República Checa se comenzó a incentivar la enseñanza de la ingeniería, la computación y la tecnología varios años antes del ingreso en la UE. Los checos sabían que la mejor manera de aumentar su nivel de vida era atraer empleos de alto valor agregado, y para eso necesitaban gente sumamente preparada. Y a mediados de los noventa comenzaron a destinar un presupuesto mayor que la media europea a las universidades técnicas y científicas. El Instituto Tecnológico Checo de Praga, con 104 mil estudiantes en un país de apenas 10 millones de habitantes, es el centro de estudios tecnológicos más grande de Europa, según funcionarios checos. "Nuestra mano de obra altamente calificada es más importante para atraer inversiones que los incentivos económicos que da el gobierno", me explicó Radomil Novak, el director de Czechinvest, la agencia gubernamental encargada de atraer inversiones extranjeras.

Novak, cuya oficina tiene más de ciento cincuenta empleados que se ocupan desde la promoción del país hasta conseguirles terrenos y hacer gestiones burocráticas para potenciales inversionistas, sacó de su escritorio un folleto con las últimas estadísticas educativas de la OECD, según las cuales la República Checa tiene el 8,1 por ciento de sus estudiantes universitarios en carreras de matemáticas, estadística y ciencias de la computación, mientras que Inglaterra tiene sólo 6,4 por ciento, Francia 5,5 por ciento, Alemania 4,8 por ciento y los Estados Unidos 4,1 por ciento.[5]

Igualmente, seis o siete años antes de su ingreso en la UE, varios países de Europa Central ya habían invertido enormes sumas en la enseñanza de inglés. En apenas diez años, se había suplantado el ruso por el inglés como materia obligatoria en las escuelas, y se lo estaba enseñando a toda máquina. En las calles de Praga, me encontré con gente mayor que no entendía una jota de inglés, pero la mayoría de los jóvenes podían darme indicaciones en ese idioma, algunos de ellos con asombrosa fluidez. Los países de la ex Europa del Este habían hecho obligatoria la enseñanza intensiva de idiomas extranjeros, y la enorme mayoría había reemplazado el ruso por el inglés. Un 88 por ciento de los estudiantes de Eslovenia y Rumania, 86 por ciento de los estudiantes en Estonia, 80 por ciento de los polacos, y 64 por ciento de los checos estaban estudiando inglés. El idioma que le seguía en preferencia era el alemán, que había sido escogido, a menudo como segundo idioma, por el 53 por ciento de los polacos, el 49 por ciento de los checos y el 47 por ciento de los húngaros.[6] Según la revista británica *The Economist*, "el nuevo idioma elegido" de la ex Europa del Este "es el inglés, que está siendo estudiado por tres de cada cuatro estudiantes secundarios desde el Báltico hasta los Balcanes".

El cambio no fue producto de la moda, sino en parte por las exigencias de los inversionistas, que necesitaban empleados que hablaran inglés para sus "call-centers" regionales. El gigante alemán Siemens, que había sido uno de los primeros grandes inversores en Europa Central, había adoptado el inglés como su idioma corporativo oficial en 1998, para facilitar la comunicación entre sus varias filiales europeas. Y cuando corrió la voz en los países de Europa Central de que las fábricas extranjeras preferían contratar gente con conocimiento de inglés, los jóvenes habían comenzado a estudiar el idioma casi de inmediato. Y a partir de 2004, cuando ya la mayoría de los estudiantes podían comunicarse en inglés, el Ministerio de Educación de la República Checa había instaurado la enseñanza obligatoria de dos idiomas extranjeros.

Los incentivos fiscales

Claro que si un funcionario alemán hubiera escuchado a Novak, el director de Czechinvest, decir que las multinacionales extranjeras se mudaban a Polonia por la mano de obra calificada más que por los incentivos económicos, se pondría rojo de la ira. Lo cierto era que, al mismo tiempo que ofrecían mano de obra calificada barata, los países de Europa Central daban enormes incentivos fiscales y operativos en su afán de atraer a las industrias de la "vieja Europa".

Mientras Alemania y los Estados Unidos tienen impuestos corporativos del 40 por ciento, la República Checa tenía una tasa de 28 por ciento, Polonia y Eslovaquia 19 por ciento, y Hungría 16 por ciento.[7] Muchos de los países de la ex Europa del Este habían también simplificado su sistema impositivo, creando un solo impuesto a las ganancias. El movimiento se había iniciado en 1994, cuando Estonia anunció que a partir de entonces adoptaría un solo impuesto a las ganancias de 26 por ciento. Cuando Estonia comenzó a recibir inversiones a granel, le siguieron rápidamente Lituania y Letonia, y luego varios países de la ex Unión Soviética. Durante mi viaje a Polonia y a la República Checa, los principales partidos de oposición en ambos países se proclamaban a favor de la simplificación impositiva, y nadie descartaba que adoptaran ese sistema en un futuro próximo, para atraer aun más inversiones de la "vieja Europa".

Incluso sin tomar en cuenta sus incentivos fiscales, los países de la ex Europa del Este han pasado de la noche a la mañana de ser los más burocráticos del mundo a ser los más amigables hacia los inversionistas extranjeros. Según el Banco Mundial, para abrir una empresa nacional o extranjera en Polonia o en la República Checa sólo hacen falta diez trámites, que se realizan en unos treinta y un a cuarenta días. Comparativamente, para abrir una empresa en Brasil hacen falta diecisiete trámites que toman unos ciento cincuenta y dos días, en la Argentina hacen falta quince que duran treinta y dos días, y en Paraguay hacen falta diecisiete que duran setenta y cuatro días.[8]

Para los checos, su prioridad era ser un país "investor friendly", o "amigo de los inversionistas". Y les estaba dando resultado: durante mi visita a Praga, DHL acababa de anunciar que trasladaría sus centros de tecnología de Gran Bretaña y Suiza a la República Checa, para crear su central tecnológica para toda Europa en Praga. La mudanza le costaría unos 700 millones de dólares, incluida la contratación de unos 400 técnicos para la nueva sede regional en Praga, que eventualmente tendría unos 1.000 empleados altamente calificados. Y los funcionarios checos no paraban de promocionar la inversión como "una prueba contundente de que la República Checa tiene las mayores posibilidades de convertirse en la nueva central europea de la industria tecnológica", según proclamaba el presidente de Czechinvest, Martin Jahn. Simultáneamente, Accenture, la multinacional de servicios de tecnología de 100 mil empleados en 48 países, estaba construyendo su nueva sede de administración financiera para empresas europeas en Praga. Desde las nuevas oficinas de Accenture en la capital checa, unos 650 empleados —la mayoría egresados universitarios, que en su conjunto dominan veintitrés idiomas— trabajarían para sus clientes en toda Europa.

Jaroslav Mil, el presidente de la Confederación de Industrias de la República Checa, se rió y me hizo un gesto despectivo con la mano cuando le pregunté si los alemanes no tenían razón en decir que una buena parte del éxito checo en atraer multinacionales se debía a los bajos impuestos corporativos. Como muchos voceros de la clase empresarial de la "nueva Europa", Mil veía a los alemanes y a los franceses como símbolos del pasado. Los países de la "vieja Europa" se hundirían muy pronto si seguían aferrados a sus vacaciones de cuatro semanas, sus semanas de 35 horas y sus jubilaciones a los 55 años, aseguró. Eran países que nunca iban a poder detener el éxodo de sus empresas si seguían siendo "socialistas", aseguró. El futuro, según él, estaba en la "nueva Europa".

"Los nuevos socios de la Unión Europea tenemos una nueva mentalidad, más pragmática", me dijo Mil. "Primero tienes que cocinar la torta, antes de repartirla. Nosotros somos definitivamente más pro libre mercado, menos burocráticos, y tenemos más potencial de futuro que los países de la 'vieja Europa'". ¿No le parecía algo agresivo usar ese término respecto de sus vecinos y socios europeos?, le pregunté. "No. Yo no tengo ningún problema con el término 'nueva Europa'. El problema es para la 'vieja Europa'", respondió.

El pesimismo de Mil sobre el futuro de la "vieja Europa" era compartido por numerosos empresarios e intelectuales de la República Checa, y no se apartaba mucho de los pronósticos sombríos del CNI, el centro de estudios a largo plazo de la CIA, sobre Alemania, Francia y los demás países ricos de Europa Occidental. Según el estudio del CNI, "la actual sociedad del bienestar (de Europa Occidental) es insostenible en el tiempo, y la falta de una revitalización económica podría llevar a una ruptura o, lo que sería peor, a una desintegración de la Unión Europea, socavando las ambiciones de esta última de convertirse en un actor de peso en la escena internacional".[9] El estudio de los futurólogos contratados por el CNI continuaba diciendo que "el crecimiento económico de la Unión Europea podría ser empujado hacia abajo por Alemania y sus leyes laborales restrictivas. Las reformas estructurales en Alemania, y en menor grado en Francia e Italia, serán la clave de que la Unión Europea en su conjunto pueda quebrar su actual tendencia de crecimiento lento. Quizá no sea necesaria una ruptura total del modelo de Estado benefactor que surgió después de la Segunda Guerra Mundial, como lo demostró el exitoso modelo sueco de otorgarles mayor flexibilidad a las empresas conservando varios derechos de los trabajadores. Sin embargo, los expertos dudan de que el actual liderazgo político esté preparado para hacer un cambio siquiera parcial en estos momentos, y creen que es más probable que las reformas sean llevadas a cabo tras una crisis presupuestaria que podría ocurrir en los próximos cinco años".[10]

No todos aquellos con quienes hablé en Praga eran tan pesimistas sobre la "vieja Europa", y tan optimistas sobre la nueva. Thomas Klvana, un columnista económico checo que escribe en los principales medios de su país, me dijo que el "milagro" económico de Europa Central tendrá poca duración. "Nuestras economías son todavía muy rígidas comparadas con las asiáticas. Esta ola de inversiones extranjeras que comenzó hace pocos años ya se está desinflando, porque nuestros costos laborales ya están subiendo. En dos años más, nuestra ventaja competitiva se habrá reducido a casi nada", me aseguró.

Pero Robert Maciejko, el jefe de la oficina del Boston Consulting Group en Varsovia, que hizo un amplio estudio sobre la competitividad de los países de Europa Central, me ofreció una visión diametralmente opuesta. "Europa Central será la China de Europa", me dijo. "Las compañías europeas que quieran ser competitivas en esta región del mundo tendrán que considerar mudar sus operaciones a Europa Central." Según Maciejko, las empresas multinacionales deciden invertir en un país sobre la base de tres factores principales: la estabilidad política y económica, los costos laborales y los costos de transporte. A igual estabilidad, las empresas europeas que fabriquen productos baratos de transportar, como textiles o chips de computadoras, probablemente seguirán invirtiendo en China. Pero las empresas europeas que produzcan automóviles, acero, muebles, neumáticos o maquinarias pesadas, cuyo transporte es mucho más caro, optarán progresivamente por invertir en Europa Central.

¿Una "amenaza polaca" para América latina?

¿Y afectará todo esto a América latina?, le pregunté a Maciejko. "Probablemente", respondió. Por un lado, la "nueva Europa" atraerá una porción cada vez mayor del capital disponible para inversiones en el planeta. En un mundo de capitales limitados, y de creciente competencia para acapararlos —donde China, India y los Estados Unidos solos se llevan una buena parte del total—, es posible que la "nueva Europa" se lleve la mayor parte de las inversiones restantes. "Gran parte de la competencia por inversiones es una cuestión de imagen, relaciones públicas e historias de éxito, y —hoy por hoy— la 'nueva Europa' tiene las tres", explicó.

Y, en segundo lugar, en materia de comercio, "la competencia de la 'nueva Europa' podría desplazar a muchos países latinoamericanos de los mercados de Alemania, Francia y otros países de la 'vieja Europa'", dijo. En lo que hace a productos como acero, piezas de automóviles y maquinaria en general, Alemania, Francia y España encontrarán mucho más conveniente reemplazar a proveedores latinoamericanos como México y la Argentina por nuevos en Polonia y sus vecinos, ahora socios de la UE.

Y por último, la "nueva Europa", como Corea del Sur, pasará a ser una potencia industrial media que creará sus propias multinacionales en un futuro cercano. En los próximos cinco años, con el aumento de la emigración de empresas europeas a Europa Central, veremos un incremento de empresarios, gerentes y otro personal calificado en Europa Central. Esto dará lugar a la creación de nuevas empresas transnacionales centroeuropeas, que gradualmente pasarán a fabricar productos cada vez más sofisticados para el mercado mundial, explicó. La consecuencia de todo esto será que Alemania, Francia y España importarán productos cada vez más sofisticados de Europa Central, y pasarán a importar sus productos de menor valor agregado de los países ubicados más al este, como Ucrania y Bielorrusia, que tienen costos laborales bajísimos y son los próximos en línea para entrar en la Unión Europea.

En otras palabras, "América latina puede quedar desplazada del mercado europeo", dijo Maciejko. "Las compañías latinoamericanas deberán ofrecer servicios mucho más sofisticados si quieren permanecer competitivas", resumió. "Si ofrecen productos baratos, serán derrotadas por China. Y a menos que se conviertan en mucho más competitivas en productos de alta tecnología, serán desplazadas por Europa Central."

¿Quién tenía razón? ¿Los escépticos, como Klvana, que decían que la ex Europa del Este no sería una amenaza para otros países emergentes, porque sus salarios pronto serían tan poco competitivos como los de la "vieja Europa"? ¿O los entusiastas, como Maciejko, que veían a la ex Europa del Este como una nueva China?

Se lo pregunté a Gerry McDermott, un profesor de la Wharton School of Economics de la Universidad de Pennsylvania, que ha escrito varios estudios comparativos sobre el desarrollo de América latina y de los países de la ex Europa del Este. McDermott, que viaja varias veces al año a ambas regiones, fue contundente: "América latina va a tener un problema en competir con la 'nueva Europa'", dijo. Según este experto, Polonia, Eslovaquia, la República Checa y sus vecinos ya están atrayendo numerosas empresas de piezas automotrices y otros repuestos de maquinaria de España y Portugal, y pronto harán lo mismo con países latinoamericanos como México, Brasil y la Argentina. "Los nuevos socios de la Unión Europea no sólo ofrecen mano de obra barata, sino que también tienen mucho más que ofrecer en materia de investigación y desarrollo, educación, estabilidad económica y política, y buena infraestructura. Están muy por delante de nuestros hermanos latinoamericanos", señaló. "Si una empresa extranjera va a pensar en fabricar productos de biotecnología, o computación, o maquinarias, para vender en el mercado europeo, sin ninguna duda va a mirar primero a Polonia, Hungría y la República Checa."

El nicho latinoamericano

¿Qué puede hacer América latina, entonces? Si China le gana por varios cuerpos en la fabricación de productos manufacturados de poco valor agregado, la "nueva Europa" en productos más sofisticados, e India e Irlanda en todo lo que tenga que ver con servicios y computación, ¿qué les queda a los países latinoamericanos?, les pregunté a todos los expertos sobre la ex Europa del Este. ¿Seguir exportando materias primas baratas, como en la colonia? Casi todos me dijeron lo mismo: "Lo único que le queda a América latina es explotar su ventaja comparativa de estar geográficamente cerca del mayor mercado del mundo, y en la misma zona horaria". Lo que de por sí es muchísimo. Así como la cercanía a la "vieja Europa" es una de las principales ventajas de Polonia y sus vecinos, porque reduce los costos de fletes, la vecindad con Estados Unidos es una de las grandes ventajas de la mayoría de los países latinoamericanos. Y en la era global, en la que las multinacionales ponen sus centros de procesamiento de datos y "call-centers" en cualquier parte del mundo que más les convenga, "el estar en la misma zona horaria de Estados Unidos y Canadá no es ninguna ventaja despreciable", agregaron.

"Si comparas la Argentina y Polonia en 1989, los dos países se parecían bastante: ambos eran países católicos, de unos 38 millones de habitantes, con historias de hiperinflación y corrupción, y estaban tratando de hacer una transición de economías centralizadas a economías de mercado", me dijo McDermott. "Y los argentinos estaban más adelantados: tenían una economía de mercado más avanzada, y tenían una historia democrática más profunda, con partidos políticos más organizados que los polacos. Y sin embargo, los polacos se convirtieron en un país líder." Hay muchas razones para explicar el éxito polaco, pero una de las más importantes fue la integración con los países más ricos del resto de Europa. América latina necesita un proceso similar, con condicionamientos y ayuda, urgentemente, agregó.

FUENTES

[1] "Global Ranking", UNCTAD-DITE, "Global Investment Prospects Assessment" (GIPA), Figura 2, Global Ranking, junio de 2004.

[2] Transparencia Internacional, *Índice de Percepción de Corrupción*, 2003.

[3] "Glum days in Poland", *The New York Times*, 26 de enero de 2005.

[4] "Capturing Global Advantage", estudio del Boston Consulting Group, 14 de julio de 2004.

[5] "Education at a Glance", OECD Indicator, 2003.

[6] "After Babel, a new common tongue", *The Economist*, 7 de agosto de 2004, pág. 41.

[7] Estudio comparativo de la Embajada de Estados Unidos en Praga, 2004.

[8] "Doing business in 2005: Removing Obstacles to Growth", World Bank and the International Finance Corporation, septiembre de 2004.

[9] "Could Europe become a Superpower?, Mapping the Global Future", National Intelligence Council's 2020 Project, pág. 61.

[10] Ídem.

CAPÍTULO 5

Las falacias de George W. Bush

Cuento chino: "Miraré hacia el sur... como un compromiso fundamental de mi presidencia" (George W. Bush, Miami, 25 de agosto de 2000).

WASHINGTON, D.C. — En una conferencia a puertas cerradas en el Banco Interamericano de Desarrollo (BID) en Washington a la que asistí como panelista a principios de 2005, se le preguntó al entonces subsecretario de Estado para Asuntos Latinoamericanos de Estados Unidos, Roger Noriega, si no era hora de que ese país diera más ayuda económica a sus vecinos del sur y participara más activamente en el desarrollo de la región. Entre los funcionarios, académicos y periodistas de tres continentes que participábamos en el coloquio se encontraba Robert Pastor, ex jefe de Asuntos Latinoamericanos de la Casa Blanca durante el gobierno de Jimmy Carter y ahora director del Centro de Estudios de América del Norte de American University. Pastor le planteó a Noriega que los Estados Unidos debían emular la exitosa experiencia de la Unión Europea, en la que los países más ricos habían destinado fondos de compensación para ayudar a los más pobres a cambio del compromiso de estos últimos de adoptar políticas económicas responsables. Anticipando las objeciones del gobierno de Bush a las soluciones asistencialistas —en la Casa Blanca y en buena parte del electorado norteamericano prevalece la idea de que la ayuda económica a países irresponsables es como tirar dinero a un barril sin fondo—, Pastor le explicó a Noriega que lo que estaba proponiendo era ayuda condicionada a un comportamiento económico responsable. En otras palabras, que los Estados Unidos y Canadá ayuden a financiar obras de infraestructura y educación en México, a cambio de que este último país realice reformas en su política energética, impositiva y laboral, que le permitan crecer a largo plazo. De esa manera, argumentaba Pastor, ganaban todos: Estados Unidos ayudaría a cerrar la brecha de ingresos con su vecino del sur, y se beneficiaría con una reducción de la inmigración ilegal. Y México haría las reformas que acelerarían su prosperidad económica, tal como había sucedido en España, Irlanda y otros países beneficiarios de la ayuda económica de la Unión Europea.

Noriega, un descendiente de mexicanos oriundo de Kansas, que se había formado como asesor del senador ultraconservador Jesse Helms durante las guerras centroamericanas de los años ochenta, meneó negativamente la cabeza. Desechó la idea de entrada, como si fuera un disparate. "Obviamente, a menos que América latina y el Caribe sean capaces de hacer un uso más eficiente de los 217 mil millones de dólares de ingresos por sus exportaciones anuales a los Estados Unidos, otros 20 mil millones de dólares en inversiones de los Estados Unidos, y otros 32 mil millones de dólares de remesas familiares de latinoamericanos residentes en Norteamérica, no habrá ayuda exterior que pueda hacer una diferencia sustancial en reducir la pobreza y hacer crecer sus economías", dijo el jefe de Asuntos Latinoamericanos del Departamento de Estado.[1] Y agregó: "Lo que estamos enviando ahora a la región es infinitamente más de lo que podríamos enviar en ayuda externa. La clave para un crecimiento económico sostenido es adoptar una agenda de reformas que lleve a una mayor apertura económica, aliente las inversiones y expanda el libre comercio".[2]

Salí de la reunión convencido de que el gobierno de Bush estaba absurdamente cerrado a considerar cualquier plan que significara un mayor compromiso económico de Estados Unidos con el crecimiento de América latina. Para Bush, la única solución era el libre comercio, y lo había convertido en la piedra angular de su política hacia la región. Durante su primer mandato, el representante comercial de los Estados Unidos, Robert Zoellick, había sido el miembro del gabinete de ese país que más había viajado a Latinoamérica. Y cada vez que a Bush se le preguntaba por el futuro de la región, se limitaba a sacar su muletilla del libre comercio, incluso en el contexto de América del Norte. Por ejemplo, en la cumbre a la que asistió con sus colegas de México y Canadá en Waco, Texas, en 2005, los tres jefes de Estado habían anunciado una "Asociación para la Seguridad y la Prosperidad de América del Norte". Pero cuando un periodista canadiense le preguntó a Bush, al cierre de la cumbre, si vislumbraba que la nueva alianza podría ser el primer paso hacia la creación de una Comunidad de América del Norte moldeada al estilo de la Unión Europea, el presidente respondió negativamente: "Creo que el futuro de nuestros tres países sería mejor si estableciéramos relaciones comerciales con el resto del hemisferio… Vislumbro una unión (continental) basada en el libre comercio, dentro de un compromiso con el mercado, la democracia, la transparencia y el estado de derecho".[3] Bush no consideraba un esquema de integración más profundo, ni con México, ni con toda América latina.

El libre comercio: ¿garantía de prosperidad?

Pero, ¿tenía lógica pensar que el libre comercio podría catapultar a Latinoamérica al Primer Mundo? ¿O era una ingenuidad total? La exitosa experiencia de la Unión Europea parecía indicar esto último: se necesitaba mucho más que el libre comercio para cerrar la brecha de ingresos entre países ricos y pobres. Los acuerdos de libre comercio otorgaban a los países más pequeños un acceso preferencial a los mercados más grandes, lo que era sumamente ventajoso para los primeros. Pero no servían de mucho si los países más pequeños no tenían nada que exportar, o no podían hacerlo en condiciones competitivas. Hacían falta varias cosas más.

En la Unión Europea se había acordado una unión aduanera que comprendía no sólo el libre movimiento de bienes y personas, sino que incluía todo un sistema de ayuda económica condicionada que obligaba a los países más pobres a realizar reformas estructurales duraderas y a ser más competitivos. Y aunque la apertura de las fronteras al tráfico de personas era difícil de lograr a mediano plazo en las Américas —las diferencias de ingresos entre el norte y el sur eran mucho más marcadas que en Europa, por lo que se produciría una estampida de emigración—, había varios otros aspectos del modelo europeo que eran dignos de ser copiados. En Europa, los países ricos —Alemania y Francia— les habían dado a los más pobres, además de ayuda económica condicionada a políticas económicas responsables, un marco político supranacional. Las nuevas instituciones supranacionales les permitían a los países ricos controlar que su ayuda económica no fuera gastada irresponsablemente. Y a los países menos desarrollados, la supranacionalidad les ofrecía un marco legal para la resolución de controversias, y una "marca regional" para estimular la confianza externa, que redundaban en un aumento de inversiones extranjeras y en una mayor competitividad. Eso era muchísimo más de lo que podían dar los acuerdos de libre comercio que ofrecía Estados Unidos.

Para ser justos, los tratados de libre comercio de los Estados Unidos con México y Chile habían probado ser un excelente negocio para estos últimos, aunque no necesariamente para todos los sectores de sus economías. Las cifras eran contundentes y demostraban que quienes se habían opuesto a estos tratados en América latina se habían equivocado en grande. Desde la entrada en vigor del Tratado de Libre Comercio de América del Norte en 1994 hasta 2004, México pasó de tener un déficit comercial de 3.150 millones de dólares con los Estados Unidos, a un superávit de 55.500 millones de dólares.[4] Pocas veces en la historia del comercio moderno se había visto un crecimiento tan rápido de las exportaciones de un país a otro, lo que dio como resultado que, a más de una década de entrado en vigor el tratado, hubiera muchas más voces pidiendo su renegociación en los Estados Unidos que en México. Y en el primer año del tratado de libre comercio de Chile con los Estados Unidos, en 2004, las exportaciones de Chile a los Estados Unidos habían crecido 32 por ciento, las de los Estados Unidos a Chile 35 por ciento, y la balanza comercial había permanecido sumamente favorable a Chile.[5]

Sin embargo, el libre comercio no se tradujo por arte de magia en prosperidad económica en el caso mexicano. Resultó ser más una garantía contra las crisis económicas que un motor de desarrollo. Quizá por la desaceleración económica de los Estados Unidos, o por la falta de reformas económicas que le permitieran a México competir mejor con China y otros países asiáticos, la economía mexicana se estancó a partir del año 2000. La brecha de ingresos con Estados Unidos volvió a crecer, lo que hizo aumentar la inmigración ilegal a ese país, así como las protestas de los aislacionistas en Washington. El Tratado de Libre Comercio de América del Norte había sido un éxito comercial, pero la fórmula de Bush para el progreso latinoamericano era a todas luces limitada e insuficiente.

Para peor, el libre comercio se había convertido en la piedra angular de la política norteamericana en las últimas décadas, después de que Washington había llegado a la conclusión de que su asistencia económica a la región en las décadas de los sesenta y setenta no ayudó mucho a producir progreso económico en Latinoamérica. Ya durante la presidencia de Bill Clinton, el mantra de la Casa Blanca para la región fue "Trade, not aid" (Comercio, no ayuda económica).

Cuando yo les señalaba a los funcionarios norteamericanos que la ayuda económica condicionada era una buena política, como se había demostrado en Europa, me respondían que el gobierno de Bush había aumentado la ayuda económica a la región a través del Fondo del Milenio. El Fondo representaba un incremento del 50 por ciento en la ayuda exterior de los Estados Unidos, que Bush había anunciado en la cumbre antipobreza de las Naciones Unidas en Monterrey, México, en enero de 2003. Sin embargo, era una respuesta tramposa, porque un porcentaje muy pequeño de esa ayuda iba a América latina. El monto total, de 5 mil millones de dólares, estaba destinado a quince países con ingresos per cápita de menos de 1.435 dólares por año, lo que incluía a muchas naciones africanas, pero a muy pocas latinoamericanas. De los quince beneficiarios, los únicos países latinoamericanos eran Honduras, Nicaragua y Bolivia. Los de ingresos medios, como México, Brasil, Perú o la Argentina, no recibían un centavo, a pesar de que tienen áreas de pobreza extrema que en varios casos son más grandes y pobladas que muchos de los países beneficiarios. El criterio de entregar el dinero a países pobres, en lugar de a regiones pobres, había sido resistido dentro del gobierno de los Estados Unidos. La propia embajadora estadounidense en Brasil, Donna Hrinak, me dijo en una entrevista grabada en Brasilia que "esto se va a volver en contra de nosotros (Estados Unidos)".[6] Era un paquete de ayuda importante para tres países que juntos no llegan al 5 por ciento de la población latinoamericana. Tratar de venderlo como un paquete de ayuda a toda América latina, como lo estaba haciendo el gobierno de Bush, era un discurso engañoso, que no podía ser tomado en serio.

"La próxima guerra no empezará en Tegucigalpa"

No es un secreto para nadie que, después de los ataques terroristas del 11 de septiembre de 2001, América latina se cayó del mapa para los Estados Unidos. En mis primeros viajes a Washington D.C. tras los ataques, escribí medio en sorna que los únicos países que suscitaban interés en la capital norteamericana en la nueva era de la lucha antiterrorista eran aquellos que empezaban con la letra "I": Irak, Irán e Israel. Todo lo demás era, y sigue siendo, secundario. Y cada vez que me enfrascaba en una discusión sobre la necesidad de prestarle más atención a América latina, me respondían con el argumento de que Estados Unidos era un país en guerra, y la guerra no era contra ningún país de la región. La primera y casi única prioridad del gobierno era prevenir un nuevo ataque terrorista, que todo el mundo daba —y sigue dando— por sentado como algo que ocurrirá indefectiblemente en un futuro cercano. El resto del mundo podía esperar.

La mentalidad de guerra que reinaba en la Casa Blanca se me hizo evidente en uno de mis viajes a la capital norteamericana, durante una entrevista con uno de los halcones del gobierno de Bush. Yo le había preguntado si Estados Unidos no estaba cometiendo un grave error al prestarle tan poca atención a América latina. Y le señalé que no estaba poniendo en duda que la prioridad del presidente fuera defender la seguridad del país. "¿Pero no sería conveniente para los propios intereses de Washington hacer un mayor esfuerzo para contribuir al desarrollo económico latinoamericano, entre otras cosas para crear un cordón de seguridad alrededor de Estados Unidos que impidiera la entrada de terroristas?", pregunté. El funcionario me miró como si estuviera hablando con un turista de otra galaxia, se bajó las gafas con una mano, me miró con aire paternal, y dijo: "Amigo mío, todo eso es muy cierto. Pero si va a haber una tercera guerra mundial, ésta no va a empezar en Tegucigalpa". La salida era ocurrente, y hasta podía parecer graciosa, pero en el fondo reflejaba el nuevo clima político en Washington, donde la guerra contra el terrorismo y la necesidad de promover más activamente el desarrollo económico latinoamericano parecían temas excluyentes.

"La región más importante del mundo"

En mis casi tres décadas de escribir sobre las relaciones entre Washington y América latina, había escuchado todo tipo de declaraciones de gobiernos norteamericanos en el sentido de que los países latinoamericanos tenían gran importancia para los Estados Unidos. Pero ninguna tan contundente —y vacía— como la que le oí al ex secretario de Estado Colin Powell en una ceremonia en el Departamento de Estado el 9 de septiembre de 2003.

Ese día, en uno de mis periódicos viajes a Washington, había recibido una invitación para la ceremonia en uno de los salones de fiestas del Departamento de Estado donde asumiría oficialmente Noriega como nuevo subsecretario de Estado para América latina. Había unas doscientas personas en el salón, que eran la crema del pequeño mundillo de embajadores, académicos y líderes de organizaciones no gubernamentales en Washington relacionados con la región. Había un ambiente festivo en la muchedumbre, y no era para menos: independientemente de lo que uno pensara de Noriega —un republicano conservador de línea dura—, era el primer jefe de Asuntos Latinoamericanos del Departamento de Estado que había logrado confirmación del Senado desde 1999. Sus dos antecesores, Reich y Peter Romero, habían tenido que ejercer sus funciones de manera "interina" por la falta de un voto de confianza del Senado. Y la creencia generalizada en Washington era que, hasta la asunción de Noriega ese día, la política de los Estados Unidos hacia la región había estado a la deriva, por la ausencia de un funcionario de peso en la capital norteamericana que pudiera facilitar el diálogo entre el gobierno de Bush y los países latinoamericanos.

En ese contexto festivo, Powell tomó el micrófono para decir unas palabras de bienvenida oficial a Noriega, e hizo una declaración sorprendente que pasó inadvertida en los medios. Dijo que "no hay una región en el mundo que sea más importante para el pueblo de los Estados Unidos que este hemisferio".

¿En serio?, pensé para mis adentros. Si así fuera, ¿por qué el gobierno de Estados Unidos no actuaba consecuentemente? Powell estaba engañando a su audiencia, o se estaba engañando a sí mismo. Lo cierto era que desde el punto de vista del comercio, la inmigración, el narcotráfico, la ecología y, cada vez más, el petróleo, no había región del mundo que tuviera un mayor impacto en la vida cotidiana de los Estados Unidos que América latina. Aquel país ya estaba exportando más a los países latinoamericanos y caribeños que a las veinticinco naciones de la Unión Europea. En los últimos años, Canadá y México han sido los dos principales socios comerciales de los Estados Unidos, al punto de que Washington le vende más a México que a Gran Bretaña, Francia, Alemania e Italia juntos, y más a los países del Cono Sur que a China. De los cuatro principales proveedores de energía a los Estados Unidos —Canadá, Arabia Saudita, México y Venezuela—, tres están en este hemisferio. Y no hay países que tengan un mayor impacto en sus temas domésticos —como la inmigración, las drogas o el medio ambiente— que México, El Salvador o Colombia. Y sin embargo, la realidad cotidiana demostraba que el discurso de Powell era, literalmente, para la galería.

Si América latina era la región más importante del mundo para Powell, ¿cómo se explicaba que el secretario de Estado no hubiera visitado la región más a menudo? Según el Departamento de Estado,

Powell había hecho treinta y nueve viajes al extranjero desde que había asumido el cargo en 2001, pero sólo nueve de ellos habían sido a América latina o el Caribe. Y si América latina era tan importante, ¿por qué motivo no había aceptado invitaciones para hablar sobre la región en el Congreso? El Comité de Asuntos Exteriores del Senado, presidido por el republicano Richard Lugar, lo había invitado varias veces, la última de ellas el 26 de agosto de 2003, para que compareciera en la semana del 29 de septiembre. La oficina de Powell se había excusado diciendo que el secretario tenía otros compromisos ineludibles, según me confió una fuente de la oficina de Lugar. Y si América latina era tan importante, ¿por qué el Departamento de Estado no le asignaba más funcionarios? Durante el primer mandato de Bush, la oficina de Rusia del Departamento de Estado tenía once funcionarios, mientras que la de Brasil tenía sólo cuatro, y las de los otros países sudamericanos entre uno y dos. Y si América latina era tan fundamental, ¿por qué habían dejado desplomarse la economía argentina en 2001, cuando una señal de apoyo ante el Fondo Monetario Internacional podría haber evitado la peor crisis económica de la historia reciente del país?*

¿Y por qué no habían retomado antes las negociaciones migratorias tan importantes para México?

Para la CIA, una región irrelevante

No había que ser un erudito para responder estas preguntas: el presidente Bush, un ex gobernador texano que se sentía cercano a México, y Powell, un hijo de padres jamaiquinos, tenían afinidades personales con la región, pero sus discursos no reflejaban el pensamiento estratégico del gobierno. Los "duros" que manejaban las riendas del poder —el vicepresidente Dick Cheney, el secretario de Defensa Donald Rumsfeld y la consejera de Seguridad Nacional y luego sucesora de Powell, Condoleezza Rice— veían a Latinoamérica

---

* Posteriormente, el gobierno de Bush intercedió ante el Fondo Monetario Internacional para que este último —contrariamente a los deseos de Alemania e Italia— flexibilizara su postura en las negociaciones por la deuda argentina. El presidente argentino, Néstor Kirchner, agradeció públicamente la gestión de Bush.

como un patio trasero al que había que ayudar en la medida de lo posible, pero nunca a costa de descuidar otras regiones de mucho mayor relevancia. Para ellos, era importante que Latinoamérica creciera económicamente para evitar nuevas olas de inmigrantes ilegales, problemas ambientales en la frontera, el aumento del tráfico de drogas y revoluciones que pudieran afectar suministros petroleros a los Estados Unidos. Pero, en el fondo, veían a la región como un territorio irrelevante en el nuevo contexto mundial, marcado por la guerra contra el terrorismo islámico y el surgimiento de China —y quizás India— como nuevas potencias económicas y militares del siglo XXI. Y Bush, al final del día, respaldaba la visión del mundo de sus asesores más cercanos.

La verdadera visión del mundo del gobierno de Bush no era muy diferente de la que reflejaba el estudio realizado por el Consejo Nacional de Inteligencia (CNI), el departamento de estudios a largo plazo de la CIA, sobre cómo será el mundo en el año 2020. El informe del CNI, publicado en 2005, aclaraba en su carátula que no reflejaba necesariamente la opinión del gobierno de los Estados Unidos, sino que era el resultado de una ambiciosa investigación para la cual se habían contratado expertos independientes del mundo académico, empresarial y político. El CNI había convocado a veinticinco de los principales "futurólogos" del mundo —incluyendo a Ted Gordon, del Proyecto del Milenio de las Naciones Unidas, Jim Dewar, del Centro de Políticas Globales de Largo Plazo de la Corporación Rand, y Ged Davis, el fundador del proyecto de escenarios futuros de Shell International— para que elaboraran sus pronósticos. La investigación, que duró poco más de un año, produjo el documento titulado "Mapa del futuro global". Y América latina, literalmente hablando, prácticamente no aparecía en ese mapa.

Una de las principales conclusiones del estudio es que el auge económico de China e India hará cambiar fundamentalmente la marcha de la globalización. Para el año 2020, el centro de gravedad de la economía global se moverá varios grados hacia Asia, porque los mercados occidentales ya estarán maduros, y las nuevas oportunidades de negocios estarán en el Lejano Oriente e India. En los próximos años, la clase media china se habrá duplicado, y alcanzará el 40 por ciento de la población de ese país, lo que constituirá un mercado de 500 millones de personas. Y, por la ley de la oferta y la demanda, las grandes compañías multinacionales se adaptarán cada vez más al gigantesco mercado de consumidores asiáticos, lo que cambiará no sólo el perfil de su cultura empresarial, sino también el diseño y el gusto de sus productos, afirma el estudio.

En el año 2020 Estados Unidos tendrá cada vez más competencia de sus nuevos rivales asiáticos. "El probable surgimiento de China e India como nuevos grandes actores globales, similar al surgimiento de Alemania en el siglo XIX y de los Estados Unidos a comienzos del siglo XX, transformará el paisaje geopolítico del mundo. Así como los comentaristas se refieren al siglo XX como 'El siglo americano', el comienzo del siglo XXI podría ser visto como la era en la que el mundo en desarrollo, liderado por China e India, surgirán en la escena mundial", continúa el informe.[7]

En el nuevo contexto mundial, el estudio del CNI pinta a América latina como una región marginal, en la que quizá sólo Brasil llegue a destacarse, aunque no lo suficiente como para actuar como una locomotora que pueda impulsar el desarrollo de sus vecinos. "Brasil, Indonesia, Rusia y Sudáfrica se están encaminando hacia un crecimiento económico, aunque es improbable que lleguen a ejercer la misma influencia política que China o India. Sin duda, su crecimiento económico beneficiará a sus vecinos, pero es difícil que se conviertan en motores de progreso en sus regiones, un elemento crucial del creciente poder político y económico de Beijing y Nueva Delhi."[8]

"Una región de progresos y retrocesos"

¿Qué le espera a América latina, entonces? Aunque el informe final del CNI dice poco y nada al respecto, un estudio preliminar del mismo proyecto afirma que la región se caracterizará por la disparidad en el progreso de sus países, en un contexto general de estancamiento o decadencia. El estudio preliminar, titulado "América latina en el 2020", era uno de los varios análisis regionales realizados por expertos independientes contratados por el CNI para que contribuyeran con sus ideas al estudio global. "América latina en el 2020", que fue escrito tras una conferencia organizada por el CNI en Santiago de Chile a mediados de 2004, pronostica que la región será "una mezcla de luces y sombras".[9]

Pero "pocos países (de la región) podrán sacar ventaja de las oportunidades del desarrollo, y América latina como región verá crecer la brecha que la separa de los países más avanzados del planeta". El estudio señala que "la situación de algunos países mejorará, pero siempre dentro de ciclos de subas y bajas, progresos y retrocesos. Y aquellos países y regiones que no encuentren una dirección económica, política y social se verán sumergidos en crisis y sufrirán retrocesos. Todo esto tendrá lugar en el marco de una creciente heterogeneidad regional". El documento regional vislumbra tres grupos de naciones en el continente. El primer grupo será el de los países más exitosos, como Chile, México, Brasil, Costa Rica y Uruguay, que consolidarán sus democracias y lograrán insertarse exitosamente en la economía global en el año 2020. Los analistas convocados por el CNI son algo escépticos sobre el liderazgo regional brasileño. Según ellos, Brasil tratará de consolidar su proyecto de liderazgo, aunque éste será "un proyecto que avanzará algo, pero no tanto como se vislumbraba al comenzar el nuevo milenio. El país evolucionará gradualmente en materia de desarrollo institucional, pero el complejo proceso político y social doméstico no le brindará los niveles de gobernabilidad para implementar las transformaciones y adaptaciones necesarias para llevar a cabo un proyecto regional exitoso a nivel global en sólo quince años".

El segundo grupo de países será el de naciones con tendencia al autoritarismo, que podrían quedar marginadas de la comunidad diplomática de la Organización de Estados Americanos. En este grupo se encuentran Paraguay, Bolivia, Guatemala y Venezuela, "que tienen ciertas tendencias contrarias a la democracia y favorables hacia un nuevo militarismo". Y el tercer grupo será el de Estados fallidos, o países y regiones sin gobierno, en los que probablemente se producirá un colapso de todo tipo de autoridad gubernamental, una escalada de los conflictos internos, la fragmentación de las instituciones y la proliferación de las mafias o los "poderes fácticos" como el narcotráfico o el crimen organizado. "Este escenario de Estados fallidos incluye casos como el de Haití y áreas —no necesariamente países— de la región andina", dice el estudio.

Los principales peligros, según el CNI

¿Cuáles son los principales peligros que acechan a Latinoamérica? Según el estudio regional, el más importante es el aumento de la inseguridad. A nivel regional, los futurólogos ven una peligrosa ausencia del Estado en áreas como los departamentos de Boyacá y Caquetá en Colombia, las fronteras de Venezuela con Brasil y Colombia, y el área de Cochabamba en Bolivia. A nivel ciudadano, plantean la posibilidad de que la inseguridad produzca un clamor social por soluciones autoritarias, como ya se vio con la elección de un presidente que prometió "super mano dura" contra las maras en El Salvador. Según el estudio, "los indicadores de inseguridad y delincuencia muestran una tendencia creciente desde hace varios años, coincidiendo con el aumento de la pobreza y la desigualdad en la mayoría de los países. Asimismo, la cuestión de la inseguridad se convertirá en una demanda creciente de las sociedades latinoamericanas, y de la misma forma en una cuestión de cada vez mayor importancia política y electoral: a partir de este fenómeno, accederán políticos y candidatos de 'mano dura' a alcaldías, gobernaciones y presidencias de la región".

En segundo lugar, el documento alerta sobre el aumento de la informalidad laboral, que en muchos países latinoamericanos ya alcanza a dos de cada tres trabajadores. "Las proyecciones anticipan que la creación de empleos de los próximos quince años se dará en una proporción cada vez mayor en el sector informal", debido principalmente a la rigidez de las leyes laborales, que hace que los empresarios no tomen a nuevos trabajadores, y a la ineficacia de los Estados, dice el estudio. Como consecuencia de ello, aumentará la exclusión social de grandes sectores de la población, que no tendrán cobertura social ni acceso al crédito. "El fenómeno de la informalidad tiene consecuencias institucionales que afectan las perspectivas políticas y económicas a largo plazo. El sistema previsional del futuro enfrenta graves riesgos de sustentabilidad por el crecimiento de la informalidad, ya que los jubilados de hoy son mantenidos por una cantidad cada vez menor de aportantes, y las cajas fiscales no estarán preparadas para los jubilados de mañana", afirma el estudio. De igual forma, el crecimiento de la informalidad afectará cada vez más la capacidad de los Estados para recaudar impuestos, lo que puede debilitar aun más la presencia del Estado en la vida nacional.

En tercer lugar, el estudio regional del CNI alerta sobre una posible revolución indigenista. "En los próximos quince años se producirá un crecimiento de las contradicciones culturales en la sociedad latinoamericana, como consecuencia del surgimiento de particularismos étnicos y regionales. La expresión más fuerte de estas contradicciones culturales será el movimiento indigenista, cuya influencia crecerá a lo largo de los próximos quince años en toda la región, particularmente en la región andina, Centroamérica y el sur de México. Los movimientos indigenistas... eventualmente articularán respuestas dependiendo del grado de inclusión que obtengan de las sociedades y poderes establecidos en los países latinoamericanos. Donde se produzcan aperturas exitosas, se incorporarán gradualmente al sistema representativo, y en algunos casos pujarán por una mayor autonomía a nivel local y subnacional. Pero donde prevalezcan las rigideces de la exclusión política y económica, el indigenismo podrá evolucionar hacia expresiones más radicalizadas, que se opondrán frontalmente a las instituciones sociales, políticas, económicas y culturales de la civilización europea que prevalecen en Latinoamérica. En estas posibles situaciones, los valores de la identidad y la compensación histórica desplazarán a las expectativas de crecimiento económico", dice el informe. Traducido a un lenguaje menos pomposo: si los países no hacen más por integrar económicamente a los indígenas, entraremos en un período de luchas étnicas contra el predominio blanco o mestizo.

En cuanto a las relaciones entre los países latinoamericanos y Washington, el estudio sugiere que veremos una partición de las Américas, y que ésta ocurrirá a la altura del Canal de Panamá. "Se profundizará la informal frontera del Canal de Panamá: al norte, en general, los países estarán más influidos por la evolución norteamericana, mientras que Sudamérica como región fortalecerá su identidad y sus fronteras subcontinentales, particularmente mientras Brasil esté en condiciones de aspirar a un liderazgo subregional."

El pesimismo general del documento del CNI sobre el futuro de América latina contrastaba abiertamente con el optimismo de las declaraciones públicas del gobierno de Bush, pero reflejaba bastante bien el pensamiento vigente en Washington. Los documentos internos del Comando Sur del Ejército de los Estados Unidos, que con sus 1.500 funcionarios tenía más gente abocada a América latina que todas las otras agencias del gobierno juntas,[10] también pronosticaban un futuro lleno de incertidumbres en la región. El Comando Sur, cuyos últimos comandantes se ufanaban de haber jugado un rol importante en la democratización de la región en las décadas recientes, al haber dejado en claro ante sus colegas latinoamericanos que Estados Unidos no toleraría nuevos golpes militares, había elaborado ya en 2003 un documento interno que alertaba sobre los crecientes peligros que acechaban a la democracia en la región. El documento, según testigos, incluía un gráfico con cinco mapas de las Américas, correspondientes a diferentes ciclos de la historia reciente de la región, que mostraban a los países democráticos en color verde y a los totalitarios en rojo. Y, según se podía ver, en 1958 casi toda la región estaba en verde, y sólo Paraguay, Perú, Ecuador, Colombia, Venezuela, algunos países centroamericanos y Cuba en rojo. En 1978 casi toda la región estaba en rojo, con sólo

Colombia, Venezuela y Guyana en verde. En 1998, en el apogeo de la democracia en las Américas, el mapa exhibía la región totalmente en verde, con apenas un puntito —Cuba— en rojo. El cuarto mapa, de 2003, ya mostraba señales de peligro: una buena parte de la región, incluyendo la Argentina, Paraguay, Bolivia, Perú, Ecuador, Colombia y Venezuela, estaba en color amarillo, como "países en peligro" de caer en el totalitarismo o en populismos radicales. Y el último mapa, del año 2018, estaba totalmente en blanco, con un gran signo de pregunta cubriendo toda la región, desde Alaska hasta Tierra del Fuego. No era, precisamente, una visión optimista del futuro latinoamericano.

La visión de las grandes multinacionales no era mucho más alentadora. El estudio del Consejo de las Américas —la principal agrupación de multinacionales norteamericanas con operaciones en América latina, con sede en Nueva York— para el Departamento de Defensa notaba con alarma la caída de la inversión extranjera en la región en las últimas décadas. Aunque en 2005 la CEPAL anunciaba jubilosamente que las inversiones habían crecido un 44 por ciento durante el año anterior, revirtiendo la tendencia negativa de los cinco años previos, el balance seguía siendo negativo: América latina todavía estaba recibiendo un 20 por ciento menos de inversiones extranjeras que en 1999. El estudio del Consejo, titulado "Fomentando el desarrollo regional asegurando el clima de inversiones en el hemisferio", atribuía la caída de inversiones a varios factores, entre ellos la pérdida de productividad, los bajos niveles educativos, las trabas políticas y burocráticas, la corrupción y —sobre todo— la inseguridad. Los índices de productividad habían caído en las últimas dos décadas, y lo mismo ocurría con los niveles educativos. En materia de corrupción, el estudio comparaba las calificaciones de América latina y Asia en el Índice de Percepción de Corrupción de Transparencia Internacional en los últimos cuatro años, y América latina no salía muy bien parada: en 2002, el promedio de corrupción había subido a 60 puntos, mientras que en Asia había bajado a 43. "Obviamente, tendencias como ésta tienen un enorme peso en las decisiones de los inversionistas", decía el estudio del Consejo.[11]

El "compromiso fundamental" de Bush

En un discurso de campaña, el 25 de agosto de 2000 en Miami, Bush había dicho que "de llegar a la presidencia, miraré hacia América latina no como un tema tangencial, sino como un compromiso fundamental de mi gobierno".[12] Y en su primer año en la Casa Blanca, antes del 11 de septiembre, Bush —que desde sus días como gobernador de Texas había cortejado el voto hispano— fue más allá que sus antecesores en sus promesas de buscar una relación más cercana con Latinoamérica.

Curiosamente, tal como me lo confirmaron varios jefes de Estado latinoamericanos que se habían entrevistado repetidamente con Bush, el presidente norteamericano más odiado en América latina de los últimos tiempos era uno de los que a nivel personal se sentía más cerca de la región, por lo menos hasta el día de los ataques terroristas de 2001. En sus primeros meses en el poder, Bush había hecho gestos sin precedentes hacia América latina, en especial hacia México. Fue el primer presidente que dedicó todo un discurso de campaña a la región. Una vez electo, a diferencia de sus antecesores, no hizo su primer viaje oficial a Canadá, sino a México. Los canadienses estaban furiosos, pero Bush había querido enviar un mensaje de que su país comenzaría a mirar hacia el sur. La primera cumbre presidencial a la que asistió fue la Cumbre de las Américas, en Quebec, Canadá, en abril de 2001. Allí, junto con treinta y dos presidentes latinoamerianos y caribeños, firmó una declaración proclamando que el siglo XXI sería "el siglo de las Américas".

Y el 5 de septiembre de 2001, una semana antes de los ataques terroristas, Bush recibió al presidente mexicano Vicente Fox en la Casa Blanca, y lo distinguió con la primera cena de gala para un visitante extranjero de su gobierno. Nuevamente, los canadienses, que en años anteriores habían gozado de ese privilegio diplomático-social, estaban que trinaban. Y en su discurso en la cena de gala esa noche, en el apogeo del idilio político entre ambos mandatarios, Bush le había dicho a Fox que "Estados Unidos no tiene una relación más importante en el mundo que la que tiene con México".[13] Yo estaba en Washington, viendo la escena por televisión, y no pude menos que sonreír imaginándome la cara de los embajadores de Canadá y Gran Bretaña al escuchar esas palabras.

¿Por qué se había acercado Bush a la región? Fue una combinación de ideología, orgullo familiar y necesidades políticas. Para Bush, a diferencia de Clinton, el libre comercio con Latinoamérica no era una abstracción, sino una causa cuyos resultados concretos —más comercio y más inversiones— había visto con sus propios ojos durante su gestión como gobernador de Texas, uno de los estados que más se benefició con el acuerdo de libre comercio con México. Bush creía en el libre comercio porque había visto sus frutos. Asimismo, tenía un interés personal en que el proyecto del ALCA se concretara: la idea inicial había sido lanzada durante la presidencia de su padre, George Bush, bajo el rótulo de "Iniciativa de las Américas". De realizarse, el ALCA sería el legado histórico de la familia Bush. Y el orgullo estaba muy presente en la familia: así como los europeos tenían sus reyes y sus dinastías, los Estados Unidos tenían una aristocracia política, y la familia Bush era su máximo exponente. Por último, el flamante presidente sabía muy bien, por lo apretado de las elecciones de 2000, que un acercamiento con México y América latina le redituaría votos hispanos cuando llegara el momento de postularse para la reelección cuatro años después.

Cómo Bush se convirtió en "experto" en América latina

Cuando llegó a la Cumbre de las Américas en Quebec, Bush ya se sentía un "experto" en América latina. Podía mascullar algunas frases en español —que había aprendido en Texas— y hasta hacer algunas bromas con sus colegas latinoamericanos cuando se saludaban informalmente, aunque necesitaba un intérprete cuando se sentaba con ellos para discutir asuntos de Estado, y se ponía los audífonos de traducción simultánea para escuchar discursos en español en las cumbres. Según me contaron varios presidentes latinoamericanos, a Bush le gustaba ufanarse de que su hermano Jeb, el gobernador de la Florida, está casado con una mexicana, y que tenía sobrinos mexicano-americanos. Era un gringo latinoamericano, bromeaba.

Como muchas veces ocurre en la política, una buena parte del interés inicial de Bush por Latinoamérica nació de las recomendaciones de sus asesores de imagen. Durante su campaña electoral de 2000, había sido objeto de fuertes críticas por su poca experiencia en política exterior. Prácticamente no había salido de los Estados Unidos, nunca había ocupado un cargo público que lo obligara a tomar contacto con la política internacional, y eso lo hacía sumamente vulnerable ante su rival, el entonces vicepresidente Al Gore. Este último había viajado por todo el mundo durante sus ocho años en la Casa Blanca, y había tenido a su cargo varias de las negociaciones internacionales más delicadas. Entre Gore y Bush, la diferencia de conocimientos en política internacional era abismal. Y para colmo, Bush había hecho el ridículo en una entrevista periodística durante la campaña, cuando no había podido identificar a varios mandatarios asiáticos y se había equivocado con sus nombres.

Para contrarrestar estas críticas, sus asesores de imagen hurgaron desesperadamente en su pasado, en busca de algún elemento que les permitiera presentarlo como un experto en política exterior. Y lo único que encontraron fue que había hecho algunos viajes de trabajo a México como gobernador de Texas, o para algún evento social de fin de semana. ¡Eureka!, dijeron los asesores de imagen. A los pocos días de la desafortunada entrevista en que Bush había confundido los nombres de los presidentes asiáticos, su campaña comenzó a presentarlo como un "experto" en México, y por extensión —qué más da— en América latina. Y para proyectarse como tal, Bush comenzó a pulir lo poco que sabía de español y a cultivar sus contactos con México y Latinoamérica. Para cuando llegaron las elecciones de noviembre de 2000, el futuro presidente ya se había autoconvencido de que era un "experto" en la región.

Claro que todo el impulso latinoamericanista se desmoronó en cuestión de segundos el 11 de septiembre de 2001. De allí en más, Bush no sólo se concentró de lleno en Medio Oriente, sino que su desastrosa decisión de lanzarse a la guerra de Irak sin el consentimiento del Consejo de Seguridad de la ONU lo convertiría en el mandatario más antipático del mundo a los ojos de la gran mayoría de los latinoamericanos. Y la brecha política crecería, tal como lo mostrarían las encuestas en los años siguientes. La Casa Blanca no perdió el sueño por la escasa popularidad de Bush en la región, y el propio presidente —como veremos en el capítulo 9— se sintió defraudado por lo que consideró como una falta de solidaridad de México y gran parte de la región ante los ataques terroristas. Pocos días después de los atentados, en su mensaje anual sobre el Estado de la Unión del 20 de septiembre de 2001, Bush —que dos semanas antes había proclamado a México la relación bilateral "más importante" de los Estados Unidos— declaraba que "los Estados Unidos no tienen un mejor amigo en el mundo que Gran Bretaña".[14] Todo había cambiado en esas dos semanas. Un golpe de realidad había obligado al gobierno a concentrarse de lleno en lo que había sido el primer ataque extranjero al territorio de los Estados Unidos desde Pearl Harbor, en la Segunda Guerra Mundial, decían los funcionarios de la Casa Blanca. El ataque terrorista que dejó casi tres mil civiles muertos —desde ejecutivos y oficinistas hasta empleados de limpieza— en las Torres Gemelas de Nueva

York había sido el peor golpe sufrido por los Estados Unidos en su historia. A diferencia de Pearl Harbor, no había sido un ataque a una instalación militar remota en el océano Pacífico, sino en el corazón de Manhattan, enfatizaban los funcionarios. Las víctimas eran civiles: tenían nombre y apellido, y habían sido asesinadas por su mera condición de estadounidenses. Esto era una guerra distinta, en la que el enemigo no estaba atacando para exigir el cumplimiento de demandas concretas. A diferencia de los terroristas palestinos, que mataban civiles para exigir el retiro de Israel de los territorios ocupados y la creación de un Estado palestino, el grupo Al Qaeda no estaba exigiendo nada. Su guerra no era para lograr que Washington cumpliera con determinadas exigencias, sino para exterminar a los Estados Unidos y la cultura occidental, y sustituirlos por un nuevo orden teocrático basado en una interpretación radical del Islam. Ante semejante amenaza, no se podían escatimar esfuerzos para la defensa del país, ni escoger a los aliados por simpatías personales ni afinidades geográficas, argumentaban los funcionarios de la Casa Blanca.

"Madame secretary" y sus veinte minutos diarios

Para ser justos, el Bush de después del 11 de septiembre no le prestó mucha más atención a Latinoamérica de la que le había prestado Clinton. Durante el gobierno de este último, la ex secretaria de Estado Madeleine Albright había hecho setenta y dos viajes al exterior, de los cuales sólo diez habían sido a América latina. Y Albright tampoco había comparecido ante la Comisión de Relaciones Exteriores del Senado para hablar específicamente de América latina. De hecho, el último secretario de Estado que se había presentado ante el Comité en pleno para hablar de este tema había sido Warren Christopher, el 26 de enero de 1995. Y antes de él, George Schulz, el 27 de febrero de 1986, según me dijeron los historiadores del Congreso.

Durante su gira por los Estados Unidos para promocionar su libro de memorias *Madame secretary*, tuve la ocasión de hacerle una larga entrevista a Albright en Miami y preguntarle algo que siempre me había intrigado: ¿cuántos minutos por día les dedicaba un secretario de Estado a temas latinoamericanos? Albright, nacida en Praga, ex Checoslovaquia, cuya familia había huido primero de los nazis, luego de los comunistas, y que había llegado a los Estados Unidos a los 11 años, había sido la primera mujer nombrada secretaria de Estado. Sin embargo, nunca había llegado a ser una estrella en Washington. Más académica que política, no había tejido una red de relaciones personales en el Congreso ni en la prensa como para convertirse en un verdadero factor de poder en el gobierno de Clinton. Era una mujer inteligente, pero nada carismática. La había entrevistado ya una vez durante la Cumbre de las Américas de Chile en 1998, en la suite del hotel donde se hospedaba, donde me había recibido junto con dos de sus asesores tarde en la noche, y lo único que recuerdo es que se había quitado los zapatos durante la entrevista, y había colocado sus pies descalzos sobre una silla. A Albright le brillaban los ojos y hablaba apasionadamente cuando se refería a Europa del Este, sobre todo cuando mencionaba al ex presidente checo Vaclav Havel y otros luchadores por la democracia en esa parte del mundo. Había hecho su tesis de doctorado sobre el servicio diplomático soviético, y se había iniciado en la diplomacia trabajando para el secretario de Seguridad Nacional del presidente Jimmy Carter, Zbigniew Brzezinski, otro exiliado de Europa del Este. América latina no era un tema que la apasionara.

Cuando comenzamos a tratar este punto, Albright criticó el "enfoque militarista" de la política exterior de Bush, y su "falta de atención hacia América latina". Ella, según me dijo, le había prestado mucha más atención a la región. ¿En serio? ¿Qué porcentaje de su tiempo en un día promedio le había dedicado a América latina durante su gestión?, pregunté. Albright levantó la vista, tratando de recordar, y luego de meditar unos segundos respondió: "Le dedicaba el 20 por ciento, quizás el 25 por ciento de mi tiempo". Sin embargo, eso no se reflejaba en las páginas de su autobiografía. Después de la entrevista, cuando me puse a leer *Madame secretary*, me encontré con que en los 29 capítulos no había uno solo dedicado a Latinoamérica. Casi la totalidad del libro estaba centrado en Europa del Este, Medio Oriente, Europa Occidental, China y Rusia. De las 562 páginas, se podían contar con los dedos las dedicadas a América latina. Y de éstas, la gran mayoría se referían a dos países: Cuba y Haití. En el índice, Cuba aparecía con menciones en dieciocho páginas, y Haití en doce. Comparativamente, México aparecía con seis menciones, y Brasil con cuatro, incluida una en la que sólo se nombraba a este último país entre varios que votaron por una resolución de las Naciones Unidas sobre Haití.

Albright —como Henry Kissinger, Brzezinski y prácticamente todos los encargados de la política exterior de los Estados Unidos— era un producto de la Guerra Fría. En su visión eurocéntrica del mundo, Cuba había sido importante por su alianza con la ex Unión Soviética, que había convertido a la isla en una posible plataforma de ataque para el principal enemigo de los Estados Unidos. Y Haití era importante porque era un país en caos, que en cualquier momento podía causar una nueva ola de inmigración ilegal a los Estados Unidos. Los demás países de la región, por más grandes que fueran, ocupaban un lugar muy lejano en el espacio mental de quienes tradicionalmente habían dirigido el Departamento de Estado.

"América latina se automarginó"

Albright decía que los latinoamericanos eran los principales culpables de su propia irrelevancia en el concierto mundial, en parte por no participar más activamente en los grandes temas internacionales. Cuando le pregunté qué consejo les daría a los países de América latina, me dijo que, por su propio bien, "deberían jugar un rol más activo en la escena mundial". ¿Y eso qué significa?, le pregunté. La ex secretaria de Estado respondió que, durante el tiempo en que ella había ejercido su cargo, muchas veces se había sentido frustrada por la falta de una mayor cooperación de América latina en las crisis internacionales. La mayor diferencia entre los diplomáticos latinoamericanos y los europeos era "el nivel de interés en otras partes del mundo de estos últimos", me dijo. "A los latinoamericanos les interesan las relaciones norte-sur, y no demasiado las de otras partes del mundo." Recordó, por ejemplo, que cuando había sido embajadora ante la ONU, entre 1993 y 1997, Estados Unidos, Europa, Canadá y Australia tenían un grupo de coordinación política para tratar de coordinar sus votos, pero los países latinoamericanos tenían su propio grupo aparte. Se habían automarginado, señaló.

"Yo pensaba que deberíamos tener un grupo en la ONU que fuera el 'Grupo de las Américas'. Sin embargo, no se pudo dar tal cosa", dijo Albright. En efecto, según me contaron luego diplomáticos de la ONU, Albright había tratado sin éxito de crear un "Grupo de las Américas" a mediados de la década de los noventa. México y Brasil no apoyaron la idea, temerosos de que Washington terminara dominando el grupo. "Deberíamos ser aliados naturales en el desarrollo de nuestras relaciones en otras partes del mundo", continuó diciendo Albright. Un grupo hemisférico en la ONU "sería una alianza mucho más natural que con Europa", agregó. "Otros pasos, como la creación de una fuerza militar latinoamericana que pudiera participar en esfuerzos de paz alrededor del mundo le daría a la región mucha más influencia internacional," señaló.

Humm. Albright tenía razón en que un mayor protagonismo latinoamericano, por ejemplo en misiones de paz en todo el mundo, haría que los votos de la región fueran más codiciados en el concierto mundial. Pero su visión no dejaba de ser un tanto egoísta, ya que parecía supeditar la inserción latinoamericana al mundo a que la región adoptara la agenda de Washington. Yo le agradecí la entrevista y me despedí. Pero no pude dejar de pensar lo obvio: ¿y qué pasa con la agenda latinoamericana, incluyendo los temas más importantes para la región, como la pobreza y el rezago educativo? ¿Estaba Estados Unidos a dispuesto a dar ayuda condicionada, como lo habían hecho varios países de Europa con sus vecinos más pobres? Albright estaba poniendo todo el acento en la falta de cooperación de los países latinoamericanos, pero era obvio que no había dedicado mucho tiempo a pensar en la falta de un mayor compromiso de Washington con sus vecinos sureños.

Las prioridades de Clinton: Cuba y Haití

El ex jefe de Albright, Clinton, no había sido mucho más generoso con su tiempo para la región. Durante sus primeros cuatro años en la Casa Blanca, no había puesto el pie en Latinoamérica, algo que la administración de Bush —que hizo varios viajes a la región en sus primeros cuatro años— le recordaría a todo el mundo más tarde. Y a juzgar por lo que dejaba traslucir en su libro *Mi vida*, Clinton nunca le había dedicado mucho tiempo o espacio mental a los asuntos latinoamericanos. La obra, un ladrillo de 957 páginas en que relataba de sus reuniones con líderes de todo el mundo, apenas dedicaba unas diez páginas —o sea, alrededor del 1 por ciento del total— a sus entrevistas con presidentes latinoamericanos y a temas de la región. En el libro, por el que recibió un adelanto de 10 millones de dólares, Clinton hasta se equivocó al mencionar el nombre del presidente latinoamericano por quien decía tener la mayor admiración: se refirió repetidamente al ex presidente brasileño Cardoso como "el presidente Henrique Cardoso" y "Henrique", cuando su nombre era Fernando Henrique.

¿Cuáles eran los dos países de la región de los que más hablaba Clinton en su autobiografía? Los mismos de los que más había escrito su secretaria de Estado: Cuba y Haití. El índice contiene 29 referencias a la palabra "Haití" y 21 referencias a "Cuba". Comparativamente, México aparece con 15 menciones, Brasil con 5, y la Argentina con 5, casi siempre en alusiones tangenciales. ¿Era una aberración que Cuba y Haití hubieran acaparado una mayor atención del ex presidente de los Estados Unidos que México, Brasil o la Argentina? ¿O se lo habían pedido así sus editores, para asegurar mejores ventas en los Estados Unidos? Me temo que no se trataba ni de una cosa ni de la otra: ya sea por motivos de política interna, o porque el resto de la región los ignora, desde hace décadas Cuba y Haití ocupan un lugar desproporcionadamente grande en la agenda de Washington hacia la región.

Muchos funcionarios estadounidenses bromeaban en privado que para la Casa Blanca había tres clases de países en América latina: en primer lugar estaba Cuba, en segundo lugar Haití, y en tercer lugar estaban los "países R.A.L." Los "países R.A.L.", según el chiste, eran los países del "Resto de América latina". El peso exagerado de Cuba y Haití se debía más que nada a cuestiones de política interna. Haití era un asunto decisivo para los legisladores afroamericanos en el Congreso, que lo habían convertido en un punto central de su agenda internacional. Y el voto cubano-americano en Florida y Nueva Jersey era clave para ganar esos dos Estados en cualquier elección presidencial. Como me lo señaló —medio en broma, medio en serio— un político demócrata, "los cubanos no pueden elegir su presidente en Cuba, pero lo hacen cada cuatro años en los Estados Unidos".

Quizá la única excepción a esta miopía geográfica de la Casa Blanca era Colombia, que en los últimos años se había convertido en uno de los mayores receptores de ayuda económica y militar de los Estados Unidos en el mundo. Desde 2001, recibió 3 mil millones de dólares de Washington para la lucha contra las drogas y los grupos guerrilleros y paramilitares usualmente vinculados al narcotráfico, lo que le permitió al presidente Álvaro Uribe usar más de sus recursos nacionales para lograr una significativa reducción de los secuestros y homicidios en el país. La ayuda de Washington a Colombia —como la otorgada a Israel y Egipto— había generado todo un aparato de apoyo económico y militar en Washington, que difícilmente desaparecería en el futuro próximo: ni los demócratas ni los republicanos podían permitirse votar en contra de futuros paquetes de ayuda a Colombia, y ser acusados posteriormente de haber sido los responsables de un retroceso en ese país. Y con Chávez armándose hasta los dientes en la vecina Venezuela, comprando armas en Rusia, España y Brasil por unos 2 mil millones de dólares, el compromiso de los Estados Unidos con Colombia parecía asegurado.

Los motivos de optimismo

Aunque la historia de los Estados Unidos en América latina tiene muchas páginas turbias —desde las intervenciones militares de principios del siglo XX en Cuba, la República Dominicana y México hasta el olvido de la región en nuestros días— y las promesas de Washington ya suenan huecas para muchos latinoamericanos, hay algunos motivos de optimismo. No sería nada raro que el proceso de regionalización de la economía global, así como el creciente peso del voto hispano en los Estados Unidos, hagan que la agenda positiva de Washington —la cooperación económica, el comercio y la ayuda para el desarrollo de la educación y la tecnología— prevalezca sobre la negativa del terrorismo, las drogas y la inmigración ilegal.

Si continúa la consolidación de los bloques comerciales de la Unión Europea y el sudeste asiático, los Estados Unidos tendrán una mayor necesidad de incrementar su integración económica con sus vecinos del sur, y los sectores proteccionistas y aislacionistas —hoy sumamente vigorosos en Washington— perderán fuerza. "La reciente expansión de la Unión Europea y la creación del bloque de libre comercio de China con la Asociación de Países del Sudeste Asiático en 2007 obligarán a los Estados Unidos a ampliar sus acuerdos comerciales para mantener su competitividad internacional", me dijo Richard Feinberg, un ex director de Asuntos Latinoamericanos del Consejo Nacional de Seguridad durante el gobierno de Clinton.[15] ¿Por qué?, le pregunté a Feinberg. Porque los bloques comerciales de Europa y Asia aumentarán respectivamente su competitividad al poder combinar la tecnología de sus miembros más ricos con la mano de obra barata de los más pobres, explicó. Los Estados Unidos no se podrán quedar atrás, y tendrán que hacer lo mismo con América latina. Así como las empresas alemanas están mudando sus plantas a Polonia o la República Checa para producir automóviles más eficientemente y a mejores precios, lo mismo ocurrirá con las empresas de Singapur que a partir de 2007 podrán producir sus bienes en China gracias al acuerdo de libre comercio asiático. Si los Estados Unidos no hacen lo mismo con América latina o con otra región del mundo, sus empresas perderán competitividad, señaló.

El otro motivo importante que podría darle un nuevo ímpetu a una agenda positiva de Washington hacia Latinoamérica tiene que ver con el incremento meteórico del voto latino, que será clave en las próximas elecciones presidenciales, tanto por su volumen como por su distribución geográfica. El poder del voto latino creció de 5,9 millones de votantes registrados en 2000 a 9,3 millones en 2004, y se espera que aumente a unos 13 millones en 2008. En un país donde las dos últimas elecciones fueron decididas por un pequeño margen —apenas 500 votos en 2000—, el voto hispano será determinante. Y, lo que es tanto o más importante, la mayor concentración de hispanos está en los estados con más votos en el colegio electoral: California, Nueva York, Florida, Texas e Illinois.

Según los encuestadores, quizá la principal arma política de los hispanos será que, a diferencia de los afroamericanos, que votan casi unánimemente por el Partido Demócrata, el bloque latino está dividido. Es un electorado bisagra, que puede decidir cualquier elección cerrada. En el pasado, el Partido Demócrata se llevaba 80 por ciento del voto de los hispanos, por el simple hecho de que éstos se identificaban automáticamente con la agenda demócrata de apoyo a los trabajadores organizados y a los pobres en general. Sin embargo, eso empezó a cambiar en las elecciones de 2000, cuando el Partido Republicano de Bush empezó a hacer publicidad en español y logró ganar el 35 por ciento del voto hispano. En las elecciones de 2004, Bush aumentó aun más ese apoyo y ganó el 40 por ciento del voto hispano, según los cálculos demócratas, o el 44 por ciento, según las encuestas de salida de CNN y los encuestadores republicanos. "Fue la mejor actuación de un candidato republicano entre los votantes latinos en todos los tiempos", me señaló Sergio Bendixen, uno de los principales encuestadores del electorado hispano. "Esto hará que el Partido Demócrata se despierte para las elecciones de 2008. Los republicanos les están robando un grupo de votantes que por razones socioeconómicas deberían ser en su gran mayoría demócratas. De ahora en más, el Partido Demócrata va a luchar con mucha más energía por ganar el voto hispano."[16] Steffen Schmidt, un profesor de Ciencia Política de la Iowa State University especializado en el voto hispano, coincide: "La elección (de 2004) puso a la comunidad hispana con una pata en cada partido político, lo que le dará una ventaja política extraordinaria en futuras elecciones", me aseguró.[17]

¿Y qué garantía hay de que los votantes hispanos de los Estados Unidos presionen a favor de un mayor acercamiento con América latina? ¿Acaso muchos de ellos no llevan años en los Estados Unidos y están tan integrados que ya casi se olvidaron de sus países de origen?, les pregunté a varios expertos. Casi todos coincidieron en que está pasando exactamente lo contrario. El abaratamiento de las llamadas telefónicas internacionales, la televisión por satélite e Internet están acercando enormemente a la diáspora latinoamericana a sus países de origen. Hoy día, los mexicanos, argentinos, colombianos y venezolanos pueden ver en sus casas en Los Ángeles, Nueva York o Miami los mismos noticieros que ven sus hermanos en Ciudad de México, Buenos Aires, Bogotá o Caracas. Ya hay canales de cable que pasan noticieros de Bolivia, Honduras, El Salvador, Nicaragua y casi todos los demás países. Lo mismo ocurre con las radios hispanas. Y por Internet, millones de latinoamericanos leen a diario los periódicos de sus países de origen, y en muchos casos están más al día de lo que pasa en estos últimos que en su país adoptivo. Éste es un fenómeno nuevo, producto de la revolución tecnológica, que tiende a acercar enormemente a la comunidad latina a los países latinoamericanos.

"En las elecciones de 2004 quedó demostrado que el voto más disputado en futuras elecciones será el de los inmigrantes recientes, y ése es el grupo más interesado en temas como el libre comercio o la problemática de los países latinoamericanos. Es el voto de la gente que manda remesas a sus familiares, que se comunica a diario con ellos, que ve televisión de sus países por cable o por satélite, y que por todo eso mantiene un alto interés en la región", me señaló Bendixen.[18] Una encuesta de *Zogby International* y de *The Miami Herald* realizada a nivel nacional poco antes de las elecciones de 2004 confirma el creciente interés de los votantes hispanos en América latina: según la encuesta, un 52 por ciento de los votantes registrados hispanos dicen que la política de los Estados Unidos hacia Latinoamérica es un tema que consideran "muy importante", y un 32 por ciento opina que lo considera "algo importante".[19] "Eso es nuevo", me dijo John Zogby, el responsable de la encuesta. En una elección cerrada, "el candidato que ignore a América latina se va a ver en aprietos".[20]

Remesas familiares: una bendición con peligros

Hay otro factor, hasta ahora ajeno a la política, que está aumentando silenciosamente los lazos de los Estados Unidos con la región: las remesas familiares. Los envíos de dinero de los inmigrantes latinoamericanos se están convirtiendo en una de las principales fuentes de ingreso —si no la principal— de varios países. Las remesas familiares a América latina llegaron a un récord de más de 45 mil millones de dólares en 2004, una cifra mucho mayor que todos los préstamos del FMI y el Banco Mundial. El monto de las remesas fue incluso mayor que el promedio de la inversión extranjera en la región en los tres años anteriores.[21] Se trata de un fenómeno que puede hacer cambiar el mapa económico y político de la región.

El lado positivo de las remesas es que se trata de dinero en efectivo, que llega directamente a los pobres y puede convertirse en un extraordinario motor de desarrollo en las regiones más postergadas. En efecto, según estudios del BID, las remesas pueden tener un enorme efecto multiplicador si los 60 millones de campesinos y trabajadores informales latinoamericanos que las están recibiendo abren cuentas bancarias, ingresan en la economía formal y se convierten en sujetos de crédito. Según un proyecto del BID, que se ha iniciado experimentalmente en México, Colombia, Ecuador y El Salvador, quienes empiecen a recibir remesas en sus cuentas bancarias podrán recibir préstamos de hasta 25 mil dólares para comprar una casa, iniciar un negocio o pagar su educación. Fernando Giménez, un economista del BID, me dijo que el uso de remesas como garantías de crédito podría aumentar en un tercio el número de mexicanos con acceso a hipotecas comerciales. "Créanlo o no, en un país como México, con 100 millones de personas, sólo se hacen unas 9 mil hipotecas comerciales al año", dijo Giménez. "Esperamos aumentar ese número en una tercera parte casi inmediatamente, y en mucho más cuando el programa se vaya popularizando."[22]

Pero el auge de las remesas también traerá aparejados peligros. Políticamente, se abre la posibilidad de que sectores de los Estados Unidos amenacen con ponerles trabas a estos envíos, como un arma política para influenciar elecciones latinoamericanas. Ya ocurrió en El Salvador, donde los partidarios del presidente Saca —con la ayuda de un congresista conservador de los Estados Unidos— utilizaron la amenaza de controles de las remesas como recurso propagandístico para ganar las elecciones de 2004. Durante la campaña electoral de Saca, su partido derechista ARENA alertó a la población en sus avisos publicitarios de que si el candidato izquierdista Shafick Handal del Frente Farabundo Martí de Liberación Nacional (FMLN) ganaba las elecciones, se arruinarían las relaciones de El Salvador con los Estados Unidos, y Washington pondría controles al flujo de remesas familiares de los 2,3 millones de salvadoreños que viven en Estados Unidos.

Uno de los típicos anuncios televisivos a favor de Saca que salió al aire en los últimos días de la campaña mostraba a una pareja salvadoreña de clase media, que recibía una llamada angustiada de su hijo en Los Ángeles. "Mamá, sólo quería decirte que estoy muy afligido", decía el joven. "¿Por qué?", le preguntaba su madre. "Porque si Shafick llega a ser presidente de El Salvador, yo podría ser deportado, y tú no recibirías las remesas que te estoy enviando", respondía el joven. Mientras tanto, funcionarios salvadoreños declaraban a la prensa que, gracias a las buenas relaciones del partido gobernante con los Estados Unidos, el gobierno de George W. Bush había renovado repetidamente el Status de Protección Temporal para los miles de indocumentados salvadoreños de los Estados Unidos. Estas renovaciones periódicas, aseguraban los partidarios de ARENA, terminarían si Handal llegara a la presidencia. Y Saca recibió una ayudita clave del congresista republicano de Colorado Thomas G. Tancredo, quien declaró poco antes de las elecciones que una posible victoria del FMLN "significaría un cambio radical" en la postura de los Estados Unidos respecto de las remesas a El Salvador.

¿Interfirió Bush en las elecciones salvadoreñas? Probablemente menos de lo que interfirieron China y Cuba a favor de Handal, me respondió el entonces presidente salvadoreño Francisco Flores en una entrevista pocas semanas antes de las elecciones. Un alto funcionario de la campaña de Handal me señaló luego que, tal como me lo había dicho Flores, una organización del Partido Comunista de China había donado varios contenedores con computadoras, camisetas y otros objetos utilizados en la campaña de Handal. De todas formas, en parte gracias a la campaña de las remesas, Saca ganó con el 58 por ciento de los votos, contra el 35 que recibió Handal.

¿Se puede repetir el caso salvadoreño en México, Colombia o Ecuador? Por un lado, El Salvador es el país que más depende de las remesas: cerca del 28 por ciento de su población adulta recibe dinero de sus familiares en los Estados Unidos. Y también es cierto que Handal era un dinosaurio político de la vieja izquierda, cuyas posturas extremas lo habían convertido en un blanco fácil para sus rivales. Sin embargo, las remesas han cobrado tanta importancia en México, que se podría traducir en un fenómeno similar, aunque en menor escala. El 18 por ciento de los adultos mexicanos —o cerca de 13 millones de personas— reciben un total de casi 17 mil millones al año en remesas, según el BID. En Guatemala, la cifra es del 24 por ciento de los adultos, en Honduras el 16, y en Ecuador, el 14. Los porcentajes caen a medida que vamos más al sur, pero el número de personas que reciben remesas en todos los países de la región está creciendo vertiginosamente.

El principal peligro de las remesas, sin embargo, es que varios países se acostumbren a estos ingresos, hagan sus planes económicos dándolos por sentado y pasen a depender de ellos como antes dependían de los préstamos internacionales. Un estudio de la Universidad de Columbia pronostica que, contrariamente al optimismo del BID, el flujo de remesas caerá en los próximos años. "México y otros países cometen un error cuando celebran los beneficios de las remesas sin evaluar sus limitaciones", dicen sus autores, Jerónimo Cortina, Rodolfo de la Garza y Enrique Ochoa-Reza. Según ellos, las remesas caerán porque cada vez más inmigrantes latinoamericanos están trasladando a sus familias a Estados Unidos, por lo que pronto dejarán de enviar dinero a casa. "En los años ochenta y noventa, la mayoría de los migrantes mexicanos eran hombres jóvenes, de entre 20 y 25 años, que buscaban oportunidades de empleo", me dijo Cortina en una entrevista. "Ahora, estamos viendo más mujeres y niños entre los migrantes, y eso es parte de un proceso de reunificación familiar que resultará en menos remesas." Algo similar pasó en Turquía, cuando las remesas de los turcos que vivían en Alemania crecieron enormemente en las décadas de los ochenta y noventa, llegando a un máximo de 5 mil millones en 1998, y luego comenzaron a caer, a medida que avanzaba el proceso de la reunificación de familias en Alemania. Cuando le pregunté al entonces presidente del BID, Enrique Iglesias, sobre estos pronósticos, me respondió que "mientras las economías de la región no crezcan a niveles lo suficientemente altos como para generar más oportunidades de empleo, la migración continuará, y las remesas también."

Las elecciones de 2008

La campaña presidencial del senador John Kerry en 2004 introdujo una agenda más positiva hacia América latina, que probablemente mejoraría aun más si se lanza nuevamente en 2008. Por lo que Kerry declaró públicamente, y por lo que me dijo en dos entrevistas, el senador demócrata —a pesar de su casi absoluto desconocimiento de América latina— se proponía crear una "Comunidad de las Américas" que incluiría la creación de un Fondo de Inversiones Sociales de 500 millones de dólares anuales para pequeñas empresas en la región. Se trataba de una versión muy reducida de lo que se había hecho en Europa, pero era un principio. Además, proponía la creación de un "perímetro de Seguridad de América del Norte" para integrar las políticas de migración y aduanas de México, Canadá y los Estados Unidos, una triplicación de los fondos del Fondo Nacional para la Democracia para promover la democracia y los derechos humanos en la región. Lo único preocupante para América latina del discurso de Kerry era su ambivalencia sobre el libre comercio, debido al apoyo que recibía de la central sindical AFL-CIO, según la cual los tratados de libre comercio estaban causando la pérdida de puestos de trabajo en los Estados Unidos. Cuando le pregunté a Kerry sobre el tema, me dijo que hasta entonces había votado a favor de todos los tratados de libre comercio, aunque posteriormente tanto él como su partido votarían en contra del Tratado de Libre Comercio con América Central y la República Dominicana, aprobado por un estrecho margen de votos en el Congreso en julio de 2005.

El problema de Kerry, como lo pude constatar en persona, es que era un pésimo candidato. Es un hombre alto, erguido, sumamente inteligente —se expresa mucho mejor que Bush, lo que no es muy difícil— y cordial, pero no conecta con la gente. Tiene un aire distante. Cuando lo entrevisté para mi programa de televisión en Washington, tuve oportunidad de conversar con él varios minutos, mientras los técnicos ajustaban las luces. Para romper el hielo e iniciar una conversación cualquiera, le dije que, si le parecía bien, empezaría por preguntarle sobre el ALCA, y si estaba a favor del acuerdo comercial internacional. Kerry se encogió de hombros, levantó las cejas y me contestó sonriendo: "Seguro. Hazme las preguntas fáciles, las difíciles, las venenosas, las que quieras. Yo te las contesto todas".[23] Pero de ahí en más, no hizo el menor comentario que transmitiera algo de calor humano, o algún interés por la persona que tenía frente a él. ¡Qué diferencia con Clinton!, pensé para mis adentros. Clinton era un maestro de las relaciones públicas que a los dos segundos lo hacía sentir a uno como si fuera su amigo de toda la vida. En una situación similar, Clinton me hubiera preguntado dónde vivía yo, e inmediatamente hubiera buscado alguna amistad en común, o algún sitio que ambos conociéramos, para iniciar una conversación personal. Kerry era distinto. Inteligente, cerebral, pero distante a más no poder.

En lo que hacía a América latina, Kerry sabía poco y nada, pero tenía muy presente la necesidad de acercarse a la región, aunque más no fuera para ganar el voto hispano. Según me contó, había hecho un viaje a Brasil, para la Cumbre de la Tierra de las Naciones Unidas de

1992 en Río de Janeiro, en el que había conocido a Theresa Heinz, su nueva mujer. En esa oportunidad, había visitado también la Argentina. Anteriormente había viajado a Nicaragua, en una misión del Senado durante las guerras centroamericanas de la década del ochenta. No era mucho, pero había estado muy pendiente de la región en sus veinte años en el Comité de Relaciones Exteriores del Senado, me aseguró. Sin embargo, durante la entrevista televisiva no dio muchas señales de estar al día con los temas de la región.

Cuando le hice una pregunta aparentemente ingenua, el candidato metió la pata. "¿Cuáles son los tres mandatarios latinoamericanos que más respeta?", lo interrogué. Kerry me miró como un boxeador que acababa de recibir un golpe en la nariz. "Bueno... yo respeto, mmmm, yo diría que respeto... a Vicente Fox", respondió. Acto seguido, continuó hablando durante varios segundos sobre Fox, diciendo que —aunque no lo conocía personalmente— había escuchado que era un presidente inteligente y moderno. Mientras más extendía su respuesta sobre Fox, más obvio se hacía que no le venía a la mente ningún otro nombre de algún presidente latinoamericano. Cuando terminó, anticipándose a mi pregunta, dijo: "No conozco a los demás personalmente, porque han entrado a la presidencia cuando yo ya estaba haciendo campaña para presidente, y he estado intensamente ocupado con los temas locales. Pero yendo atrás en el tiempo, he tenido buenas relaciones con (el ex presidente de Costa Rica, de 1986 a 1990) Oscar Arias". Kerry no se acordaba del nombre de ningún otro presidente latinoamericano.

¿Qué piensa de Lula, el presidente de Brasil?, lo ayudé. Kerry reconoció el nombre y reaccionó de inmediato: "Me impresiona la manera en que llegó a la presidencia desde abajo, por sus raíces. Creo que ha sido increíblemente responsable en su política monetaria y fiscal". Los asesores latinoamericanos de Kerry, que observaban la escena detrás de las cámaras, respiraron con alivio. ¿Y de Kirchner, el presidente de la Argentina? Kerry volvió a menear la cabeza. "No lo conozco bien. No tengo una opinión formada de él", respondió.

El movimiento antilatino

En momentos en que los Estados Unidos se preparaban para las elecciones legislativas de 2006 y los últimos años de la presidencia de Bush, había dos posibles peligros para América latina dentro de un cuadro que —en general— auguraba una mayor interdependencia positiva para la región. En primer lugar, había un notable aumento del sentimiento xenófobo en los Estados Unidos, alimentado por los ataques terroristas de 2001 y por la campaña anti libre comercio de los sindicatos de trabajadores. El movimiento antiinmigrante —cuyos máximos exponentes son los periodistas de televisión Lou Dobbs de CNN y Bill O'Reilly de Fox News, y la revista *Time*— argumenta que la falta de controles más férreos en la frontera con México podría ser usada por terroristas islámicos para infiltrarse en los Estados Unidos, y que la ola de inmigrantes latinoamericanos está causando hacinamiento en las escuelas, los hospitales y los servicios públicos del país. En 2004, el director de la Academia de Estudios Internacionales y Regionales de la Universidad de Harvard, Samuel Huntington, les dio un halo de respetabilidad académica a estos sectores con su libro *Quiénes somos*. Huntington, quien en 1993 había escrito el best-seller *El choque de las civilizaciones*, en su nuevo libro argumentaba que los Estados Unidos están en peligro de desintegrarse por la avalancha de inmigrantes hispanos. "El desafío más inmediato y más serio a la tradicional identidad de los Estados Unidos viene de la inmensa y continua inmigración de América latina, especialmente de México, y las tasas de natalidad de esos inmigrantes", escribió. "¿Podrán los Estados Unidos seguir siendo un país con un solo idioma y una cultura predominantemente angloprotestante? Al ignorar esta pregunta, los americanos están aceptando pasivamente su eventual transformación en un país de dos pueblos con dos culturas diferentes (anglo e hispana), y dos idiomas (inglés y español)", se alarmaba el autor.

Según Huntington, los inmigrantes mexicanos no se asimilan a los Estados Unidos como lo hicieron los europeos, y en un futuro podrían reclamar los territorios que Estados Unidos arrebató a México en el siglo XIX. Desde su torre de marfil en Boston, Massachusetts, Huntington nota con alarma que los canales de televisión en español en Miami tienen un público mayor que sus competidores en inglés, que "José" ha reemplazado a "Michael" como el nombre más popular para los niños recién nacidos en California, y que los mexicano-americanos apoyan al seleccionado de fútbol de México cuando éste se enfrenta con el de los Estados Unidos. La avalancha de inmigrantes "mexicanos constituye una importante amenaza potencial a la integración cultural y política del país", escribió. Se trataba de argumentos bastante pobres, sobre todo porque la historia de los inmigrantes latinoamericanos muestra que, en la segunda generación, hablan perfecto inglés y están integrados a la sociedad estadounidense. Aunque muchos inmigrantes en Miami no hablan inglés, sus hijos y nietos sí lo hablan. Y Miami se ha convertido en un centro de negocios internacionales precisamente por tener una clase profesional bilingüe, capaz de funcionar perfectamente en las dos culturas. Lo postura de Huntington tenía poco fundamento en la realidad.

El otro peligro, menos visible, era que la nueva agenda mundial antiterrorista de los Estados Unidos, sumada a la creciente intervención política de Chávez en los asuntos internos de otros países latinoamericanos, llevara a muchos en Washington a abandonar la defensa de la democracia como el eje de la política estadounidense en la región. Desde que el presidente Jimmy Carter había elevado la democracia y los derechos humanos como los principios rectores de la política hacia América latina en 1976, en parte para revertir la mala imagen que se habían ganado los Estados Unidos por haber apoyado varias dictaduras anticomunistas durante la Guerra Fría, existía un acuerdo tácito entre los partidos Demócrata y Republicano en que había que defender la democracia a cualquier costo en la región. Contrariamente a lo que pensaban algunos latinoamericanos, aunque la defensa de Estados Unidos de la democracia había sido errática, era una postura sincera: Washington había llegado a la conclusión de que el apoyo a dictaduras aparentemente amigas era contraproducente a sus intereses a largo plazo, porque generaba un círculo perverso de oposición, violencia política, tensiones sociales, inestabilidad económica, cambios de gobierno y reproches a los Estados Unidos.

¿Pero sobreviviría este consenso bipartidista en Washington ante la amenaza terrorista en el nuevo milenio? ¿Caerían los militares de los Estados Unidos en el error de volver a apoyar la creación de ejércitos fuertes en América latina para que se hicieran cargo de las "áreas sin ley" en la región? ¿Subsistiría la agenda pro democracia y derechos humanos si Chávez propagaba su modelo revolucionario-autoritario en la región? La experiencia de Washington tras las elecciones de izquierdistas como Lagos en Chile y Lula en Brasil había sido positiva, lo que no auguraba un cambio de prioridades en el futuro próximo. Noriega, el entonces jefe de Asuntos Hemisféricos del Departamento de Estado, declaraba en 2005 que la política de los Estados Unidos hacia América latina "está basada en cuatro pilares estratégicos": el fortalecimiento de la democracia, la promoción de la prosperidad económica, la inversión social y el aumento de la seguridad, en ese orden.[24] Pero ante el surgimiento de nuevas amenazas terroristas, la creciente influencia económica y política de Chávez y el crecimiento de los sectores aislacionistas en los Estados Unidos, no se podía descartar que surgieran voces en Washington pidiendo un regreso a los días en los que el país apoyaba a sus "amigos" en la región, independientemente de su sistema político o respeto a los derechos humanos.

Sin embargo, lo más probable es que eso no suceda, y que el poder del voto latino y la memoria histórica de los estadounidenses sobre los errores del pasado prevalezcan sobre las tentaciones de volver a la "real politik" de la Guerra Fría. Los principales aspirantes a la nominación demócrata de 2008 —la ex primera dama y senadora Hillary Clinton, y Kerry— ya están afinando sus escasos conocimientos sobre la región y una agenda de acercamiento a los países latinoamericanos. La senadora Clinton está decidida a no permitir que el Partido Demócrata siga perdiendo votos entre los hispanos. A principios de 2005 formó su propio comité de asesores hispanos, con miras a 2008, y —aunque representa a Nueva York— ya está viajando por el país hablando ante audiencias hispanas. Según sus asesores, el Partido Demócrata perdió en 2004 por no haber invertido más en el voto hispano: la campaña de Kerry gastó sólo 2,9 millones de dólares de publicidad en medios en español, mientras que la de Bush gastó 5,5 millones. En 2008, quien sea el candidato demócrata no repetirá el mismo error. "El camino a la Casa Blanca pasa por los vecindarios hispanos", afirmó Arturo Vargas, de la poderosa Asociación Nacional de Funcionarios Electos Latinos.[25]

Kerry, a su vez, se sumergió en un curso intensivo de español en marzo de 2005, según me comentó uno de sus colaboradores. Cuando le señalé esto último a Bendixen, el encuestador del Partido Demócrata, me dijo: "Él sabe que ahí (en el voto hispano) es donde sufrió una de sus grandes pérdidas en 2004". Y entre los probables candidatos republicanos, el senador John McCain, de Arizona, no sólo viene de un estado con gran población latina, sino que ya estaba tratando de ganarse a los hispanos a nivel nacional en 2005 proponiendo un proyecto de ley inmigratoria mucho más generosa que la de Bush. Y el jefe de la bancada republicana en el Senado Bill Frist, otro presidenciable, está estudiando español y dio su primer discurso en la lengua de Cervantes en 2005. Todo parece indicar que el gran ganador de 2008 será el voto hispano, y que la agenda positiva hacia Latinoamérica seguirá avanzando en Washington, ya sea mediante la ayuda económica condicionada propuesta por los demócratas, o por el libre comercio alentado por los republicanos, por el mero hecho de que —después del fiasco de Irak— ambos partidos están cada vez más conscientes de que los Estados Unidos sólo podrán ganar la guerra contra el extremismo islámico mediante un mayor multilateralismo.

FUENTES

[1] Intervención de Roger Noriega ante el Foro de Europa-América latina-Estados Unidos del Banco Interamericano de Desarrollo, 15 de febrero de 2005, Washington D.C. El discurso no se hizo público, pero Noriega posteriormente autorizó al autor a citar sus palabras.

[2] Ídem.

[3] Conferencia de prensa de George W. Bush, junto con el presidente mexicano Vicente Fox y el primer ministro canadiense Paul Martin en Waco, Texas, 23 de marzo de 2005.

[4] Balanza comercial de México con los Estados Unidos, Secretaría de Economía de México, con datos del Banco de México.

[5] Tyler Bridges, "Free trade helped Chile, data show", *The Miami Herald*, 17 de febrero de 2005.

[6] "Huge U.S. aid package may bypass most of Latin America", *The Miami Herald*, 9 de febrero de 2003.

[7] "Mapping the Global Future", National Intelligence Council, pág. 47.

[8] Ídem, pág. 21.

[9] "América latina en el 2020", Consejo Nacional de Inteligencia, Proyecto Tendencias Mundiales 2020, Conclusiones del taller realizado en Santiago de Chile del 7 al 8 de junio de 2004, pág. 2.

[10] General James Hill, en el programa de televisión "Oppenheimer Presenta", 13 de noviembre de 2004.

[11] "Fostering Regional Development by Securing the Hemispheric Investment Climate", Council of the Americas, noviembre de 2004.

[12] "Bush's stated commitment to Latin America faces big hurdles", *The Miami Herald*, 17 de diciembre de 2000.

[13] Discurso del presidente Bush en la cena de gala en honor al presidente Vicente Fox, 5 de septiembre de 2001.

[14] Mensaje del Estado de la Unión del presidente Bush al Congreso, 20 de septiembre de 2001.

[15] Entrevista del autor con Richard Feinberg, 23 de marzo de 2005.

[16] Entrevista del autor con Sergio Bendixen, 22 de marzo de 2005, en Miami.

[17] Entrevista del autor con Steffen Schmidt, 2 de noviembre de 2004, en Atlanta.

[18] Entrevista del autor con Sergio Bendixen, 22 de marzo de 2005, en Miami.

[19] "Hispanic voters will affect foreign policy", *The Miami Herald*, 11 de abril de 2004.

[20] Entrevista del autor con John Zogby, 1 de octubre de 2004.

[21] Boletín de prensa del Banco Interamericano de Desarrollo (BID), 22 de marzo de 2005.

[22] "Préstamos para los pobres del continente", *El Nuevo Herald*, 12 de febrero de 2004.

[23] Entrevista del autor con el candidato John Kerry, "Oppenheimer Presenta", 26 de junio de 2004, en Washington D.C.

[24] Discurso de Roger F. Noriega en el Banco Interamericano de Desarrollo, 15 de febrero de 2005.

[25] "Campaign Hillary, Se Habla Español", *The Village Voice*, 18 de julio de 2005.

CAPÍTULO 6

Argentina: el país de los bandazos

Cuento chino: "Kirchner dice que en el mundo ahora 'a la
Argentina se la mira con otros ojos'" (titular del diario *Clarín*,
7 de mayo de 2005).

BUENOS AIRES — Lo primero que pensé después de las dos conversaciones que tuve con el presidente argentino Néstor Kirchner durante una cumbre de presidentes realizada en Monterrey, México, fue
que la Argentina probablemente sería uno de los países que más se
beneficiaría de un acuerdo supranacional que la protegiera de los permanentes golpes de timón de sus gobernantes. Desde hacía mucho
tiempo, la Argentina era el país de los grandes bandazos políticos, en
el que cada gobierno culpaba a su antecesor de todos los males y cambiaba de rumbo. Como resultado, aunque periódicamente tenía fases
de bonanza económica, el país no iba a ningún lado. Y Kirchner no
parecía dispuesto a romper ese círculo vicioso de marchas y contramarchas que cada diez años llevaba a los argentinos de la euforia colectiva a la depresión masiva —de campeones del mundo a basurero
de la humanidad— y viceversa. Una afición por el pensamiento monolítico parecía llevar a los argentinos cada tantos años a asumir apasionadamente posturas exactamente contrarias a las que habían
defendido con igual ahínco poco tiempo atrás. Esta ciclotimia política
le había dado al país una reputación de irresponsabilidad que muchos
argentinos eran los primeros en reconocer, pero de la que no lograban
liberarse. Y Kirchner, por lo que escuché esa noche, continuaba con la
tradición de decir todo lo contrario de lo que habían dicho sus antecesores —y de lo que él mismo había apoyado hasta su llegada a la pre

sidencia—, quizá bajo la premisa de que si a ellos les había ido mal, a él le iría mejor.

Kirchner no es, precisamente, un campeón de las relaciones públicas. Ésa fue mi primera apreciación cuando lo conocí personalmente en el Hotel Camino Real de Monterrey, México, el lunes 12 de enero de 2004. Allí se hospedaban Kirchner y varios presidentes que asistían a la Cumbre de las Américas, en la que participaban el presidente Bush y otros treinta y tres líderes del continente. Cuando me topé con el presidente argentino en el lobby del hotel, me acerqué respetuosamente y me presenté para solicitarle una entrevista. Kirchner estaba en la cima de su popularidad: tenía un 70 por ciento de imagen positiva en su país, y —favorecido por sus casi 1,90 de estatura— caminaba como si se llevara al mundo por delante. En la Argentina, los medios hablaban del "fenómeno K". Lo saludé con un cordial "mucho gusto, señor presidente", y me presenté por mi nombre, diciéndole —esperando convencerlo de que me diera una entrevista— que quizá se había topado alguna vez con alguno de mis artículos en *The Miami Herald* o en el diario *La Nación* de la Argentina, o había visto alguno de mis comentarios en la CNN, o en mi programa de televisión "Oppenheimer Presenta". Tenía mucho interés en conocerlo, le dije. "¿Sería tan amable de concederme una entrevista?"

Kirchner se ajustó su traje cruzado con la mano, me estudió detenidamente, mirándome desde arriba durante unos segundos, y dijo sin el menor atisbo de una sonrisa: "Sí, sí. Yo sé muy bien quién es usted. ¡Y déjeme decirle que no me gusta nada lo que usted escribe!". La respuesta me tomó tan desprevenido que —no sabiendo qué otra cosa hacer— reaccioné instintivamente con una sonrisa defensiva. En mis tres décadas de periodismo jamás me había topado con un presidente —o alguna figura pública— que hubiera respondido a un gesto de acercamiento con semejante balde de agua fría. Debo decir que, lejos de interpretarlo como un insulto, la cosa en un principio me pareció divertida. Como muchos periodistas, estoy acostumbrado a que los presidentes —y los políticos en general— me saluden efusivamente, fingiendo ser grandes admiradores míos, o por lo menos aduciendo que siguen mis escritos religiosamente (un ministro mexicano llegó a abrazarme una vez exclamando: "¡Andrés, qué guuusto! Todas las semanas te leo en *The New York Times*", cuando sólo he escrito un artículo en mi vida para ese periódico, hace ya más de veinte años). Aunque los políticos casi siempre mienten cuando felicitan a un periodista, es parte del ritual. El mismo ritual, por cierto, por el cual los periodistas, cuando le pedimos una entrevista a un político, le decimos que sus declaraciones son cruciales y están siendo esperadas con enorme interés por el público. Pero Kirchner no era un político común. No parecía tener el menor interés en congraciarse conmigo. Eso podía significar dos cosas: que se trataba de un hombre auténtico, que tenía el mérito de decir lo que pensaba, o que su soberbia sobrepasaba cualquier necesidad de sumar adhesiones para su gobierno, o para su país.

Sonriendo lo mejor que pude, le pregunté, casi divertido por lo insólito de la situación: "¿Por qué no le gusta lo que escribo? Que yo sepa, nunca lo he tratado terriblemente mal...". Era cierto: yo había escrito varias columnas poniendo en duda la estrategia comunicacional de Kirchner, especialmente por sus diarias embestidas contra los acreedores internacionales, los Estados Unidos y España, a quienes el presidente argentino acusaba de ser los principales culpables de la debacle económica argentina de diciembre de 2001. Y había escrito que Kirchner, aunque hacía bien en negociar con dureza, corría el peligro de caer en la perenne enfermedad argentina de estar siempre culpando a otros por los males del país y jamás asumir sus propias responsabilidades. Pero siempre había terminado mis columnas dándole un cierto beneficio de la duda, señalando que el presidente argentino no era un Chávez, sino un ex gobernador provincial lanzado de improviso a la escena nacional, que muy probablemente maduraría con el pasar del tiempo. "¿Por qué está siendo tan duro conmigo?", le pregunté, sin abandonar mi sonrisa de asombro. Para entonces, ya teníamos a dos o tres caballeros a nuestro alrededor, incluido el canciller Rafael Bielsa, que había abandonado su conversación con otra persona, intuyendo que se estaba perdiendo una escena sabrosa.

Kirchner, con gesto enojado, respondió, siempre mirándome de arriba: "Usted dice que yo soy un demagogo. ¡Y a mí no me gusta que me llamen demagogo!". Me hablaba levantando el mentón, casi sacando pecho, como un futbolista que sale a increpar a otro después de un encontronazo en la cancha.

"Perdón, presidente, pero yo nunca lo he llamado demagogo", le respondí, encogiéndome de hombros con la sonrisa más amigable que pude sacar a relucir. Inmediatamente, adivinando a lo que probablemente se estaba refiriendo Kirchner, agregué: "El que lo llamó demagogo fue Mario Vargas Llosa, en mi programa de televisión. ¡Pero agárrese con él, no conmigo!".

En ese momento, uno de sus colaboradores se acercó para pasarle una llamada en su celular, y el presidente se alejó unos metros para tomar el llamado. Me quedé esperando y conversando con el canciller. Al rato, Kirchner regresó, por primera vez con una sonrisa, y me acercó el celular diciendo: "Aquí quiere saludarlo el último amigo que le queda en la Argentina". Tomé el celular, intrigado, y del otro lado me saludó su jefe de gabinete Alberto Fernández, a quien había conocido años atrás, cuando lo entrevisté varias veces para mi libro *Ojos vendados: Estados Unidos y el negocio de la corrupción en América latina*. Tras intercambiar un saludo con Fernández, le dije a Kirchner, siempre tratando de quitarle dramatismo a la situación, que no todo el mundo me odiaba en la Argentina. "Todavía tengo a mi mamá allí", le señalé, riendo, esperando que eso lo ablandara. Él esbozó una breve sonrisa y, volviendo a su aire anterior, me dijo que veríamos lo de la entrevista más adelante. Acto seguido, dio media vuelta y se marchó, con su canciller siguiéndole los pasos.

Los plantones del presidente

La actitud del presidente argentino, según pude saber después, distó mucho de ser un hecho aislado. Formaba parte de su personalidad. Mientras otros países pagan millones de dólares a empresas de cabilderos en Washington y las principales capitales europeas para mejorar su imagen y atraer inversiones, a Kirchner parecía importarle un rábano quedar bien con el resto del mundo. Hasta parecía obtener cierta satisfacción personal en no dar señales de interés por lo que podían decir —o dejar de decir— en los centros del poder mundial. Cuando los periodistas le preguntaban al respecto, decía que su principal ocupación era solucionar los problemas de la Argentina, y ahí era donde concentraba todo su tiempo. Y la mayoría de los argentinos, frustrados por los malos resultados de su apertura al mundo durante la década de los noventa, lo aplaudían. Lo que era considerado como un desplante en el exterior en la Argentina era visto como una muestra de afirmación nacional mezclada con picardía criolla.

En julio de 2003, durante su primera visita a España, Kirchner había increpado duramente a los principales inversores en una reunión en la sede de la Confederación Española de Organizaciones Empresariales (CEOE), donde se habían dado cita una veintena de magnates españoles, incluidos los presidentes de Telefónica, César Alierta, de Repsol YPF, Alfonso Cortina, y del grupo editorial Prisa, Jesús de Polanco. Tal como lo reportaron el diario *Clarín* y el madrileño

El Mundo, Kirchner les dijo a los empresarios españoles que no podían quejarse por el congelamiento de las tarifas de los servicios públicos —manejados en su mayoría por empresas españolas— porque ya habían ganado más que suficiente dinero en la Argentina durante la década de los noventa, y no habían ido al país "para hacer beneficencia".[1]

Los españoles no podían creerlo. La Argentina había suspendido los pagos de buena parte de su deuda externa a fines de 2001, y congelado las tarifas de los servicios públicos en manos de empresas españolas, y todavía se permitía culpar a estas últimas por los problemas que estaban atravesando en el país. Si era una estrategia de Kirchner para negociar desde una posición de fuerza, era una táctica entendible, aunque peligrosa, ya que podía resultar en la retirada del país de más de una empresa. Pero si realmente creía lo que estaba diciendo, era una señal más peligrosa aún. Al final de la reunión, el presidente de la CEOE, José María Cuevas, le había dicho a Kirchner: "Presidente, usted nos ha puesto a parir".[2]

Horas después, Kirchner le decía al periódico *La Nación*: "Hablé con crudeza, pero con dignidad. Creo que no todos, pero sí muchos empresarios españoles se beneficiaron muchísimo durante el menemismo, y había que decirlo. Ahora van a tener que respetar las reglas de juego de nuestro país".[3] Al día siguiente, *El País* de Madrid, el diario más influyente de España, decía en su titular de primera plana: "Kirchner acusó a los empresarios de aprovecharse de la Argentina". El editorial del periódico madrileño señalaba que "lo que hizo no sirve para abrir nuevos horizontes", y que la actitud soberbia del presidente había sido equiparada por un asistente a la reunión a la "del argentino típico que todos conocemos". El periódico madrileño *ABC*, que generalmente reflejaba a los sectores más conservadores, decía ese mismo día: "Su mensaje fue motivado por cuestiones electorales. Estaba interesado en dar un mensaje a los argentinos de dureza con las empresas españolas. No les garantizó nada ni se comprometió a atender sus intereses".[4] El diario de negocios *5 Días*, de Madrid, decía: "El clima actual entre Buenos Aires y Madrid dista notablemente de la luna de miel que parecen vivir Madrid y el Brasil de Lula".

Me tocó ser testigo muy cercano de uno de los plantones del presidente argentino pocos meses después. En octubre de 2003, tras aceptar una invitación de *The Miami Herald* para ser el orador principal de la Conferencia de las Américas que el periódico organiza todos los años —y a la que en años anteriores habían acudido docenas de presidentes latinoamericanos y los principales encargados de la política exterior de los Estados Unidos hacia la región—, Kirchner faltó a la cita, sin siquiera disculparse. En mi calidad de uno de los organizadores y moderadores del encuentro, al que asisten anualmente unos cuatrocientos empresarios de los Estados Unidos, había estado involucrado durante meses en el proceso de invitación al presidente argentino.

Kirchner, a través de su oficina y de la embajada en Washington, había confirmado su asistencia semanas atrás. El entonces director de *The Miami Herald*, Alberto Ibarguen, le había enviado una carta de invitación que había sido entregada en mano a través de mí a su jefe de gabinete, Alberto Fernández. A partir de la confirmación del presidente argentino, *The Miami Herald* había anunciado su presencia como el orador principal de la conferencia, a la que también asistirían los presidentes de Ecuador, El Salvador y Nicaragua, el jefe de gabinete de Chile y Roger Noriega, el entonces jefe de la oficina de Asuntos Latinoamericanos del Departamento de Estado norteamericano. El periódico, feliz de contarlo entre sus presidentes invitados, venía publicando casi a diario su fotografía, por encima de las de los demás presidentes, como el invitado de honor. Kirchner era el presidente del país más grande entre los invitados, y la Argentina estaba en las noticias.

Pero 48 horas antes del evento, sin que nadie avisara nada a *The Miami Herald*, me enteré casi por casualidad de que el presidente no tenía contemplado viajar a Miami. En una entrevista telefónica, el canciller Bielsa me había señalado, casi al pasar, que se estaba comentando extraoficialmente que el presidente no viajaría a Miami. "¿Cómo?", pregunté, atónito. "¡Si Kirchner ya había confirmado, a través de su oficina!", repliqué. Bielsa me dijo que, hasta donde él sabía, Kirchner le había comentado a un colega suyo del gabinete que no viajaría. Alarmado por la noticia —y por las posibles quejas que la ausencia de Kirchner podría causar entre los empresarios que habían gastado cientos de dólares para participar del almuerzo—, le pregunté al canciller si me lo estaba informando oficialmente, como canciller argentino, o me lo estaba diciendo como un comentario privado, *off the record*. "Esto último", me respondió Bielsa. "No era una respuesta oficial de la cancillería, porque no es un tema que lleve la cancillería", agregó. "Sólo la oficina del presidente está autorizada para informar sobre las actividades del presidente."

De ahí en más, siguieron 48 horas de frenéticas llamadas a la oficina presidencial y a la embajada argentina en Washington, para saber si había un cambio de planes del presidente. Nadie contestaba las llamadas en la Argentina, y el embajador en Washington —con la mejor buena voluntad— decía que sólo el jefe de gabinete podía dar una respuesta. Cuando ya faltaba un día para la conferencia, tuvimos una reunión en *The Miami Herald* para decidir qué hacer. Había trescientos empresarios que habían comprado entradas para asistir al almuerzo en el Hotel Biltmore, donde Kirchner daría su discurso. ¿Qué les íbamos a decir? ¿Había que avisarles ya mismo que Kirchner no vendría? ¿Pero cómo íbamos a informarles que no vendría cuando nadie en la oficina presidencial nos había dicho que el viaje había sido cancelado? ¿Y si después venía? Decidimos esperar hasta la mañana siguiente, el día anterior a la conferencia. Al día siguiente, el diario *La Nación* publicó un artículo, citando a fuentes de *The Miami Herald*, diciendo que "la participación de Kirchner estaba ciento por ciento confirmada" y que "hasta las 9 de la noche de ayer, las 22 en Buenos Aires, podemos decir que el presidente Kirchner aceptó la invitación la semana pasada, y que hasta ahora no ha habido ninguna cancelación oficial".[5] Otros diarios dijeron directamente que el presidente no viajaría. Finalmente, ante las llamadas de los periodistas argentinos, Ibarguen emitió un comunicado de prensa diciendo que el presidente Kirchner no había notificado a los organizadores de la conferencia sobre la cancelación de su visita, y que había escuchado con "sorpresa" y "preocupación" las informaciones extraoficiales sobre su posible decisión de cancelar el viaje. "Si llegara a ser cierto que el presidente no vendrá, estamos decepcionados, porque su presencia había despertado gran interés entre los más de trescientos empresarios que esperaban participar en el almuerzo en su honor, y porque para nosotros siempre es un honor recibir en nuestra conferencia a un presidente de la Argentina", decía el comunicado.

Finalmente, en la tarde del día anterior al evento, recibí un llamado de Alberto Fernández, el jefe de gabinete de Kirchner. Me dijo que, efectivamente, el presidente no viajaría, "por una lesión en el pie" que había tenido días antes. "¿Lesión en el pie?", pregunté. En los periódicos argentinos no se había mencionado el asunto. Le dije a Fernández que la Argentina quedaría mal parada, y que si el presidente dejaba plantados a los trescientos empresarios de las principales multinacionales con operaciones en América latina, tenía que venir por lo menos el ministro de Economía, o alguien de ese rango. Fernández asintió, y a las dos horas —faltando poco para la salida del último vuelo comercial del día a Miami— me informó que el gobierno estaba despachando al vicepresidente Daniel Scioli para la reunión. Scioli, el más globalizado de los altos funcionarios argentinos, tenía poco poder —según la prensa argentina ni siquiera era recibido por el presidente— pero era mejor que una silla vacía. A la mañana siguiente, habló Scioli. Para el almuerzo en que debía hablar Kirchner, terminó hablando el presidente de Nicaragua.

Meses después, Kirchner dejaría plantadas a figuras más importantes, incluyendo al presidente ruso Vladimir Putin y a la entonces presidenta del directorio de Hewlett-Packard, Carly Fiorina. Con Putin tenía programado un encuentro en el aeropuerto de Moscú, en camino de su viaje a China, el 26 de junio de 2004. Kirchner, que estaba en Praga, llegó dos horas tarde. A Putin no le quedó más que seguir con su agenda previa, que le exigía tomar un vuelo a San Petersburgo para inaugurar allí una extensión de ferrocarril. Según informó la agencia de noticias oficial argentina Télam, citando al embajador argentino en Moscú Juan Carlos Sánchez Arnaud, "un frente de tormenta" en la República Checa había demorado la salida del avión presidencial argentino Tango 01 desde Praga. Sin embargo, tiempo después, el periodista Joaquín Morales Solá, uno de los columnistas más serios del país, informaba que no había existido tal frente de tormenta, sino una sobremesa demasiado extendida en Praga. Morales Solá señalaba que, según diplomáticos rusos, "el presidente argentino se dejó llevar por la sobremesa de un almuerzo en otro país" y Putin no había querido esperarlo más de 40 minutos. Meses después, un alto funcionario argentino que lo había acompañado en ese viaje me contó lo sucedido: Kirchner se había quedado paseando en Praga, fascinado por la belleza de la ciudad. "Todavía hoy, sigue diciendo que es la ciudad más linda del mundo", me dijo el alto funcionario. Finalmente, cuando llegó Kirchner a Moscú, los dos mandatarios intercambiaron un saludo protocolar por teléfono. "El tema de fondo es que los presidentes extranjeros le aburren. Es la parte que menos le gusta de su trabajo. Su prioridad es sacar a la Argentina de la pobreza", me comentó el alto funcionario argentino, como si una cosa no tuviera nada que ver con la otra.

También a mediados de 2004, Kirchner dejaría plantada a la entonces presidenta de Hewlett-Packard, la empresaria más poderosa de los Estados Unidos. El 27 de julio de 2004, Fiorina —en gira por Sudamérica para analizar proyectos de inversión— acudió a la Casa Rosada para una cita previamente acordada con Kirchner. Pero después de esperar más de 45 minutos para que la atendiera, se retiró ofendida. El periódico *The Financial Times*, uno de los más influyentes del mundo, relataba el incidente de la siguiente manera dos días después: "Hablando a los periodistas, Fiorina dijo que la segunda economía más grande de Sudamérica ha adquirido importancia para su empresa: ya es la sede de los 'call-centers' de la empresa para toda la región. ¿Pero tendrá Hewlett-Packard igual importancia para Néstor Kirchner, el presidente izquierdista del país? Estaba previsto que recibiera a Fiorina el martes en la casa presidencial. Pero la tuvo esperando tanto tiempo, que agotó su paciencia, y Fiorina se retiró. Bienvenida a la Argentina, Carly".[6]

Acto seguido, Fiorina partió a Chile, donde fue recibida por el presidente socialista Ricardo Lagos, y a Brasil, donde no sólo fue recibida por Lula, sino que este último y su ministro de Desarrollo, Industria y Comercio, Luiz Fernando Furlán, la acompañaron a las instalaciones de HP en São Paulo. Allí, Fiorina anunció que su empresa —con ingresos anuales de 76 mil millones de dólares— duplicaría su tamaño en Brasil en los próximos tres años.[7]

A fines de 2004, Kirchner envió a un colaborador de segundo rango al aeropuerto para recibir al presidente de China, que —según la prensa argentina— prometía anunciar inversiones de hasta 20 mil millones de dólares. Una semana después había cancelado una cena que iba a presidir en honor del presidente de Vietnam, aduciendo no sentirse bien. "Cada vez que viene un presidente extranjero, temblamos todos", me comentó en ese momento un alto funcionario de la cancillería argentina, refiriéndose a los constantes plantones del presidente. Y a mediados de 2005, apenas doce días antes del viaje del presidente de Sudáfrica, Thabo Mbeki, junto con cuarenta empresarios de ese país a Sudamérica, el gobierno de Kirchner pidió la postergación del viaje "por motivos de agenda". Según funcionarios argentinos, Kirchner quería dedicarse de lleno a la campaña para las elecciones legislativas de octubre de 2005. "El gesto sorprendió a los sudafricanos, que debieron reprogramar la gira del mandatario al Cono Sur", informó el diario *Clarín*.[8]

Una cuestión de temperamento

En la Argentina, algunos analistas políticos se agarraban la cabeza ante el aparente desdén de Kirchner por el mundo exterior, pero eran una minoría. El "estilo K" era una actitud entre orgullosa, desafiante y transgresora que le gustaba a una buena parte de los argentinos. En un país en el que muchos habían creído en eslóganes como "Argentina Potencia", y en el que el Congreso había festejado la suspensión del pago de la deuda externa a fines de 2001 con gritos de "¡Argentina! ¡Argentina!", como si se tratara de un triunfo deportivo, las encuestas mostraban que el "estilo K" le hacía ganar popularidad al presidente. La política exterior del país tenía una opinión desfavorable de apenas 11 por ciento de los argentinos, comparada con el 53 por ciento de reprobación que tenía antes de que Kirchner asumiera la presidencia.[9] "La costumbre de Kirchner de actuar como si el resto del mundo le importara un rábano parece caerles bien a los argentinos, cuyas históricas sospechas sobre el resto del mundo se exacerbaron con la crisis que hizo colapsar la economía a fines de 2001", decía The New York Times.[10]

¿Cómo se explicaba la aversión de Kirchner por el mundo exterior, o su falta de entendimiento de que los países que más progresan son los que más se insertan en la economía global? Cuando le hice esa pregunta en entrevistas separadas a dos miembros del gabinete presidencial, me explicaron que no se trataba de un rechazo ideológico, sino de una cuestión de temperamento. "Kirchner es un NYC", me explicó uno de ellos. "¿Un NYC?", pregunté, sin tener la más remota idea de lo que estaba hablando. El funcionario me explicó que en la jerga de la Patagonia, y especialmente de la provincia sureña de Santa Cruz, de donde venía Kirchner, los NYC son los "Nacidos y Criados" en la Patagonia. Era un término que se usaba para diferenciarlos de los inmigrantes venidos de Buenos Aires, o de otros lugares del país. Los "Nacidos y Criados" en la Patagonia eran gente orgullosa de su terruño y desconfiada por naturaleza de todo lo que venía de afuera. Y el fenómeno tenía su explicación: Santa Cruz es una provincia petrolera de apenas 200 mil habitantes, más que autosuficiente, y poseedora de algunas de las mayores bellezas naturales del país. Según esta explicación, Kirchner, que había sido gobernador de Santa Cruz por doce años, había heredado el localismo —o aislacionismo— de sus comprovincianos.

Para Kirchner, hasta poco antes de asumir la presidencia, la ciudad de Buenos Aires era como Nueva York para muchos habitantes de Buenos Aires: una metrópoli siempre presente, pero remota. Prácticamente no había viajado al exterior, no hablaba ningún idioma extranjero y no le interesaba mucho explorar el resto del mundo. Cuando las compañías extranjeras querían comprar o explorar petróleo, venían a Santa Cruz. ¿Para qué ir a buscarlas afuera, si eso no haría más que reducir su capacidad de negociación? Sus propios colaboradores admitían en privado que el presidente se aburría en las cumbres internacionales. "Es un hombre obsesivo con las cuentas internas. Todos los días, a las 7 de la tarde, chequea el estado de las reservas del país, el stock de energía y los movimientos de tesorería, pero no tiene la curiosidad intelectual de saber por qué avanzan algunos países y retroceden otros", me dijo un alto funcionario de la cancillería. "En reuniones con otros jefes de Estado, mira el reloj a cada rato. Son temas que le aburren."

La economía y el voto cautivo

Y el "estilo K" caía bien en la Argentina, por el pésimo recuerdo que tenía la población de la década del noventa, cuando el país había glorificado a los economistas internacionales que recetaban cada vez más apertura económica, sin advertir que la apertura sin controles contra la corrupción y el amiguismo llevaría al desastre. Además, había cierta lógica en la estrategia del presidente de concentrarse en los asuntos internos. La Argentina había suspendido los pagos de su deuda externa de 141 mil millones de dólares en diciembre de 2001, y no tenía mucho sentido salir a vender afuera un país que acababa de protagonizar el mayor *default* de la historia financiera mundial y que todavía no había logrado llegar a un acuerdo con sus acreedores. ¿Para qué salir a cautivar a los mercados externos si nadie pondría un peso en la Argentina hasta que resolviera su conflicto con sus acreedores? Para colmo, la forma en que la Argentina había decidido su *default* había sido escandalosa. El Congreso había hecho el ridículo ante el resto del mundo, celebrando la suspensión de pagos al grito de "¡Argentina!, ¡Argentina!". En una semana, a principios de 2002, el país había tenido nada menos que cinco presidentes y había sufrido una maxidevaluación que había hecho caer el ingreso per cápita de 7.500 a 2.500 dólares por año. De la noche a la mañana, la Argentina se había convertido en un país con una mayoría de pobres. En una conferencia académica a la que asistí en la Universidad de La Florida, en Miami, el 20 de enero de 2002, algunos de los principales latinoamericanistas de los Estados Unidos llegaron a discutir con la mayor seriedad si la Argentina debería ser considerada un "Estado fallido", el término utilizado en la jerga diplomática internacional para países como Angola, Haití y Sudán, que habían perdido la capacidad de ejercer las funciones básicas de un Estado, como preservar el orden o recolectar impuestos.

El último de la seguidilla de cinco presidentes interinos que asumió tras las violentas manifestaciones —según muchos, alentadas y pagadas por los caciques del Partido Justicialista— que derrocaron al ex presidente Fernando de la Rúa, Eduardo Duhalde, logró estabilizar la situación política con la promesa de convocar a elecciones, con la teoría de que el país había sido una víctima inocente de una política económica impuesta por el Fondo Monetario Internacional. La culpa era de los organismos financieros mundiales y de la obsecuencia con que el gobierno de Carlos Saúl Menem había seguido sus recetas en la década de los noventa, decía Duhalde. Era hora de "volver a lo nuestro", señalaba, a pesar de que todas las evidencias mostraban que los países del mundo que estaban progresando se estaban volcando cada vez más rápidamente hacia fuera, y de que la fórmula había fracasado en la Argentina por la corrupción y la falta de transparencia con que había sido implementada. A partir de Duhalde, la Argentina se había beneficiado de una serie de factores externos —el alza de los precios mundiales de las materias primas que producía el país, las compras cada vez mayores por parte de China y los bajos intereses internacionales, entre otros— que permitieron remontar la situación más rápidamente de lo que muchos esperaban. Se había dado la mejor coyuntura internacional para el país en varias décadas, y la economía había respondido. Tras caer un 4 por ciento en 2001 y un 11 por ciento en 2002, la economía creció un 9 por ciento en 2003, crecería otro 9 por ciento en 2004, y —según proyecciones del FMI— un 6 por ciento en 2005.

Pero Duhalde, que —al igual que Kirchner después— era un dirigente político provincial sin mucho interés en el mundo exterior, reintrodujo en la Argentina los peores vicios del viejo peronismo y los conjugó con el antiguo sistema político con que el PRI había gobernado México durante siete décadas en el siglo XX: una combinación de clientelismo político con la tradición mexicana de una democracia hereditaria, en la que los presidentes del partido hegemónico se pasaban el mando en cada elección. Desde que Duhalde asumió el gobierno en enero de 2002, el número de argentinos que recibían subsidios directos del gobierno aumentó de 140 mil a casi 3 millones, según estimaciones del Centro de Estudios Nueva Mayoría, de Buenos Aires. "El partido peronista no está ganando más votos porque tenga más simpatizantes, sino porque tiene más gente que depende de sus subsidios", me explicaba en ese momento Rosendo Fraga, el presidente del centro de estudios. "El nivel de pobreza de la Argentina ha crecido de 30 a 60 por ciento, y el clientelismo político es mayor que nunca."

El Plan Jefas y Jefes de Hogar iniciado por Duhalde otorgaba subsidios de alrededor de 50 dólares mensuales a 1 millón 700 mil desocupados. Los críticos de estos planes señalaban que sus beneficiarios no siempre eran desocupados, y que los funcionarios del partido gobernante los repartían a cambio de la lealtad política de quienes los recibían. Según un estudio de Martín Simonetta y Gustavo Lazzari, de la Fundación Atlas, una organización no gubernamental pro libre mercado, alrededor de un 20 por ciento de los votantes en la Argentina dependían directamente de subsidios estatales y constituían un "voto cautivo". "En la Argentina, desde la implementación del Plan Jefas y Jefes de Hogar en 2002 se duplicó el porcentaje de votantes que pueden ser considerados voto cautivo", me dijo Simonetta en una entrevista telefónica. "El gobierno federal usa esto como política de alineamiento de las provincias y los municipios: a mayor alineamiento político, más planes de subsidios." Como resultado, la contienda política está teniendo lugar "con un campo de juego inclinado", en el cual "hay una competencia desleal entre el gobierno y el resto de los candidatos", decía Simonetta.[11]

Y los expertos internacionales dudaban de que los planes asistenciales argentinos fueran eficaces. Un estudio del Banco Mundial sobre el Plan Jefas y Jefes de Hogar planteaba serias dudas sobre su efectividad. Según ese estudio, coordinado por Sandra Cesilini, "la inscripción por parte de los gobiernos locales favorece el clientelismo y la corrupción, al ser imposible su control".[12]

Simultáneamente, Duhalde había intervenido de manera abierta a favor de su candidato, Kirchner, en las elecciones de abril de 2003. Al igual que en el viejo sistema político mexicano, al que sus críticos llamaban una "dictadura sexenal hereditaria" porque el presidente saliente aseguraba que su candidato personal lo sucediera —e invariablemente se peleaba con él una vez que asumía el poder—, Duhalde había proclamado pocos días antes de la elección que Kirchner ganaría, y había enviado a sus ministros con mayor popularidad a la televisión para que aparecieran junto con el candidato oficial. Como era de prever, Kirchner ganó la elección, aunque con sólo un 22 por ciento de los votos.

Años después, cuando la economía argentina ya se había recuperado del colapso inicial gracias al crecimiento de la economía mundial y —sobre todo— de las compras de China, el analista político argentino James Nielsen, ex director de *The Buenos Aires Herald*, describía el nuevo sistema político argentino como "el modelo lumpen". La debacle económica y la pauperización súbita de millones de personas habían resultado en una transferencia de poder económico del sector privado a la clase política, que ahora tenía más poder que nunca para decidir quiénes serían los privilegiados y quiénes los perjudicados. Y mientras la mayoría de la población se resignaba al despojo, consolándose con la idea de que todo podía haber sido mucho peor, una coalición de políticos clientelistas, sindicalistas anacrónicos, cruzados anticapitalistas y empresarios cortesanos que no quieren saber nada de la competitividad manejaba el país a su antojo. La Argentina se había resignado a "un modelo de administración política de la pobreza" que —de perpetuarse— no haría más que enriquecer a la clase política, aumentar la corrupción y condenar al país al estancamiento, decía Nielsen.

"Espero cambiar este sistema"

Dentro del gobierno de Kirchner, había quienes estaban muy conscientes de que los subsidios políticos eran una receta para el atraso económico. En una entrevista en su despacho en abril de 2005, el ministro de Economía Roberto Lavagna me aseguró que el Plan Jefas y Jefes de Hogar sería desmantelado muy pronto. "Espero cambiar este sistema. Estoy tratando de convencer al gobierno de convertir esta medida de emergencia en un programa de desempleo, que ofrezca ayuda por un tiempo limitado, digamos un año; y en que los beneficiarios tengan que buscar un empleo y recibir entrenamiento laboral", me dijo Lavagna.[13] ¡Interesante!, "¿pero está el presidente Kirchner de acuerdo?", le pregunté. Lavagna asintió con la cabeza. "El presidente aceptó la idea. La única pregunta es cuándo vamos a empezar a hacerlo", aseguró. "Probablemente, esto sucederá después de las elecciones legislativas de octubre de 2005", me dijo el ministro.[14]

A pesar de que Lavagna compartía el hábito de Kirchner de culpar a los demás por los males del país, entendía mejor que otros en el gobierno la necesidad de atraer inversiones extranjeras para asegurar el crecimiento a largo plazo. Según Lavagna, ahora que la Argentina había logrado recuperarse de su colapso económico de 2001, para tener un crecimiento anual de 6 por ciento, por varios años el país necesitaba incrementar las inversiones del equivalente de 21 por ciento de su producto bruto que tenía en la actualidad, al 24. No era mucho, dijo, pero era una meta crucial para el crecimiento sostenido del país.

Más tarde, cuando dejé la oficina de Lavagna y les comenté con entusiasmo a varios amigos que la Argentina pronto desmantelaría el Plan Jefas y Jefes de Hogar y que iniciaría una ofensiva en busca de inversiones, muchos me miraron con escepticismo y preguntaron: "¿Y tú les crees?". "¿Acaso eres tan ingenuo para pensar que el gobierno disolvería su ejército de desempleados subsidiados, que le servían como fuerza de choque para llenar las manifestaciones públicas pro gubernamentales, o hacer protestas callejeras contra las multinacionales que no hacían caso a los pedidos del gobierno de no aumentar sus precios?", me preguntaban. Y en efecto, al día siguiente de que publiqué mi artículo con las declaraciones de Lavagna, un funcionario no identificado de la oficina de Kirchner les señalaba a los periodistas que el presidente no había dado su visto bueno al plan del ministro de Economía. Quizá Lavagna estaba tratando de presionar a su jefe, o quizás el gobierno no quería hacer el anuncio antes de tiempo para no perder votos en las elecciones legislativas de fines de 2005, pero lo cierto era que el hecho de que estuvieran discutiendo internamente sobre la necesidad de atraer inversiones y abandonar subsidios manipulados con fines políticos era una buena noticia. Si el gobierno aceptaba lo que proponía Lavagna, la recuperación de los últimos años dejaría de ser un fenómeno pasajero debido a causas externas y podría ser el inicio de un largo período de prosperidad.

¿Qué había llevado a Lavagna, el funcionario encargado de confrontar al Fondo Monetario Internacional y los acreedores externos, a asumir una línea más pragmática? Probablemente, no sólo el contacto con los demás ministros de Economía del mundo, sino un dato concreto: cuatro años después del *default* argentino, y aunque la economía había crecido más de lo que habían esperado hasta los más optimistas, la Argentina seguía teniendo una pésima reputación entre los inversionistas externos. El riesgo país seguía por las nubes, como si no hubiera existido ninguna recuperación económica.

"Fíjese qué estupidez", me había dicho Lavagna, momentos antes, levantándose de la mesa de conferencias en la que estábamos hablando en su despacho y caminando hacia una de las dos computadoras que tenía en su escritorio, a unos pocos metros de distancia. En su pantalla aparecían las últimas noticias, las cotizaciones de Wall Street y el riesgo país —la penalidad que deben pagar los países considerados riesgosos por los préstamos que reciben— estimado por las principales empresas financieras del mundo. La noticia del momento era un golpe constitucional que acababa de ocurrir en Ecuador en medio de sangrientas protestas callejeras. En el preciso instante en que estábamos hablando, el entonces presidente de Ecuador, Lucio Gutiérrez, acababa de huir del palacio presidencial en un helicóptero y se dirigía a la embajada de

Brasil, mientras el Congreso colocaba al vicepresidente en su lugar. Por lo menos tres manifestantes habían muerto, y había docenas de heridos, decían los cables. Y sin embargo, según me mostró Lavagna en su computadora, el riesgo país de Ecuador seguía siendo mucho menor que el de la Argentina, a pesar de que en este último país no había crisis política y la economía iba viento en popa.

Mostrándome con la mano las tasas de riesgo país de la compañía financiera J. P. Morgan, Lavagna me señaló: "Dígame si no es un absurdo total: en este preciso momento, con los tanques en las calles, el riesgo país en Ecuador es de 772 puntos, mientras que el de la Argentina es de 6.130 puntos". Obviamente, y por más que a Lavagna le pareciera un absurdo, lo cierto era que la Argentina estaba pagando un precio muy alto por la retórica confrontacional de su gobierno, y el ministro lo sabía. La diferencia entre el riesgo país de Ecuador en plena crisis y la Argentina en un día de total tranquilidad lo decía todo.

La entrevista esperada

La vaga promesa de Kirchner —hecha en el lobby del Hotel Camino Real durante la Cumbre de las Américas en Monterrey en enero de 2004— de concederme una entrevista se concretó dos días después de nuestro primer encuentro, antes de su partida de México. En el bar del hotel, semidesierto a eso de las 3 de la tarde, grabadora en mano, me senté a preguntarle sobre los cambios que estaba haciendo en la política exterior e interior del país. ¿Tenía sentido haber declarado el fin de las "relaciones carnales" del gobierno de Menem con los Estados Unidos, en lugar de tomar decisiones independientes —que podían o no gustarle a Washington— sin proclamar un alejamiento oficial de los Estados Unidos? ¿Tenía sentido anunciar el restablecimiento de relaciones plenas con la dictadura de Castro, apenas después de la condena a veinticinco años de prisión a setenta y cinco periodistas y disidentes pacíficos en Cuba? ¿No estaba premiando la represión y erosionando la presión internacional sobre la dictadura cubana con ese anuncio? ¿Tenía sentido su encuentro con el líder cocalero Evo Morales, que el gobierno boliviano había interpretado como un gesto de apoyo a los grupos radicales de ese país? ¿No estaba interfiriendo en los asuntos internos de su país vecino, Uruguay, al apoyar la candidatura del entonces líder de la oposición izquierdista Tabaré Vázquez? ¿Y no estaba legitimando a la líder de la facción extremista de las Madres de Plaza de Mayo, Hebe de Bonafini, al recibirla repetidamente en la Casa Rosada y decir que la sentía como una madre? De Bonafini abogaba públicamente por la lucha armada, y había declarado en 2001 que estaba "contenta" por el ataque terrorista contra las Torres Gemelas en Nueva York. ¿Qué mensajes estaba enviando al mundo con estas adhesiones?

Me interesaba sobremanera el tema de los derechos humanos, porque veía con preocupación la marcha atrás del gobierno argentino en un tema que paradójicamente había escogido como prioritario. A diferencia de otros periodistas a los que el presidente acusaba de haber hecho la vista gorda a las violaciones a los derechos humanos durante la dictadura de los años setenta, Kirchner no podía meterme en ese paquete. Yo me había ido del país cuando sucedió el golpe militar de 1976, y había criticado a la dictadura en mis escritos desde su comienzo. De hecho, mi único artículo para *The New York Times* había sido una colaboración firmada en 1978, en la que había atacado las violaciones a los derechos humanos en la Argentina, en momentos en que una buena parte de la sociedad defendía el gobierno militar del general Jorge Rafael Videla.

Lo que me preocupaba de la política de Kirchner era que, al apoyar tácitamente o ignorar los atropellos a los derechos civiles y humanos en Cuba, estaba socavando el principio de la defensa colectiva de la democracia en todo el mundo y en su propio país. Amnistía Internacional, Human Rights Watch y los principales grupos internacionales de derechos humanos decían, con razón, que no se puede ser un campeón de los derechos humanos en casa e ignorar las violaciones a los mismos derechos afuera. La nueva apatía argentina ante las violaciones a los derechos humanos en el exterior sentaba un precedente peligroso: si la Argentina y sus vecinos no alzaban la voz ante los abusos en otros países, ¿quién iba a venir en auxilio de ellos mismos el día de mañana, si sus propias democracias volvieran a estar amenazadas? Tal como lo había señalado el ex canciller mexicano Jorge Castañeda, "la mejor manera de anclar el tema de los derechos humanos en lo interno es a través de la solidaridad internacional para denunciar los abusos donde sea que ocurran. En la medida en que los derechos humanos retrocedan como bandera internacional, también retrocederán a la larga a nivel nacional".[15]

Las respuestas de Kirchner durante la entrevista no fueron tan malas como me esperaba. Lo que dijo frente a la grabadora estaba dentro de los parámetros del juego democrático, aunque su interpretación selectiva de los derechos humanos dejaba mucho que desear. Tenía una visión del mundo bastante obsoleta, basada en concepciones antiguas de la soberanía nacional que ya habían sido archivadas por casi todas las democracias modernas. Pero no había en su discurso un mesianismo radical como el de Chávez, ni una vena abiertamente dictatorial como la de Castro. Kirchner me dijo que se definía como un "progresista en el liberalismo económico", una definición que no me pareció mala, a pesar de que las ideas que él veía como "progresistas" eran vistas como retrógradas en gran parte del mundo moderno. "Yo creo en los grandes temas del liberalismo económico, en un progresismo claro en el liberalismo económico, liberalismo con justicia y con equidad", me dijo Kirchner. "Es lo que yo creo, y lo aplico."[16]

Cuando tocamos el tema de Cuba, le pregunté cómo podía él, un crítico de la dictadura militar argentina, aceptar sin reproches otra dictadura militar, como la cubana. Kirchner había elevado las relaciones con Cuba, enviando al primer embajador argentino a la isla en tres años, tras un congelamiento de las relaciones bilaterales durante el gobierno del ex presidente Fernando de la Rúa, que había votado en contra de Cuba en la Comisión de Derechos humanos de la ONU. Y el flamante embajador argentino, Raúl Taleb, había anunciado la normalización de las relaciones con el régimen de Castro poco después de la peor ola represiva en la isla en varias décadas, lo que había sido una bofetada a la oposición democrática cubana. "¿Acaso la posición correcta no debería ser estar en contra de todas las dictaduras, sean de derecha o de izquierda?", le pregunté. "¿O cree usted que hay dictaduras buenas?"

Kirchner respondió: "Mire, nosotros estamos por la autodeterminación de los pueblos. No nos gusta interferir en la vida interna de los pueblos... La situación de Cuba, por muchos aspectos, es muy particular. El problema del pueblo cubano lo debe resolver el pueblo cubano". "Precisamente", le contesté. "Lo debe resolver el pueblo cubano. Pero ocurre que el pueblo cubano no puede votar, ni tener un periódico independiente, ni programas de radio no oficiales, ni nada." Además, agregué, "el 'principio de no interferencia' y la 'autodeterminación de los pueblos' son muletillas que suelen usar los dictadores de derecha e izquierda para evitar el monitoreo internacional de los abusos a los derechos fundamentales en sus países. De hecho, en el mundo de hoy, el principio de no interferencia debe convivir con el 'principio de no indiferencia' ante la violación de los derechos políticos y humanos. Tal como lo señala la propia carta de las Naciones Unidas, nacida tras los horrores de la Segunda Guerra Mundial, los derechos humanos son universales, y ningún país puede escudarse detrás de la 'no interferencia' para violarlos", le señalé. ¿Sabía Kirchner que en Cuba hay presos políticos por "crímenes" como repartir copias mimeografiadas de la Carta de las Naciones Unidas?

Kirchner respondió: "Y bueno, también el pueblo cubano no quiere el aislamiento, no quiere sectarismo. Yo creo que es un tema que lo debe resolver el pueblo cubano. Nosotros en ese tema respetamos a todas las naciones, y por lo tanto nos abstenemos de intervenir en sus asuntos internos". Entonces, ¿por qué no hacer lo que hacen todas las democracias europeas y muchos países latinoamericanos, que es oponerse tanto al embargo comercial de los Estados Unidos como a los abusos a los derechos humanos en Cuba?, le pregunté. ¿Por qué no hacer las dos cosas? Kirchner volvió a repetir el cassette anterior sobre la autodeterminación de los pueblos, agregando casi al final que "cada uno tiene una visión del tema. Yo creo que los últimos acontecimientos del año pasado (las condenas a veinticinco años de prisión a opositores pacíficos) en Cuba repercutieron negativamente. No fueron un acierto, precisamente, de Fidel. Por eso, me parece, cada uno en este tema puede opinar diferente".[17]

El tema de Cuba no parecía apasionarlo, ni para un lado ni para el otro. De todas maneras, le hice una última pregunta: ahora que la Argentina iniciaba un acercamiento con el régimen cubano, ¿no hablaría con nadie más que con Fidel Castro en la isla? ¿O hablaría también con la oposición, como lo había hecho Castro con los grupos de ultraizquierda durante su visita a Buenos Aires en 2002, o en cada uno de sus viajes al exterior? "Nunca se puede ser tan taxativo en la vida", respondió Kirchner. "Hacer una definición tan cerrada (como decir que no tendría contacto con la oposición) sería un equívoco. Habrá que ver." La respuesta denotaba que, por suerte, no era tan ingenuo como para sentir admiración por la dictadura cubana. Pero, al mismo tiempo, no parecía tener la menor noción del mal que le estaba haciendo a la causa de los derechos humanos al contribuir tácitamente a la idea de una parte de la sociedad argentina de que hay tal cosa como dictaduras buenas.*

* Al año siguiente, en una reunión con periodistas internacionales que participaron de la conferencia "Desafíos del Periodismo Real", organizada por el diario *Clarín*, el 6 de julio de 2005, Kirchner respondió ante una pregunta del editor puertorriqueño Luis Alberto Ferré que, si viajaba a Cuba en un futuro próximo, "probablemente" se entrevistaría con la oposición democrática, como lo había hecho en un reciente viaje a Venezuela, según testigos presenciales.

Cambiando de tema, le pregunté sobre Bolivia. "Cuando habló con el líder cocalero Evo Morales, se dijo en los periódicos que usted lo había apoyado", le recordé. "¿Lo apoyó?" Kirchner respondió: "Yo no le dije a Evo Morales que lo íbamos a apoyar. No estoy interviniendo en la vida interna del pueblo boliviano. Lo que le dije a Evo Morales era que yo pensaba que era fundamental abandonar cualquier idea insurreccional, apoyar fuertemente la defensa y la consolidación de las instituciones, y que apoyar las instituciones en ese momento pasaba por apoyarlo a Carlos Mesa, el actual presidente boliviano. Y Mesa me dijo que, hoy en día, Evo Morales estaba actuando con mucha madurez, y estaba apoyando. Cosa que me alegra. Ahora, yo no voy a apoyar a un candidato de otro país, eso es absurdo. Sería una intromisión inaceptable".[18]

Sin embargo, lo hizo con Tabaré Vázquez, cuando este último era el candidato de izquierda en Uruguay, le señalé. El propio gobierno del presidente Jorge Batlle había dicho públicamente que Kirchner había tomado partido abiertamente por Vázquez, que luego ganó la presidencia de Uruguay. Kirchner, algo molesto, relativizó las acusaciones de Batlle. "En Uruguay hay una pelea política muy fuerte entre los partidos tradicionales y el Frente Amplio (de izquierda). Está muy polarizado. Y el intendente de Montevideo (Mariano Arana) nos invitó a nosotros, a Mesa, a Duhalde y a Lula, para entregarnos la llave de la ciudad. Y algún colaborador del presidente Batlle salió a decir —después lo desautorizaron— que estábamos interviniendo en la vida interna. Bajo ningún aspecto... No interfiero."

"¿Y no ayudó a legitimizar a Hebe de Bonafini, la líder del sector antidemocrático de las Madres de Plaza de Mayo, que apoyaba la lucha de clases e incluso el terrorismo, al darle tanta entrada a la Casa Rosada?", le pregunté. "Tengo un gran cariño con ella", respondió Kirchner. "Siempre estuvimos políticamente en veredas diferentes. Siento que la pérdida... Ella era un ama de casa que fue destrozada por la pérdida [de un hijo], y se convirtió en una militante revolucionaria, como dice ella, y yo evidentemente, en nombre de las madres que sufrieron tanto, la recibo permanentemente cuando viene a verme. Eso no significa coincidir con todas las definiciones que ella tiene. Si tuviera que coincidir con cada uno que viene a mi despacho, no podría recibir a nadie... Recibo a todo el mundo. Eso no significa que tenga que coincidir con las posiciones de todos."[19]

¿Y cómo se sentía Kirchner cuando lo encasillaban en un eje con Brasil, Venezuela y Cuba? ¿Le molestaba? ¿O no? "Bueno, ni me molesta ni me deja de molestar, porque cada uno sabe lo que es. Del único eje cierto que te puedo hablar en Sudamérica es el de Brasil y la Argentina/la Argentina y Brasil. Ésta es la realidad. El periodismo tiene derecho a opinar, a hacer sus evaluaciones, pero basta ver qué políticas conjuntas hemos hecho (con Venezuela y Cuba), y no hemos hecho ninguna, lo que no significa que yo estoy de acuerdo con que aíslen a Chávez o a cualquier presidente. Por el contrario, creo que el diálogo es fundamental."[20]

Salí de la entrevista favorablemente impresionado con Kirchner. Por lo que había dicho, parecía bastante más democrático y tolerante que la impresión que muchos teníamos de él. Quizá se trataba de un hombre con un estilo personal prepotente y confrontacional, pero que en el fondo tenía una mentalidad tolerante, pensé. Sin embargo, mi incipiente optimismo sobre Kirchner se diluyó en alguna medida al día siguiente, tarde en la noche, cuando tuve otra larga conversación, más distendida y privada, una vez terminada la cumbre.

El país de los extremos

Eran como las 11 de la noche. Yo acababa de enviar mi columna a *The Miami Herald*, había cenado en mi habitación, y bajé al lobby del hotel para ver si quedaba algún funcionario con quien hablar. Cuando me asomé al bar, allí estaban, en una mesa, Kirchner con su mujer, la senadora Cristina Fernández, y su canciller, Bielsa. Estaban tomando un café, matando el tiempo mientras bajaban sus maletas y esperaban que el avión presidencial estuviera listo para su regreso a la Argentina. Entré al salón, me acerqué a saludar y —supongo— me quedé parado delante de la mesa el tiempo suficiente como para que no les quedara más remedio que invitarme a sentarme con ellos. Al poco rato estábamos hablando de los principales temas que habían centrado la atención de todos durante la cumbre. Como se trató de una conversación privada, *off the record*, nunca publiqué lo que dijo Kirchner, ni lo haré en esta oportunidad. Me limitaré a contar lo que le dije yo y la impresión que me causaron sus respuestas.

Fue una conversación que me dejó preocupado. En la charla informal, Kirchner parecía estar bastante alejado del "progresismo dentro del liberalismo económico" con el que se identificaba públicamente, y daba la impresión de estar mucho más cerca de la izquierda retrógrada según la cual la explicación para todos los fracasos nacionales era el "imperialismo" norteamericano y los organismos financieros internacionales.

Durante la charla, tocamos nuevamente los temas de Venezuela, Cuba, Bolivia, Uruguay y la propia Argentina. Y esta vez, sin grabadora de por medio, Kirchner volvía una y otra vez a la responsabilidad que tenían los Estados Unidos, el Fondo Monetario Internacional, las reformas económicas ortodoxas de los años noventa y su predecesor, Menem. Algunas de las cosas que sugería eran ciertas, como que Washington había dejado sola a Bolivia después de exigirle un sacrificio enorme para destruir sus plantaciones de coca. Otras, como culpar al Fondo Monetario Internacional de la debacle económica argentina, eran bastante relativas, porque el presidente argentino parecía omitir cualquier responsabilidad de su propio país en la crisis que acababa de sufrir. Después de pasar revista a varios países y escuchar las mismas explicaciones de Kirchner, y notando que el presidente o estaba cansado o no parecía demasiado interesado en escuchar mi opinión, decidí mantenerme en el rol de preguntador complaciente y reservarme mi opinión para el final de la noche. Pensé muy bien qué decirle, para poder —con suerte— aportar alguna idea que le pudiera quedar registrada. De manera que, después de unos 40 minutos de conversación, durante los cuales se nos habían unido el ministro de Economía Lavagna y dos o tres asesores de Bielsa, le solté mi punto de vista.

"Presidente", le dije, "muchas de las cosas que usted dice son ciertas. Es innegable que los Estados Unidos tienen una historia dudosa en la región, sobre todo a principios del siglo XX, aunque hay que reconocer que en las últimas tres décadas Washington ha aprendido algunas lecciones, y ha aumentado su respaldo a la democracia y los derechos humanos en la región. Pero si me permite una crítica constructiva, su gobierno a veces da la impresión de querer hacer todo lo contrario de lo que se hizo en la década de los noventa, ya sea bueno o malo". Kirchner me miró con cara de piedra y con un aire que percibí como de desconfianza. Yo seguí diciendo: "Los grandes bandazos políticos o económicos les hacen mal a los países. Generan desconfianza interna y externa, que se traduce en menores inversiones, mayor fuga de capitales, menos crecimiento y más desempleo. Los países que mejor andan, como España, Irlanda o Chile, son aquellos donde gana la izquierda, gana la derecha o gana el centro y no pasa nada dramático. Ningún inversionista va a huir despavorido de España, o de Chile, porque gane un partido u otro. Son países que tienen un rumbo fijo, previsible. Quizás un gobierno aumentará más los impuestos, o cambiará la balanza de gastos estatales hacia un sector u otro, pero no van a dar un golpe de timón radical, que los aparte de la senda. Eso no ha funcionado en ningún lado".

Acto seguido, mientras Kirchner me miraba en silencio, le señalé que la historia argentina reciente no era más que una serie de vaivenes políticos. "La Argentina es el país del zigzag", le dije. Desde que los argentinos tenían memoria, prácticamente no habían existido períodos extendidos de estabilidad. La historia estaba signada por los extremos. La búsqueda del centro era la excepción. Tanto era así, que mientras en el resto del mundo la moderación era vista como una virtud, en la Argentina era considerada un síntoma de debilidad. "La Argentina es el único país en que un partido de centro, uno de los más tradicionales del país, se llamaba 'partido radical'. Aunque ya nadie tomara literalmente el significado de dicho nombre, ¿no era absurdo un partido 'radical' en el siglo XXI, cuando los países compiten por mostrarse como los más moderados y pragmáticos para atraer más inversión?" Como para amenizar el recuento, le recordé que a mediados del siglo pasado el partido radical —que paradójicamente representaba a la clase media urbana— se había escindido, y los que se habían ido se refundaron bajo el nombre de Unión Cívica Radical Intransigente, como para que nadie llegara a pensar que podrían incurrir en vicios como la flexibilidad, la apertura mental y la búsqueda de consensos.

La Argentina había pasado sucesivamente del populismo nacionalista del peronismo de los años cincuenta al antiperonismo recalcitrante de los sesenta, al efímero regreso del peronismo, esta vez de la mano con la izquierda, en 1973, a una dictadura militar de derecha de 1976, a los débiles gobiernos democráticos de los ochenta, a la apertura económica marcada por la corrupción bajo Menem en los noventa, al gobierno actual, que decía que todas las medidas aperturistas tomadas en los años ochenta y noventa eran deleznables. Resumiendo, le dije a Kirchner que me parecía excelente que denunciara la corrupción del gobierno de Menem, y lo felicitaba por hacerlo. Pero una cosa era atacar la corrupción y algunas políticas concretas, y otra era atacar el concepto de apertura económica y competencia por las inversiones, que era precisamente la receta que estaba dando resultados en China, India y Europa del Este, reduciendo la pobreza en lugares tan disímiles como China y Chile.

Kirchner no me escuchó, o por lo menos dio la impresión de no haber escuchado. Se encogió de hombros, me miró de arriba y me recitó un discurso sobre las "barbaridades" de las políticas neoliberales de Menem, sin siquiera referirse a mi argumento de que ningún país podía avanzar con constantes golpes de timón. Me despedí del presidente pocos minutos después, con la sensación de haber fracasado miserablemente en mi intento de hacer una crítica constructiva. Mi único consuelo fue que, al salir del bar del hotel, su mujer me comentó algo así como que yo tenía razón en decir que ningún país podía desarrollarse cambiando de políticas cada cuatro años, pero que tenía que entender que el desastre económico argentino había sido tal que no se podía hacer otra cosa que buscar un camino diferente. No me convencieron sus argumentos, pero por lo menos había escuchado los míos.

Poco después, cuando Kirchner y sus colaboradores inmediatos se retiraron del hotel y me quedé en el lobby conversando con algunos funcionarios de segunda línea, uno de ellos me comentó: "Andrés, me dijeron que estuviste durísimo con el presidente". Su comentario me asombró. "¿Qué?", reaccioné. "¿Te parece? Si le dije lo más obvio, lo que los empresarios argentinos y extranjeros le deben estar diciendo todos los días", me encogí de hombros, sorprendido. El funcionario meneó la cabeza negativamente y me dijo: "Te equivocás. El último que le dijo algo así fue un empresario petrolero, y nunca más lo volvió a recibir".

La visión de Washington

Mi conversación con el presidente argentino no fue la única sorpresa que me llevé en esa cumbre. La otra fue la cobertura que había hecho la prensa argentina, según la cual la reunión de Kirchner y Bush durante el evento había sido un éxito rotundo. "El gobierno mejoró los lazos con EE. UU.", tituló *La Nación* el 15 de enero, señalando en el texto de su artículo de primera plana que "el gobierno calificó ayer como un "éxito total" la participación de Néstor Kirchner en la Cumbre de las Américas. El diario de mayor circulación en el país, *Clarín*, titulaba: "Bush dio un nuevo apoyo, pero pidió una señal clara por la deuda",[21] y señalaba en su análisis del viaje que "Kirchner sorteó bien su segunda reunión en siete meses con el jefe de la Casa Blanca".[22]

Sin embargo, los altos funcionarios del gobierno de Bush en la reunión nos decían algo totalmente diferente a los periodistas de medios de los Estados Unidos. En efecto, la reunión de Kirchner con Bush había sido civilizada, y hasta buena, me dijo ese día en Monterrey uno de los principales funcionarios de la Casa Blanca para América latina. Pero pocas horas más tarde, cuando Kirchner leyó un discurso en el que prácticamente culpaba a los Estados Unidos por los males de la región, y exigiendo un Plan Marshall para América latina, el ambiente positivo que se había generado se disipó en cuestión de segundos. A tal punto que Bush se había quitado los audífonos de traducción simultánea en la mitad del discurso, según me confirmaron luego funcionarios de la Casa Blanca que se encontraban a su lado.

"Habían tenido una muy buena reunión bilateral, al margen de la cumbre, y luego Kirchner dio un discurso de cierre que fue tan peronista de la vieja guardia, que no sólo el presidente Bush sino muchos otros se preguntaron si éste era el mismo personaje con el que se habían reunido minutos antes", me dijo un alto funcionario de los Estados Unidos. "Había un ambiente de decepción en la delegación estadounidense. Habíamos estado haciendo progresos, el presidente Bush se había jugado por Kirchner ante el Fondo Monetario Internacional, y ahora se venía con ese discurso."

Otro funcionario, el entonces embajador especial de la Casa Blanca para América latina, Otto Reich, me confirmaría más tarde en una entrevista que "la reacción en la delegación de los Estados Unidos fue de incredulidad ante la retórica tan anticuada del presidente argentino. Fue un discurso tercermundista, de los años sesenta".[23] Reich agregó que "lo que afectó la percepción de la delegación norteamericana tan negativamente fue que el discurso de Kirchner tuviera lugar en la clausura de la Cumbre de las Américas", que el presidente argentino tenía a su cargo como representante del país huésped de la próxima cumbre, que se realizaría en la Argentina en noviembre de 2005. "La cumbre había estado dedicada a promover el desarrollo, y todo el día y medio se había estado hablando de cosas como aumentar el empleo mediante la reducción de los trámites y otras barreras impuestas por los Estados para la creación de empresas. Y en lugar de hablar de cómo generar crecimiento y empleo reduciendo la intervención del Estado, nos encontramos con alguien que todavía estaba pensando en términos de la teoría de la dependencia."[24]

En Buenos Aires nunca se enteraron del pésimo impacto que había tenido la presentación de Kirchner en la delegación estadounidense. Por el contrario, el gobierno argentino regresó al país con un aire triunfalista, como si hubiera logrado quedar bien con Dios y con el diablo, sin sacrificar nada. Según el canciller Bielsa, "estamos demostrando que se puede disentir sin que eso nos haga perder el respeto y la madurez en la relación con los Estados Unidos". Todos los periódicos y cadenas de televisión argentinas calificaron el viaje como un éxito, en el que el presidente Kirchner supuestamente había logrado un importante acercamiento con el gobierno de los Estados Unidos.²⁵ Para los pocos periodistas que estábamos hablando con funcionarios de ambos países, era cosa de risa: los norteamericanos nos decían que, tras su actuación en Monterrey, Kirchner se podía olvidar por un tiempo de tener un amigo en la Casa Blanca.

Y así fue. Meses después, Kirchner realizó su primer viaje oficial a los Estados Unidos, con una visita a Nueva York y Washington. Y a pesar de todos los esfuerzos de la embajada argentina por lograr una entrevista con Bush, con el entonces secretario de Estado Colin Powell o con la entonces consejera de Seguridad Condoleezza Rice, el gobierno de Bush no le dio una cita ni con el portero de la Casa Blanca. "La embajada argentina estaba tratando de concertar una cita a nivel informal", me confirmó meses después un funcionario de la Casa Blanca. "Pero recibimos un mensaje de la Oficina Oval, mucho antes del viaje, diciéndonos: *Forget it* (olvídense)".

Según el funcionario, el entonces asesor de la Casa Blanca para América latina, Reich, trató en vano de convencer al jefe de gabinete de Bush de que se cambiara la decisión y se recibiera a Kirchner, aunque fuera por un minuto, pero no tuvo suerte. "Nosotros creíamos que, en un caso en el que no hay una relación abiertamente hostil, era conveniente que se realizara la reunión. Pero ambos se habían visto recientemente en Monterrey, y después en Nueva York, y muchos en la oficina del presidente (Bush) se decían: "¿Para qué diablos otra reunión? ¿Vamos a tener otra reunión agradable, y luego, vaya uno a saber, va a salir dando un discurso contra nosotros…?", dijo el funcionario. Finalmente, el gobierno de Bush decidió que nadie de alto nivel le daría una cita a Kirchner. El presidente argentino terminó entrevistándose con el entonces presidente del Banco Interamericano de Desarrollo, Enrique Iglesias, a pocas cuadras de la Casa Blanca. Previsiblemente, al día siguiente, la prensa argentina informaba del "exitoso" viaje de Kirchner a Washington. Y Bush se demoraría más de un año en volver a hablar con el presidente argentino: recién lo hizo en marzo de 2005, cuando necesitaba su ayuda para contener a Chávez en Venezuela y para preparar la agenda de la próxima Cumbre de las Américas en la Argentina.

"Excelentes relaciones"

En público, el gobierno de Bush hablaba positivamente de la Argentina, decía que sus relaciones con el gobierno de Kirchner eran excelentes, y de paso recordaba a todo el mundo que Bush personalmente había intercedido ante el FMI para lograr que el organismo financiero tuviera mayor flexibilidad en sus negociaciones con la Argentina. Incluso después de ocasionales roces por el tema de Cuba, el gobierno norteamericano le ponía buena cara a la relación. El subsecretario de Asuntos Hemisféricos del Departamento de Estado, Noriega, me dijo en una entrevista a fines de 2004 que "los argentinos reconocen que no tienen un amigo mejor que los Estados Unidos" —presumiblemente refiriéndose al tema de la deuda— y que "la Argentina era un buen socio de los Estados Unidos". Y el embajador estadounidense en Buenos Aires, Lino Gutiérrez, decía: "Teníamos excelentes relaciones antes y las seguiremos teniendo".[26] Pero, en privado, los principales funcionarios de los Estados Unidos levantaban las cejas cuando se les preguntaba sobre la Argentina, como frustrados de que un país con tanto potencial no se encontrara más insertado en la economía global y estuviera quedándose cada vez más atrás en el contexto mundial. Para Washington, la Argentina había dejado de ser aliado cercano, y tampoco era un mercado tan interesante en el nuevo contexto internacional, en el que sobraban los países de Asia, Europa del Este y la propia Sudamérica que se esforzaban por ser más amigables hacia las inversiones extranjeras. No fue casual que, en su primer viaje a Sudamérica tras asumir su cargo, la secretaria de Estado Condoleezza Rice haya visitado Brasil, Colombia, Chile y El Salvador, pasando por alto a la Argentina. Poco después, Rice dejaba traslucir en una entrevista con *The Miami Herald* en Washington —que nunca fue reproducida en la Argentina— que la Argentina no estaba entre sus mejores amigos en la región. Tras afirmar que no le preocupaba la proliferación de gobiernos de centroizquierda en Sudamérica, Rice señaló que Estados Unidos tiene "excelentes relaciones con Chile", "muy buenas relaciones con Brasil" y "buenas relaciones en una cantidad de temas con la Argentina".[27] La escala descendente de los adjetivos lo decía todo.

En rigor, lo mismo podía decirse de lo que manifestaban los funcionarios argentinos sobre los Estados Unidos. Así como el gobierno y la opinión pública eran casi unánimemente críticos de los Estados Unidos —según las encuestas, la Argentina estaba entre los países que tenían la peor imagen de Estados Unidos en el mundo—, la opinión ilustrada en Washington no tenía mucho de bueno que decir de la Argentina. Apenas se retiraban del gobierno, cuando podían hablar libremente, los funcionarios estadounidenses decían exactamente lo contrario de lo que estipulaba la línea oficial.

Cuando le pregunté a Manuel Rocha, ex encargado de negocios de los Estados Unidos en la Argentina entre 1997 y 2000, sobre las declaraciones que acababan de hacer sus ex colegas Noriega y Gutiérrez, me señaló: "El rol de un subsecretario de Estado y de un embajador no es necesariamente hablar verdades, sino promover las buenas relaciones. Ellos están cumpliendo su rol". Y agregó: "Si me hubieras preguntado esto estando yo de embajador, te hubiera dado las mismas respuestas que dieron ellos".

"Un país adolescente"

¿Qué pensaba Rocha ahora, que ya se había retirado del Departamento de Estado de los Estados Unidos? ¿Cómo veía el futuro de la Argentina? "Oscuro", me contestó. "Porque no hay un consenso de la clase dirigente sobre un proyecto de nación... En la clase dirigente hay una tremenda división. En Chile, uno habla con un socialista, con una persona de centro y con una persona de la derecha, y encuentra que en términos de política económica hay mucha coincidencia. En la Argentina, en política económica, ni siquiera dentro del peronismo hay un consenso sobre un proyecto nacional." Según Rocha, eso se debe "a la incapacidad de una clase dirigente inmadura, que no ha sabido estar a la altura del país que tiene, que en parte viene por el modelo que nace con el peronismo. Y a la incapacidad de la clase empresarial también. *They don't get it* – No captan lo que está pasando (en el mundo)".

¿Pero acaso no tiene la Argentina una clase intelectual, política y empresarial muy sofisticada?, le pregunté. ¿Acaso no es el país sudamericano con más teatros, óperas, museos, conferencias y libros publicados? "Es gente sofisticada, pero sólo en apariencia. Son sofisticados en apariencia. Usan ropa inglesa, etcétera, pero comparados a un tipo de Hong Kong, Singapur, e incluso a un jerarca del Partido Comunista Chino, los tres son más sofisticados que un dirigente político o empresarial argentino. Eso se debe a que en la Argentina se ha creado una cultura que es muy individualista, muy sálvese quien pueda, y haga plata quien pueda, de la manera como se pueda."

Rocha citó el ejemplo del tan celebrado gol de Diego Maradona en el Mundial de 1986 en México, cuando en un partido contra Inglaterra metió la pelota en el arco con la mano sin que se percatara el árbitro, y luego, interrogado por los periodistas, dijo que "fue la mano de Dios". Los argentinos celebran la ocurrencia hasta el día de hoy. De hecho, muchos años después del retiro de Maradona, cuando una encuesta del gobierno argentino preguntó en 2005 quién era la personalidad actual más representativa del país, Maradona salió en el primer lugar con 51 por ciento de las menciones, seguido por Kirchner con 31 por ciento.[28] "Es un país maravilloso, con un talento tremendo, en el que no obstante ese talento se aplaude al que mete el gol con la mano, cuando esa persona no tendría la necesidad de meter el gol con la mano", dijo Rocha. "Se aplaude la viveza criolla y no el trabajo disciplinado." No era casual que el Congreso argentino hubiera celebrado la cancelación de la deuda con cánticos festivos, o que el gobierno de Kirchner luego culpara a todo el mundo —los acreedores, el Fondo Monetario Internacional y los bancos— por la suspensión de la deuda, afirmaba el ex diplomático estadounidense.

"Gran parte de la inmadurez argentina se debía al Estado paternalista creado por el peronismo, basado en el modelo corporativista que el general Juan D. Perón había aprendido durante su estadía en la Italia de Benito Mussolini", agregó Rocha. "El peronismo creó una relación entre el individuo y el Estado que hizo que el individuo sea dependiente del Estado. El argentino espera que el Estado le resuelva su problema, ya se trate de un piquetero, un jubilado o una comunidad. Siempre espera que el Estado le resuelva... En la Argentina no se usan las palabras de John F. Kennedy, 'No preguntes lo que tu país puede hacer por ti, sino lo que tú puedes hacer por tu país'. En la Argentina la gente pregunta qué puede hacer el país por mí. Por lo tanto, cuando se culpa a alguien, se culpa al Estado, al FMI, al capitalismo, al neoliberalismo, pero nunca se toma la responsabilidad que de pronto la culpa puede ser interna. Es un país inmaduro, adolescente, y por el momento está demostrando que no puede salir de sus crisis por su incapacidad de hacer lo elemental, como respetar la ley y los contratos."

En rigor, la visión de Rocha sobre el peronismo es tan generalizada en los países ricos, que la propia secretaria de Estado Condoleezza Rice —aparentemente sin advertir que estaba diciendo algo que podría incomodar al gobierno argentino— manifestó en una audiencia pública del Congreso el 12 de mayo de 2005 que Perón, al igual que Chávez en la actualidad, había sido un presidente "populista" cuya "demagogia" no le había hecho ningún bien a su país. Y hasta en el vecino Chile, el canciller del gobierno socialista de Lagos, Ignacio Walker, había tenido que disculparse ante el gobierno argentino al asumir su cargo por haber escrito en noviembre de 2004 un artículo en el periódico *El Mercurio* titulado "Nuestros vecinos argentinos", en el que había dicho que "el verdadero muro que se interpone entre Chile y la Argentina no es la cordillera de los Andes, sino el legado del peronismo y su lógica perversa". Walker se refirió al Partido Justicialista de Kirchner como un movimiento con "rasgos autoritarios, corporativos y fascistoides" y agregó: "Diríamos que desde que Perón se instaló en el poder, en 1945, el peronismo y el militarismo se han encargado de destruir sistemáticamente a la Argentina".[29]

"¿Y no puede ser que Kirchner esté haciendo las cosas por etapas?", le pregunté a Rocha. Uno podía especular que Kirchner no entiende cómo funciona el mundo, pero también podía pensar que el presidente argentino tenía que poner la casa en orden y llegar a un acuerdo con los acreedores internacionales antes de dejar en marcha políticas para alentar las inversiones. De hecho, Kirchner había logrado una quita importante en el pago de la deuda externa, y eso no era un dato menor en un país quebrado y herido en su orgullo nacional. "Yo quisiera creer que lo segundo es lo cierto, pero me temo que no es así. Estamos hablando de individuos que están en el liderazgo argentino, y cuya capacidad de entender lo que ha pasado y va a pasar en el mundo es nula", concluyó Rocha.

La importancia de la reputación

James Walsh, el ex embajador de los Estados Unidos entre 2000 y 2003, veía a la Argentina con ojos menos pesimistas que su antecesor, pero en el fondo su visión no era muy diferente. Walsh tenía lazos afectivos con el país, que venían de su juventud: a los 17 años había ido a estudiar en un programa de intercambio a la provincia argentina de Córdoba, y luego había regresado como funcionario de la embajada de los Estados Unidos en Buenos Aires a fines de la década del sesenta, antes de su designación como embajador varios años después. Durante su última estadía oficial en la Argentina, antes de su retiro, había sido protagonista de la mayor crisis política de la historia reciente del país: la sucesión de cinco presidentes en una semana. "Yo era el tipo que iba todos los días a la Casa Rosada con una nota que decía: 'Es un honor para el gobierno de los Estados Unidos reconocer al nuevo gobierno de Argentina'", recordaba ahora, divertido. "Un periódico me sacó una foto saliendo de la Casa Rosada por cuarta o quinta vez seguida el sábado por la mañana, sin corbata, y dijo medio en sorna que los cambios presidenciales se habían hecho tan rutinarios que el embajador de los

Estados Unidos ya iba a presentar sus cartas de reconocimiento vestido de sport."

Para Walsh, la Argentina adolescente, el país de la "viveza criolla" que describía Rocha, era un fenómeno más bien de la capital, que no se extendía al interior del país. Durante sus años en Córdoba, nunca había visto esa glorificación del "sálvese quien pueda" que había visto luego en Buenos Aires. "Cuando vas al interior del país, te encuentras con que el concepto de la honestidad, del valor de la palabra, existe. Decir que alguien es vivo en Córdoba no es ninguna alabanza. En Buenos Aires hay una actitud diferente: el mismo concepto es visto como algo simpático, positivo." Pero Walsh coincidía en que el gobierno de Kirchner y —a juzgar por las encuestas— la mayoría de los argentinos estaban viviendo en la fantasía al celebrar su crecimiento económico de 2003, 2004 y 2005 como el comienzo de una larga era de prosperidad. Como casi todos los diplomáticos en Washington, y los empresarios en los Estados Unidos y Europa, Walsh veía el 8 por ciento de crecimiento económico de la Argentina en 2004 como el resultado de varios factores externos, que no durarían mucho, como el vigoroso crecimiento económico de los Estados Unidos, que estaba haciendo aumentar las exportaciones de manufacturas argentinas, el creciente apetito de China por los productos agropecuarios sudamericanos, el aumento de los precios de las materias primas agrícolas que exportaba el país y las bajas tasas de interés internacionales, que facilitaban el pago de intereses de las deudas comerciales. Y, claro, la Argentina no estaba pagando su deuda externa, lo que le dejaba más divisas disponibles para guardar en sus reservas.

"Se han salvado por el momento, pero el hecho es que tarde o temprano los intereses van a subir, los precios de las materias primas van a bajar, y la burbuja va a explotar", me dijo Walsh. "La idea de que los argentinos se pueden cruzar de brazos y decir que el Fondo Monetario Internacional se equivocó, y que el Consenso de Washington era una sarta de tonterías, es muy simplista. Lo cierto es que un país crea una reputación de mantener sus promesas, o no. Y si no tiene esa reputación, la gente no le va a prestar dinero, ni invertir en él, habiendo tantos otros lugares donde invertir."

"¿Y qué le respondían los funcionarios de Duhalde y de Kirchner cuando les decía estas cosas?", pregunté. "La mitad de ellos me decían que estaban de acuerdo, que tenían que hacer algo al respecto, y luego no pasaba nada. Y después, la economía comenzó a mejorar (en 2003) y entonces uno empezaba a escuchar a la gente haciendo comentarios como 'ven, no teníamos que hacer nada de lo que nos aconsejaban'. Y eso es una tontería, porque por supuesto tenían que hacer todas esas reformas institucionales y estructurales que se les aconsejaban. Porque si no haces esos cambios cuando las cosas van bien, ¿cómo los puedes hacer cuando la economía vuelva a caer, como tarde o temprano ocurrirá? Cuando estás en el pico, es el momento de hacer esas reformas." Y, obviamente, Kirchner no estaba haciendo las reformas necesarias. "Por lo que veo ahora desde lejos, leyendo los periódicos argentinos, una gran parte de esa retórica optimista es una ilusión."

Las presiones a la prensa

Parte del problema era que un sector importante de la prensa argentina había perdido gran parte de su valentía de antes. Con pocas excepciones, como el periódico *La Nación* o la revista *Noticias*, los medios argentinos casi siempre reflejaban sin cuestionamiento las buenas noticias suministradas por la Casa Rosada. Y según las organizaciones internacionales de defensa de la libertad de prensa, quienes no lo hacían recibían telefonazos del gobierno, a menudo del propio presidente de la Nación —especialmente en el caso de la televisión—, hasta por las críticas más inofensivas. Un alto funcionario de un canal de televisión me contó que Kirchner se había quejado personalmente por la cara de escepticismo que había puesto un periodista al anunciar una medida de gobierno. Era el presidente más pendiente de lo que decía la prensa en la historia reciente del país, y el que más se enojaba por cualquier cosa, decían los periodistas argentinos. Yo lo había constatado en carne propia durante mi encuentro con Kirchner en Monterrey, pero en mi caso no pasaba de ser un episodio anecdótico: en mi calidad de representante de un diario de los Estados Unidos, el hecho de que a Kirchner le gustaran o no mis artículos no tenía incidencia alguna en mi vida profesional. Pero para los periodistas argentinos que se ganaban la vida en empresas endeudadas, que en algunos casos dependían de la publicidad oficial del gobierno, los enojos del presidente no eran un dato menor.

Con el correr del tiempo, los reportes sobre "aprietes" del gobierno a los periodistas se hicieron cada vez más frecuentes, y públicos. En general, Kirchner toleraba la crítica en las columnas de opinión de los periódicos, pero exigía un alineamiento casi total en las páginas de información, como cuando se comunicaban los éxitos del presidente en sus viajes al exterior. Y los periodistas argentinos, que por supervivencia profesional optaban por no hablar públicamente de las presiones que recibían, lo hacían cada vez más en privado, y con las organizaciones internacionales de prensa. La organización no gubernamental Freedom House, de los Estados Unidos, señaló en su informe anual de 2005 que la libertad de prensa es "parcial" en la Argentina, y ubicó al país en el puesto 92 entre 192 naciones, una caída de 14 lugares respecto de la posición del año anterior. Y la Sociedad Interamericana de Prensa, SIP, luego de visitar el país ese mismo año, concluyó que aunque "es posible afirmar que hay libertad de prensa en la Argentina, con restricciones", existen "tendencias y hechos preocupantes que, de continuar, constituyen una amenaza a la libertad de prensa". Además de los "telefonazos" intimidatorios, existe una manipulación política de la publicidad oficial por parte del gobierno para beneficiar a algunos medios y castigar a otros con fondos que —al menos en teoría— son patrimonio de todos los contribuyentes, señalaba la organización. Lo que decía la SIP era vox populi entre los periodistas. *La Nación*, por ejemplo, había recibido en el año 2004 la misma cantidad de publicidad estatal que el oficialista *Página/12*, a pesar de que el primero tenía una tirada más de diez veces mayor. La misión de la SIP había encontrado "discriminación gubernamental en la asignación de publicidad", así como "discriminación en la información", mediante la negativa del gobierno a que sus funcionarios fueran entrevistados por medios que consideraba hostiles. Por el momento, el "apriete" estaba funcionando, y no afectaba la popularidad de Kirchner. Pero tras hablar con periodistas de varios medios en Buenos Aires, me quedé con la impresión a que en muchos de ellos estaba creciendo el resentimiento hacia el presidente. "Ahora, todos le siguen el tren. Pero esperá a que descienda a 49 por ciento en las encuestas, y todos le van a caer encima", me señaló un conocido periodista, reflejando el sentimiento generalizado en el medio. Kirchner, como en muchos otros frentes, estaba apostando fuerte y jugando con fuego.

"La Argentina está bien, pero va mal"

Eufórico por la recuperación económica, y desafiando a quienes lo criticaban por no emprender las reformas necesarias para volver a poner el país en una senda de crecimiento a largo plazo, Kirchner cerró el año 2004 proclamando victoriosamente que el crecimiento económico del país constituía "una verdadera lección a los diagnosticadores que pronosticaban un futuro negro".[30] En su discurso de cierre de fin de año en Moreno, una localidad de la provincia de Buenos Aires, el presidente parecía convencido de que había logrado iniciar una nueva era de crecimiento gracias a haber hecho caso omiso de las recetas ortodoxas del Fondo Monetario Internacional, y de quienes le aconsejaban llegar a un acuerdo con los acreedores y crear un clima favorable a la inversión cuanto antes, para insertar al país nuevamente en la economía global. ¿Acaso no veían los extranjeros cómo los comercios de Buenos Aires estaban nuevamente llenos, el desempleo estaba bajando y las industrias comenzaban a calentar los motores por primera vez después de la crisis?, decía el presidente a sus visitantes extranjeros.

Meses después, en junio de 2005, cuando la Argentina logró renegociar exitosamente la mayor parte de sus casi 100 mil millones de dólares en bonos en *default* —la mayor renegociación de deuda del mundo—, Kirchner podía ufanarse con cierta razón de que su estilo le había redituado buenos resultados al país, que había logrado una quita de casi el 75 por ciento en el precio de los bonos, lo que según Lavagna significaba un ahorro de 67 mil millones de dólares en pagos de deuda, y una luz verde para que la Argentina regresara a los mercados de crédito por primera vez desde la debacle de 2001.

El argumento del presidente tenía su mérito, pero también era un hecho que se estaba malogrando una gran oportunidad en momentos en que otros países avanzaban a todo vapor. Probablemente, Kirchner había sido un buen presidente para un país en *default* que necesitaba negociar con dureza mejores condiciones de pago, pero —de no cambiar su estilo y su visión del mundo— no sería tan bueno para un país normalizado y necesitado de lograr inversiones productivas. Su gestión obligaba a preguntarse si no había perdido una oportunidad de oro. Kirchner había desperdiciado la mejor coyuntura externa del país en cinco décadas al no hacer —y ni siquiera tratar de hacer— alguna de las transformaciones institucionales y económicas que se habían realizado en los países exitosos para aumentar la competitividad. La Argentina se estaba recuperando, una vez más, gracias a los precios de las materias primas agropecuarias, que carecían de alto valor agregado y que —en la economía del conocimiento del siglo XXI— eran las menos rentables a largo plazo. Pero en lugar de reconocerlo, aprovechar el momento y, aunque más no fuera, empezar a predicar la necesidad de competir en la economía global, Kirchner —al menos hasta el momento de escribirse estas líneas— se había quedado mirando hacia adentro, y festejando.

En un viaje posterior a la Argentina, me encontré con un alto funcionario del gobierno de Kirchner en un restaurante de Puerto Madero, la zona portuaria cuyos enormes silos y hangares habían sido convertidos en lujosos restaurantes pocos años antes. Cuando nos sentamos a tomar un café y comenzamos a debatir el tema obligado —el futuro del país—, le dije sinceramente lo que pensaba: sin duda, la Argentina estaba mejor que dos años antes. Pero, en el mundo globalizado, un país no se puede comparar consigo mismo, sino que se tiene que comparar con los demás, porque de otra manera tendrá cada vez menos inversión, menos competitividad, menos exportaciones y más pobreza. "La Argentina está bien, pero va mal", le dije. Si la Argentina no aprovechaba los vientos favorables para lograr una mayor competitividad, promover la educación, la ciencia y la tecnología, y todo lo que le permitiera insertarse en la economía global para vender productos más sofisticados, su futuro sería muy incierto.

El funcionario asintió con la cabeza y replicó: "Tenés razón, pero la crisis ha sido tan profunda, que todavía es muy difícil hablar del mañana". Para quienes vienen de afuera era fácil ver lo que necesita hacer la Argentina, y probablemente tienen razón, agregó. Pero para quienes viven allí, todavía no se había salido del shock del peor colapso económico de la historia del país. "Antes de que el barco pueda zarpar, tenemos que tapar los agujeros del casco", concluyó. Era un buen razonamiento, que demostraba inteligencia y pragmatismo. Le dije que en parte tenía razón, y que era una forma de ver las cosas que yo debía tener en cuenta en mis futuros escritos sobre Kirchner. Pero también era cierto que si el barco no salía del puerto mientras la marea estaba alta, sería mucho más difícil moverlo cuando bajara.

FUENTES

[1] "Duro reproche de los empresarios españoles", *El Mundo*, 18 de julio de 2003.
[2] Ídem.
[3] "Dura reunión de Kirchner con empresarios", *La Nación*, 18 de julio de 2003.
[4] Ídem.

[5] "Nadie avisó aún que el presidente no asistirá", *La Nación*, 23 de octubre de 2003.

[6] "Waiting Game", *Financial Times*, 29 de julio de 2004.

[7] "HP pretende dobrar de tamanho no Brasil em 3 anos", O Estado de São Paulo, edición web, 4 de agosto de 2004.

[8] "Por la campaña (electoral), Kirchner no recibe al presidente sudafricano", *Clarín*, 31 de mayo de 2005.

[9] Larry Rohter, "Argentine leader's quirks attract criticism", *The New York Times*, 27 de diciembre de 2004.

[10] Ídem.

[11] Andrés Oppenheimer, "El peligroso aumento del voto cautivo", *El Nuevo Herald*, 2 de julio de 2004.

[12] Ídem.

[13] Entrevista del autor con Roberto Lavagna, en Buenos Aires, 20 de abril de 2005.

[14] Ídem.

[15] Entrevista del autor con Jorge Castañeda, México D. F., 23 de septiembre de 2003.

[16] Entrevista del autor con Néstor Kirchner, Monterrey, México, 13 de enero de 2004.

[17] Ídem.

[18] Ídem.

[19] Ídem.

[20] Ídem.

[21] *Clarín*, 14 de enero de 2004.

[22] "Entre Bush y Kohler, el presidente buscó consolidar su poder político", *Clarín*, 15 de enero de 2004.

[23] Entrevista del autor con Otto J. Reich, en Washington D.C., 21 de enero de 2005.

[24] Ídem.

[25] "El gobierno mejoró los lazos con EE.UU.", *La Nación*, jueves 15 de enero de 2004.

[26] *Clarín*, 5 de noviembre de 2004.

[27] Entrevista de Condoleezza Rice con Pablo Bachelet, *The Miami Herald*, 3 de junio de 2005.

[28] "San Martín y Maradona, los que mejor representan al país", *Clarín*, 31 de marzo de 2005.

[29] "Nuestros vecinos argentinos", *El Mercurio*, 2 de octubre de 2004.

[30] "Los argentinos dieron una lección", *La Nación*, 30 de diciembre de 2004.

CAPÍTULO 7
Brasil: el coloso del sur

Cuento chino: "Brasil es el país del futuro, y siempre lo será"
(chiste tradicional sobre el destino de Brasil).

BRASILIA — Cuando entrevisté al canciller de Brasil, Celso Amorim, en su inmenso despacho en Itamaratí, el Ministerio de Relaciones Exteriores en Brasilia, mucho antes de los escándalos de corrupción que sacudieron al gobierno brasileño a finales de 2005, lo que más me llamó la atención no fue nada de lo que escuché, sino algo que vi. Amorim, un funcionario de carrera que ya había sido canciller del ex presidente Itamar Franco y últimamente se había desempeñado como embajador en Londres, era un prototipo de la diplomacia brasileña, reconocida como la más sofisticada de la región. Como la mayoría de sus colegas de Itamaratí, era un hombre con mucho oficio, que hablaba buen inglés y buen español —cosa que no obstó para que, después de que cometí la imprudencia de comentarle que hacía dos años que estaba tomando clases de portugués, insistiera en seguir la entrevista en ese idioma— y conocía al dedillo las respuestas de la cartilla nacionalista-desarrollista de la cancillería de su país. Estábamos sentados en una mesita de café en uno de los rincones de su gigantesco despacho, y durante la hora y pico que duró la entrevista, Amorim no dijo nada que me sonara nuevo. Sin embargo, no pude evitar una sonrisa cuando vi el enorme tapiz que colgaba detrás de su escritorio, en la otra punta del salón.

Era un mapa de varios metros de largo, que mostraba el mundo al revés. Brasil estaba en el centro, con África a un lado, ocupando gran parte del tapiz, mientras que los Estados Unidos y Europa estaban muy por debajo, en el lejano sur, casi cayéndose del mapa. Cuando terminó la entrevista y caminábamos hacia la puerta de su despacho, no pude menos que señalar el mapa y bromear que ahora finalmente entendía por qué el gobierno del presidente Lula era tan nacionalista: su canciller se pasaba el día trabajando debajo de un mapa con Brasil en el centro del mundo. Amorim se encogió de hombros y me señaló con la mayor naturalidad que había heredado el mapa del canciller del gobierno anterior, Celso Lafer. Y agregó que probablemente había estado allí aun antes de aquél, desde siempre.

Efectivamente, según pude averiguar después, el mapa era un tapiz de la artista brasileña Madeleine Colaço, que se había basado en un mapamundi de un cartógrafo italiano de la Antigüedad, y estaba allí desde que los funcionarios de Itamaratí tenían memoria. No era nada que les llamara mucho la atención al canciller ni a sus colaboradores. De hecho, tal como pude constatar más tarde, Brasil está lleno de mapas al revés, o por lo menos al revés de los mapamundi tradicionales en los países del norte que colonizaron el resto del mundo. Cuando visité el periódico *O Estado de São Paulo*, su director también tenía un pisapapeles con el mundo al revés. En una oficina de la empresa aérea Varig me había encontrado con un póster igual. Para los brasileños era un chiste viejo, que se había convertido en parte del folclore geopolítico nacional, al punto de que hacía mucho tiempo había dejado de llamar la atención.

¿Había alguna justificación para el complejo de superioridad brasileño, aparte de la prominencia internacional del país en el fútbol, la música y el carnaval? ¿O eran delirios de grandeza? Brasil era, lejos, el país más grande de Sudamérica, con un producto bruto de más del 50 por ciento del resto de la subregión en su conjunto. Sin embargo, hasta fines del mandato del presidente Cardoso, se había caracterizado por ser una potencia insular, llena de sí misma, pero aislada de sus vecinos y del resto del mundo. Era lo lógico: además de haber sido colonizado por Portugal y tener un idioma diferente del de sus vecinos sudamericanos, Brasil había tenido que concentrarse más que los otros países de la región en lo que sus diplomáticos llamaban la "búsqueda de la consolidación del espacio nacional". Con sus 8,5 millones de kilómetros cuadrados (el quinto país de mayor territorio del mundo) y sus 170 millones de habitantes, siempre fue un país continental, como los Estados Unidos, Rusia, China e India. El diplomático estadounidense George F. Kennan había incluido ya a principios de siglo a Brasil en su lista de países que llamó "monster countries", o países monstruos, no sólo por su tamaño sino por su peso económico en el mundo. Pero a diferencia de los Estados Unidos, que tiene sólo dos vecinos (México y Canadá), o de Australia, que no tiene ninguno, Brasil linda con diez países, lo que históricamente le ha exigido un esfuerzo de negociación y consolidación interna para delimitar pacíficamente sus fronteras y mantener viva su identidad nacional. Al mismo tiempo, por el tamaño de su economía (la décima más grande del mundo) y su enorme superioridad sobre sus vecinos, Brasil siempre miró al Norte y al Este, donde podía encontrar mercados acordes con su capacidad de producción, y al mismo tiempo evitar ser contaminado por la inestabilidad política de sus vecinos sudamericanos. Hasta fines de los noventa, el resto de Sudamérica nunca había sido una prioridad para los gobiernos brasileños.

Hasta los chistes que se escuchaban bien entrada la década de los noventa reflejaban el desdén de los brasileños por sus vecinos, sobre todo por los argentinos. Según uno que escuché en São Paulo después de la devaluación brasileña de 1999, que hizo caer bruscamente las importaciones de los países vecinos y provocó la peor crisis de la historia reciente de la Argentina, el presidente Cardoso había salido en cadena nacional de televisión para dar el siguiente mensaje a sus coterráneos: "Pueblo brasileño: tengo una mala noticia y una buena noticia. La mala noticia es que hemos tenido que devaluar la moneda, lo que causará el cierre de miles de empresas, mayor desempleo, más miseria, y hará que vengan tiempos muy malos para el país". El cuento terminaba diciendo que luego, con una sonrisa pícara, Cardoso agregaba: "La buena noticia es que en la Argentina también".

Pero a partir de la década del noventa, y especialmente después de la caída del Muro de Berlín, cuando el mundo comenzó a dividirse en una superpotencia y varias potencias regionales, Brasil empezó a buscar activamente un rol de liderazgo en América del Sur, como un paso indispensable para asentar sus credenciales como una de las potencias mundiales de segunda línea y buscar un asiento en el Consejo de Seguridad de las Naciones Unidas. El presidente Cardoso convocó a la primera Reunión de Presidentes de América del Sur el 30 de agosto de 2000, en lo que sería el primer paso de un esfuerzo de liderazgo regional al que su sucesor, Lula, daría un impulso aun mayor. En rigor, Brasil venía hablando de la integración regional desde principios del siglo XX, cuando el barón de Rio Branco, el padre intelectual de la diplomacia brasileña, se había propuesto en 1909 "contribuir a la unión y a la amistad de los países sudamericanos", agregando que "una de las columnas de esa obra deberá ser el ABC (Argentina, Brasil y Chile)".[1] Sin embargo, hasta ocho décadas más tarde, cuando Brasil integró el Mercosur junto con la Argentina, Uruguay y Paraguay en el tratado de Asunción de 1991, las declaraciones brasileñas en pro de la unión regional habían sido sólo gestos de buena voluntad.

A partir de entonces, la economía de Brasil comenzó a relacionarse más con las de sus vecinos. No sólo aumentó significativamente el comercio entre los países del Mercosur, sino que empezó a reemplazar sus importaciones petroleras del Medio Oriente por las de sus vecinos. Comenzó a comprar petróleo de Venezuela y la Argentina, gas natural de Bolivia, y construyó la represa binacional de Itaipú con Paraguay, desde donde comenzó a suplir de energía eléctrica a casi todos los estados del Sur y Sureste brasileño. Y a partir de la entrada en vigor del Tratado de Libre Comercio entre México, los Estados Unidos y Canadá en 1994, cuando los brasileños empezaron a ver el meteórico ascenso de las exportaciones de México a los Estados Unidos, la cancillería decidió que necesitaba una masa crítica para no quedar en un limbo geográfico en la nueva economía global, donde se estaban delineando varios acuerdos de libre comercio regionales. Y decidió apostarle a la Unión Sudamericana.

Bye bye México, bienvenida "Sudamérica"

La cumbre de 2000 en Brasilia, a la que asistieron doce presidentes sudamericanos, fue mucho más que un acto simbólico. Significó la irrupción de Brasil en la escena regional, con un nuevo proyecto geopolítico —la región sudamericana—. El ex canciller Lafer no disimuló la intención de Brasil de convertirse en el eje de la región, con el argumento de que México y Centroamérica ya se habían vuelto poco menos que apéndices de los Estados Unidos, y por lo tanto supuestamente habían dejado de pertenecer a lo que los brasileños hasta entonces habían llamado América latina. Según Lafer, México y América Central ya estaban del otro lado. "El futuro de esa parte de América latina está cada vez más vinculado con lo que ocurre en los Estados Unidos", decía. "América del Sur, en contraste, tiene... una especificidad propia."[2]

Muy pronto, Brasil comenzó a reescribir la historia y a redefinir la geografía de la región, de una forma que prácticamente excluía a México y Centroamérica, y dejaba a Brasil como líder regional indiscutible de Sudamérica. Quizá porque para lograr el reconocimiento mundial como potencia regional no podía permitirse compartir el liderazgo latinoamericano con otros países, o porque el derrumbe económico argentino de 2001 dejó a Brasil —por eliminación— como única potencia sudamericana, lo cierto es que los funcionarios de Itamaratí comenzaron a propagar una nueva interpretación de la historia latinoamericana, que por supuesto colocaba a ese país en un lugar protagónico.

En efecto, la diplomacia brasileña empezó a divulgar a fines de los años noventa la idea de que no existía tal cosa como América latina, sino una América del Sur, una América Central y una América del Norte. Esa división geográfica dejaba fuera de juego a México en la comunidad diplomática latinoamericana, al relegar a ese país al ámbito norteamericano dominado por los Estados Unidos, y colocaba a Brasil como líder de América latina.

Escuché por primera vez esta teoría condenatoria del concepto de "América latina" en 2000, de boca del embajador de Brasil en Washington, Rubens A. Barbosa, quien había sido enviado a esa ciudad por Cardoso y confirmado en su cargo por Lula, lo que lo convertía por definición en un peso pesado de la política exterior brasileña. Barbosa me había dicho: "Estamos entrando en el siglo XXI con una nueva geografía económica. La comunidad de negocios percibe la región como dividida en tres zonas: América del Norte, América Central y el Caribe, y Sudamérica. En Sudamérica viven cerca de 340 millones de personas. Su economía conjunta genera un producto bruto de 1.500 millones de dólares por año, lo que convierte a la región en un centro de comercio e inversiones internacionales". Siguió diciendo que "los países sudamericanos comparten más que una geografía y una historia común. Comparten valores. Comparten el compromiso de construir un futuro mejor mediante la consolidación de las instituciones democráticas, el crecimiento económico sostenido y la lucha por combatir la injusticia social".

América latina: ¿un concepto superado?

Tres años después, Brasil elevaría su teoría de la nueva geografía económica un peldaño más, y aduciría que "Sudamérica" era una región natural, mientras que "América latina" había sido un concepto inventado que respondía a intereses más políticos que geográficos.

"América latina es un concepto superado", dijo el embajador Barbosa en una conferencia académica realizada en Miami a mediados de 2003, en la que compartí con él un panel sobre el futuro de la región. "El concepto de 'América latina' fue creado por un sociólogo francés en el siglo XIX, que inventó la idea de América latina cuando el emperador Maximiliano fue instalado en México y los franceses querían justificar una expedición militar a ese país con la idea de expandir su imperio a los países del Sur. Pero las cosas han cambiado mucho desde el siglo XIX, y hoy tenemos una nueva geografía en la región, que hace que el concepto de 'América latina' esté totalmente desactualizado", dijo Barbosa.

Cuando lo miré con incredulidad (más por ignorancia que otra cosa, porque confieso que hasta ese momento jamás había escuchado nada sobre el origen del término "América latina"), el embajador brasileño explicó que la región actualmente estaba dividida en tres bloques económicos, y no sólo económicos sino también políticos. "Cuando hablo de desagregar el concepto de 'América latina', pienso también en lo que hacen los Estados Unidos. No se puede hablar de políticas consistentes de los Estados Unidos para América latina, porque no hay tal cosa: hay políticas para diferentes países, o grupos de países. Ni siquiera el Departamento de Estado nos llama 'América Latina'. Nos llama 'Hemisferio Occidental'".[3] Todavía recuperándome de la sorpresa, le respondí que la oficina del Departamento de Estado a cargo de la región se llama así porque incluye a Canadá, por lo que difícilmente podría llamarse "oficina de América latina". Sin embargo, me picó la curiosidad sobre el tema.

¿Era verdad lo que decía Barbosa? ¿Existe "América latina", o es un invento relativamente reciente creado por los franceses, y luego tomado por los Estados Unidos, que reflejaba los intereses políticos de las grandes potencias de turno? A los pocos días de la conferencia, llamé a Barbosa y le pregunté quién era el famoso francés que había inventado el término "América latina". Según me respondió poco después, se trataba de Michel Chevalier, el intelectual viajero y senador francés de mediados del siglo XIX. Resulta que Chevalier era un abanderado de los sueños imperialistas de Francia en las Américas, y quería probar que Francia —y no los Estados Unidos— era el país con mayores afinidades históricas con la región. Chevalier argumentaba que los países al sur de los Estados Unidos eran "latinos" y "católicos", mientras que los Estados Unidos y Canadá eran "protestantes" y "anglosajones". La conclusión lógica de esta división de las Américas era que Francia, la principal potencia "latina" del mundo de entonces, estaba llamada a liderar a sus naciones hermanas en las Américas. (Años después, España acuñaría un término para marcar su propio rol de liderazgo en la región: Iberoamérica.)

Chevalier había llegado a convencer a Napoleón III de instalar al emperador Maximiliano en México, como una avanzada de lo que esperaba se convertiría en un inmenso imperio francés en el nuevo continente. En sus libros *La expedición de México* (1862) y *México antiguo y moderno* (1863), el intelectual viajero hacía una apasionada argumentación a favor de la creación de un imperio "latino" en las Américas. Ese imperio elevaría la presencia de Francia en el mundo y serviría como dique de contención a lo que Chevalier llamaba "la América inglesa del continente" o el "imperio anglosajón y protestante" de los Estados Unidos.

Chevalier proclamaba abiertamente sus intenciones. En su escrito "Motivos para una intervención de Europa, o de Francia sola, en los negocios de México", decía así: "La expedición (francesa) tiene un fin declarado: pretende ser el punto de partida de la regeneración política de México... y la necesidad de poner al fin, en interés de la balanza política del mundo, un dique al espíritu invasor de que ya hace muchos años se hallan poseídos los angloamericanos de los Estados Unidos".[4]

Para apuntalar la presencia francesa en las Américas, Chevalier explicaba que Francia tenía un motivo especial, diferente del de Inglaterra y los países de Europa del Norte, para intervenir en el nuevo continente: formaba parte de las "naciones latinas". Según Chevalier, la consolidación y el desenvolvimiento del grupo de las naciones latinas son la condición misma de la autoridad de la Francia.[5] Evitar que los Estados Unidos tomaran para sí a los países latinos de América debía ser una prioridad para su país. Francia "sobresale en las letras. En las ciencias y en las artes, su industria es cada vez más fecunda y a su agricultura le espera un gran provenir, su ejército es numeroso y muy respetado. Pero si las naciones latinas desapareciesen algún día de la escena del mundo, la Francia se hallaría en irremediable debilidad y aislamiento. Sería como un general sin ejército, casi como una cabeza sin cuerpo".[6]

La otra visión de "América latina"

Sin embargo, la idea de que Chevalier fue el primero en acuñar el concepto de "América latina" —asentada en una monografía publicada en 1965 por el historiador norteamericano John Leddy Phelan— está siendo cada vez más disputada. La historiadora Mónica Quijada publicó un amplio ensayo en 1998, titulado "Sobre el origen y difusión del nombre 'América latina'", en el que señala que Chevalier nunca llegó a utilizar el término "América latina", sino que hablaba de "los pueblos latinos de las Américas", y de la existencia de una América que era "latina" y "católica". Según Quijada, los primeros en emplear el término "América latina" como tal fueron los propios latinoamericanos: ensayistas como el dominicano Francisco Muñoz del Monte, los chilenos Santiago Arcos y Francisco Bilbao, y, sobre todo, el colombiano José María Torres Caicedo, que empezaron a usarlo como referencia geográfica a comienzos de la década de 1850, algunos años antes de los escritos de Chevalier. Y el trasfondo ideológico del término fue exactamente opuesto al que tenía en mente Chevalier, y al que reflotaría un siglo y medio más tarde la diplomacia brasileña.

"'América latina' no es una denominación impuesta a los latinoamericanos en función de unos intereses que les eran ajenos, sino un nombre acuñado y adoptado conscientemente por ellos mismos y a partir de sus propias reivindicaciones", dice Quijada.[7] Los hispanoamericanos adoptaron el término en un momento en que Estados Unidos parecía empeñado en crear un imperio que se extendería cada vez más hacia el sur del continente, señala. En los años cincuenta, Washington estaba tratando de construir un canal en Centroamérica que uniese los océanos Atlántico y Pacífico. Y a mediados de la década de 1850, la política exterior de Washington estaba causando aun mayores temores en los países del sur, cuando el pirata norteamericano William Walker se proclamó presidente de Nicaragua y obtuvo el apoyo explícito del presidente de los Estados Unidos, Franklin Pierce. Eso, sumado al apoderamiento de enormes territorios de México por parte de los Estados Unidos tras la ocupación de Texas, "llevó a que muchos hispanoamericanos volvieran los ojos hacia el viejo sueño unionista del gran libertador, Simón Bolívar", señala Quijada. "La razón principal que inspiraba la reaparición de aquellos ideales era la necesidad, sentida por muchos, de oponer al poderío creciente y a la política agresiva de los Estados Unidos una Hispanoamérica fortalecida por el esfuerzo común".[8]

Curiosamente, la primera mención que se ha encontrado de "América latina" como nombre colectivo está en una obra de poesía, dice Quijada. Se trata del poema "Las dos Américas", del colombiano Torres Caicedo, en cuya novena parte aparecen las estrofas: "La raza de la América latina, al frente tiene la raza sajona". Posteriormente, los libros de Chevalier y la fundación de la *Revista Latinoamericana* en Buenos Aires contribuirían considerablemente a la difusión generalizada del nombre "América latina", que hacia fines del siglo XIX ya era el término más usado internacionalmente para referirse a la región.

De confirmarse estos últimos estudios, el revisionismo geográfico de Brasil carecería de fundamento, por más que México hubiera firmado su Tratado de Libre Comercio con los Estados Unidos en 1994. Aunque el término "América latina" es relativamente novedoso, como lo señaló el embajador de Brasil en Washington, no habría nacido de intenciones imperiales, sino todo lo contrario: habría surgido de la intención de los hispanoamericanos de diferenciarse de sus vecinos anglosajones del Norte, y de sentirse unidos a los países europeos en la defensa de su religión y sus valores comunes.

En Washington, Haití es igual que Brasil

Si Brasil había ignorado al resto de América latina durante décadas, lo mismo ocurría —y sigue ocurriendo— en gran parte de la región, y en los Estados Unidos, respecto de Brasil. En el Departamento de Estado de los Estados Unidos, había tan pocos expertos en Brasil que el gobierno de Bush había tenido que subcontratar a uno, William Perry, para asesorar al Departamento de Asuntos Hemisféricos en asuntos relacionados con ese país. El problema, según me señalaron varios ex embajadores de los Estados Unidos en Brasil, es que hay muy pocos funcionarios en el sexto piso del Departamento de Estado —donde despacha el subsecretario a cargo de Asuntos Latinoamericanos— que hablen portugués, o que sepan algo de Brasil. Quizá por su tradición de autosuficiencia, y por la menor importancia que le dio históricamente a lo que pudieran decir o dejar de decir los emisarios de Washington, Brasil ha sido tradicionalmente un destino poco ambicionado por los diplomáticos estadounidenses. A diferencia de lo que ocurre en los otros países latinoamericanos, donde el embajador de los Estados Unidos es todo un personaje, en Brasil nunca lo fue tanto, o por lo menos los gobiernos brasileños se habían encargado de que no lo sintieran así.

Debido a la carencia de expertos en Brasil, los puestos principales del "Brazilian desk" en el Departamento de Estado por lo general habían sido ocupados por diplomáticos provenientes de otras regiones del mundo, que eran asignados allí por algún traspié político o personal. Según me contó Peter Hakim, el presidente del Diálogo Interamericano, uno de los más conocidos centros de estudios regionales en Washington, durante mucho tiempo había existido una broma interna en el Departamento de Estado, según la cual cuando un funcionario metía la pata, sus colegas le decían: "Te van a mandar a la oficina de asuntos brasileños".

En el Consejo Nacional de Seguridad de la Casa Blanca, la oficina paralela al Departamento de Estado que asesora directamente al presidente en temas de política exterior, la situación no era muy diferente. Richard Feinberg, el ex director de la oficina de Asuntos Latinoamericanos del Consejo Nacional de Seguridad durante el primer gobierno de Clinton, me comentó una vez entre divertido y horrorizado que durante su gestión su oficina tenía solamente dos funcionarios: "Uno se ocupaba de Haití, y el otro, que era yo, de todos los demás países de América latina". Durante el segundo mandato de Clinton, y más tarde durante el gobierno de Bush, la oficina se amplió a seis funcionarios, pero la desproporción en términos territoriales seguía siendo enorme: en 2004, tenía un funcionario de tiempo completo a cargo de Haití y Cuba, y otro del mismo rango para ocuparse de Brasil, la Argentina, Uruguay y Paraguay, los países del Mercosur. O sea, la oficina de asesoramiento sobre América latina de la Casa Blanca destinaba los mismos recursos de personal a dos países caribeños que juntos no llegan a 19 millones de habitantes y un producto bruto de 43 mil millones dólares, que a cuatro países sudamericanos con una población conjunta de más de 240 millones de habitantes, y un producto bruto combinado de más de 1,4 trillones de dólares.

Todos estos factores hicieron que Washington nunca le prestara a Brasil una atención remotamente cercana al peso del país en la región. El ex secretario de Estado Colin Powell pasó casi cuatro años en su puesto sin pisar Brasil, y sólo lo hizo dos meses antes de dejar su cargo, para que nadie pudiera decir que no había puesto pie en el principal país de Sudamérica durante toda su gestión. Y cuando el Diálogo Interamericano en 2003 invitó a los 450 congresistas de los Estados Unidos a un viaje a Brasil durante el receso de fin de año, con todos los gastos pagos, para concientizarlos sobre la importancia del gigante sudamericano, apenas poco más de una docena respondieron con algún grado de interés, y sólo uno de ellos terminó yendo, a pesar de que la invitación había sido cursada a través de varios líderes del Congreso, me relató Hakim en ese momento, con un dejo de frustración.

Lula, Wall Street y la revolución

Durante su campaña electoral, Lula tampoco ayudó mucho a ganarse simpatías en Washington. Como era un político espontáneo que hablaba de cualquier tema a cualquier hora, casi no pasaba semana en que no dijera algo que molestara a los conservadores que gobernaban en Washington. En los meses anteriores a la campaña presidencial, cuando lo entrevisté en Brasilia, Lula todavía hablaba del ALCA como de "un proyecto de anexión de la economía brasileña a los Estados Unidos". Proponía no pagar la deuda externa brasileña y romper con el Fondo Monetario Internacional —una postura que recién cambió pocas semanas antes de la elección— y proclamaba con orgullo su apoyo a la dictadura cubana. Claro, hacía una buena parte de esto para satisfacer al ala radical de su partido, y para contenerla a medida que se acercaba cada vez más a la clase empresarial y a la economía de mercado. Pero sus declaraciones caían mal en los Estados Unidos, especialmente en el Congreso, donde no estaban al tanto de los detalles de la política interna brasileña.

Cuando le pregunté a Lula en Brasilia sobre los temores de Washington sobre sus nexos con Cuba, me respondió: "He estado en Cuba muchas veces en los últimos veinte años, y me considero un amigo de Cuba y un admirador del pueblo cubano, un pueblo con una enorme autoestima, que no ha dado marcha atrás ante los problemas y las adversidades, y que paga un precio muy grande por ello". Intrigado, le pregunté cómo sabía lo que quería el "pueblo cubano", si este último no había podido votar libremente en cuatro décadas. Además, ¿cómo podía un sindicalista como él, que había luchado contra las dictaduras en su país, seguir avalando a una dictadura que no permitía sindicatos independientes?, le pregunté. Lula dio marcha atrás, pero sólo un poco: "Obviamente, el hecho de ser amigo de Cuba no significa que yo o el Partido de los Trabajadores estemos de acuerdo con todo lo que hacen. En uno de mis últimos viajes, tuve la oportunidad de decirle públicamente a Fidel Castro que, para nosotros, Cuba no es un modelo, como tampoco son un modelo los Estados Unidos, ni Francia", respondió.[9]

Tras ganar las elecciones y asumir el poder el 1 de enero de 2003, Lula sorprendió al mundo con un dramático giro al centro. Pero tenía un problema, como lo reconocían en privado sus propios asesores: hablaba demasiado. Cuando regresé a Brasil en febrero de 2003, más de un mes después de la toma de posesión del mando, la comidilla diaria de la prensa brasileña era la incontinencia verbal del nuevo presidente. No pasaba una semana sin que dijera algo que provocara un entredicho con los Estados Unidos, Europa o algún otro lugar del mundo. Algunas de las cosas que decía eran, francamente, simpáticas, y le ganaban aplausos en casa. Durante una visita oficial a Londres, para participar en una reunión de líderes "progresistas", dijo que "si hay algo que admiro de los Estados Unidos, es que la primera cosa que piensan es en ellos mismos, la segunda es ellos mismos, y la tercera es ellos mismos. Y si todavía les queda un poco de tiempo libre, piensan un poquito más en ellos mismos".[10] Otras veces, sus declaraciones eran más hostiles y causaban problemas diplomáticos.

En una oportunidad, me tocó estar en el medio de un exabrupto de Lula que le costó fuertes críticas en la prensa brasileña. Yo había entrevistado al representante de Comercio de los Estados Unidos, Robert Zoellick —el encargado de las negociaciones del ALCA por parte del gobierno de Bush—, sobre las críticas de Brasil al área de libre comercio hemisférico apoyada por los Estados Unidos, y el funcionario norteamericano me había hecho una declaración explosiva: Brasil, como país soberano, tenía todo el derecho del mundo de no sumarse al ALCA, y había agregado —sarcásticamente— que "si Brasil no estaba interesado, podía comerciar con la Antártida". Cuando la noticia salió en *The Miami Herald* y fue reproducida al día siguiente por todos los periódicos brasileños, Lula declaró que él no respondería a una declaración de "un subordinado de un subordinado". Su comentario dio lugar a una avalancha de críticas en la prensa brasileña, porque Lula no sólo había llevado el debate a un plano personal —en lugar de rebatir el argumento— sino que era una afirmación errónea, porque Zoellick tenía el rango de ministro, ya que era miembro del gabinete de Bush.

En febrero de 2003 me encontré con un ambiente general de apoyo a Lula, aunque también de preocupación por la soltura de sus declaraciones. Me había alojado en el hotel de la Academia de Tenis, un complejo de cabañas adyacentes a canchas de tenis donde me habían aconsejado hospedarme, ya que casi todos los ministros del flamante gobierno estaban allí mientras buscaban viviendas para mudarse con sus familias a la capital brasileña. Fue uno de los mejores viajes de mi carrera periodística: descubrí que las clases de tenis costaban el equivalente a 1 dólar, lo que —comparado con los 40 dólares que salían en los Estados Unidos— era un regalo. De manera que, entre entrevista y entrevista, me la pasé jugando al tenis y bromeando con mis entrevistados acerca de que no sabía si mi viaje me ayudaría a entender mejor el fenómeno de Lula, pero seguramente mejoraría mi juego. Una noche, invité a cenar a William Barr, un diplomático que acababa de retirarse tras desempeñarse como jefe de la sección política de la embajada de los Estados Unidos en Brasilia, y que había decidido quedarse en la ciudad como consultor político y empresario privado. "¿Cómo ve las primeras semanas de Lula?", le pregunté. "Bien, pero habla demasiado", respondió Barr. "Lula siempre ha hecho sus discursos según la audiencia que tiene delante, sin mayor consideración a las implicaciones más amplias de sus declaraciones. El problema es que ahora es presidente."

Seis meses después de asumir el poder, Lula había pronunciado más de cien discursos públicos, la mayoría de ellos improvisados. La revista *Veja* señalaba que esa práctica venía del pasado sindical del presidente, y lo estaba exponiendo a problemas innecesarios. "En el mundo de las asambleas sindicales, las palabras tienen un peso tremendo, casi tanto como las acciones. El que hace el mejor discurso se gana la audiencia", decía la revista. "Pero en el gobierno, ganarse la audiencia es sólo el primer paso."

Lula y "el sueño americano"

Como muchos analistas políticos, siempre creí —según me vengo a enterar ahora, erróneamente— que dentro de todas sus torpezas diplomáticas, el gobierno de Bush había tenido un gran acierto en América latina: se había tragado sus prejuicios ideológicos y le había puesto buena cara a la candidatura de Lula, a pesar de sus declaraciones poco amigables hacia los Estados Unidos. En efecto, en la campaña de 2002, cuando muchos preveían que Estados Unidos haría todo lo posible por impedir el triunfo de Lula, el gobierno de Bush nos sorprendió a todos con una postura sofisticada respecto de su candidatura, que lo benefició enormemente, y hasta le ayudó en alguna medida a ganar las elecciones.

Lula tenía un problema para conseguir votos del centro durante la campaña: a diferencia de su antecesor y de muchos presidentes latinoamericanos que venían de la izquierda, no era un socialdemócrata —o por lo menos no lo había sido hasta entonces— sino el líder de un partido socialista. En 1989 había declarado que "el programa del Partido de los Trabajadores es socialista. El socialismo es el objetivo final del partido".[11] Y hasta pocos meses antes de las elecciones de 2002, repetía su mantra de que el ALCA era "un mecanismo de anexión a la economía de los Estados Unidos", y que "Brasil tenía que romper con el Fondo Monetario Internacional". A medida que se acercaba la elección presidencial, los rivales de Lula incrementaban su campaña del miedo, acusándolo de ser un izquierdista radical que supuestamente convertiría al país en una segunda Cuba. Y veintisiete legisladores del Congreso de los Estados Unidos se habían unido a esta campaña enviando una carta pública a Bush, advirtiéndole sobre la posibilidad de un nuevo "eje del mal" en América latina integrado por Cuba, Venezuela y Brasil.

En ese momento clave, cuando muchos esperaban que el gobierno de Bush se quedara callado, o que hiciera algún comentario sugiriendo que Lula podía llegar a ser un peligro, ocurrió exactamente lo contrario. La embajadora de los Estados Unidos en Brasil, Donna Hrinak, hizo una declaración sorprendente: cuando le preguntaron si el gobierno de Bush temía una victoria de Lula, sostuvo que no. Y agregó que ella, cuyo padre al igual que Lula había sido un obrero metalúrgico, entendía al candidato de izquierda brasileño. Es más, dijo, lo admiraba por haber escalado desde una infancia en la pobreza —que lo había obligado a dejar sus estudios antes de terminar la escuela secundaria— a la candidatura presidencial del país más grande de Sudamérica. "Lula", dijo Hrinak, "es la personificación del sueño americano". Esta declaración desbarató en un santiamén la campaña de sus rivales en el sentido de que un triunfo de Lula llevaría a una peligrosa confrontación con los Estados Unidos. Y tuvo como consecuencia que muchos líderes empresariales, que hasta ese momento habían estado temerosos ante una posible victoria del PT, bajaran la guardia. Si el gobierno conservador de Bush avalaba a Lula, pensaban muchos empresarios, lo más probable es que Washington supiera algo más que ellos sobre el candidato izquierdista. Y si era bueno para los Estados Unidos, no podía ser tan malo para la clase empresarial como lo pintaban sus rivales.

Sin embargo, como me vine a enterar años más tarde en una serie de entrevistas para este libro, mi percepción original de que la Casa Blanca había manejado la situación magistralmente era errónea. En efecto, cuando le pregunté a Hrinak poco después de terminar su gestión en Brasilia y retirarse del servicio diplomático de los Estados Unidos, en 2004, si había consultado con sus jefes en Washington antes de hacer su ya famosa declaración sobre Lula como "la personificación del sueño americano", me dijo: "No". "¿En serio?", le pregunté, asombrado. ¿Se había tomado una licencia verbal tan grande sin consultar a sus jefes en el Departamento de Estado? "De verdad, no lo consulté con Washington. Dije lo que creí que sería lo menos prejuicioso que podría expresar sobre Lula en el momento más caliente de la campaña. Obviamente, no quería decir nada negativo. Y no es que nosotros nos hubiéramos propuesto respaldarlo, sino que yo no quería decir lo de siempre, que 'no haremos ningún comentario sobre ningún candidato'. Quería decir algo más esperanzador que eso, porque había mucha especulación en la prensa brasileña sobre nuestra oposición a Lula. De manera que manifesté lo del 'sueño americano'", me dijo Hrinak.[12]

"¿Había oposición a Lula en el gobierno de Bush?", le pregunté. Hrinak respondió que nunca supo que hubiera oposición a Lula de parte de Powell, o de Condoleezza Rice, pero que existía una creciente oposición entre los republicanos del Congreso, que se había manifestado en la carta de los veintisiete congresistas. ¿Y cómo habían reaccionado sus jefes inmediatos en el Departamento de Estado, después de su declaración sobre Lula? Según Hrinak, el entonces subsecretario de Estado para América latina, Otto Reich, no le había dicho nada personalmente, pero le había enviado un mensaje a través de su segundo —Kurt Strubel— de que ya no dijera nada más sobre Lula. Aparentemente, un congresista republicano de peso se había acercado a Reich durante su fiesta de casamiento poco antes y le había hecho un comentario negativo sobre el aparente apoyo de los Estados Unidos en Brasil a Lula.

Cuando le pregunté al respecto, Reich me confirmó la historia, agregando que después de la elección de Lula, el Departamento de Estado consideró que el saldo neto de la intervención de la embajadora había sido positivo. "Lo que hizo ella no lo hacemos nunca: intervino en una campaña a favor de un candidato, y eso causó problemas en Washington, tanto en la Casa Blanca como en el Congreso... Recibimos muchas quejas", recordó Reich. "Todo lo que hicimos fue recordarle a ella que tenía que mantener una neutralidad absoluta."[13]

Pero ya fuera gracias al gobierno de Bush o a pesar de él, a Estados Unidos le salió bien la jugada. Lula ganó las elecciones holgadamente y dio un giro hacia el centro que sorprendió a todo el mundo. Nombró un equipo económico que tranquilizó al empresariado y agradó a Wall Street, siguió con la apertura económica de su antecesor, y al poco tiempo, en un discurso tras una cumbre latinoamericana durante una visita a una planta de acero en el estado de Espirito Santo, dijo: "Estoy cansado de que los presidentes latinoamericanos sigan echándole todas las culpas de las desgracias del Tercer Mundo al imperialismo. Eso es una bobería".[14] Aunque su gobierno sería sacudido por escándalos de corrupción en 2005, tras dos años de gobierno Lula se podía vanagloriar de que, contra todos los malos augurios del ala radical de su partido, había escogido el camino correcto. Tras las elecciones municipales de 2004, cuando sus críticos en el Partido de los Trabajadores le reprocharon haber perdido la alcaldía de São Paulo y varias otras ciudades por la política económica del gobierno, Lula respondió: "Si hay una cosa en la que a este gobierno le está yendo bien es en la política económica. El PT no se puede esconder, en busca de excusas para sus derrotas, detrás de críticas contra ella".[15] Los números le daban la razón: en su segundo año de gobierno, la economía había crecido un 5 por ciento, la mejor tasa en los últimos diez años; el riesgo país había caído a su nivel más bajo en los últimos siete años, las exportaciones habían alcanzado un récord histórico de 95 mil millones de dólares, y el empleo había crecido un 6 por ciento.

En 2005, antes de que los escándalos de corrupción debilitaran a su gobierno, Lula había logrado lo que pocos habían imaginado: se había convertido en un modelo de izquierdista pragmático, que seguía siendo invitado estrella en el Foro Económico Mundial de Davos, Suiza, donde se reunían los ricos y poderosos, y en el Foro Social Mundial de Porto Alegre, donde se congregaban los movimientos antiglobalización. Seguía criticando las políticas de los Estados Unidos, la falta de democracia en las Naciones Unidas y las políticas de las instituciones financieras internacionales. Pero tenía muy presente que China, India y otros países en vías de desarrollo estaban en una carrera por atraer inversiones extranjeras, y que Brasil no podía quedarse atrás. De alguna manera, aunque todo su equipo venía de la izquierda, había logrado un notable equilibrio en su gobierno. "Lula le ha entregado su política exterior a su Partido de los Trabajadores, y la política económica a Wall Street", decía tan sólo un poco en broma el editor de la revista *Foreign Policy*, Moisés Naim. Aunque Lula dedicaba gran parte de su tiempo a fortalecer los lazos económicos y políticos con China, Rusia, Sudáfrica y otras potencias con las que, según decía, crearía un mundo más multipolar, su estrella rectora no era la ideología, sino el realismo económico.

Una conversación nunca antes revelada entre Lula y el embajador de los Estados Unidos que sucedió a Hrinak, John Danilovich, dice mucho sobre el presidente brasileño. Según me relató el embajador, Lula y él estaban participando de un acto de celebración por el 50º aniversario de la primera fábrica de la firma Caterpillar en Brasil, que se realizó en la planta de la empresa estadounidense en la ciudad de Campinas, en el estado de São Paulo. El evento se realizaba poco después del anuncio de que Lula recibiría al presidente de China,

Hu Jintao, pocas semanas más tarde, y en medio de especulaciones periodísticas de que China invertiría miles de millones de dólares en Brasil. Finalizado el acto, cuando Lula y Danilovich se encontraban caminando hacia la salida, el embajador norteamericano le dijo al mandatario brasileño: "Presidente, usted ha tenido grandes éxitos en lograr acuerdos económicos con China, India y varios otros países. Espero que no se olvide de los Estados Unidos...". Lula se detuvo y, mirando de frente a Danilovich, le dijo con una sonrisa que Brasil estaba haciendo grandes esfuerzos por aumentar su comercio con China, India y Sudáfrica. "Pero si usted piensa por un solo instante que yo no tengo en claro que nuestra relación más importante y nuestro socio comercial más importante es Estados Unidos, debe pensar que soy muy tonto." El embajador le devolvió la sonrisa y contestó: "No creo que sea usted ningún tonto".[16]

Las tres metas de Brasil

Con la llegada de Lula al poder, Brasil elevó un peldaño más sus ambiciones de liderazgo regional. Su estrategia tenía tres etapas: primero, crear la Unión Sudamericana, cosa que se materializó con un acto solemne en Cuzco, Perú, el 9 de diciembre de 2004. Segundo, asegurar el ingreso de Brasil en el Consejo de Seguridad de las Naciones Unidas en 2005 o 2006. Y tercero, lograr la firma del ALCA desde una posición de fuerza, como una potencia mundial emergente y miembro del Consejo de Seguridad de la ONU, en 2006 o 2007.

Una vez firmada el acta de constitución de la Unión Sudamericana, que de hecho colocaba a Brasil como interlocutor principal de Estados Unidos en América del Sur, Brasil se lanzó de lleno, junto con Japón, Alemania e India, a lograr la modificación de la carta orgánica de las Naciones Unidas para ganar un asiento en el Consejo de Seguridad de la ONU. Los cuatro países pretendían asientos permanentes en el Consejo, o sea, su entrada en el club de los grandes, en condiciones iguales a las de los Estados Unidos, Gran Bretaña o Rusia. Para Brasil, era indispensable ejercer el liderazgo regional en Sudamérica. Sin liderazgo regional, no podía tener aspiraciones mayores a nivel internacional. Desde el comienzo de su apertura hacia el resto de Sudamérica, la motivación de Brasil era más política que económica.

Eso, claro, molestaba a sus vecinos argentinos. La Argentina, que antes de su derrumbe económico de 2001 aspiraba a compartir con Brasil el liderazgo sudamericano —repitiendo de alguna manera el ejemplo europeo, en el que Alemania y Francia habían compartido el liderazgo del viejo continente—, siempre había sospechado que los brasileños prometían más integración de la que estaban dispuestos a otorgar. Los argentinos siempre habían sido más entusiastas respecto del Mercosur que los brasileños. En los años noventa, durante el auge de este mercado común, la Argentina había cambiado la carátula de sus pasaportes, que a partir de ese momento pasaron a ostentar el nombre "Mercosur". También había impulsado la enseñanza del portugués en sus escuelas públicas, y en 1994 incorporó en su Constitución una cláusula de integración que de hecho reconocía al Mercosur como un órgano supranacional.

Según la Constitución de 1994, los tratados de integración con países vecinos tendrían a partir de entonces vigencia por encima de las leyes nacionales, provinciales o municipales. Poco después, la Corte Suprema ratificaría la vigencia de los acuerdos del Mercosur por encima de las leyes nacionales. Sin embargo, Brasil nunca había hecho lo propio. En aquel país, para que los reglamentos del Mercosur entraran en vigor, en caso de contradicción con sus normas nacionales, era necesario —y lo sigue siendo— que el Congreso ratificara la norma regional y la aprobara como un tratado internacional. "Ellos quieren liderar sin compartir soberanía", dijo Diego Guelar, un ex diplomático argentino que había sido embajador en Brasilia y Washington en la década de los noventa. "No tienen una visión 'europea' de la comunidad sudamericana. Ellos dicen, pero no hacen."[17] Para los argentinos, la devaluación brasileña de 1999 había sido un puñal por la espalda, que había precipitado la peor crisis económica de la historia reciente de su país. Sin embargo, el liderazgo único de Brasil en la región no había sido intencional, ni consecuencia de un plan diabólico para sacar a la Argentina de la escena, como lo había sido la estrategia brasileña en el caso de México. Brasil ya era demasiado grande como para temerle a su vecino del sur. "En un principio, la idea era hacer una zona de integración en la que Brasil y la Argentina fueran como Alemania y Francia en Europa. Era una relación entre pares. Después del derrumbe argentino, eso ya no pudo ser. Pero fue por obra de la realidad, no por un designio maléfico de Brasil", señaló Guelar.[18]

Aunque el gobierno de Kirchner se había iniciado anunciando con orgullo que la política exterior argentina de ahora en más sería menos dependiente de los Estados Unidos y más cercana a Brasil, el idilio entre ambos vecinos no duraría mucho. A los dos años del gobierno de

Kirchner, la Argentina ya se quejaba públicamente del comportamiento de su hermano mayor. "Si hay un lugar en la Organización Mundial de Comercio, Brasil lo quiere. Si hay un espacio en las Naciones Unidas, Brasil lo quiere. Si hay un trabajo en la Organización de las Naciones Unidas para la Agricultura y la Alimentación, Brasil lo quiere. Hasta querían un Papa brasileño", se escuchó decir al presidente argentino Néstor Kirchner, según el diario *Clarín*, poco después de la muerte del papa Juan Pablo II.[19]

En Brasil, hasta el pasado es incierto

¿Se consolidará Brasil como una potencia mundial sudamericana? ¿O sus sueños de grandeza se desplomarán por sus escándalos de corrupción, divisiones internas, y la desconfianza de sus vecinos? A mediados de 2005, todo hacía pensar que la ofensiva diplomática brasileña en la región perdería temporalmente parte de su vigor por la crisis política que estaba atravesando el país. Las denuncias del legislador Roberto Jefferson acerca de que el partido de Lula había pagado sobornos de 12 mil dólares mensuales a varios congresistas a cambio de su apoyo político provocaron la renuncia del hasta entonces todopoderoso jefe de gabinete José Dirceu y del presidente del PT, José Genoíno, entre otros, amenazando la estabilidad del propio presidente. El partido de Lula, que había ganado las elecciones de 2002 en buena parte gracias a su postura anticorrupción y a la imagen de honestidad que se había ganado en la conducción de varios gobiernos locales, ahora estaba a la defensiva, acusado de haber incurrido en las mismas prácticas corruptas de los gobiernos que tanto había criticado. E incluso si el gobierno de Lula lograba superar el trance y ganar las elecciones de 2006, muchos conocedores de la historia brasileña aconsejaban cautela en cuanto a las posibilidades de que Brasil lograra materializar sus sueños de potencia emergente.

Los escépticos decían que hay que tomar con pinzas todo lo que viene de Brasil, porque —aunque es un país con una pujanza con pocos parangones en la región— también es el país de las grandes promesas incumplidas. No en vano, un chiste político muy difundido dice que "Brasil es el país del futuro, y siempre lo será". A pesar de sus enormes dimensiones geográficas y económicas, y de sus grandes logros —como venderles a los Estados Unidos aviones de su fábrica Embraer—, Brasil sigue siendo el país latinoamericano con la mayor disparidad entre ricos y pobres, y con uno de los más altos niveles de burocracia y corrupción en la región. "O Brasil só precisa de uma lei: uma lei que diga que é preciso cumprir todas as outras", "Brasil sólo necesita una ley: una ley que diga que es preciso cumplir todas las demás", decía ya hace más de un siglo el diputado brasileño Antônio Ferreira Vianna (1832-1905). No pocos han vaticinado una explosión social, tarde o temprano, de las masas marginadas. Y entre la intelectualidad brasileña era común —por lo menos hasta el reciente despegue económico de la India— referirse a su país como "Belindia", una nación donde una pequeña minoría vive en el Primer Mundo, como en Bélgica, y una enorme mayoría en la pobreza absoluta, como en las zonas más pobres de la India. El futuro de Brasil, aunque promisorio, no está del todo asegurado, y los propios brasileños son los primeros en reconocerlo. Como lo señaló el ex presidente del Banco Central de Brasil, Gustavo Franco, cuando le preguntaron si podía asegurar la estabilidad económica del país a largo plazo: "No Brasil, mesmo o passado é incerto!", "en Brasil, hasta el pasado es incierto".

Muchos diplomáticos latinoamericanos y estadounidenses señalan, como prueba de lo incipiente y lo endeble del esfuerzo brasileño por asumir el liderazgo de Sudamérica, que Brasil nunca ha tomado la iniciativa en el tema más candente de la región: la guerra en Colombia. Efectivamente, aunque durante el gobierno de Lula el país envió tropas a Haití, creó un grupo de países amigos para mediar en la crisis política de Venezuela y lideró el esfuerzo por crear la Unión Sudamericana, nunca encabezó una iniciativa sudamericana, o latinoamericana, para lograr la paz en Colombia. ¿Cómo pueden los funcionarios brasileños quejarse de la presencia de entrenadores militares de los Estados Unidos en Colombia, en pleno corazón de América latina, y no proponer ninguna alternativa para ayudar al gobierno colombiano a ganar la guerra contra grupos guerrilleros, terroristas y narcotraficantes?, era la pregunta de rigor entre los diplomáticos y académicos escépticos sobre el liderazgo regional brasileño.

La pregunta es válida. "Brasil es el único país que podría hacer una diferencia en Colombia, pero no la está haciendo: no hay voluntad política de parte de los brasileños", me señaló el coronel retirado John A. Cope, un influyente profesor de la Universidad Nacional de Defensa del Ejército de los Estados Unidos, en Washington.[20] Cuando le pregunté a un ex canciller brasileño por qué su país nunca había querido ayudar a solucionar la guerra más sangrienta de la región, que además estaba ocurriendo en un país vecino, me explicó que los militares siempre se habían opuesto a desempeñar un rol más importante en Colombia por temor a que las guerrillas de las Fuerzas Armadas Revolucionarias de Colombia (FARC), que operan en la zona fronteriza, extendieran el conflicto al lado brasileño de la frontera. Tiene sentido, aunque desde el punto de vista de la imagen de la diplomacia brasileña, no deja de ser un detalle que contradice el nuevo protagonismo del país en Sudamérica.

El gran salto de Brasil

Hacia el final de su primer mandato, el gobierno de Lula se encontraba a la defensiva por las acusaciones de corrupción, y el crecimiento económico de los dos años anteriores estaba empezando a perder vigor. Sin embargo, una mirada desapasionada y a más largo plazo permitía ser algo optimista sobre el futuro de Brasil, ganara quien ganara en 2006.

La razón: desde 2002, cuando la izquierda había llegado al poder por primera vez en la historia, el país había superado el estigma de imprevisibilidad. Tras la elección de Lula y su decisión de preservar lo mejor de las políticas económicas de su antecesor, Brasil había dado un paso gigantesco para sumarse al club de los países serios, que no dan grandes bandazos políticos ni económicos. Lula desarticuló los temores de la derecha de que un triunfo electoral del Partido de los Trabajadores llevaría al caos y la miseria, y había mostrado que la izquierda puede gobernar responsablemente. Al margen de los escándalos políticos, Brasil había demostrado —al igual que Chile y España anteriormente— que la alternancia en el poder no afectaba la gobernabilidad, y que un triunfo de la izquierda no tenía por qué traducirse en la destrucción de todo lo hecho anteriormente, ni en un desastroso ciclo de fuga de capitales, cierres de empresas, mayor desempleo y desplome económico.

Aunque Lula no hubiera hecho nada más en su gobierno que mantener el curso del país, su aporte más trascendente había sido ése: demostrar que —a pesar de las traumáticas experiencias de Fidel Castro en Cuba y Salvador Allende en Chile— un gobierno de izquierda responsable era perfectamente factible. A mediados de 2005, cuando su popularidad había caído significativamente por las denuncias de Jefferson, Lula decía: "No esperen de mí ninguna medida económica populista por el hecho de que tengamos elecciones de aquí a un año... No queremos construir una base sólida para crecer durante un año. Este país... deberá tener un ciclo de crecimiento sustentable de diez o quince años si desea transformarse un día en un país definitivamente desarrollado".[21] Y a diferencia de otros presidentes de países vecinos, que vivían mirando hacia adentro, Lula —como Cardoso antes— se pasaba buena parte de su tiempo haciendo relaciones públicas en el extranjero, consolidando la apertura de Brasil hacia el resto del mundo. Cuando le preguntaron en el programa "Café com o Presidente" en Radio Nacional si no estaba viajando demasiado, Lula citó el notable aumento de las exportaciones brasileñas desde que había asumido la presidencia, y dijo: "Lo que sucede es que, en este mundo globalizado, un país con el potencial productivo de Brasil... no puede quedarse sentado en una silla esperando que venga la gente a descubrirlo. O somos osados, y nos ponemos nuestros productos bajo el brazo y salimos a venderlos al mundo, o perderemos esa guerra en un mundo globalizado".[22]

Mi principal motivo de optimismo sobre Brasil, a pesar de sus crisis políticas recurrentes, se basa en algo que escuché de un académico tras una entrevista que le hice al ex presidente Cardoso. Estábamos en los estudios de televisión en Miami entrevistándolo junto con un panel de tres académicos latinoamericanos, y Cardoso había estado criticando a Lula —quien había sido su principal opositor político durante sus dos períodos de gobierno— durante todo el reportaje. Cuando le pregunté, por ejemplo, si estaba de acuerdo con la nueva decisión de Brasil de exigir que en los aeropuertos se tomaran las fotografías y huellas dactilares de los norteamericanos que arribaban al país, en represalia a medidas similares de los Estados Unidos, Cardoso respondió que le parecía un infantilismo, y que además haría un enorme daño a la industria turística de su país. De la misma forma, criticó una tras otra varias decisiones de Lula en materia de política exterior, sugiriendo que eran fruto de la falta de experiencia o la ignorancia de su sucesor.

Sin embargo, al final de la entrevista, vino la sorpresa. Cuando le pedí al ex presidente que —considerando todo lo que acabábamos de hablar— calificara la gestión de la política exterior de Lula en una escala del 1 al 10, levantó las cejas como para pensar la respuesta y, con un leve encogimiento de hombros, respondió: "Siete... ocho". Poco después, cuando me tocó preguntarles a los panelistas qué conclusiones habían sacado de todo lo que había dicho Cardoso, uno de ellos dio una respuesta que me dejó pensando. Guillermo Lousteau, un académico argentino que dirige una cátedra de la Facultad Latinoamericana de Ciencias Sociales (FLACSO) en la Universidad Internacional de La

Florida, dijo que lo que más le había impresionado era la calificación que el ex presidente le había dado a su sucesor. "En la Argentina, sería inimaginable que Kirchner le diera un siete o un ocho a (el ex presidente Eduardo) Duhalde, o que Duhalde le diera un siete o un ocho a (el ex presidente Fernando) De la Rúa, o que De la Rúa le diera un siete o un ocho a (el ex presidente Carlos S.) Menem, y así sucesivamente", dijo Lousteau. Probablemente, lo mismo podría decirse de los presidentes mexicanos, y de muchos otros países latinoamericanos. A pesar de todo el ruido político que uno escuchaba a diario en Brasil, algo estaba cambiando en ese país. Y era para bien.

FUENTES

[1] Celso Lafer, *La identidad internacional del Brasil*, FCE, Ciudad de México, 2002, pág. 63.

[2] Ídem, pág. 68.

[3] Rubens Barbosa, en el Taller de Editores y Periodistas de la Universidad Internacional de La Florida, Miami, 2 de mayo de 2003.

[4] Michel Chevalier, "México antiguo y moderno", 1863, págs. 387, 391.

[5] Ídem, pág. 404.

[6] Ídem, pág. 404.

[7] "Sobre el origen y difusión del nombre 'América Latina'", Mónica Quijada, *Revista de las Indias*, Nº 214, 1998, págs. 595-616.

[8] Ídem, pág. 605.

[9] Andrés Oppenheimer, "Brazilian candidate out of touch on Cuba", *The Miami Herald*, 22 de agosto de 2002.

[10] "Lula's loose talk imperils U.S.-Brazilian honeymoon", *The Miami Herald*, 20 de julio de 2003.

[11] *Veja*, 30 de octubre de 2002.

[12] Entrevista telefónica del autor con Donna Hrinak, Miami, 22 de diciembre de 2004.

[13] Entrevista del autor con Otto Reich, 5 de enero de 2005.

[14] *Veja*, 20 de abril de 2003, pág. 40.

[15] *Veja*, 8 de diciembre de 2004.

[16] Entrevista del autor con el embajador John Danilovich, en Miami, 11 de enero de 2005.

[17] Entrevista telefónica del autor con Diego Guelar, 22 de diciembre de 2004.

[18] Ídem.

[19] Citado en "Las pugnas internas de América latina", *El Nuevo Herald*, 8 de mayo de 2005.

[20] Andrés Oppenheimer, "Brazil blocking conference to deal with Latin crises", *The Miami Herald*, 6 de marzo de 2003, página 6A.

[21] *Veja*, "Palavra do Presidente", 8 de junio de 2005.

[22] "Café com o Presidente", 16 de mayo de 2005.

CAPÍTULO 8

Venezuela:
el proyecto narcisista-leninista

Cuento chino: "Venezuela está creciendo socialmente,
moralmente, incluso espiritualmente" (Hugo Chávez, presidente
de la República Bolivariana de Venezuela, en el acto de clausura
de la Macro Rueda de Negocios Venezuela-Estados Unidos,
Caracas, viernes 1 de julio de 2005).

CARACAS — Pocas veces vi tantas miradas inquisitivas en un palco de prensa como cuando el presidente venezolano Hugo Chávez ingresó con su enorme séquito de camarógrafos y fotógrafos personales, cronistas de palacio, ministros, viceministros, guardaespaldas e invitados especiales al Centro de Convenciones de Guadalajara, México, en el acto de inauguración de la III Cumbre de América latina y la Unión Europea en mayo de 2004. Yo me encontraba con un grupo de periodistas europeos en un costado de la sala reservado para la prensa e invitados especiales, observando el ingreso de las cincuenta y ocho delegaciones que asistían a la cumbre. El presidente francés Jacques Chirac, el canciller alemán Gerhard Schroeder, el presidente español José Luis Rodríguez Zapatero y casi todos sus colegas europeos acababan de entrar en el auditorio, flanqueados por dos o tres colaboradores cada uno. Pero cuando ingresó Chávez con la cabeza erguida, la mirada fija en el horizonte, al frente de su gigantesca delegación, los europeos que tenía cerca se voltearon hacia mí, muertos de risa, como preguntándome si el presidente venezolano se creía Napoleón Bonaparte. Me encogí de hombros y levanté las cejas en un gesto de resignación. El narcisismo de Chávez no era novedad para quienes lo seguíamos de cerca, pero para la mayoría de los reporteros europeos que venían por primera vez a América latina acompañando a sus presidentes, era una escena ridícula, que confirmaba los peores estereotipos sobre los políticos tecermundistas.

223

Terminada la ceremonia de inauguración de la cumbre, se me ocurrió investigar el tamaño de cada una de las delegaciones presentes, y ver si tenía relación con el desarrollo económico del país. Los discursos de los presidentes habían sido terriblemente aburridos, y francamente no tenía mucho que reportar para mi columna en *The Miami Herald* del día siguiente. Los alemanes, franceses y británicos habían venido más por obligación que otra cosa, puesto que se habían comprometido a esta cumbre años atrás, antes del ingreso a la Unión Europea de los países de la ex Europa del Este, que ahora demandaban la mayor parte de la atención extranjera de los Estados más ricos de Europa. De manera que, al no encontrar ninguna noticia de interés en lo que habían dicho los presidentes, sin saber muy bien qué escribir, opté por dedicar el resto del día a averiguar el tamaño de cada delegación. Así fue como descubrí que la delegación venezolana había batido todos los récords: tenía 198 personas, que habían llegado en el flamante avión presidencial Airbus A319 CJ que Chávez acababa de adquirir por 59 millones de dólares en Francia.

Según reportaría al día siguiente el periódico local *El Informador*, de Guadalajara, una buena parte de la delegación venezolana estaba compuesta por reporteros y camarógrafos personales de Chávez. Al igual que hacía en todas las cumbres el presidente vitalicio cubano Fidel Castro —que, dicho sea de paso, no había asistido a esta cumbre por considerar que la Unión Europea era "cómplice de los crímenes y agresiones contra Cuba"—, Chávez había traído un pequeño ejército de cronistas privados a bordo de su nuevo avión para registrar cada detalle de su discurso contra el Fondo Monetario Internacional y el "neoliberalismo salvaje". Comparativamente, el presidente francés, Chirac, había concurrido con una delegación de 90 personas, el líder alemán, Schroeder, con alrededor de 70, y el presidente español, Rodríguez Zapatero, con 48, según me dijeron funcionarios de sus respectivas delegaciones.

Algunos de los líderes de los países de Europa del Este, cuyas economías estaban entre las de mayor crecimiento del mundo, habían venido con delegaciones que cabían en un automóvil. El primer ministro de Estonia, Juhan Parts, cuyo país encabezaba los listados internacionales de las economías más exitosas, había llegado a Guadalajara con cinco personas. Y en lugar de hacer grandes discursos políticos, se dedicaron a encontrarse con empresarios y funcionarios comerciales de otros países para ver qué nuevas oportunidades de inversiones encontraban. Así fue que, medio en broma, pero medio en serio, escribí una columna con una teoría que enfureció a muchos: que la prosperidad de los países es inversamente proporcional al tamaño de sus delegaciones en estas cumbres internacionales.

¿Cómo se explica que Chávez y Castro, que han ampliado la pobreza en sus países en nombre de la igualdad y la soberanía, lleven delegaciones de doscientas personas a estas cumbres? No se debía sólo a que —especialmente en el caso de Cuba— podían actuar a su antojo por no permitir una prensa independiente que los podría criticar, sino también a que viven del show: sus respectivas gestiones de gobierno se basan en gran medida en los titulares periodísticos. Como su legitimidad de origen es cuestionada por una parte de la población, buscan legitimidad de ejercicio. Por ello, necesitan jugar el rol de víctimas. Buscan conflictos a nivel local e internacional para estar siempre en el centro de la escena, y desviar la atención pública de los problemas internos. La cumbre de Guadalajara no era ninguna excepción. Después de ver a Castro en las cumbres internacionales durante varias décadas, y ahora a Chávez, conocía el ritual de memoria. Era siempre la misma película, con leves variaciones de libreto.

En Guadalajara, Chávez aprovechó para denunciar un complot de "golpistas" presuntamente apoyados por los Estados Unidos, paramilitares colombianos y opositores venezolanos, para "desestabilizar el gobierno de Venezuela y crear el caos a fin de producir una invasión extranjera". Su argumento era algo peculiar, considerando que venía de un ex teniente coronel que había liderado un sangriento intento de golpe de Estado el 4 de febrero de 1992, y que desde entonces no sólo se había ufanado de su intentona golpista, sino que —ya presidente— había institucionalizado el uso de boinas rojas y decretado feriado nacional el 4 de febrero, en conmemoración de su golpe militar frustrado. Ahora, Chávez pedía la "solidaridad internacional" para evitar el golpismo. Usó sus veinte minutos de tiempo en la cumbre para arremeter durante más de treinta y cinco minutos contra "ustedes, los ricos" —señalando al canciller alemán Schroeder— por ser los supuestamente responsables de la pobreza en América latina. Los europeos meneaban la cabeza, como si estuvieran escuchando a un fantasma de los años setenta. Los funcionarios de Estonia, mientras tanto, ni siquiera escuchaban. Estaban prendidos a sus teléfonos celulares, viendo qué nueva fábrica podían atraer a su pequeño país, que estaba creciendo sostenidamente a tasas del 6 por ciento anual. Como era de esperar, al día siguiente todos los periódicos latinoamericanos encabezaron su cobertura de la cumbre de Guadalajara con el discurso de Chávez, su arremetida contra el FMI y "ustedes, los ricos". Lo que no decía ninguno era que el narcisismo-leninismo de Chávez había causado la fuga de capitales más grande de la historia venezolana, y que había hecho crecer la pobreza absoluta de 43 a 53 por ciento de la población entre 1999 y 2004, y la pobreza extrema —el número de gente que vive con menos de 1 dólar por día— de 17 a 25 por ciento, según las propias cifras oficiales del gobierno.[1] Un año después, cuando salieron publicadas estas cifras del Instituto Nacional de Estadísticas de Venezuela, el mismo Chávez salió a la televisión a decir que, si bien eran cifras oficiales, no eran creíbles. "Yo no voy a decir que (los datos) son falsos, pero los instrumentos que están usando para medir la realidad no son los indicados", porque "están midiendo nuestra realidad como si éste fuese un país neoliberal", dijo el presidente venezolano el 7 de abril de 2005, en su programa "Aló Presidente". Aunque el gobierno después consideraría prohibir las estadísticas bajo estándares internacionales y reemplazarlas, como en Cuba, por cifras alegres imposibles de comprobar independientemente, Chávez no tuvo más remedio que reconocer los datos.

¿Dictadura electa o democracia caudillista?

Pocos meses después de la cumbre, en agosto de 2004, viajé a Venezuela para ver la Revolución Bolivariana con mis propios ojos. ¿Cómo ganaba las elecciones Chávez? ¿Eran ciertas las acusaciones de la oposición de que Venezuela se estaba convirtiendo a pasos agigantados en una dictadura al estilo cubano? ¿O la clase política venezolana, derrotada en las urnas, estaba exagerando la nota con la esperanza de desacreditar a un presidente populista, pintoresco, de discurso radical, pero que a pesar de todas sus falencias se sometía a elecciones y las ganaba?

Cuando me embarqué en el vuelo a Caracas, la pregunta que circulaba en mi mente era si me encontraría con un país convertido en una Nicaragua de la década del ochenta, o con una Cuba, con sus carteles de propaganda revolucionaria por doquier y sus calles rebautizadas con los nombres de mártires reales o imaginarios de la mitología oficial. Para mi sorpresa, no hallé ni una cosa ni la otra. Más bien me encontré con una Beirut de los años ochenta: una ciudad dividida geográfica y políticamente en dos mitades, donde los habitantes de una parte rara vez se aventuraban a entrar en la otra. Había una Caracas del Este y una Caracas del Oeste.

Curiosamente, Chávez y su autoproclamada Revolución Bolivariana habían hecho algunas cosas grandilocuentes —como cambiarle el nombre al país por el ridículamente largo "República Bolivariana de Venezuela", cosa que había obligado a todas las dependencias gubernamentales a reimprimir su papelería— pero no habían realizado lo primero que suelen hacer los regímenes revolucionarios: cambiar el nombre de las calles.

En mis viajes a Cuba, me había topado por doquier con plazas rebautizadas con el nombre de Che Guevara, Ho Chi Minh, y una pléyade de guerrilleros marxistas o soldados cubanos que habían muerto en alguna batalla hace mucho tiempo olvidada por el resto del mundo. En la Nicaragua sandinista, los parques habían sido rebautizados con los nombres de Marx, Lenin y otros ídolos de la era comunista. Y hasta en México, donde el partido heredero de la Revolución Mexicana de 1910 había gobernado por siete décadas hasta perder el poder en las elecciones de 2000, las avenidas principales de la capital llevaban nombres como "Reforma", "Revolución" o "Proletarios del Mundo". Sin embargo, Chávez no había hecho nada de eso en los vecindarios más pudientes de Caracas. Tras recorrer Los Rosales, Altamira, Chacao y otras zonas de clase media y alta de la Caracas del Este, no encontré muchos cambios desde que había estado allí la última vez, varios años atrás, a comienzos del gobierno de Chávez.

"Chávez no se metió con esta parte de la ciudad", me dijo un amigo, sorprendido por mi asombro al respecto. De hecho, tampoco había metido mucha mano en los nombres de las calles en zonas más populares de la Caracas del Oeste, como Catia, Petare o El Centro. Aunque ya le había cambiado el nombre a Venezuela y tenía más de 17 mil médicos y maestros cubanos trabajando en las áreas más pobres de la ciudad y en el resto del país, no había —por lo menos todavía— sucumbido a la tentación de modificar los nombres de las grandes avenidas. Según me explicó el alcalde opositor Alfredo Peña, si Chávez lo hubiera querido, podría haber inmortalizado a sus héroes revolucionarios rebautizando las grandes avenidas en un santiamén, ya sea por controlar las alcaldías o porque varias de las arterias que corren entre medio de las diversas alcaldías de Caracas están fuera de sus respectivas jurisdicciones.

Entonces, si estábamos ante una dictadura, ¿por qué Chávez no lo había hecho?, me dediqué a preguntarle a cuanto entrevistado pude en los días siguientes. Uno de los primeros que fui a ver era Teodoro Petkoff, que se encontraba entre los pocos dirigentes políticos venezolanos que todavía podía analizar la realidad de su país sin dejarse enceguecer por la pasión. Petkoff, un ex guerrillero que tras incorporarse a la vida política democrática había estado entre los fundadores del Movimiento al Socialismo y luego había sido ministro de Planificación, dirigía ahora el periódico independiente *Tal Cual*. En su pequeña oficina, tarde en la noche, le comenté sobre mi sorpresa de ver que las calles de Caracas seguían con sus viejos nombres, como si no hubiera pasado nada en el país.

Petkoff levantó las cejas, me miró como si estuviera hablando con un recién llegado de Júpiter, y me dijo que el motivo por el que no había visto señales visibles de una revolución en Venezuela era por el sencillo hecho de que aquí no había ninguna revolución. "La única revolución que ha tenido lugar en Venezuela está en la cabeza de Chávez y en la de algunas viudas del comunismo en las universidades de los Estados Unidos y América latina", me dijo Petkoff. "Además de aprobar una reforma a la ley de tierras que nunca se llegó a aplicar, no ha hecho nada revolucionario. No ha establecido un sistema unipartidista, no ha suprimido a la oposición, ni ha nacionalizado compañías extranjeras."[2] "Un proceso de 'cubanización' en Venezuela era muy difícil, si no imposible", añadió. A diferencia de lo que había ocurrido en Cuba, Chávez no había logrado crear un aparato partidario o militar para controlar a la población. No es que no lo quisiera: entre otras cosas, había formado grupos vecinales de control político que había denominado "círculos bolivarianos", a semejanza de los "comités de defensa de la revolución" cubanos, y progresivamente estaba apropiándose de más tiempo de televisión para sus interminables discursos al país. Tenía incluso su propio programa televisivo, "Aló Presidente", en el que actuaba como director, moderador, entrevistador, analista político, cantante y —cuando estaba de viaje— guía turístico. Pero era un caso de narcisismo más que de comunismo, decía Petkoff. Venezuela no era Cuba. Había una tradición democrática y de libre expresión que hacía muy difícil la implantación de una dictadura cerrada. "Aquí hay un proceso de debilitamiento de las instituciones para fortalecer a un caudillo, pero esto no es Cuba", sostenía Petkoff.

Otros analistas con los que hablé me dieron una visión diametralmente opuesta. El motivo por el que Chávez no había cambiado los nombres de las calles era porque su revolución era un proceso paulatino, rigurosamente planeado y asesorado de cerca por Castro, que preveía varias etapas de descabezamiento progresivo de los factores de poder tradicionales. Las calles no habían cambiado de nombre porque aún no había llegado ese momento, me explicaron muchos críticos del régimen.

Los datos estaban a la vista, decían. Primero, tras ganar las elecciones de 1998, Chávez había aprovechado su capital político para hacer cambiar la Constitución y crear un sistema de gobierno que le facilitaría ganar futuras elecciones. Después, en 2001, había hecho aprobar leyes estatistas de tierras, hidrocarburos y bancos, que habían provocado protestas masivas de la oposición. En 2002 había descabezado a la principal organización empresarial, Fedecámaras, a la central obrera más importante, la Confederación de Trabajadores de Venezuela, y a la compañía estatal independiente que controlaba la mayor parte del presupuesto nacional, el monopolio estatal PDVSA, tras una desastrosa huelga que había paralizado al país. En abril de 2002 había descabezado a la cúpula militar, tras una confusa rebelión castrense en la que —según a quien uno le quiera creer— Chávez renunció a la presidencia bajo presión para regresar al poder 48 horas después, o fue destituido por un efímero golpe. En 2004, tras salir airoso de un plebiscito sobre su mandato, Chávez había ordenado ampliar la Corte Suprema de 20 a 32 miembros, llenándola de partidarios suyos y asegurándose el control de la institución que en el futuro tendría la última palabra en materia de disputas sobre la libertad de prensa y las reglas electorales. Y ese mismo año había hecho aprobar una ley de medios que le daría al gobierno poderes de facto para censurar a la prensa. O sea, había ido descabezando uno a uno a todos sus enemigos reales y potenciales, hasta quedarse con el control de los tres poderes del Estado, y en alguna medida con todos los factores de poder del país.

"Sólo es una cuestión de tiempo hasta que les cambie el nombre a las calles", me señaló Alberto Garrido, un ex profesor universitario, columnista del periódico *El Universal* y autor de varios libros sobre Chávez. "Lo que estamos viendo ahora es lo que el propio Chávez ha llamado un período de transición", me dijo Garrido en una de varias conversaciones que tuvimos. "Chávez no ha creado un nuevo Estado, sino que ha estado cooptando gradualmente el Estado existente: ya ha tomado el control del Congreso, la Corte Suprema, el consejo electoral, etcétera." El que no quería verlo así era por ceguera voluntaria, porque el propio Chávez nunca había ocultado sus propósitos, agregó. En efecto, el presidente venía diciendo repetidamente que se quedaría en el poder hasta 2021, había declarado numerosas veces que la democracia representativa era un sistema que "no sirve para ningún gobierno latinoamericano", y desde el principio de su vida política venía anunciando que la revolución se haría paulatinamente, paso a paso, señalaba Garrido. Cuando estaba en la prisión de Yare, tras su arresto por el golpe fallido de 1992, Chávez había escrito un largo manifiesto en el que ya había señalado que hacer la revolución le tomaría veinte años a partir de su llegada al poder. El documento, titulado "¿Y cómo salir de este laberinto?", difundido desde la prisión en julio de 1992, decía que Venezuela necesitaba una "fusión cívico-militar", y que "el objetivo estratégico del Proyecto Nacional Simón Bolívar se ubica en un horizonte lejano de veinte años a partir del escenario inicial".[3] Y sólo habían pasado cinco años desde que había asumido la presidencia, señalaba Garrido. "Desde afuera, las instituciones, al igual que las calles, llevan los mismos nombres. Pero no te engañes, porque todo está cambiando, aunque muchas veces no se vea a primera vista", me aseguraba.

¿Era Venezuela una dictadura electa o una democracia caudillista? En los días siguientes a mis entrevistas con Petkoff y Garrido, cuando se celebró el referéndum del 15 de agosto de 2004, pude llegar a mi propia conclusión. Venezuela no era una dictadura cerrada —por lo menos hasta ese momento— ni una democracia caudillista. Era, más bien, una democracia autoritaria que estaba siendo socavada gradualmente por un caudillo tramposo.

La arrogancia del pasado

Chávez tenía una enorme ventaja a su favor: su discurso contra la "oligarquía" venezolana tenía bastante fundamento. Venezuela había sido durante décadas un modelo de "cleptocracia", donde gobiernos corruptos y empresarios cortesanos se habían dividido el producto petrolero a su antojo y con absoluto desprecio hacia las mayorías empobrecidas. Como en muchos otros países, el petróleo había arruinado a Venezuela, convirtiéndola en una nación donde nada se producía y todo se importaba, hasta lo que no se necesitaba. Durante la anterior bonanza petrolera, en los años setenta, había importado hasta hospitales preconstruidos en Suecia, con sus equipos de calefacción y camiones para remover nieve incluidos, para ciudades como Maracaibo, que no conocían el frío. La "Venezuela Saudita" de los setenta había destruido la industria nacional y generado el fenómeno del "dame dos", la famosa frase de los venezolanos que iban a Miami y se compraban dos copias de cada producto, por las dudas. La clase empresarial, que casi en su totalidad vivía de la generosidad del Estado, se ufanaba de que el país tenía el consumo per cápita de whisky Johnnie Walker etiqueta negra más alto del mundo, y el mayor número de avionetas privadas de América latina.

Yo había visitado Venezuela por primera vez en 1984, como flamante reportero de *The Miami Herald*, y recuerdo haber quedado horrorizado por la ceguera económica y social de su clase dirigente. La bonanza petrolera de la década del setenta había llegado a su fin dos años antes, pero Venezuela seguía derrochando dinero como si nada hubiera pasado. Los subsidios gubernamentales eran astronómicos. Y una gran parte de ellos no eran para los pobres, sino para mantener los hábitos suntuosos —incluyendo subsidios a la importación de whisky— de clases medias y altas en gran medida parasitarias.

Por aquella época, escribí un artículo desde Caracas relatando que allí se podía comprar un automóvil Buick Century de los Estados Unidos ensamblado en Venezuela por 9 mil dólares, mucho más barato que en Miami. El motivo era simple: Venezuela subsidiaba las importaciones de partes automotrices. La gasolina estaba regalada —15 centavos de dólar por el equivalente a casi cuatro litros— porque el gobierno la vendía por debajo de los costos de producción, pagando la diferencia con las exportaciones. Y la botella de Johnnie Walker etiqueta negra costaba 18 dólares, mucho más barato que en los Estados Unidos, porque el gobierno les daba a los importadores de whisky el mismo cambio preferencial que recibían quienes importaban medicinas. Un viaje ida y vuelta en avión de Caracas a la isla Margarita, 260 kilómetros al noreste de la capital, costaba 18 dólares por la línea aérea estatal Aeropostal. Yo no lo podía creer, hasta que hice el viaje, en un avión que no tenía nada que envidiarle a cualquier línea aérea internacional.

Como era más barato importar productos que producirlos en Venezuela, las industrias nacionales no tardaron en colapsar. A fines de la década de los ochenta, aunque las reservas del país se habían desplomado de 20 mil millones de dólares en 1981 a 8 mil millones en 1988, Venezuela importaba casi el doble que su vecina Colombia, un país con casi dos veces más habitantes. "Los venezolanos se rehúsan a aceptar el hecho de que ya no son el país rico que eran", me dijo un diplomático de los Estados Unidos, según relaté en uno de mis artículos desde Caracas en 1989. "Todo el mundo vive como si no hubiera mañana."[4]

Y la clase empresarial era de una arrogancia que chocaba a cualquier visitante. Durante un viaje a Caracas, me había tocado entrevistar a un empresario de una de las familias más adineradas de Venezuela, los Boulton. El hombre, muy ocupado, me había citado en la peluquería de su club privado. Cuando llegué, estaba sentado en el sillón del barbero, con tres personas a su alrededor: mientras el peluquero le cortaba el pelo, dos manicuras le hacían las manos, una a cada lado. Me presenté y le dije que lo esperaría, para hacer la entrevista apenas terminara. Para mi sorpresa, el hombre me contestó en inglés, diciéndome que me colocara frente a él, junto al espejo, e hiciéramos la entrevista allí mismo. "Okay, no hay problema", le contesté en español. Cuando le hice la primera pregunta, me volvió a responder en inglés. Incómodo por hablar en un idioma extranjero frente a las tres personas que tenía ante mis narices, seguí haciendo la próxima pregunta en español, pero él volvió a contestar en inglés, ya fuera porque le era más fácil, o porque no quería que los demás entendieran lo que estaba diciendo —cosa rara, porque aparecería en el periódico a los pocos días—, o porque quería establecer su pertenencia a una clase social que lo separaba hasta en el lenguaje de los empleados que lo estaban atendiendo. Sea como fuere, era una situación absurda —yo preguntando en español, él contestando en inglés, y el peluquero y sus dos manicuras simulando que no estaban tratando de entender— que me hizo sentir incomodísimo. De alguna manera, ilustraba la prepotencia de no pocos miembros de la oligarquía venezolana.

En 1989, el ex presidente Carlos Andrés Pérez, que había gobernado durante la bonanza petrolera de la década de los setenta, había ganado las elecciones con una campaña populista, prometiendo devolver al país la prosperidad de su mandato anterior. Como era de esperar, a las pocas semanas en el poder no le quedó más remedio que hacer todo lo contrario de lo que había prometido: cortó los gastos gubernamentales y algunos subsidios, incluidos los otorgados al transporte urbano. El alza de los precios de los buses provocó un estallido social, que produjo por lo menos 350 muertos y miles de heridos. Como ningún político le había hablado con sinceridad al país diciendo que no se podía gastar lo que no había, no era de extrañar que miles de venezolanos se sintieran ultrajados y se volcaran a protestar a las calles.

Regresé a Venezuela pocas horas después del intento de golpe del 4 de febrero de 1992, encabezado por el entonces teniente coronel Chávez. Cinco batallones de las fuerzas armadas habían rodeado la residencia presidencial La Casona y varias dependencias gubernamentales, atacándolas a cañonazos esperando lograr la rendición de Pérez. Por lo menos 56 personas, incluyendo 14 guardas presidenciales, habían muerto en el combate. Horas después, la agencia de noticias AP había reportado por lo menos 42 muertes adicionales, casi todos civiles alcanzados por balas perdidas. Cuando llegué a Caracas al día siguiente, una vez aplastada la revuelta, el gobierno anunciaba que el líder de la intentona había sido un tal teniente coronel Chávez, que se había identificado como parte de un supuesto Movimiento Militar Bolivariano, que intentaba implantar un gobierno militar en Venezuela.

"Tenían una grabación preparada para ser transmitida por televisión, con el anuncio de la formación de una junta militar", dijo el vocero presidencial José Consuegra en una conferencia de prensa al día siguiente. "Habían tomado el Canal 8 (el canal estatal de televisión) y estaban a punto de transmitirla", pero los catorce soldados rebeldes que habían copado la televisora no pudieron hacerlo por dificultades técnicas, agregó Consuegra. Las tropas rebeldes habían logrado tomar el control del edificio, pero no sabían cómo transmitir la cinta. Cuando los periodistas le preguntamos al vocero gubernamental qué tipo de gobierno pretendía instaurar Chávez, respondió: "Un régimen derechista".[5]

Recuerdo que lo que más me impresionó de mi viaje a Venezuela después del intento de golpe de 1992 fue la pasividad —casi complacencia— con que reaccionó la mayoría de los venezolanos ante la intentona golpista. Quienes habíamos visto de cerca las dictaduras militares sudamericanas de los años setenta estábamos horrorizados ante lo que acababa de suceder. Venezuela era una de las democracias más antiguas de América latina, donde el último régimen militar había terminado en 1959. Y en lugar de repudiar el sangriento intento de golpe, muchos venezolanos se encogían de hombros, o decían que el gobierno se lo merecía. Viendo por televisión en mi habitación del Caracas Hilton la sesión del Congreso en que se debatían los acontecimientos de las últimas horas, me llamó la atención que los legisladores —que teóricamente tendrían que haber sido los primeros en defender la democracia— hacían fogosos discursos que, en lugar de postergar sus diferencias políticas para condenar el golpe, centraban sus críticas en el presidente. El ex presidente y por entonces senador opositor Rafael Caldera, con un oportunismo que me hizo agarrarme la cabeza de la indignación, exigió ante el Congreso "la rectificación de la política económica del gobierno", arremetiendo contra los recortes presupuestarios de Pérez, como si el país pudiera seguir viviendo de su riqueza petrolera de los años setenta. Poco después había exigido la renuncia de Pérez. El populismo y la falta de sinceridad parecían correr por las venas de los políticos venezolanos de todas las tendencias.

¿No ven que le están haciendo el juego a un militar golpista?, les decía yo a mis amigos y a no pocos entrevistados en Caracas. La mayoría me decía que el equivocado era yo, porque —según ellos— en Venezuela no había ningún peligro de repetición de las dictaduras que se habían adueñado de Chile, la Argentina y otros países de la región pocos años atrás. Los militares venezolanos eran diferentes, decían. No venían de las clases altas, como en otros países de América latina, sino que eran fundamentalmente de la clase trabajadora, y estaban más compenetrados que nadie con los problemas del país porque eran los únicos que tenían experiencia de trabajo en zonas donde el sector privado ni siquiera entraba, sostenían. La clase política venezolana tampoco era un modelo de democracia, argumentaban muchos intelectuales y políticos de la izquierda democrática que luego pasarían a integrar el gobierno de Chávez (y más tarde a convertirse en sus acérrimos opositores). Desde la llegada de la democracia en 1959, los jefes políticos de los dos partidos principales —Acción Democrática, de centro izquierca, y COPEI, de centro derecha— se habían dividido el poder como si el país fuera una hacienda de su propiedad. Los dirigentes de ambos partidos confeccionaban las listas de diputados y senadores, y nombraban a los gobernadores, alcaldes y miembros de las legislaturas municipales. El concepto de elecciones primarias para escoger los candidatos a puestos públicos era prácticamente desconocido, y recién empezaba a ser puesto en práctica tímidamente en algunos casos. La mayoría de los 190 miembros del Congreso apenas conocían los distritos que representaban: sus nombres habían sido colocados en listas sábana por la presidencia de su partido, y su lealtad era hacia los dirigentes que los habían escogido.

Y el presidente Pérez era visto como un mandatario que se pasaba demasiado tiempo viajando por el mundo para impulsar sus grandiosos proyectos políticos internacionales, y demasiado poco ocupándose de los problemas del país. De hecho, Pérez, que por entonces tenía 69 años, acababa de llegar de uno de sus viajes a los Estados Unidos y Europa cuando lo sorprendió la intentona golpista. Los medios lo criticaban diariamente por haber hecho 34 viajes al extranjero durante los dos primeros años de su segunda presidencia, entre 1989 y 1990. Y en 1991, año anterior a la rebelión militar de Chávez, el presidente había mantenido su ritmo anual de unos 17 viajes al exterior. En los últimos meses, había estado tratando de resolver la crisis de Haití, el conflicto armado en Colombia, la crisis cubana, las guerras internas de América Central y las disputas dentro de la Organización de Países Productores de Petróleo, OPEP. "Debería nombrar rápidamente un primer ministro y dedicarse de tiempo completo a lo que más le gusta. De qué sirve que Venezuela logre un asiento en el Consejo de Seguridad de las Naciones Unidas, si nuestros cañones apenas llegan a la Isla de La Orchila (frente a las costas de Venezuela) y difícilmente podríamos jugar un rol relevante en el contexto mundial", decía el periódico caraqueño *Economía Hoy* apenas unos pocos días antes de la rebelión militar. Al igual que le sucedería a Chávez años después, a Pérez el petróleo se le había ido a la cabeza.

A fines de 1993, Caldera ganó las elecciones prometiendo el oro y el moro, y asumió su segunda presidencia a comienzos del año siguiente. Tenía 78 años y caminaba erguido para atrás, como si tuviera la cabeza permanentemente detrás de los talones. Uno de sus primeros actos en el gobierno había sido dictar un perdón presidencial para treinta oficiales que habían participado en la intentona militar contra Pérez de febrero de 1992, y en otra producida el 27 de noviembre de ese mismo año. Y poco después había recibido con alfombra roja a algunos de los cabecillas de ambos golpes fallidos. Era un acto de irresponsabilidad total, que sentaba un pésimo precedente para la democracia venezolana: si un grupo de oficiales del ejército que había causado docenas de muertes era liberado y recibido por el presidente después de apenas unos pocos meses de prisión, ¿cómo evitar que otros oficiales siguieran el ejemplo en el futuro? Al poco tiempo, Chávez y los demás cabecillas de ambas rebeliones militares estaban libres, dando entrevistas a los medios como los héroes del momento. Y el gobierno de Caldera se deterioraba cada vez más, por la falta de medidas económicas para que el país dejara de gastar lo que no tenía, y por las críticas cada vez mayores al nepotismo practicado por el presidente. Uno de sus hijos, Andrés Caldera, era el jefe de gabinete del gobierno, mientras que otro, Juan José Caldera, era el jefe del partido del gobierno, y su yerno, Rubén Rojas Pérez, era el jefe de la guardia presidencial y uno de sus principales asesores militares.

Chávez, que mientras tanto había sido apadrinado por Luis Miquilena, un ex dirigente del Partido Comunista de Venezuela y fundador del Partido Revolucionario del Proletariado que hacía varias décadas venía proponiendo una alianza de gobierno cívico-militar de izquierda, se presentó para las elecciones de 1998 vestido de uniforme militar, y reivindicando su intentona golpista de 1992. "Adelante, que me llamen golpista. Que levanten la mano quienes crean que el golpe fue justificado", decía en sus actos de campaña, haciendo que la multitud levantara los brazos al unísono.[6] El día de la elección arrasó en las urnas: ganó con el 56 por ciento de los votos, contra 40 por ciento de su principal rival, Henrique Salas Rohmer, y 15 por ciento de la ex Miss Venezuela Irene Sáez. Ya entonces, el país estaba dividido en dos mitades. Y se polarizaría cada vez más en los cuatro años siguientes, en la medida en que Chávez arremetía contra los partidos de oposición, los medios, la Iglesia Católica, la "oligarquía", y cualquier otro grupo que osara criticar a su gobierno. Y los críticos aumentaban a diario, porque la desastrosa gestión de Chávez había logrado un milagro económico en reversa: a pesar de un nuevo *boom* que había hecho subir los precios del petróleo de 9 dólares por barril cuando asumió, a un récord de 45 dólares por barril en 2004, el presidente venezolano había logrado empobrecer el país como pocos antes. Más de 7 mil fábricas habían cerrado sus puertas desde el inicio de su gestión.[7] La fuga de capitales había sobrepasado los 36 mil millones de dólares, la economía se había contraído en más de un 20 por ciento en el mismo lapso;[8] el desempleo urbano se había disparado de 15 a 18 por ciento.[9] Según Ricardo Hausmann, el ex jefe de economistas del Banco Interamericano de Desarrollo, el número de pobres había crecido en dos millones y medio de personas desde el inicio del gobierno de Chávez.[10]

El "golpe" de abril

La torpeza del gobierno de Bush le vino de perilla a Chávez cuando una efímera sublevación militar lo obligó a dejar el poder durante 48 horas en abril de 2002. En un caso pocas veces visto de solidaridad patronal-sindical contra un presidente, la coalición de entidades empresariales Fedecámaras y la Confederación de Trabajadores de Venezuela se habían unido para respaldar el paro nacional de los trabajadores de PDVSA, y la huelga general indefinida había dado lugar a las mayores manifestaciones de la historia venezolana. Centenares de miles de personas, incluidos los trabajadores animados por sus sindicatos y los obreros no agremiados, alentados por sus empleadores, salieron a pedir la renuncia de Chávez frente al palacio presidencial de Miraflores el jueves 11 de abril. A la una de la tarde, la columna de manifestantes que se había congregado en un edificio de PDVSA comenzó a dirigirse hacia el palacio presidencial. El ejército —según dirían luego sus generales— se negó a cumplir las órdenes de Chávez de reprimir. Cuando la multitud llegó al centro de la ciudad, francotiradores paramilitares o grupos de chavistas armados dispararon contra ella, ya fuera para dispersarla o respondiendo a disparos de policías metropolitanos contrarios al gobierno que estaban presentes. Lo cierto es que se produjo una batalla sangrienta, en la que murieron por lo menos diecinueve personas de ambos bandos, y decenas resultaron heridas. Esa noche, el alto mando militar se rebeló contra Chávez. En la madrugada, el presidente admitió públicamente que había aceptado "abandonar" el poder. "Les dije, 'me voy', pero exijo respeto por la Constitución", señaló, sugiriendo que debía ser reemplazado por el presidente de la Asamblea Nacional, que era un seguidor de él.[11] Pocos minutos después, el general en jefe de las fuerzas armadas Lucas Rincón, un aliado de Chávez, apareció por televisión anunciando que los militares le habían pedido al presidente su renuncia, y "él aceptó". Al mismo tiempo, Rincón comunicaba que el líder empresarial Pedro Carmona sería presidente provisional, por lo menos por un período breve, hasta tanto se estableciera el orden de sucesión constitucional. Pero en la tarde de ese mismo viernes 12, en un rapto de megalomanía o estupidez, o ambas cosas, Carmona había sorprendido a todo el mundo suspendiendo el Congreso y el Tribunal Supremo de Justicia, y proclamándose a sí mismo presidente interino hasta tanto se celebraran elecciones en el próximo año.

Y el gobierno de Bush, en lugar de condenar de inmediato lo que obviamente había sido una transmisión inconstitucional del poder —porque, aunque se había anunciado la renuncia de Chávez, lo correcto era que fuera reemplazado por el líder del Congreso—, se hizo el distraído. Lo que es peor, culpó a Chávez por haber desencadenado los hechos que habían llevado a su destitución. Mientras los presidentes de México, la Argentina y otros países latinoamericanos que casualmente se encontraban en una cumbre en Costa Rica condenaban la autoproclamación de Carmona como presidente, el portavoz de la Casa Blanca, Ari Fleischer, decía el mediodía del viernes 12, pocas horas antes de la toma de posesión formal de Carmona, que "Chávez había caído luego de que partidarios del gobierno, cumpliendo órdenes de éste, dispararon sobre manifestantes desarmados",[12] lo que no distaba de ser cierto, pero obviaba el hecho de que Carmona no era el sucesor constitucional de Chávez. El portavoz del Departamento de Estado, Philip Reeker, dijo que "Chávez renunció a la presidencia" y que "antes de renunciar, despidió al vicepresidente y al gabinete". Agregó que los hechos habían sucedido por "las acciones antidemocráticas de Chávez" en los últimos tres años.

El domingo 14 de abril, cuando Chávez fue restituido por militares leales, comenzaron las críticas internacionales sobre la actuación de los Estados Unidos, y las especulaciones de que el gobierno de Bush había alentado el golpe. Algunas eran irrisorias, o no estaban acompañadas de evidencias, como la aseveración de Chávez de que una nave de guerra de los Estados Unidos se había acercado a la costa de Venezuela en el momento de la rebelión militar. Pero muchas otras eran valederas, como la del senador demócrata Christopher Dodd, uno de los principales adversarios del gobierno de Bush en el Congreso, que denunció la falta de una condena inmediata al golpe y exigió una investigación interna sobre el rol del Departamento de Estado en el caso. Las especulaciones crecieron cuando *The New York Times* publicó la noticia, luego desmentida, de que el jefe de Asuntos Latinoamericanos del Departamento de Estado, Reich, había conversado telefónicamente con Carmona durante los eventos, aconsejándole que no disolviera la Asamblea Nacional ni otros órganos constitucionales. Si la conversación había ocurrido, la pregunta obligada era si Reich no había estado en contacto con Carmona desde mucho antes, y quizás hasta consentido su arribo al poder.

Carmona negó más tarde que tal conversación hubiera existido, y el gobierno de Bush informó pasado el incidente que quien había llamado a Carmona —"Carmona el breve", lo llamarían después los venezolanos— para exigirle que no disolviera el Congreso había sido el embajador de Estados Unidos en Venezuela, Charles Shapiro. Y, semanas después, la investigación interna pedida por el senador Dodd confirmó que no había existido participación alguna de los Estados Unidos en la destitución de Chávez. El día anterior al golpe, el jueves 11 de abril, el Departamento de Estado había emitido un comunicado en medio de la violencia callejera venezolana diciendo que los Estados Unidos condenaban enérgicamente "cualquier esfuerzo inconstitucional de cualquiera de las partes" en el conflicto. Y una vez que se había sublevado el alto mando militar venezolano, y se había anunciado la renuncia de Chávez y el despido del vicepresidente y el líder del Congreso, el 12 de abril a la madrugada, "tanto el Departamento de Estado como la embajada trabajaron detrás de bambalinas para persuadir al gobierno interino de que convocara a elecciones anticipadas y obtuviera la aprobación de la Asamblea Nacional y la Corte Suprema". La investigación agregaba que "cuando el gobierno interino, contrariamente a los consejos de los Estados Unidos, disolvió la Asamblea Nacional y la Corte Suprema, y tomó otras medidas antidemocráticas, el Departamento de Estado trabajó a través de la OEA para condenar esos hechos y para restaurar la democracia y la constitucionalidad en Venezuela".[13]

"¿Pidieron ayuda de la embajada o del Departamento de Estado los opositores de Chávez para sacarlo del poder por medios antidemocráticos o inconstitucionales? La respuesta es no", proseguía el informe de la investigación interna del Departamento de Estado. "Los opositores habían informado a sus interlocutores norteamericanos sobre sus intenciones, o las de otros, y los funcionarios de los Estados Unidos sistemáticamente respondieron a esos relatos con declaraciones de oposición a cualquier esfuerzo por sacar a Chávez del gobierno mediante métodos antidemocráticos o anticonstitucionales."[14]

Tiempo después, cuando ya había abandonado su cargo, le pregunté a Reich si el gobierno de Bush no se había apresurado en tomar la renuncia de Chávez como un hecho. El presidente venezolano decía ahora que nunca había renunciado. ¿Cómo sabían que lo había hecho? "Rincón, el general en jefe de las fuerzas armadas venezolanas, había salido a decir (por televisión) que Chávez había renunciado, y Rincón era un hombre que había sido nombrado por él. Además, teníamos un embajador de un país occidental que había llamado a (el embajador norteamericano) Shapiro para decirle que acababa de hablar con Chávez, y que éste le había pedido ayuda para que no le pasara nada a su familia. Las nuevas autoridades venezolanas habían hecho preparativos para que viajara a Cuba y se reuniera allí con su familia", recordó Reich. Durante toda la noche, los embajadores de Gran Bretaña, España y otros países se habían comunicado con Shapiro para contarle que el embajador de Cuba en Venezuela, Germán Sánchez, les estaba pidiendo que miembros del cuerpo diplomático acompañaran a Chávez a Cuba para garantizar su seguridad física, me relató un funcionario de los Estados Unidos que reportaba a Reich en ese momento. Según Reich y sus colaboradores, no hubo ningún golpe, y los medios tergiversaron lo ocurrido, porque en el momento de producirse las declaraciones del gobierno de Bush al mediodía del viernes 12 de abril no había existido ningún acto ilegal en Venezuela: "Se había producido una insurrección de los militares venezolanos y del pueblo venezolano después de que Chávez había dado una orden inconstitucional (de reprimir a la multitud) y los militares se negaron a ejecutarla", y el presidente había renunciado. "Y Carmona no había asumido ilegalmente el poder sino hasta después de las 4 de la tarde ese día", se justificaba Reich.[15]

Según Reich, pocas horas antes de la asunción de Carmona en la tarde del viernes 12 de abril, el embajador Shapiro había hablado a su jefe, Reich, para informarle que el sucesor interino de Chávez pretendía disolver el Congreso y proclamarse presidente. "Cuando me llamó (el embajador) Shapiro y me dijo que Carmona se iba a proclamar presidente, yo le respondí: '¿Se va a proclamar qué cosa?'. No lo podía creer. Entonces, le pedí a Shapiro que llamara él a Carmona —yo no quería hablarle— y le dijera que si rompía el hilo constitucional y se proclamaba presidente no podría contar con el apoyo de los Estados Unidos. No recuerdo bien si usé la palabra sanciones, pero me acuerdo claramente de haberle dicho que habría consecuencias si ellos tomaban esa acción. Y le manifesté a Shapiro que pusiera bien en claro durante la conversación que estaba hablando por mí, y en nombre del gobierno de los Estados Unidos. Eso fue como al mediodía (del viernes 12 de abril). A las dos de la tarde me llamó de vuelta Shapiro, diciendo que había hablado con Carmona, le había transmitido el mensaje, y que Carmona le había respondido que nosotros sabemos lo que estamos haciendo. Creo que esas palabras pasarán a la historia como una de las más estúpidas que podrían haberse dicho."[16]

Pero, para cuando salió la investigación interna del Departamento de Estado varios meses después, Chávez ya andaba por el mundo denunciando como una verdad absoluta que Washington había instigado el golpe, y la especulación de las primeras horas se volvió un dogma para él, para Castro, y para una buena parte del ala retrógrada de la izquierda latinoamericana. Lo cierto era que Bush le había hecho un enorme regalo propagandístico a Chávez, que ahora podía ostentar su propia credencial de víctima y equipararse al difunto presidente chileno Salvador Allende. Aunque Estados Unidos no había apoyado el golpe, había titubeado, y aceptado tácitamente una sucesión presidencial inconstitucional. Tal como lo señalaría el senador Dodd, "el haber permanecido en silencio durante la destitución ilegal de un gobierno es un hecho sumamente preocupante, y tendrá profundas implicaciones para la democracia hemisférica".[17]

El triunfo de Chávez en 2004

No estoy convencido —como lo está gran parte de la oposición venezolana— de que existió fraude en el conteo de los votos el 15 de agosto de 2004, el día del referéndum sobre el mandato de Chávez. Aunque la oposición denunció un "gigantesco fraude" cibernético, mi conclusión en Caracas ese día fue que había que darle el beneficio de la duda al Centro Carter y a la Organización de Estados Americanos, que monitorearon la votación y dictaminaron que no hubo irregularidades suficientes como para alterar el resultado del plebiscito. Sin embargo, por lo que observé durante mi estadía en Venezuela, no me quedan dudas de que hubo "fraude ambiental" en los meses anteriores a la votación. Chávez hizo todo tipo de trampas —unas legales y otras no tanto— para reducir el peso de sus opositores en las urnas. Pero aunque semejantes obstáculos no invalidan su triunfo —si la oposición aceptó el reto, debe aceptar el resultado—, le quitaron buena parte de su brillo.

¿Cómo ganó Chávez? Fue una combinación de petropopulismo, pésima campaña de la oposición, intimidación gubernamental y trampas a lo largo del proceso electoral que limitaron enormemente el número de opositores que fueron a las urnas. Bajo la Constitución Bolivariana del propio Chávez, estaba establecido que los venezolanos podían convocar a un referéndum para destituir a cualquier funcionario electo si juntaban un número suficiente de firmas. Luego de que la oposición organizó el "firmazo" en 2003 y juntó más de 3 millones de firmas —muchas más de las 2.400.000 que necesitaba— en formularios impresos por el Estado, el gobierno cambió retroactivamente los requisitos para que las firmas fueran válidas, inhabilitando alrededor de 1 millón de firmas, y adujo que no se había llegado al número necesario para la realización de un referéndum. En mayo de 2004, tras una ola de protestas y bajo presión del Centro Carter y la OEA, el Consejo Nacional Electoral, dominado por simpatizantes chavistas, accedió a permitir la verificación, una por una, del casi un millón de firmas que había invalidado anteriormente.

El gobierno puso todo tipo de trabas: limitó el número de formularios, centros de votación, y los días y horas en que los opositores podían firmar, y anunció 38 nuevos criterios por los cuales las firmas podían ser inválidas. Paralelamente, el gobierno hizo saber a través de sus voceros en la televisión estatal que examinaría detenidamente la lista de quienes habían firmado el petitorio para el referéndum, y que ni los empleados gubernamentales ni los empresarios firmantes que tenían negocios con el Estado podían esperar que el gobierno los siguiera tratando como hasta entonces. En otras palabras, habría represalias contra los firmantes. Y mientras aparecían en la prensa las primeras denuncias de despidos arbitrarios de opositores que habían firmado el petitorio, el gobierno anunció que los "arrepentidos" podían firmar un nuevo formulario exigiendo ser retirados de la lista. Sin embargo, la oposición volvió a juntar las firmas, y aun después de que el gobierno invalidara cientos de miles, sobrepasó ampliamente el número requerido para convocar el referéndum. El Consejo Nacional Electoral no tuvo más remedio que llamar al referéndum para el 15 de agosto de ese año.

Pero eso fue sólo el comienzo. A medida que se acercaba la fecha del referéndum, Chávez ponía nuevas trabas al monitoreo de observadores extranjeros, al punto que la Unión Europea se retiró pocos días antes de la votación, y el Centro Carter y la OEA decidieron cumplir con su compromiso, aunque a regañadientes. Mientras tanto, como lo venía haciendo progresivamente desde hacía meses, Chávez comenzó a hacer uso de "cadenas" televisivas casi a diario, sin darle la misma oportunidad a la oposición. Según el conteo de las televisoras de oposición, se transmitieron nada menos que 203 discursos del presidente en cadena nacional en 2003, y las emisoras de radio y televisión tuvieron que plegarse a 91 cadenas presidenciales en 2004, casi todas ellas poco antes del referéndum. A menudo, duraban horas. En ellas, Chávez acusaba a las organizaciones no gubernamentales independientes, como Súmate, de estar trabajando para el gobierno de los Estados Unidos, por haber aceptado 53 mil dólares para la observación electoral del referéndum de parte de la Fundación Nacional para la Democracia (NED), una entidad no partidaria del Congreso de los Estados Unidos, que desde hacía décadas venía contribuyendo con órganos de monitoreo electoral apartidarios en México, varios países de Sudamérica, Asia y África, para el alquiler de teléfonos celulares y computadoras. La acusación era ridícula, porque Súmate no hacía propaganda partidista, y porque Chávez no sólo estaba enviando misiones militares a los barrios más humildes de Venezuela para juntar votos, sino que se vanagloriaba abiertamente de tener 17 mil médicos y maestros cubanos en el país contribuyendo con su "revolución" en los meses anteriores al referéndum.

En algunos casos, los obstáculos que ponía el gobierno eran tan pueriles que daban risa. Entre los 300 mil venezolanos que querían inscribirse en el exterior para votar, muchos de ellos antichavistas residentes en los Estados Unidos, sólo 50 mil lograron registrarse cumpliendo la cada vez mayor lista de requisitos del gobierno. Y en las ciudades donde la comunidad venezolana era mayoritariamente hostil a Chávez, como Miami, los aspirantes a votar se habían quedado esperando durante horas en la planta baja del edificio del consulado, sin poder hacerlo. A media mañana, un empleado de quinto rango de la oficina diplomática había bajado para informar a la concurrencia que, lamentablemente, se había averiado el ascensor. Tras una larga espera, muchos se fueron a sus casas, convencidos de que no se les permitiría votar.

"Vamos a Fuerte Apache"

La intimidación de los votantes, por lo que pude observar en Caracas, no era muy sutil. Pocos días antes del referéndum, pedí una entrevista con Alfredo Peña, el alcalde de Caracas, uno de los tantos ex políticos que habían apoyado a Chávez en un primer momento y que ahora militaban en la oposición. Conocía a Peña desde hacía más de diez años, cuando él era director del diario *El Nacional* de Caracas. A fines de los noventa, cuando escribí que me temía que Chávez no era más que un caudillo militar autoritario, como tantos otros antes de él, Peña me había recriminado no entender el carácter popular de las fuerzas armadas venezolanas, y el fenómeno Chávez en particular. Poco después, había jurado como jefe de gabinete y vocero de Chávez, uno de los puestos clave en el nuevo gobierno. Sin embargo, su idilio con el nuevo presidente duraría poco: apenas cuatro meses después, se había desilusionado con la militarización y el creciente autoritarismo del gobierno, y el propio presidente había decidido reemplazarlo por un militar de su confianza. Desde entonces, Peña se había cruzado a la oposición, y había ganado la alcaldía de Caracas por una abrumadora mayoría. Pero tenía un problema geográfico-político: la sede de la alcaldía estaba en El Centro, en el corazón del territorio chavista, rodeada de edificios donde se concentraban los sectores más duros del gobierno de Chávez. Al lado del palacio de la alcaldía estaba el Ministerio de Relaciones Exteriores, y frente a él el Congreso nacional y la alcaldía del Municipio Libertador, cuyo alcalde era descripto por la oposición como el responsable de una fuerza de choque paramilitar que hacía el trabajo sucio represivo del gobierno. A una cuadra se hallaba el edificio de la vicepresidencia, donde despachaba el cerebro intelectual del gobierno de Chávez, José Vicente Rangel, y a dos cuadras se encontraba el palacio de Miraflores, donde estaba el propio Chávez.

Me di cuenta del problema de Peña cuando, inocentemente, abordé un taxi en mi hotel J. W. Marriott de la zona Este de Caracas, y le pedí que me llevara a la alcaldía de la ciudad en El Centro. El taxista se volteó en cámara lenta, como si no estuviera seguro de haber entendido bien. Cuando le repetí mi destino, sonrió nerviosamente y me dijo que no podía llevarme allí. Es más, me recomendaba que no fuera, porque era una zona muy insegura. Al poco rato, Peña envió a su hijo a buscarme en una camioneta blindada, con tres policías armados hasta los dientes dentro del vehículo, y otras dos camionetas de escolta. "Vamos a Fuerte Apache", me dijo el joven Peña, sonriente. "No te asustes."

A medida que íbamos cruzando la ciudad, yendo de la versión venezolana de Beirut del Este a la de Beirut del Oeste, no pude más que asombrarme de cómo cambiaba el paisaje. En el Este de la ciudad había una gran mayoría de carteles por el "SÍ", exhortando a la gente a votar por la destitución prematura de Chávez, pero cada dos o tres cuadras se veía uno por el "NO". Mientras nos adentrábamos en Beirut del Oeste, el número de carteles por el "SÍ" disminuía gradualmente, hasta desaparecer del todo. En El Centro, sólo se podían ver carteles pro chavistas. Los despintados edificios céntricos estaban cubiertos de pancartas con leyendas como "Fuera Bush", "Fuera el imperialismo", "Hay que darles un NOkout", "NO hasta el 2021" y "Uh, Ah, Chávez no se Va". Hasta en las paredes de la Casa Militar, teóricamente una institución no partidista, colgaba una enorme pancarta del "NO". Casi no había un espacio de diez metros de edificación en esta parte de la ciudad que no tuviera un eslogan pro chavista, mientras que no había un cartel opositor ni por asomo. "Aquí, si pintas un cartel del sí, te arriesgas la vida", me señaló el hijo del alcalde.

Entramos a la alcaldía por una pequeña puerta blindada, casi escondida, a un costado de una playa de estacionamiento al aire libre, donde el alcalde me estaba esperando. Peña quería, a toda costa, conducirme en una visita guiada a la alcaldía, y el motivo pronto se hizo evidente: era una fortaleza sitiada, que había sido atacada varias veces. Todas las ventanas estaban protegidas con rejas, y todas las puertas de la planta baja estaban trabadas con troncos de árbol o postes de hierro que obviamente habían sido traídos de prisa para contener un ataque enemigo. Según me relató Peña, las fuerzas de choque chavistas —que eran empleados de seguridad de la alcaldía del Municipio Libertador, el edificio de enfrente, que no hacían más que esperar sentados en la plaza hasta que se les ordenara atacar manifestaciones o eventos de la oposición— habían atacado su alcaldía con armas de fuego y piedras en veintiséis oportunidades. Peña me llevó al comedor del edificio, una sala enorme con una mesa rectangular para por lo menos dos docenas de personas, a fin de mostrarme los varios orificios de bala en la pared. Cinco policías de la alcaldía y dos civiles ya habían sido heridos por las balas provenientes de la plaza, me explicó, señalando una mancha de sangre en la cortina de la ventana. Algunos de los mejores cuadros de la pinacoteca de la alcaldía, incluido uno de Armando Reverón, probablemente el pintor más famoso del país, tenían agujeros de proyectiles. Y, finalmente, Peña me mostró el plato fuerte de su *tour* sobre la violencia de las turbas chavistas: su propia silla en la mesa del comedor, que estaba perforada, en el centro del respaldo, por un agujero de bala. "Si hubiera estado comiendo aquí ese día, no vivía para contar la historia", dijo Peña.[18]

Obviamente, el margen de movimiento de Peña y los demás líderes de la oposición era pequeño. No podían tener acceso a las cadenas de televisión como las que usaba Chávez, no tenían dinero para regalar como el gobierno, no tenían control de las instituciones electorales para cambiar las reglas a cada instante a su conveniencia, y muchas veces ni siquiera podían usar sus propias sedes, como en el caso de la alcaldía, para congregar a sus simpatizantes. La intimidación gubernamental estaba por doquier. "Quienes atacaron mi oficina veintiséis veces son chavistas armados, empleados del gobierno. Ya los conocemos, porque son los mismos que puedes ver ahí, sentados en la plaza", concluyó el alcalde, llevándome a la ventana e invitándome a asomar la cabeza, pero sin sacarla demasiado.

La mayor intimidación electoral, sin embargo, tuvo lugar a través del nuevo sistema de votación electrónico estrenado por el gobierno para la ocasión, y que no había sido testeado en ningún lugar del mundo. Mientras amenazaba con despedir a los funcionarios públicos que hubieran firmado las peticiones opositoras, o borrar de las listas de acreedores del Estado a los empresarios de la oposición, el gobierno anunció que el nuevo sistema de votación contaría con máquinas "cazahuellas", que tomarían las huellas digitales de cada votante. Teóricamente, la medida se tomaba para evitar que una persona votara dos veces. Pero pronto se hizo evidente que cada votante dejaría sus huellas digitales y recibiría una constancia de su voto que quizá le permitiría al gobierno saber por quién había votado. Bajo el nuevo sistema de votación electrónica, los venezolanos votarían por el "SÍ" —que Chávez se vaya— o por el "NO" —que se quede— en una pantalla de computadora, y recibirían una papeleta con la constatación de su voto. Inmediatamente, los medios oficiales hicieron correr la voz de que, gracias a las máquinas "cazahuellas", el gobierno podría saber perfectamente cómo había votado cada ciudadano, y que nadie se hiciera ilusiones de que el voto era secreto. Y semejantes advertencias tomaron un viso más realista poco antes del referéndum, cuando la prensa reportó que las máquinas de votación compradas por el gobierno usarían un software de la empresa Bitza, una compañía registrada en los Estados Unidos en la que el gobierno de Chávez tenía un 28 por ciento de las acciones. Después de que *The Miami Herald* dio a conocer los registros de la empresa en el Estado de la Florida, Bitza anunció que compraría las acciones del gobierno venezolano. Pero millones de ciudadanos ya no podían sino ver con desconfianza el nuevo sistema electrónico de votación.

Sin embargo, aunque los obstáculos legales y la intimidación fueron factores importantes, lo que más contribuyó a la victoria de Chávez fueron los petrodólares. El presidente desembolsó entre 1.600 millones y 3.600 millones de dólares de los ingresos de PDVSA, el monopolio petrolero estatal venezolano, en los meses anteriores a la votación, en forma de becas temporales de más de 150 dólares mensuales a cientos de miles de jóvenes y desempleados. Se trataba de becas para la educación, en su gran mayoría, pero que no llevaban consigo ninguna obligación de estudiar. Chávez estaba nadando en petrodólares. Y en un país en el que el petróleo constituía el 80 por ciento de las exportaciones y el principal ingreso del Estado, Chávez tenía un dineral, y lo estaba repartiendo en efectivo para ganar votos.

Así las cosas, quizá no fue del todo sorprendente que, al final del día, el Consejo Nacional Electoral le diera a Chávez el 59 por ciento de los votos, contra un 41 para la oposición. La oposición dijo que semejante resultado era imposible, ya que las encuestas de salida coordinadas por Súmate le habían dado al voto antichavista una ventaja del 18 por ciento. ¿Cómo podía haber ganado Chávez por casi el mismo porcentaje?, preguntaban los líderes de la oposición, insinuando que desde algún centro cibernético secreto se habían invertido los resultados finales de la votación. Pero la OEA y el Centro Carter, después de varios forcejeos verbales con el gobierno, habían hecho un recuento de votos al azar y habían salido convencidos de que Chávez había ganado en las urnas. El presidente había superado el reto, con todo tipo de trampas en el proceso electoral, pero había triunfado.

El voto de los marginales

Caminando por Caracas al día siguiente, viendo los miles de trabajadores informales que vendían baratijas en las calles, y que parecían haberse adueñado de la ciudad, llegué a la conclusión de que el triunfo de Chávez probablemente se debía al voto de los marginales. En efecto, el discurso político de la oposición estaba dirigido a quienes tenían empleos formales, o alguna vez los habían tenido, o esperaban tenerlos alguna vez. Pero para los millones de venezolanos que operaban en la informalidad —como ya dijimos, la pobreza había crecido un diez por ciento en los primeros cinco años de Chávez, según cifras oficiales del Instituto Nacional de Estadística— ésas eran palabras vacías, que significaban mucho menos que los 150 dólares en becas en efectivo que les estaba dando el gobierno.[19]

Para un joven vendedor de sandalias de plástico chinas en las calles de Caracas, que había ingresado al mercado laboral bajo el gobierno de Chávez y nunca había tenido un empleo formal, significaba poco que un líder de la oposición o algún intelectual le dijeran que más de 7 mil fábricas habían cerrado sus puertas desde el inicio del gobierno, que la CEPAL hubiera dicho que el desempleo urbano se había disparado del 15 por ciento en 1999 al 18 en 2004, que más de 36 mil millones de dólares se hubieran fugado del país en los últimos cinco años, o que Venezuela hubiera caído a los últimos puestos del ranking de competitividad del Foro Económico Mundial. Todas esas cifras significaban algo para quien tuviera esperanzas de conseguir un empleo formal, o de mejorar el que tenía, pero le decían muy poco al vendedor callejero o al obrero que trabajaba en el sector informal. Y a los millones de marginales de Venezuela tampoco les impresionaba mucho la corrupción y el derroche de Chávez, o que el presidente adjudicara contratos gubernamentales sin convocar a licitaciones, o que se hubiera comprado un nuevo avión presidencial francés por 59 millones de dólares, cuando el precio de lista del avión era de 42 millones, o que usara relojes de miles de dólares. ¿Acaso sus antecesores no lo habían hecho? En la Venezuela Saudita, nada de eso era sorprendente.

Quizá, muchos de los marginados de Venezuela les habían dicho a los encuestadores que votarían en contra de Chávez, porque el personaje les resultaba payasesco, y porque se daban cuenta de que el gobierno era un gigantesco caos en el que las cosas cambiaban a diario sin sentido alguno por algún capricho del comandante. En los últimos cinco años, Chávez había colocado y sacado de sus puestos a nada menos que 59 ministros. Y, según un recuento del diario *El Universal*, si se contaban los que había cambiado de un ministerio a otro, llevaba 80 nombramientos ministeriales, incluidos seis ministros de Finanzas, seis de Defensa, seis de Comercio, y cinco cancilleres. No pasaba semana en que Chávez no anunciara un plan social de enormes proporciones, o una obra pública gigantesca, o una iniciativa continental, que a las pocas horas pasaba al olvido absoluto. Era difícil tomarlo en serio. Pero en el momento de la verdad, al colocar su voto, quizá concluyeron que el dinero en efectivo que Chávez les estaba dando significaba más que los argumentos de la oposición de que el país sólo lograría un crecimiento a largo plazo creando las condiciones para mayor inversión, que a su vez generaría más empleo, y que las dádivas gubernamentales caerían en picada apenas terminara la bonanza petrolera, dejando al país más pobre que antes. En el pensamiento de muchos, era mejor tener pájaro en mano que cien volando.

Los petrodólares y la revolución continental

Tras la victoria de Chávez en el referéndum de 2004, y la aceptación de la misma por el Departamento de Estado, el futuro de las relaciones del presidente venezolano con el gobierno de Bush dependería en gran medida de si Venezuela continuaría —o aumentaría— su apoyo a grupos violentos en América latina, me decían en privado funcionarios de los Estados Unidos. Según ellos, el gobierno de Bush había dado sobradas pruebas de su buena voluntad hacia Chávez: durante cinco años, había aguantado sin contestar sus diarias diatribas contra "el imperialismo" y "el neoliberalismo salvaje" de Bush. El presidente de los Estados Unidos jamás había respondido personalmente, y sus embajadores en Caracas habían tenido la política de poner la otra mejilla, señalaban. Lo que es más, durante los primeros años del chavismo en el poder, el embajador John Maisto había sido el blanco de todas las críticas de la oposición por sostener públicamente que "no se fijen en lo que (Chávez) dice, sino en lo que hace". Maisto decía que el presidente venezolano, a pesar de su retórica revolucionaria, no había confiscado ninguna empresa extranjera, ni cerrado canales de televisión, ni —lo que era más importante para Washington— interrumpido sus suministros de petróleo a los Estados Unidos. La embajada de los Estados Unidos en Caracas señalaba, entonces, que había que juzgarlo por sus hechos, no por sus palabras.

Sin embargo, dentro del Departamento de Estado y de la Casa Blanca, había una preocupación cada vez mayor por las informaciones de inteligencia que proveían varios gobiernos latinoamericanos en el sentido de que Chávez estaba apoyando a grupos radicales en sus países. Desde el inicio de su gestión, ya había sido blanco de críticas del gobierno colombiano de Andrés Pastrana por estar apoyando presuntamente a los guerrilleros de las FARC en Colombia. En 2000, Colombia había elevado una protesta formal ante Venezuela, y retirado momentáneamente a su embajador en Caracas, luego de que Olga Marín, una alta dirigente de las FARC, fuera invitada a dar un discurso ante la Asamblea Nacional venezolana. Aunque Chávez respondió que él personalmente no había autorizado la invitación a Marín, el entonces canciller colombiano Guillermo Fernández de Soto se quejó en un comunicado el 28 de noviembre de ese año de que, además de criticar constantemente el Plan Colombia y augurar una "vietnamización" de Sudamérica por la ayuda militar de los Estados Unidos a Colombia, Chávez había permitido "la participación de representantes de las FARC en una conferencia que tuvo lugar en Venezuela, auspiciada por el gobierno, y con la presencia de funcionarios gubernamentales".[20]

Poco después, el entonces presidente de Bolivia, Hugo Banzer, me dijo en una entrevista telefónica que Chávez estaba apoyando a los grupos indígenas de ultraizquierda que respondían a Felipe Quispe en su país, y que acababan de realizar una huelga violenta que había dejado un saldo de 11 muertos y 120 heridos. A sugerencia de Banzer, que no quería aparecer en público haciendo la acusación, entrevisté a su entonces ministro de la Presidencia, Walter Guiteras, que me confirmó oficialmente que "el presidente Banzer ha expresado su preocupación al presidente Chávez por haber intervenido en los asuntos internos de nuestro país". Por aquella misma época, el gobierno de Ecuador le había comunicado a Washington sus temores de que Chávez estuviese apoyando al coronel Lucio Gutiérrez, el líder del golpe militar e indígena que había derribado el gobierno de Jamil Mahuad. Interrogado sobre estas acusaciones, el entonces jefe del Departamento de Estado para América latina, Peter Romero, un demócrata que venía del gobierno de Clinton y había sido embajador en Ecuador, declaró en una entrevista que "hay indicios de apoyo del gobierno chavista para movimientos indígenas violentos en Bolivia" y "grupos de oficiales rebeldes" de Ecuador.[21] Chávez inmediatamente respondió que Romero era un "agitador internacional", y el canciller venezolano de turno lo calificó de "Pinocho".

Pero los informes de inteligencia sobre los vínculos de Chávez con grupos violentos en la región no cesaron. Poco después, la Secretaría de Informaciones del Estado (SIDE) argentina había recibido datos de dos adjudicaciones de contratos de venta de gasolina diésel del gobierno venezolano —por más de 350 mil dólares cada uno— a un abogado vinculado a Hebe de Bonafini, la dirigente de la rama pro castrista del grupo Madres de Plaza de Mayo. Y para 2002, la revista *U.S. News and World Report* publicaba un extenso reportaje señalando que, a pesar de las categóricas desmentidas de Chávez, existía "información detallada que demuestra que hay campamentos utilizados por rebeldes colombianos dentro de Venezuela, mapas que muestran la ubicación de esos campamentos, y testimonios de primera mano que describen visitas allí de funcionarios venezolanos". El principal campamento de entrenamiento de las FARC en Venezuela estaba en las montañas de Perija, cerca del poblado de Resumidero, señalaba la revista, y agregaba que allí se encontraba uno de los máximos comandantes guerrilleros colombianos, Iván Márquez, y unos setecientos rebeldes. Citando el testimonio de desertores que habían estado allí, la revista señaló que las FARC también tenían otro campamento más pequeño a dos días de caminata en el poblado de Asamblea, cerca de la ciudad de Machiques, y una emisora de radio clandestina a unos 50 kilómetros de allí, en la frontera con Colombia. Uno de los testigos entrevistados por la revista, que había pasado siete meses en uno de los campamentos, dijo que había visto funcionarios venezolanos arribar al lugar en helicóptero. Otro desertor había señalado que su unidad había realizado emboscadas a columnas del ejército colombiano y luego se había refugiado nuevamente en Venezuela, y que las FARC habían enviado pocos meses antes un cargamento de armas desde Venezuela para sus frentes en Colombia.[22]

¿Estaba Chávez al frente de estas intervenciones en asuntos internos de otros países, o los responsables eran agentes traviesos de su gobierno? Prácticamente todos los altos funcionarios colombianos afirmaban que la luz verde venía del despacho presidencial de Venezuela, pero lo decían en privado. Desde el comienzo del gobierno de Álvaro Uribe hasta el secuestro del "canciller" de las FARC Rodrigo Granda en Venezuela a comienzos de 2005, el gobierno colombiano no había querido volver a decir nada en público que pudiera hacer peligrar sus relaciones con Venezuela. Colombia ya tenía suficientes problemas con su guerra interna como para abrirse un nuevo frente con un vecino que —en una hipótesis de conflicto— tenía todos los recursos como para incrementar enormemente su apoyo a los guerrilleros colombianos. Cuando le pregunté al presidente Uribe en una entrevista en 2004 si Chávez estaba apoyando a las FARC, no dijo que sí ni que no, sino que ése era un tema muy "complicado". Ya por entonces, por lo menos un alto ex general de Chávez había confirmado la presencia de campamentos militares de las FARC en Venezuela.

Pero la información era confusa. El otrora todopoderoso ministro del Interior Miquilena diría tiempo después, tras su ruptura con Chávez, que las acusaciones de que el gobierno de Venezuela estaba apoyando financiera o militarmente a grupos rebeldes en Bolivia, a Ecuador o a las FARC en Colombia eran "totalmente falsas", aunque reconoció que existían contactos frecuentes con la guerrilla para negociar la liberación de rehenes, como también apoyo financiero al Frente Sandinista de Liberación Nacional de Nicaragua. "Hacíamos contactos con las FARC y con el Ejército de Liberación Nacional para liberar secuestrados venezolanos. Incluso cuando capturaron al hermano de (el secretario general de la OEA César) Gaviria, los familiares le pidieron a Chávez que interviniera con la guerrilla para la liberación... Lo único que se hizo fue con el Frente Sandinista de Liberación. Para las últimas elecciones de Nicaragua (en 2001) se le dio un dinero para afiches y esas cosas. Pero fue una suma que no llegó a 20 millones de bolívares (el equivalente de 27 mil dólares). Y no se mandó en dólares: se enviaron materiales impresos, de propaganda." ¿Eso lo había hecho Miquilena personalmente? "Sí."[23]

Lo cierto era que, aunque Chávez negaba enfáticamente que estaba dando ayuda a grupos violentos o partidos políticos de izquierda en otros países, había numerosos indicios de que lo hacía a través de diferentes funcionarios, muy compartimentados entre ellos. Según el general James Hill, jefe del Comando Sur de los Estados Unidos, Chávez no sólo apoyaba financieramente a los grupos indígenas rebeldes en Bolivia sino también al FMLN en El Salvador. Y Venezuela se había convertido en el Club Méditerranée de los grupos violentos de América latina: un lugar donde podían reunirse, descansar y planear la "revolución" continental, mientras el gobierno miraba para otro lado. Chávez contribuía constantemente a alimentar las versiones sobre su cercanía a las FARC y el ELN al insistir en que Venezuela se declaraba "neutral" en el conflicto armado colombiano, y al resistirse a calificar a los guerrilleros colombianos —que frecuentemente atacaban blancos civiles con coches-bomba, matando a numerosos inocentes— como terroristas. Y Chávez hablaba el mismo idioma que la guerrilla colombiana: el 25 de octubre de 2002 había dicho en un discurso que "la democracia representativa no sirve para ningún gobierno latinoamericano", porque "la única cosa para la que ha servido es para dejar que una clase bastarda tome el poder y hunda al pueblo en la miseria".

Después de entrevistar a varios presidentes y ex presidentes sudamericanos que aseguraban tener serias sospechas sobre la ayuda de Chávez a grupos violentos en la región, me quedaban pocas dudas de que algún tipo de actividad de ese tipo existía. La gran pregunta era si Chávez la dirigía personalmente o si lo hacían sus súbditos en medio del caos de su gobierno. Y la otra gran pregunta era: si Chávez estaba exportando su revolución, ¿por qué el gobierno de Estados Unidos no estaba dando a conocer toda la información de inteligencia que tenía al respecto?

A fines del primer mandato de Bush, le hice esa pregunta durante una entrevista en un restaurante de Washington a un alto funcionario del Pentágono que seguía de cerca el Plan Colombia y la situación en Venezuela, quien me acababa de recitar una larga serie de ejemplos sobre la presunta ayuda de Venezuela a la guerrilla colombiana. Pero cuando saqué mi pluma del bolsillo para escribir lo que me decía, me cortó de plano, diciendo que todo lo que me estaba contando era *off the record* y no podía ser publicado. ¿Por qué?, pregunté, extrañado. ¿Qué más quería el gobierno de Bush que los periodistas escribiéramos sobre las supuestas actividades de Chávez en apoyo de los movimientos violentos en América latina? El funcionario me contestó con tres palabras: "Armas de destrucción masiva". Yo ya no entendía nada, y así se lo hice saber. ¿Qué tenían que ver las armas de destrucción masiva, que el gobierno de Bush nunca había encontrado en Irak, con la ayuda de Chávez a grupos rebeldes latinoamericanos? "Muchísimo", me contestó, y me explicó que, luego del ridículo internacional que había hecho Estados Unidos después de denunciar que el régimen de Saddam Hussein tenía en su poder armas de destrucción masiva, los organismos de inteligencia estaban bajo estrictas órdenes de no dar a publicidad absolutamente ninguna información que no estuviera "ciento por ciento" probada por documentos, grabaciones u otras evidencias irrefutables. "En el caso de Chávez, tenemos informaciones de inteligencia que corroboran en un 95 por ciento el apoyo a grupos violentos en otros países, pero después de lo de Irak no las vamos a dar a conocer públicamente hasta tenerlas corroboradas en un 150 por ciento. Y como la mayoría de estas informaciones son testimonios de algún desertor que son difíciles de verificar, no podemos correr el riesgo", me dijo el funcionario del Pentágono. Estados Unidos no podía permitirse otro fiasco de inteligencia como el que acababa de ocurrir en Irak.

Chávez, el hombre más imprevisible

¿Cómo gobernaría Chávez durante el resto de su mandato? ¿Utilizaría su nuevo capital político ganado en el referéndum de 2004 para destruir lo poco que quedaba de las instituciones democráticas, para instaurar una dictadura absoluta y protegerse de futuros reveses electorales una vez que cayeran los precios del petróleo? ¿O, por el contrario, concluiría que podía seguir gobernando indefinidamente permitiendo un espacio —aunque limitado— de libertades civiles?

Antes de irme de Venezuela, y luego de intentarlo a través de varios conocidos comunes, logré una entrevista con el hombre que mejor conocía a Chávez: su mentor político y artífice de su ascenso al poder, Miquilena. La cita se realizó en la casa de Ignacio Arcaya, quien hasta hacía poco había sido el embajador venezolano en Washington, y que había estado cerca de Miquilena durante varios años. Con 86 años a cuestas, Miquilena rengueaba un poco al caminar, pero conservaba una rapidez mental sorprendente. Nos sentamos en el patio, y antes de que Arcaya se retirara para dejarnos conversar a solas, felicité a Miquilena por su estado físico, bromeando que quizá sería más interesante hacerle preguntas médicas que políticas. ¿Qué comían los políticos venezolanos para mantenerse tan bien?, le pregunté. Yo viajaba constantemente por América latina, y no había otro país con tantos políticos longevos, comenté. ¿Cómo hacían Miquilena, Caldera, Pérez, Pompeyo Márquez y tantos otros dirigentes octogenarios para seguir militando políticamente con pasión de adolescentes? Uno de ellos señaló con el dedo pulgar al cuarto de al lado, donde conversaban en un sofá dos mujeres de no mucho más de cuarenta años, y me respondió con una sonrisa: "Nos casamos con mujeres mucho más jóvenes".

Miquilena había sido el padre intelectual de Chávez, el hombre que había organizado su primer viaje a Cuba, el jefe de campaña de su primera victoria electoral en 1998, y su todopoderoso ministro del Interior y presidente del Congreso hasta que había renunciado en 2002, por desacuerdos con su jefe. Según me contó, se habían conocido poco después de la intentona golpista de 1992, cuando Chávez estaba en la cárcel, y lo había invitado a visitarlo en el penal. Miquilena estaba proponiendo en ese momento una asamblea constituyente para "refundar" el país, argumentando que el sistema de partidos se había agotado, y Chávez —además de estar interesado en conocerlo personalmente— había manifestado su interés en ese proyecto. A través de Pablo Medina, un político de izquierda amigo de ambos, se había concertado una visita a la prisión. "Fue una grata reunión, bastante cordial, amena. Allí hubo empatía. Logramos establecer una amistad", recuerda. "Después, las reuniones se fueron reproduciendo sistemáticamente." A partir de entonces Miquilena, que le llevaba más de cuarenta años a su nuevo amigo, se convirtió en el mentor ideológico de Chávez. Entre ambos hombres se desarrolló una relación de padre-hijo.

Cuando Chávez salió de la cárcel, se fue a vivir a la casa de Miquilena, donde permaneció durante cinco años, hasta ganar la presidencia en 1998. "Allí nos sentábamos a soñar de noche, a conversar sobre el país decente, el país humilde, el país sin ladrones, para abatir la miseria totalmente injustificada que el país estaba sufriendo, y sigue sufriendo", recuerda. En 1994, Miquilena presentó a su huésped a los cubanos, quienes lo invitaron por primera vez a la isla. La reunión se produjo en casa de Miquilena. "Tuvimos en mi casa un almuerzo, Chávez, el embajador cubano Germán Sánchez y yo, y allí planificamos el viaje a Cuba", me dice. Los cubanos estaban ansiosos por que Chávez viajara cuanto antes: el presidente Caldera acababa de recibir al líder del exilio cubano en Miami, Jorge Mas Canosa, y el régimen cubano quería que Chávez diera un discurso crítico de Caldera en la Casa de las Américas de La Habana como represalia. Durante el almuerzo, Miquilena, que era un viajero frecuente a La Habana, le insistió al embajador para que se encontraran con Castro, "porque me parecía que ir a Cuba sin verlo a Fidel no tenía sentido". El embajador dijo que no podía dar seguridades, porque la invitación era para que Chávez diera un discurso en la Casa de las Américas. "Entonces, cuando me dijeron que no sabían, dije bueno, no voy. Y fue Chávez solo", recuerda Miquilena. Para sorpresa de ambos, Castro no sólo recibiría a Chávez durante ese viaje, sino que lo estaría esperando a su llegada. "Fidel lo estaba esperando en la escalera del avión, y de allí en más no lo dejó sino hasta que lo puso en el avión de regreso. Estuvo con Fidel toda la noche. Incluso, no hallaban dónde comer y se fueron a la embajada venezolana en la mitad de la noche. El embajador (venezolano) me contó después que como su esposa no estaba ahí y no tenía cómo darles de comer, Fidel salió con Chávez a una de esas casas de protocolo a comer a medianoche. De ahí en adelante, Chávez se convirtió en un simpatizante, en un amigo de Fidel, compartiendo sus ideas".

Miquilena se había retirado del gobierno a mediados de 2002, frustrado por el hecho de que Chávez no siguiera su consejo de bajar el tono incendiario de sus discursos, que estaban volviendo en contra cada vez más a los sindicatos, a los empresarios, a la Iglesia y a los militares, y creando cada vez más enemigos del gobierno. Desde entonces, y hasta que lo entrevisté dos años después, Miquilena había mantenido un perfil bajo, emitiendo alguna que otra declaración pidiéndole respetuosamente a su ex discípulo que respetara las reglas democráticas, pero hablando rara vez con la prensa. Durante varios meses tras su alejamiento del gobierno, ambos habían mantenido comunicaciones esporádicas, en las que habían hablado como viejos amigos.

"¿Cómo definiría a Chávez", le pregunté a Miquilena. ¿Es un nuevo Castro, un Pinochet disfrazado de izquierdista, o qué? El ex padre intelectual de Chávez, intercalando anécdotas de sus casi diez años de trato diario con el presidente venezolano, me lo describió como un hombre intelectualmente limitado, impulsivo, temperamental, rodeado de obsecuentes, increíblemente desordenado en todos los aspectos de la vida, impuntual, absolutamente negado para las finanzas, amante del lujo, y por sobre todas las cosas errático.

"Por el conocimiento que tengo de Chávez, es uno de los hombres más impredecibles que he conocido. Hacer cálculos acerca de él es verdaderamente difícil, porque es temperamental, emotivo, errático. Y porque como no es un hombre bien amueblado mentalmente, ni un hombre con una ideología definida... está hecho estructuralmente para la confrontación. Él no entiende el ejercicio del poder como el árbitro de la nación, como el hombre que tiene que establecer las reglas de juego y que tiene que manejar la conflictividad desde el punto de vista democrático. No está preparado para ello", respondió.

¿Pero no acababa de decirme que Chávez compartía las ideas de Castro? "Sí y no", respondió. Después de su primer viaje a Cuba en 1994, y del inesperado recibimiento que le había dado Castro, "Chávez decía que era interesante la experiencia de Fidel, que había sido exitosa. (Él veía) el éxito de Fidel como un éxito de orden personal, por el hecho de haber perdurado en el poder. Pero en ese momento, él era perfectamente consciente de que eso (Cuba) no tenía nada que ver con Venezuela, que el mundo de hoy no estaba para ese tipo de cosas", dijo Miquilena.

"¿Y qué cambió después? ¿Se fue radicalizando con el tiempo?", pregunté. Miquilena dijo que la dinámica de los acontecimientos fue llevando a Chávez cada vez más cerca de Castro, pero más por motivos que tenían que ver con su temperamento que ideológicos. Quizás, el narcisismo de Chávez lo había llevado a una retórica cada vez más confrontacional —y cercana a Castro— porque eso era lo que le generaba la mayor atención mundial y le permitía proyectarse como un líder político continental. Cuanto más "antiimperialistas" eran sus discursos, más grandes eran los titulares, y más gente en los movimientos de izquierda latinoamericanos lo tomaba en serio. Y, simultáneamente, cuanto más evidente se hacía el deterioro político de Venezuela, más necesitaba de una excusa externa para explicarlo, y nada caía mejor en la región —especialmente con Bush en el poder— que culpar a los Estados Unidos por "agresiones" reales e imaginarias. Y, finalmente, "Fidel le había metido en la cabeza desde un principio la idea de que lo iban a matar", dijo Miquilena. Por eso Chávez comenzó a asesorarse con la guardia personal de Castro y a aceptar gradualmente cada vez más cubanos en sus organismos de seguridad e inteligencia. Cuando se produjo el paro petrolero de 2002, los cubanos habían enviado técnicos e ingenieros para ayudar al gobierno a superar el trance. Y una vez consolidado en el poder, Chávez había aceptado gustosamente los 17 mil médicos y maestros cubanos, que le permitían proveer atención médica y educación en las zonas más rezagadas del país.

Pero Chávez nunca había tenido una ideología muy definida, ni un plan a largo plazo, porque era un hombre fundamentalmente indisciplinado, decía Miquilena. Su estilo de gobernar era casi adolescente. Llamaba a sus ministros pasadas las 12 de la noche para contarles una idea brillante que se le acababa de ocurrir, daba instrucciones para todos lados, todos le decían que sí, y nadie jamás le daba seguimiento a sus órdenes. Después, cuando las cosas no funcionaban, cambiaba los ministros. No era casual que, en cinco años de gobierno, hubiera hecho ochenta cambios de ministros.

"Él está rodeado de lo que en el ejército llaman 'ordenanzas'. No tiene ninguna posibilidad de que haya alguien a su alrededor que lo contradiga", recordó Miquilena. Arcaya, el ex embajador de Chávez en Washington, que había sido su ministro de Gobierno y Justicia, me había contado poco antes que Chávez solía llamarlo tarde en la noche, a veces hasta a las 4 de la mañana, con algún pedido del que casi invariablemente se olvidaba al día siguiente. "Yo le dije una vez: 'Hugo, el principal causante de la desorganización eres tú'", recordaba Arcaya. "Él preguntó: ¿por qué dices eso? Bueno, porque le pides a un ministro que te prepare un informe sobre la educación, que te prepare un sancocho, que vaya un momentito a los Estados Unidos a hablar con el banco, que regrese y lleve a los niños a un juego de béisbol. Y eso no se puede hacer. Porque los ministros nunca te van a decir que no lo pueden hacer. Te van a decir, por supuesto, señor presidente, y después no van a hacer nada."

Una noche, cuando Arcaya aún era ministro de Gobierno y Justicia, el presidente lo había llamado a las 10 de la noche para pedirle un informe urgente sobre un problema que se había suscitado en una cárcel. "Me lo traes mañana a las 6 A.M. a La Casona", le había ordenado

Chávez. Arcaya comenzó a llamar a sus subordinados y a todo aquel que pudiera saber algo sobre el tema, pero por lo avanzado de la noche no había encontrado a nadie. Finalmente, con un amigo, se había quedado hasta las 5 de la mañana tratando de hacer el informe lo mejor que pudo. A las 6 se había presentado en La Casona, con el informe en la mano. Cuando pidió ver al presidente, el secretario privado le había dicho: "Imposible, si a la medianoche se fue a Margarita...". Y el presidente jamás le había pedido el informe. Al regresar de Margarita, ya tenía otro tema en la cabeza y se había olvidado por completo del de la cárcel.

Aunque Chávez trataba mucho mejor a Miquilena que al resto de sus ministros, el todopoderoso ministro del Interior también había sufrido las consecuencias del caos en el gobierno. "Es el hombre más absolutamente impuntual que te puedas imaginar, para todo. No tiene un horario para nada, no preside el gabinete, va a su oficina cuando quiere", recordaba Miquilena. Y trataba pésimo a sus colaboradores. "El trato mismo que les da a sus subalternos es un trato despótico, un trato humillante. Los humilla. A un gobernador, delante de nosotros, altos funcionarios, le dijo en una oportunidad que era una porquería, que no servía para nada, que 'usted se me va inmediatamente de aquí', etcétera", señaló Miquilena. "Después, reconoce que comete errores, se da cuenta que lo ha hecho mal... pero al rato vuelve a hacerlo."

En el manejo económico del gobierno, Chávez operaba con total arbitrariedad, como si manejara una hacienda personal. No tiene idea en materia de finanzas. Absolutamente ninguna regla de control. De golpe manda: "Dale al banco tal tantos millones", decía Miquilena. Pocos días atrás, Chávez había dado un discurso ante el Banco de la Mujer, y le habían presentado un plan que le había gustado. "Esto está muy bueno. Están haciendo una gran labor. ¿Hay algún ministro aquí? ¿Alguien de la Casa Militar? Ah, González, bueno, anótame ahí, para darle 4 mil millones a este banco", había dicho el presidente venezolano, en una escena televisada por cadena nacional. Y eso sucedía todos los días, decía el ex ministro del Interior.

Según Miquilena, la retórica incendiaria de Chávez no sólo le estaba ganando cada vez más enemigos al gobierno gratuitamente, sino que le restaba credibilidad con sus propios partidarios, porque el presidente estaba hablando de una revolución ficticia que no tenía nada que ver con lo que estaba haciendo, decía Miquilena. "Chávez empezó a usar un discurso que dividía a la sociedad entre ricos y pobres, entre oligarcas y pueblo, y con un lenguaje revolucionario que en ningún caso correspondía con lo que estaba ocurriendo en la vida real, ni ha ocurrido todavía, ni ocurrirá a mi manera de ver", señalaba Miquilena. Porque Chávez estaba hablando de una "Revolución Bolivariana" continental que terminaría con la oligarquía, y de hecho estaba siguiendo políticas económicas neoliberales, y otorgando las concesiones más ventajosas de la historia a las multinacionales petroleras norteamericanas, decía. "Yo le planteaba constantemente que con ese discurso estaba engañando a los que se creen revolucionarios, y eso va a dar un saldo rojo, porque van a descubrir que hay una mentira", recordó. "Entonces, con esa mentira les estábamos metiendo miedo a los sectores económicos, y estábamos engañando a la vieja izquierda que seguía pensando en la revolución." Miquilena se había cansado de plantearle a su jefe que, con ese discurso, el gobierno no estaba sumando nada, y perdía apoyo de ambos lados.

"¿Y cómo reaccionaba Chávez cuando le decía eso?", pregunté. Reaccionaba positivamente, y muchas veces les pedía a Miquilena y a José Vicente Rangel, quien en los cinco primeros años de Chávez en el poder había servido sucesivamente como canciller, ministro de Defensa y vicepresidente, que arreglaran las cosas con los agraviados de turno. "Por ejemplo, Chávez atacaba violentamente a un periodista en un discurso, y yo le planteaba que eso no podía ser, que ése no era el papel de un jefe de Estado. Él me daba la razón, y yo llamaba al periodista para decirle que todo estaba bien. Pero inmediatamente volvía a las andadas, porque es un hombre irrefrenable cuando está frente a un micrófono con cinco mil personas adelante", dijo Miquilena.

"En una oportunidad, Chávez me pidió que fuera a conversar con (el magnate de la televisión) Gustavo Cisneros para que llegáramos a un acuerdo, porque Cisneros tenía una política muy agresiva en la oposición. Yo con mucho gusto lo invité", recordó a continuación. Miquilena invitó al posteriormente fiscal general Isaías Rodríguez, y los tres habían tenido un prolongado almuerzo, en el que habían llegado a un entendimiento de que de ambos lados bajarían el tono de su discurso, para contribuir a la pacificación del país. Finalizado el almuerzo, cuando Miquilena iba de regreso a su despacho e hizo prender la radio de su automóvil, se encontró con que Chávez estaba dando en ese preciso instante un discurso con una serie de ataques e insultos contra Cisneros. "¡Eso sucedía mientras yo estaba en una conversación propuesta por él para establecer la paz con Cisneros! Ése es el personaje. Eso te define las características de un hombre impredecible para cualquier cosa", señaló.

Cuando Miquilena llegó a la conclusión de que no lograba cambiar la personalidad de Chávez, resolvió que sólo Fidel Castro podía ayudar a lograrlo. "Antes de romper definitivamente con Chávez, le pedí que hiciéramos una reunión entre Fidel, él y yo, para que habláramos sobre la situación de Venezuela", recordó. "Yo pensé que Fidel es un hombre inteligente, que tiene que estar consciente de que una torpe política en Venezuela, mal manejada, no conduce sino al fracaso de cualquier proyecto que podría beneficiarlo, y que a él le convenía más un gobierno amigo aquí, que uno no amigo." La reunión se había concretado en 2002, durante la cumbre de Nueva Esparta, en Margarita. Los tres hablaron durante dos horas, y Miquilena había planteado abiertamente su temor de que el discurso agresivo del gobierno venezolano no condujera sino a una situación de ingobernabilidad. "Para mi satisfacción, Fidel estuvo bastante de acuerdo conmigo en la necesidad de que había que moderar las cosas. Y (Castro) dijo categóricamente, palabras textuales: 'En Venezuela no está planteada una revolución'. Claro, Fidel sabía lo que era una revolución, y Chávez, no. Para Fidel, una revolución es un cambio social de los bienes de producción, de una clase social a otra clase social... Pero él sabía que Chávez no estaba haciendo una revolución, no la podía hacer, ni estaba planteado para Venezuela hacerla", recordó.

Castro, efectivamente, era un realista y valoraba más que nada la permanencia de Chávez en el poder, y la ayuda que le podía dar a Cuba. ¿Y cómo había reaccionado Chávez?, pregunté. "Dijo que sí, que estaba de acuerdo", recordó Miquilena. Pero, como tantas veces antes, había vuelto a su discurso incendiario apenas llegado a Caracas. Y la posición de su ministro del Interior en presencia de Castro no le pudo haber caído muy bien. Al poco tiempo, Miquilena renunció.

Antes de dar por terminada la entrevista, no pude menos que volver a plantear la pregunta de fondo, la que me venía haciendo desde mi llegada a Venezuela. ¿Quién tenía razón? ¿Petkoff, que decía que en Venezuela no se estaba gestando una dictadura sino "un proceso de debilitamiento de las instituciones para fortalecer a un caudillo", o Garrido, que decía que Chávez estaba implementando un plan gradual de control absoluto del poder, perfectamente planeado, que desde un inicio había previsto duraría veinte años a partir de su llegada a la presidencia? "Creo que Garrido supone que Chávez es un hombre ideológicamente estructurado, formado para tomar ese camino. Difiero con él en eso. Creo que lo que tiene Chávez en la cabeza es un revoltillo de cosas, y que se deja llevar por lo que va ocurriendo cada día. Es un hombre puramente temperamental... Su norte es permanecer en el poder... No tiene la disciplina, ni una teoría clara de adónde va." Tras ganar el referéndum, Chávez ridiculizaría el proceso, pero manteniendo ciertas fachadas democráticas. Haría "un gobierno autoritario, tratando de perfumarse con algunas cosas democráticas, como mantener una farsa judicial, una farsa parlamentaria, una farsa electoral", concluyó Miquilena.

El hombre de los dos pedales

Como muchos temían, Chávez se radicalizó tras su victoria electoral de 2004. A mediados de 2005, con el petróleo a 60 dólares por barril —casi ocho veces más que cuando había asumido— y una oposición desmoralizada e intimidada, el presidente había acumulado poderes sin precedentes en la historia moderna de Venezuela. Pocos meses después del referéndum, ganó 22 de las 24 gobernaciones del país, y unas 280 de las 335 alcaldías. Simultáneamente, amplió arbitrariamente la Corte Suprema de Justicia de 20 a 32 magistrados, nombrando a incondicionales suyos para todos los puestos recién creados; hizo aprobar una "ley de contenidos" de prensa que le dio la posibilidad de cerrar medios de oposición a su antojo, e hizo cambiar el *modus operandi* del Congreso para que varias leyes cruciales pudieran ser aprobadas por mayoría simple, lo que le aseguró el control del Poder Legislativo, donde sus partidarios tenían una escasa mayoría.

Simultáneamente, se dedicó a comprar armas en todo el mundo, reestructurar sus fuerzas armadas y cambiarles de uniforme para darles un carácter "antiimperialista", y amplió su número de reservistas de 90 mil a más de 500 mil. Entre otras cosas, compró quince helicópteros de ataque Mi-17 rusos, Mi-35 y más de 100 mil fusiles AK-103 de Rusia, 10 aviones de transporte de tropas y 8 naves patrulleras de España, y 24 jets de ataque ligeros Súper Tucanos de Brasil, además de iniciar negociaciones para la compra de 50 cazabombarderos Mig-29 rusos, todo ello por una suma de más de 2 mil millones de dólares. Para la oposición venezolana, lo más preocupante era el aumento de los reservistas, que ya no dependerían directamente del Ministerio de Defensa sino del presidente de la República, y que muchos temían no era más que la creación de "milicias populares" para vigilar a la población, al mejor estilo cubano. Para entonces, Chávez y Castro ya anunciaban públicamente que Cuba aumentaría de 17 mil a 30 mil sus médicos, maestros y otros "internacionalistas" en Venezuela. Y mientras Chávez subía de decibeles su retórica contra los Estados Unidos —llamando a la secretaria de Estado Rice "Condolencia" y "una analfabeta"— y aumentaba los subsidios de petróleo a Cuba de 53 mil a 90 mil barriles diarios, invertía cada vez más petrodólares en expandir su influencia en la región mediante proyectos como Telesur, una cadena de televisión chavista-castrista financiada principalmente por Venezuela, y acuerdos petroleros con el Caribe que incluían una cláusula de apoyo a la Alternativa Bolivariana para América, o ALBA, la iniciativa de integración regional sureña propuesta por Chávez.[24] "Las revoluciones cubana y venezolana ya son una sola, el pueblo cubano y venezolano ya son uno solo", proclamaba Chávez el 9 de julio de 2005, en un acto en Caracas en el que condecoró a 96 asesores cubanos que se habían destacado en el programa educativo Misión Robinson.[25]

Intrigado por el curso que había tomado el gobierno de Chávez, llamé a Petkoff por teléfono para preguntarle si —a la vista de los últimos acontecimientos— todavía consideraba que Venezuela no estaba embarcada en una revolución a la cubana. Había pasado casi un año desde nuestra última conversación en Caracas, en la época del plebiscito. Petkoff, una de las mentes más brillantes de Venezuela, me respondió que sin duda, desde entonces, Chávez había aumentado su control de las instituciones, pero agregó que "su retórica no está acompañada de lo que normalmente se asocia con una transformación revolucionaria, como ser cambios estructurales en la economía y en las instituciones".[26] Lo que había, según Petkoff, era "un fortalecimiento de su poder personal, para lo cual ha aumentado el control sobre las instituciones".

Entonces, "¿Venezuela era ahora un sistema totalitario, o una democracia con un hombre fuerte?", pregunté. Petkoff no les prestaba mucha atención a los discursos "revolucionarios" de Chávez. "Se maneja con un pie pisando el pedal del autoritarismo, y con el otro pie en el pedal de las instituciones democráticas. Pisa uno u otro pedal de acuerdo con la coyuntura", respondió. "Después del referéndum, obviamente, ha estado pisando más fuerte el pedal del autoritarismo."[27]

Poniendo en la balanza lo que decía Petkoff y lo que me había dicho Miquilena en Caracas, me convencí más que nunca de que Chávez era lo que siempre sospeché: un militar intelectualmente rudimentario pero sumamente astuto, aferrado al poder, cuyo éxito político se debía en buena parte a que los precios del petróleo se habían disparado por las nubes durante su mandato. Su mesianismo era casi paralelo a los índices del precio del petróleo. A mediados de 2005, cuando el crudo estaba en más de 60 dólares por barril, Chávez se presentaba como el redentor de Venezuela tras quinientos años de opresión: "La polarización entre ricos y pobres fue creada por el capitalismo y el neoliberalismo, no por Chávez", dijo en una entrevista con el canal árabe Al-Jazeera. "Fue creada por un sistema de esclavitud que ha durado más de cinco siglos. Cinco siglos de explotación, especialmente en el siglo XX, cuando nos impusieron el sistema capitalista, y al final del siglo, cuando nos impusieron la era neoliberal, que es la etapa más desbarnizada del capitalismo salvaje. Este sistema creó condiciones difíciles que llevaron a una explosión social. En 1989, yo era un oficial del ejército, y veía que el país había explotado como un volcán. Entonces, hubo dos operaciones militares, en una de las cuales participé junto con miles de camaradas militares y civiles."[28]

Quizá quien me había hecho la mejor descripción ideológica de Chávez era Manuel Caballero, uno de los principales intelectuales de la izquierda venezolana. Al igual que Petkoff y Miquilena, Caballero me había sugerido tomar con pinzas el izquierdismo de Chávez, y verlo más como un militar populista que como un ideólogo de izquierda. Después de observarlo de cerca durante años, Caballero concluyó: "Chávez no es comunista, no es capitalista, no es musulmán, no es cristiano. Es todas esas cosas, siempre que le garanticen quedarse en el poder hasta 2021".[29]

FUENTES

[1] Instituto Nacional de Estadística, República Bolivariana de Venezuela, Reporte Estadístico, N° 2, 2004, pág. 5.

[2] Entrevista del autor con Teodoro Petkoff, Caracas, Venezuela, 10 de agosto de 2004.

[3] *Documentos de la Revolución Bolivariana*, de Alberto Garrido, Ediciones del Autor, Mérida, 2002, p. 142.

[4] Andrés Oppenheimer, "Venezuela's wealth turns bankrupt", *The Miami Herald*, 6 de marzo de 1989.

[5] Andrés Oppenheimer, "Venezuela suspends key rights", *The Miami Herald*, Caracas, 5 de febrero de 1992.

[6] Cable de The Associated Press, por Bart Jones, 3 de agosto de 1998.

[7] Cámara industrial Conindustria, "Lineamientos para el Desarrollo Productivo del País", pág. 4, julio de 2003.

[8] Comisión Económica para América latina y el Caribe (CEPAL), Balance Preliminar de las Economías de América latina y el Caribe, 2004.

[9] Ídem, pág. 188, Cuadro A-22, diciembre de 2004.

[10] Ricardo Hausmann, "Venezuela needs an electoral solution soon", *The Miami Herald*, 9 de octubre de 2002.

[11] Juan Tamayo, "Venezuela's rebellion a bizarre mix of events", *The Miami Herald*, 16 de abril de 2002.

[12] Tim Johnson, "Leader's exit pleases U.S., method doesn't", *The Miami Herald*, 13 de abril de 2002.

[13] "A Clear U.S. Policy in Venezuela", *The Miami Herald*, 3 de agosto de 2002.

[14] Ídem.

[15] Entrevista del autor con Otto Reich, 5 de enero de 2005.

[16] Ídem.

[17] "No Encouragement given for Venezuela coup, White House insists", *The Miami Herald*, 17 de abril de 2002.

[18] Entrevista del autor con Alfredo Peña, 13 de agosto de 2004, en Caracas.

[19] Instituto Nacional de Estadística, República Bolivariana de Venezuela, Reporte Social, N° 2, 2004, pág. 5.

[20] "Chávez needs only listen to his neighbors", *The Miami Herald*, 10 de diciembre de 2000.

[21] "Neighbors say Chávez aids violent groups", *The Miami Herald*, 5 de diciembre de 2000.

[22] Linda Robinson, "Terror Close to Home", *U.S. News and World Report*, 6 de octubre de 2003.

[23] Entrevista del autor con Luis Miquilena, en Caracas, Venezuela, el 12 de agosto de 2004.

[24] Gary Marx, "Venezuelan oil is boosting Cuban economy", *Chicago Tribune*, 16 de mayo de 2005.

[25] Alejandra M. Hernández, "Chávez condecoró a asesores cubanos de Misión Robinson", *El Universal*, Caracas, 9 de julio de 2005. La cita de Chávez fue divulgada también por la agencia internacional Reuters el 9 de julio de 2005.

[26] Entrevista telefónica del autor con Teodoro Petkoff, 7 de julio de 2005.

[27] Ídem.

[28] *BBC Monitoring*, "U.S. bombing of Iraq 'horrendous terrorism', Venezuela's Chávez tells Al-Jazeera", 6 de diciembre de 2004.

[29] Entrevista del autor con Manuel Caballero, Caracas, 14 de agosto de 2004.

CAPÍTULO 9

México: el país que se quedó dormido

Cuento chino: "Como una locomotora que después del arranque va tomando cada vez mayor velocidad, hoy México avanza cada día más rápido" (portal de Internet de la Presidencia de la República, mensaje del presidente Vicente Fox, 22 de octubre de 2004).

CIUDAD DE MÉXICO — El 11 de marzo de 2005, mientras atacaba en sus discursos públicos a la ortodoxia neoliberal, el alcalde de la Ciudad de México y principal candidato de la izquierda mexicana para las elecciones de 2006, Andrés Manuel López Obrador —más conocido en México por sus iniciales, AMLO—, enviaba una carta confidencial a los cien empresarios más acaudalados de su país. La carta, que nunca salió a la luz pública, comenzaba con el encabezado: "Estimado amigo", y su contenido parecía contradecir diametralmente las arengas incendiarias de sus actos públicos.

La misiva denunciaba un intento de sus opositores por "estigmatizar" su figura entre los empresarios "con calificativos que carecen de fundamento". Era una referencia clara a las acusaciones de que —de seguir primero en las encuestas y ganar las elecciones— López Obrador sería un presidente populista radical, como el venezolano Chávez. Pero no había nada que temer, decía López Obrador en su carta: un gobierno suyo no significaría de ninguna manera un quiebre de las políticas macroeconómicas de México.

"La solución al problema no está en regresar a los años setenta cuando gobernaron los presidentes Luis Echeverría y José López Portillo", decía la carta privada. "Hoy vivimos en un país más democrático, con una economía y una sociedad que no resistirían otra quiebra financiera del Estado, dentro de un Tratado de Libre Comercio que contribuye a generar importantes exportaciones industriales de las que depende un buen número de empleos, y en una economía global que debemos aprovechar en nuestro beneficio." Por eso, agregaba, "en el cambio hacia un proyecto alternativo, el país no deberá poner en riesgo su estabilidad: tendrán que respetarse los equilibrios macroeconómicos, para evitar disparos inflacionarios que perjudicarían las finanzas públicas y la sociedad. Debe haber una política fiscal y monetaria responsable, que empiece por reducir el gasto corriente".

En otras palabras, los empresarios podían quedarse tranquilos. Si la izquierda llegaba por primera vez al poder en México, de la mano del candidato del Partido de la Revolución Democrática (PRD), habría apenas cambios de matices —"se necesitan políticas de fomento", "un mayor estímulo por la vía de la industria de la construcción" y "nuevas concesiones a bancos regionales que acerquen el crédito a las actividades productivas", decía la carta— pero ninguna revolución, ni cambio radical. El país necesitaba emular el progreso alcanzado por Chile, China e India, decía el escrito, sugiriendo que si había algún presidente latinoamericano con el que se podría comparar a López Obrador sería el socialista pro globalización de Chile, Ricardo Lagos.

¿Era sincera la carta a los empresarios? ¿O era un frío cálculo político para tratar de obtener algún apoyo dentro del empresariado y moverse hacia el centro del espectro político para ganar más votos? Sin duda, López Obrador necesitaba correrse hacia el centro: sus estrategas electorales leían las encuestas, y sabían que México es un país mucho más conservador de lo que la gente cree, o de lo que transmiten sus intelectuales. Una encuesta nacional de la empresa Ipsos-Bimsa, realizada poco antes de que López Obrador escribiera su carta a los empresarios, revelaba que "hay más mexicanos que se identifican con la derecha que con la izquierda": el 36 por ciento de los ciudadanos mexicanos se considera "de derecha", mientras que un 28 se considera "de centro", apenas un 17 se considera "de izquierda", y el resto no se ubica en ningún punto del espacio político.[1] López Obrador sabía que, para ganar, necesitaba sobrepasar el techo del 24 por ciento que el PRD había logrado en sus mejores momentos. Bajo la asesoría del senador Manuel Camacho Solís, el ex canciller y ex regente de la Ciudad de México que había estado a un paso de la candidatura presidencial del Partido Revolucionario Institucional (PRI) antes de pasarse al PRD, López Obrador se había dedicado de lleno a neutralizar a los sectores que podían causar más alarma sobre su candidatura entre la población: los grandes empresarios, los Estados Unidos y la prensa internacional. Y no le fue nada mal en el intento.

Pocos meses después de su carta privada a los empresarios, en junio de 2005, Camacho hizo un viaje a Washington D.C. para reunirse con los principales funcionarios del gobierno de Bush encargados de América latina. En su reunión con el jefe de Asuntos Hemisféricos del Departamento de Estado, Noriega, y el jefe de Asuntos Latinoamericanos del Consejo Nacional de Seguridad de la Casa Blanca, Tom Shannon, transmitió un mensaje parecido al de la carta a los empresarios: los Estados Unidos no tendrían nada que temer con un triunfo de López Obrador. "Los vi muy tranquilos", me dijo Camacho pocos días después de la reunión en Washington. Noriega y Shannon habían expresado mucha más preocupación por la ola de crímenes que estaba teniendo lugar en la frontera con México que por cualquier posible giro ideológico del país, agregó.[2] No era la primera vez que el gobierno de Bush se manifestaba en ese sentido: en noviembre de 2004, durante una visita a México, el ex secretario de Estado Colin Powell le había dado un espaldarazo tácito a López Obrador al responder ante una pregunta sobre cuál sería la reacción de los Estados Unidos si ganara el candidato de la izquierda que "el presidente Bush recibirá a ese líder mexicano tan calurosamente como recibiría a cualquier otro líder mexicano".[3] Y a partir de entonces, López Obrador comenzó a dar entrevistas sucesivas a *The Miami Herald*, *The New York Times*, *The Financial Times*, para transmitir el mismo mensaje tranquilizador, previo al arranque formal de la campaña presidencial.

"Mi referente es el general Cárdenas"

Cuando entrevisté a López Obrador en su despacho pocos días después de las declaraciones de Powell, el entonces todavía regente de la Ciudad de México estaba feliz. Era la primera vez que recibía una señal positiva del gobierno de los Estados Unidos. Sentado en su despacho, con el senador Camacho a un lado, se presentó como un modelo de moderación política, una mezcla de izquierdista moderno con un toque de espiritualidad "new age". Pero, por lo que me dijo, su inspiración política provenía del más retrógrado nacionalismo populista mexicano.

López Obrador era un hombre retraído, aunque cordial. Su despacho tenía pocos detalles personales, y estaba a tono con la imagen de austeridad del entonces regente. No vi fotos con líderes nacionales o internacionales, como las que suelen tener los políticos en sus despachos, ni souvenirs de viajes. La noche anterior, cenando con dos conocidos intelectuales mexicanos, me habían comentado que López Obrador era un político totalmente ajeno a lo que pasaba en el resto del mundo, que jamás había viajado al exterior, y ni siquiera tenía un pasaporte. "Falso", me contestó, encogiéndose de hombros, cuando se lo pregunté. Había viajado al exterior más de una vez, y hasta se había entrevistado con economistas de corredurías financieras en Nueva York y con funcionarios del Departamento de Estado en Washington.

Como no sabía de cuánto tiempo disponía para mí —al final terminó concediéndome más de una hora—, decidí ir al grano. "¿Cómo se definiría políticamente?", le pregunté. "¿En qué tipo de izquierda se enmarca: la de Ricardo Lagos, la de Lula o la de Chávez?"

L.O.: Yo soy humanista. Siempre me preguntan si me parezco a Chávez, si me parezco a Lula. Pues soy Andrés Manuel. Cada dirigente tiene su propia historia, sus propias circunstancias. No puede haber calcos.

P.: Sí, pero hay ejemplos, hay modelos...

L.O.: Sí, pero yo creo que tenemos que ver particularmente el proceso mexicano, nuestra historia, lo que ha sido el movimiento democrático en el país. Yo te diría que me inspiro en lo mejor de la historia nacional.

P.: Perdón, pero no me ha dicho nada.

L.O.: Yo te diría, no soy Chávez, pero tampoco soy Lula, ni Felipe González ni Lagos. A todos ellos los respeto mucho, como respeto a cualquier jefe de Estado, cualquier presidente de cualquier otro país. Y te diría que los respeto independientemente de su postura política, si son de izquierda, si son de centro o son de derecha.

P.: En México sus críticos dicen que va a ser un Chávez.

L.O.: Eso es más que nada politiquería. Eso no es serio. Eso tiene que ver con el avance de un proyecto alternativo y con el fracaso de la política que se ha venido aplicando en el país en los últimos tiempos. Entonces, ¿cómo etiquetan? ¿Cómo infunden miedo? Pues hablando de populismo. Yo te diría que desde el punto de vista conceptual, ni siquiera es rigor intelectual. No saben ni siquiera qué cosa es populismo. En nuestra historia, la que corresponde a México, hemos tenido políticos populares. Tenemos el caso del general (Lázaro) Cárdenas. Lo que ha habido aquí, por ejemplo, ha sido un populismo de derecha.

Yo te diría que el populismo se relaciona más con la derecha que con la izquierda o con el centro.

P.: ¿Cárdenas es un referente para usted?

L.O.: Para mí, sí. Es un referente. También lo es (José María) Morelos, que quería la igualdad, y es un referente (Benito) Juárez, uno de los políticos más importantes no sólo de México sino del mundo. Para entender lo que ha pasado en México, tendríamos que ver qué sucedió desde la revolución (de 1910-1917) hasta 1970. México creció desde 1934, desde el inicio del gobierno del general Cárdenas, hasta 1970.

Me quedé pensativo. El hecho de que a estas alturas de la historia del mundo su referente fuera el general Cárdenas era preocupante. Si algo había demostrado el siglo XX era que los países que habían progresado —incluyendo los mismos que citaba López Obrador, como China, India y Chile— lo habían hecho precisamente por apartarse de las políticas estatistas y dirigistas que habían caracterizado al gobierno de Cárdenas. En rigor, aunque éste tenía sus virtudes, como una preocupación especial por los derechos indígenas, había sido un presidente autoritario, con políticas económicas que a la larga habían hundido al país. Su gobierno, de 1934 a 1940, aduciendo un retorno a los principios originales de la revolución mexicana, distribuyó mucho más de lo que el país estaba produciendo, o estaba en capacidad de producir. Nacionalizó los ferrocarriles y la industria petrolera, y llevó a cabo una reforma agraria que incentivó el ejido y la propiedad comunal, dos tipos de tenencia de la tierra que resultaron altamente improductivos. El gobierno de Cárdenas provocó una rebelión de los empresarios del norte de México, que fundaron el Partido Acción Nacional (PAN) en 1939, precisamente como una reacción a lo que hoy en día se llama populismo.

Según la historia oficial del PAN, *La historia del Partido Acción Nacional, 1939-1940*, el partido nació en respuesta al autoritarismo de Cárdenas, y a la corrupción y el desprecio de su gobierno por valores básicos como el trabajo, el sacrificio y la perseverancia. Las políticas de Cárdenas habían llevado a México de vuelta "al espejismo de las soluciones desde arriba, supliendo las soluciones técnicas por las retóricas".[4] El fundador del PAN, Manuel Gómez Morín, había trabajado con el gobierno posrevolucionario, pero se había desilusionado rápidamente, fundando su nuevo partido en "abierta oposición a la colectivización total de la economía... y a la inepta y corrompida intervención del Estado mexicano como propietario y como empresario en la destrozada economía".[5] Quizás el nacimiento del PAN estuvo demasiado influenciado por los empresarios del norte de México, ¿pero acaso tampoco reflejaba una reacción a soluciones populistas que ya sonaban engañosas hace casi un siglo, y que fracasaron en todos los países en que fueron aplicadas?, me preguntaba, mientras escuchaba a López Obrador.

"Un poco más de autonomía relativa"

Cuando terminó de hablar, le comenté: "En todos los países que conozco en los que un candidato acusado de populista ha presentado un proyecto radical, lo que ha producido es un ciclo vicioso de fuga de capitales, cierre de empresas, más desempleo y más pobreza". ¿Poner al general Cárdenas como referente político no era hacer eso? López Obrador, quizá presintiendo que se había metido en un terreno pantanoso, trajo la conversación de nuevo al presente.

"Pero yo no estoy proponiendo un proyecto radical", replicó. "Creo que se debe mantener la política macroeconómica, y se le debe incluir nada más la variable, como dicen los economistas, como dicen los tecnócratas, de crecimiento, que es lo que no ha habido." La política económica mexicana "ha sido un fracaso rotundo", continuó. Haciendo una historia rápida de las últimas décadas, López Obrador recordó que entre 1954 y 1970, a partir de la presidencia de Adolfo Ruiz Cortines, México tuvo su "desarrollo estabilizador", en el que la economía creció casi el 7 por ciento anual. "Esto que estás viendo en China ya lo vivimos en México", observó el candidato. "Claro, sin distribución del ingreso, con problemas de desigualdad, pero con crecimiento económico", agregó.

Luego, a partir de 1970, vino la etapa que se conoce como de "desarrollo compartido", de los presidentes Luis Echeverría y José López Portillo, con tasas de crecimiento anuales del 6 por ciento. "Claro, con desequilibrios macroeconómicos, con inflación, deuda, devaluaciones, pero también con crecimiento económico", prosiguió. "Después vino la etapa de los tecnócratas, a partir de 1982, y la economía se estancó por completo", afirmó. "Llegan los tecnócratas y dicen, 'vamos al cambio estructural'. Desde el 82 a la fecha, sin embargo, el crecimiento de la economía ha sido del 2 por ciento anual. El crecimiento per cápita ha sido 0. Entonces, ¿cómo justifican que el modelo funciona? Han sido veintiún años sin crecimiento económico. Nunca en la historia reciente de México hemos padecido una recesión, un estancamiento, como el que estamos padeciendo ahora. Nunca, ni siquiera desde la revolución", dijo López Obrador.

El discurso era políticamente atractivo, pero un poco tramposo, pensé para mis adentros. Cuando el candidato decía que la economía mexicana no había crecido nada desde que los tecnócratas habían subido al poder en 1982, estaba contando a partir del gobierno de Miguel de la Madrid, que lo único que tenía de tecnócrata era que no le había quedado más remedio que sanear el desastre económico que le había dejado López Portillo, quien poco antes de abandonar el poder había devaluado el peso, nacionalizado la banca y establecido el control cambiario. López Obrador estaba midiendo un promedio de crecimiento económico de dos décadas que incluía las secuelas de los colapsos económicos de 1982, 1987 y 1995, producidos precisamente por el despilfarro de los gobernantes estatistas del PRI. La realidad mostraba precisamente lo contrario: desde 1995 hasta 2004, cuando se habían aplicado políticas de apertura económica impulsadas por los tecnócratas, el ingreso per cápita en términos reales de México había crecido un 43 por ciento, de 6.780 a 9.666 dólares anuales.[6] ¿No demostraban estas cifras precisamente lo contrario de lo que estaba diciendo López Obrador? Obviamente, todo dependía de cómo uno leyera las cifras.

Y los partidarios de López Obrador ya se habían equivocado una vez en el pasado reciente al oponerse al Tratado de Libre Comercio con los Estados Unidos y Canadá (TLC). Antes de su puesta en vigor en 1994, la vieja izquierda mexicana se había opuesto al tratado, describiéndolo como una maniobra de los Estados Unidos para colonizar México. Sin embargo, una década después, era tan evidente que México había ganado más que los Estados Unidos con el tratado, que el propio López Obrador ya no hablaba de desconocerlo, y quienes estaban poniendo el grito en el cielo eran los empresarios y sindicatos proteccionistas en los Estados Unidos. El TLC había sido un éxito indudable: la balanza comercial de México con los Estados Unidos había pasado de un déficit de 3.150 millones de dólares en 1994 a un superávit de 55.500 millones de dólares en 2004.[7] ¿Qué mayor prueba de que el partido actual de López Obrador se había equivocado monumentalmente al anteponer sus prejuicios ideológicos a la conveniencia económica del país?

"En el tema del desarrollo, a los países que, como en el caso de México, se han ajustado más de la cuenta a los dictados de los organismos financieros internacionales, no les ha ido bien", prosiguió diciendo López Obrador. "Aquí el problema que hemos tenido con quienes manejaron la economía es que han ido más allá de lo que les están pidiendo los organismos financieros internacionales. Son muy ortodoxos, como fundamentalistas. Los países que han podido salir adelante son los que han mantenido, sin rechazar las políticas macroeconómicas, o las políticas de globalización, un poco más de autonomía relativa. Como en el mismo caso de Chile, o España, para no hablar de los países asiáticos, casi todos. Tienen mayores tasas de crecimiento económico, más desarrollo, porque también han tenido más autonomía en el manejo de sus políticas", dijo.

Nuevamente, sus conclusiones económicas parecían chocar con la realidad que yo había visto en mis viajes a China, Chile y otros países exitosos, que —siguiendo o no las recetas de los organismos financieros internacionales— les habían apostado fuerte a la apertura económica y la globalización. Algunos países, como China, habían seguido las recetas de apertura económica por sí solos, sin pedir préstamos condicionados al Fondo Monetario Internacional. Otros, como Chile, habían mostrado mayor independencia en temas secundarios, pero en lo que hace a las grandes reformas estructurales, no había gran diferencia con las recomendaciones de los organismos financieros. Pero bueno, pensé, era obvio que López Obrador tenía un discurso político en el que probablemente creía, y que seguramente era el que querían escuchar sus seguidores. Su fuerte no era —ni había sido desde sus días de estudiante, como veremos enseguida— la economía. Presintiendo que el tema estaba agotado, decidí pasar a otra cosa.

¿Cuáles eran sus referentes en materia de política internacional?, le pregunté. ¿Conoce personalmente a Lula, a Chávez, a Castro? ¿Qué piensa de ellos? "Conozco a Lula, y conozco a Felipe (González). No conozco a Chávez. A Fidel tampoco. Nunca he hablado con Chávez, ni con Fidel. He hablado con Lula y con Felipe. Tampoco conozco a Lagos, ni a Tabaré Vázquez", contestó. ¿Y qué opinaba de los procesos de Venezuela y Cuba? "No quiero dar opinión. Creo que cada país tiene su circunstancia, tiene su historia. No me voy a meter a juzgar eso", respondió. En cuanto a cómo sería la política exterior mexicana si llegara a ganar la presidencia, señaló: "Primero, deberíamos ser más prudentes. Menos protagónicos. Entender que la mejor política exterior es la interior. Arreglar primero la casa, para que nos respeten afuera. Menos protagonismo, y cuidar mucho la relación bilateral con nuestra principal relación internacional, que es Estados Unidos, que es

la principal relación bilateral en el mundo. Cuidarla, darle mantenimiento, a partir del respeto mutuo".

De político local a líder nacional

Los críticos de López Obrador lo pintan como un hombre autoritario, con un pasado tortuoso —su hermano de 15 años murió de un
disparo en 1968, mientras jugaba con una pistola que ambos habían
descubierto en la tienda de su padre[8]— y una cierta paranoia que lo
hacía ver complots en todas partes. Nacido en 1953 en Tabasco, López
Obrador había sido un activista estudiantil —y estudiante eterno— de
la Universidad Nacional Autónoma de México (UNAM): tardó nada
menos que catorce años en recibir su título en Ciencias Políticas y Sociales. Se recibió en 1987, a los 34 años.[9] Mientras tanto, había militado
en el PRI, destacándose como un entusiasta cuadro político en las comunidades indígenas, donde pocos priístas no indígenas tenían mucho interés en pasar gran parte de su tiempo. En 1977 fue nombrado
delegado del Instituto Nacional Indigenista para Tabasco, con sede en
Nacajuca, a unos 30 kilómetros de la capital del estado, Villahermosa.
Se convirtió rápidamente en una pieza clave del PRI en el estado por
su influencia con los votantes indígenas, y en 1982, a los 30 años, pasó a
hacerse cargo de la dirigencia estatal del PRI. En 1988, siguiendo los pasos de Cuauhtémoc Cárdenas y otros priístas de izquierda que habían
roto con el PRI el año anterior, pasó a ser candidato a gobernador de
Tabasco por el Frente Democrático Nacional, la coalición de partidos
que apoyaron la candidatura de Cárdenas. Tras la dudosa victoria
electoral de Carlos Salinas de Gortari, se incorporó al recién fundado
PRD para competir nuevamente por la gobernación estatal en 1994.

En esa contienda, se enfrentó con quien se perfilaría años después como su principal rival para las elecciones presidenciales de
2006: el candidato priísta Roberto Madrazo. Tras una de las elecciones
más escandalosas de la historia reciente de México, Madrazo fue proclamado ganador, y López Obrador salió a denunciar —probablemente con toda la razón— un gigantesco fraude. El 5 de junio de 1995,
López Obrador y sus simpatizantes estaban realizando una protesta
frente al Zócalo, en la Ciudad de México, cuando un extraño se bajó de
un auto y comenzó a sacar del baúl del vehículo catorce cajas repletas
de documentos. Según dijo el recién llegado a los periodistas en el lugar, quería que López Obrador viera los documentos que estaban den-

tro de las cajas. Mientras el misterioso visitante daba media vuelta y se retiraba, los colaboradores de López Obrador comenzaron a mirar los papeles, y se encontraron con un tesoro político: eran comprobantes de pago del PRI en la elección de Tabasco, que incluían pagos a periodistas, líderes obreros, gente acarreada a los actos de campaña, y hasta a dirigentes de partidos rivales.

Un análisis posterior del PRD constató que Madrazo había gastado nada menos que 65 millones de dólares en la elección estatal, casi cincuenta y nueve veces el tope legal para gastos en esa elección. Lo que era aun más llamativo, el gasto del PRI en Tabasco equivalía al 73 por ciento de la erogación nacional del entonces partido oficial para las elecciones de 1994. Era un dato escandaloso: Tabasco tenía apenas un 2 por ciento de los votantes registrados del país, pero había gastado más del 70 por ciento del presupuesto oficial nacional del entonces partido de gobierno. El descubrimiento probaba fehacientemente lo que desde hacía mucho era un secreto a voces: el PRI no sólo era el partido que representaba el autoritarismo en México, sino también el que encarnaba la corrupción y la mentira desfachatada. Después de que el PRD exigió cuentas al gobierno nacional, tras muchas idas y venidas, el gobierno federal envió una delegación de consejeros ciudadanos —integrada entre otros por el futuro secretario de gobernación Santiago Creel, posteriormente otro de los contendientes para la presidencia en 2006— que concluyó que se habían registrado irregularidades en el 78 por ciento de las casillas de Tabasco.

El fraude de Tabasco radicalizó a López Obrador. Organizó una "caravana por la democracia" sobre la Ciudad de México que le dio gran visibilidad a nivel nacional. En 1996, desafiando los pedidos de moderación de la dirección nacional del PRD, López Obrador alentó el bloqueo de más de quinientas plantas del monopolio petrolero estatal PEMEX en Tabasco, exigiendo que la empresa aportara más dinero a la economía local. El bloqueo de los pozos petroleros amenazó con paralizar la economía nacional, y al poco tiempo el gobierno del presidente priísta Ernesto Zedillo claudicó, asignando mayores recursos de la compañía estatal a Tabasco. El movimiento tabasqueño convirtió a López Obrador en un líder nacional del PRD. Pero, al mismo tiempo, comenzó a sembrar temores entre los ámbitos políticos y empresariales de la capital: ¿se podía esperar moderación y sentido común de un líder político que tomaba pozos petroleros a la fuerza?, se preguntaban muchos.

Muchas obras, muchas deudas

En 2000, López Obrador fue electo regente de Ciudad de México, el segundo puesto de mayor visibilidad en el país. Desde su primer día en el gobierno, comenzó a producir titulares a diario en la prensa nacional, gracias a su brillante política comunicacional. Instituyó la práctica de ofrecer una rueda de prensa todos los días a las 6 de la mañana, lo que le permitió no sólo dar una imagen de dinamismo y empatizar con millones de trabajadores y campesinos obligados a despertarse al alba, sino también sentar la agenda política del día en los medios nacionales. A diario, en sus conferencias de prensa que a menudo eran transmitidas en vivo por varias radios —¿quién iba a conseguir otra noticia política "fresca" a esa hora de la mañana?—, López Obrador anunciaba algo que inmediatamente se convertía en un tema de debate que le "robaba cámara" al gobierno nacional y lo ponía a la defensiva. Muchas veces, sus anuncios no eran más que eso, promesas de obras, pero en contraste con la imagen de estancamiento y somnolencia del gobierno de Fox, daban la impresión de un gobierno metropolitano eficiente y en constante movimiento.

Simultáneamente, López Obrador había hecho obras públicas de gran impacto visual, como la exitosa remodelación del Paseo de la Reforma, los segundos pisos del viaducto Periférico, y la activación económica del Centro Histórico de la ciudad, emprendida con ayuda del megamillonario propietario de Telmex, Carlos Slim. Otras de sus medidas, como el subsidio a los ancianos y la ayuda económica a madres solteras, tuvieron un gran impacto periodístico, que eclipsó las críticas de que habían sido llevadas a cabo a costa del endeudamiento de la ciudad. Según cifras de la Asamblea Legislativa del gobierno capitalino, la deuda de Ciudad de México creció de 2,6 mil millones de dólares al comienzo del gobierno de López Obrador en 2000, a casi 4 mil millones a fines de 2004. Era un endeudamiento considerable aunque, para ser justos, no inédito en la historia de la capital mexicana.[10]

¿Un hombre autoritario?

Pero los críticos de López Obrador señalaban que la gestión del regente estaba marcada por el autoritarismo, la corrupción, la paranoia y la irresponsabilidad. Cuando sus principales colaboradores, Gustavo Ponce y René Bejarano, fueron arrestados por actos de corrupción —el primero fue videograbado apostando fuerte en un casino de Las Vegas, y el segundo recibiendo maletas repletas de dólares de un empresario ligado al PRD—, López Obrador, en vez de exigir una investigación exhaustiva de sus ayudantes y la aplicación estricta de la ley, salió a denunciar un presunto complot del gobierno de Fox y de los Estados Unidos para desprestigiarlo. Gran parte de la prensa mexicana cayó en la trampa: muchos medios no le creyeron, pero en lugar de hurgar más en la corrupción dentro del PRD, se concentraron en investigar si las denuncias tenían mérito. Nuevamente, López Obrador se adueñó de la agenda, desviándola hacia donde más le convenía, y el tema de la corrupción pasó a un segundo plano.

Más adelante, cuando se hizo claro que López Obrador había capeado la tormenta política, el gobierno de Fox intentó frenar su candidatura —aunque sin admitirlo nunca— mediante un intento de enjuiciarlo y desaforarlo por una falta relativamente menor. Se trataba de un caso de desacato, en el que se lo acusaba de haber desobedecido una orden judicial en una expropiación, que de prosperar en los tribunales inhabilitaría al regente para presentarse en las elecciones de 2006. Sin embargo, López Obrador fue a la ofensiva, acusó al gobierno de Fox y al PRI de haber confabulado para cercenarle sus derechos políticos, y salió aun más fortalecido en su papel de víctima de conspiraciones de los ricos y poderosos. Envuelto en ese manto, y ayudado por su estilo de vida sencillo y por la reputación de haber hecho obras públicas constatables para todo el mundo, se hizo cada vez más invulnerable a las críticas de corrupción e irresponsabilidad económica. Con sus concentraciones multitudinarias, ayudadas por el uso clientelista de los recursos públicos —al estilo del PRI— que le permitió acarrear a decenas de miles de personas a sus actos públicos, obligó a Fox a dar marcha atrás en su intento de desafuero, bajo la amenaza tácita de producir un caos social a nivel nacional. ¿Cómo podía ser que el gobierno aplicara la ley rigurosamente a López Obrador en un caso menor, y no la aplicara contra tantos ricos y poderosos en casos muchísimo más graves?, se preguntaban muchos mexicanos, con cierta razón. En abril de 2005, Fox decidió cortar por lo sano: despidió a su procurador general, el general Rafael Macedo de La Concha, que había iniciado el caso, y todo el asunto quedó archivado.

¿Qué fue lo que motivó a Fox a dar marcha atrás, luego de haber apostado tan fuerte al desafuero y a la inhabilitación política de López Obrador? Los motivos más obvios eran un cálculo frío de que la opinión pública nacional e internacional se había inclinado hacia López Obrador en este caso, y que era mejor para el gobierno dar marcha atrás rápidamente, cuando aún faltaba más de un año para las elecciones, con la esperanza de que el episodio pasara pronto al olvido. Pero había dos motivos adicionales, menos conocidos, que los miembros del círculo íntimo de López Obrador señalan como determinantes en la decisión del gobierno. Uno era que, el día anterior a la decisión de Fox, el secretario de Defensa Ricardo Clemente Vega le habría informado al presidente que el ejército mexicano no reprimiría a los partidarios de López Obrador si había nuevas manifestaciones multitudinarias, y que era necesario buscar una salida política a la crisis para evitar una situación de violencia en el país. "El general estaba en contra de la represión", me señaló un alto funcionario de la campaña de López Obrador. El segundo motivo era que, ese mismo día, un miembro de la Corte Suprema había confiado en privado a dos miembros del gabinete de Fox que el caso contra López Obrador estaba repleto de fallas técnicas, y que había un alto riesgo de que la Corte lo declarara improcedente. En ese contexto, Fox habría decidido que dar marcha atrás era la alternativa menos costosa a la larga. Tiempo después, el entonces secretario de Gobernación, Santiago Creel, me desmintió estas versiones. Según él, Fox tomó su decisión exclusivamente porque un juez había rechazado el expediente, y había serias dudas sobre el éxito del caso judicial. "Ninguna de las manifestaciones nos preocupaban. Nos preocupaba el efecto político", me diría meses después Creel.[11]

La victoria política de López Obrador le permitió no sólo eclipsar los videoescándalos de sus ex colaboradores Bejarano y Ponce, quienes en por lo menos uno de sus casos habían asegurado que su jefe había estado al tanto de sus actividades cuestionables, sino varias otras denuncias contra su gobierno. Una empresa de inversionistas españoles, Eumex —la mayor concesionaria de casillas de espera de buses de Ciudad de México, que tiene 2.500 "parabuses" con anuncios publicitarios en la ciudad—, acusó a López Obrador de haber emprendido un hostigamiento feroz contra sus empleados y ejecutivos, al peor estilo de la Cosa Nostra, para quitarle la concesión que gozaba desde 1995. Según la empresa, que ganó varias instancias judiciales, el gobierno capitalino le revocó arbitrariamente sus permisos, y la policía metropolitana le confiscó hasta diez camionetas con cualquier excusa, y en varias ocasiones intimidó y agredió físicamente a sus empleados para presionar a la compañía a que abandonara el país. "¿Qué ganaba López Obrador echando a Eumex?", le pregunté a la empresa. "Nos quieren sacar la concesión para dársela a sus amigos", me respondió Carlos de Meer Cerda, uno de sus principales ejecutivos.[12] López Obrador, en cambio, decía que Eumex era una compañía vinculada a sus opositores del PAN, porque el abogado de la empresa era un senador panista, y que la empresa supuestamente estaba robándose la luz de la ciudad.[13]

Los adversarios de López Obrador del PAN y el PRI decían que las obras públicas del regente eran un monumento al populismo: eran sumamente vistosas, como la remodelación del Paseo de la Reforma, pero se habían hecho a costa del endeudamiento, y de una falta de mantenimiento de servicios básicos que tendría consecuencias funestas para la ciudad en el futuro. Según el gobierno priísta del vecino estado de México, la Ciudad de México se quedaría sin agua potable tan pronto como en 2007, por falta de inversión y mantenimiento de la red durante el gobierno de López Obrador. "En la Ciudad de México, hubo gran inversión en todo lo que sea sobre la superficie, todo lo que se ve, pero en lo que hace a obras de agua, hubo cero inversión", me dijo Benjamín Fournier, secretario de Agua y Obra Pública del estado de México. "López Obrador no se preocupó por el mantenimiento de la red de agua, ni por educar a la población para que reduzca su consumo", agregó. Y el estado de México, que anualmente provee una buena parte del agua que se consume en la capital mexicana, no podrá seguir aportándole la misma cantidad: "Al incrementarse la población del estado de México en unos 500 mil habitantes por año, le vamos a poder dar cada vez menos agua a la Ciudad de México. Para 2007, el D.F. va a estar sin agua", señaló Fournier.[14]

López Obrador nunca se caracterizó por tender puentes con la oposición durante su gobierno de la ciudad, decían sus críticos. Durante sus cuatro años y medio de gestión, jamás recibió a ningún representante de la oposición panista en la asamblea municipal, ni siquiera al coordinador parlamentario del Congreso local. Dos asambleístas panistas tuvieron que presentar un recurso judicial, y ganarlo, para poder entrar en una conferencia de prensa y hacerle preguntas. "Imagínate que tú seas el jefe de la ciudad, y no hayas tenido un acuerdo (reunión) con el partido de oposición más importante de la ciudad, que es el PAN", me señaló Creel. "Imagínate. Tiene una dimensión de una autoridad cerrada, que no escucha, que no ve, que no dialoga con quien está del otro lado de la mesa. No son rasgos democráticos, que vayan acordes con el cambio democrático y la transición democrática que vive el país."[15]

El problema de AMLO: lo que no haría

¿Qué conclusión saqué de López Obrador después de hablar con él y cotejar lo que había escuchado de su boca con lo que decían sus críticos? El candidato izquierdista tenía algunos atributos positivos, incluyendo su austeridad personal. Siempre había vivido en casas pequeñas y poco ostentosas, y manejaba un modesto Tsuru. A diferencia de una buena parte de la clase política mexicana, llevaba una vida personal ordenada. Antes de enviudar, en 2003, había acompañado de cerca a su mujer durante una larga enfermedad terminal, y se hizo cargo de sus tres hijos. No era un hombre de ir a fiestas, ni se le conocía un gran interés por el dinero. Su obsesión, más bien, era el poder. Su hábito de despertarse a las cinco de la mañana lo decía todo, y lo diferenciaba de la enorme mayoría de los políticos mexicanos. Y su historia de haber vivido en comunidades indígenas también lo distinguía de muchos de sus rivales, que decían preocuparse por la cuestión aborigen, pero nunca lo habían demostrado más que retóricamente. López Obrador era un hombre que se sentía cerca de los indígenas, y no sólo en temporada electoral.

Sin embargo, al margen de que se estaba presentando como un izquierdista moderno, definitivamente no era un Lagos —el presidente chileno era un hombre mucho más estudiado y globalizado— pero podía llegar a ser un Lula. El presidente brasileño había sido un político de la vieja izquierda toda su vida, que también había vivido con la mayor austeridad, que se había corrido hacia el centro del espectro político a último momento para ganar la presidencia. Durante la campaña presidencial, Lula se había convencido de que gran parte del libreto que le hacían recitar sus asesores de imagen —enfatizando la moderación, la competitividad y la eficiencia económica— tenía mucho de cierto. Quizá con López Obrador sucedería lo mismo.*

Lo más preocupante de López Obrador, quizás, era que la economía no era su fuerte. Durante sus años de estudiante en la UNAM, reprobó siete materias, de las cuales la mayoría tuvieron que ver con números: economía en dos oportunidades, matemáticas y estadística.[16]

---

* Sin embargo, López Obrador y Lula habían reaccionado de diferente manera ante acusaciones de corrupción en su entorno. Mientras López Obrador denunció conspiraciones políticas en su contra, Lula destituyó a su principal colaborador, el jefe de gabinete José Dirceu, a varios de sus ministros, y exigió una investigación a fondo de cada caso.

No era un dato menor: coincidía con su discurso político, su rechazo instintivo por todo —bueno y malo— lo que suene a "tecnócrata", y con la confusión que había mostrado en sus respuestas sobre los motivos del éxito económico de China y Chile, además de su dudoso cuidado de las finanzas públicas durante su gestión en Ciudad de México.

De ganar la presidencia, ¿tendría como prioridad aumentar la competitividad del país para hacerlo crecer, y reducir la pobreza? ¿Haría los cambios económicos estructurales que hicieron China, Chile y otros países para asegurar un crecimiento a largo plazo? ¿Se enfrentaría con los empresarios proteccionistas, los sindicatos corruptos y las universidades estatales premodernas para sacar a México de su letargo? No eran preguntas ociosas: gran parte del apoyo a López Obrador venía de los sectores más aferrados al México premoderno, como la gigantesca Universidad Nacional Autónoma de México, UNAM, la universidad estatal más grande y con mayor presupuesto del país, que como veremos en el capítulo siguiente es un monumento al atraso educativo. En suma, no era un populista radical mesiánico que pondría en peligro al país, como lo pintaban sus adversarios. Lo más preocupante de una victoria de López Obrador no era lo que podía llegar a hacer, sino lo que podía dejar de hacer.

Fox y la parálisis mexicana

En los albores de la contienda electoral de 2006, no había duda de que el país necesitaba hacer concretar varias reformas, y con suma urgencia. México se había quedado dormido. En términos generales, Fox había hecho un gobierno decente, pero —ya fuera por falta de audacia, mal manejo político, o por el sistemático bloqueo de la oposición a todas sus iniciativas— el país había avanzado a 10 kilómetros por hora, mientras China, India y otras potencias emergentes lo estaban haciendo a 100 kilómetros por hora. En casi todos los índices de competitividad mundial, México se había quedado atrás durante el sexenio de Fox.

En el ranking mundial de competitividad del Foro Económico Mundial, una medición que toma en cuenta el vigor económico, tecnológico e institucional de cada país, México había caído del puesto 31 en el mundo en 2000 al 48 en 2005. En el Índice de Confianza para las Inversiones Extranjeras Directas realizado por la empresa consultora multinacional AT Kearney, había caído del puesto número 5 en 2001 al puesto número 22 en 2004. En el Ranking de Competitividad del Centro de Competitividad Mundial IMD, había descendido del puesto 14 en el mundo en 2000, al 56 en 2005. Y en el índice global de clima para los negocios de la Unidad de Inteligencia de *The Economist*, México había caído del lugar número 31 en el mundo en 2000, al 33 en 2005.

¿Qué había pasado? Fox, el primer presidente que venía de la oposición después de siete décadas de férreo control priísta, tenía un gobierno de minoría: sus iniciativas legales más importantes eran sistemáticamente aniquiladas por la mayoría opositora en el Congreso, y su renuencia a jugar duro —por ejemplo poniendo detrás de rejas a los priístas más corruptos de los gobiernos anteriores— le restó la posibilidad de negociar con la bancada priísta desde una posición de fuerza. Asimismo, su gobierno tuvo una dosis de mala suerte: sus primeros tres años de mandato coincidieron con la primera desaceleración económica de los Estados Unidos en una década, lo que hizo caer las exportaciones de manufacturas mexicanas y congeló el crecimiento económico del país. Finalmente, los ataques del 11 de septiembre de 2001 fueron un golpe devastador para las esperanzas mexicanas de profundizar el acuerdo de libre comercio con los Estados Unidos y negociar una reforma migratoria. El gobierno de Bush —que pocos días antes del 11 de septiembre había proclamado a México como "la principal relación bilateral" de los Estados Unidos en el mundo— se volcó de lleno a la guerra contra el terrorismo islámico en Afganistán e Irak. Y de la noche a la mañana, México pasó de ser la principal relación bilateral a ser un país irrelevante en Washington.

Sin embargo, el gobierno de Fox argumentaba que, a pesar de todos estos obstáculos, se habían logrado varios éxitos: la pobreza bajó 4 por ciento en sus primeros dos años de gestión, según el Banco Mundial.[17] Y según datos posteriores —aunque algo confusos— del propio gobierno, la reducción de la pobreza fue aun mayor. Fox aseguró que durante su gobierno se sacó a 7 millones de mexicanos de la pobreza extrema, que se redujo de 24 millones de personas a 17 millones. Por otro lado, el Comité Técnico para la Medición de la Pobreza, integrado por académicos convocados por la Secretaría de Desarrollo Social del gobierno, estimó la cifra de reducción de la pobreza extrema en algo menos, unas 5,6 millones de personas.[18]

Sea como fuere, la disciplina económica, el incremento del gasto social —del 8,4 por ciento del producto bruto al 9,8, según el Banco Mundial— y el hecho de que no se produjeran crisis económicas como las que habían sacudido a gobiernos anteriores le permitieron a México aumentar ligeramente el nivel de vida de la población en los primeros cinco años de Fox, aunque mucho menos de las expectativas que había generado en un inicio el así llamado "gobierno del cambio". El ingreso per cápita creció de 8.900 dólares anuales en 2000, a 9.700.[19] Y ello se logró sin escándalos de corrupción comparables al de los gobiernos priístas, y en un clima de democracia, en el que el gobierno aprobó una ley de transparencia y acceso a la información pública gubernamental que por primera vez permitió a la sociedad ver los detalles de todas las compras gubernamentales.

Y en política exterior, Fox tuvo el mérito de cambiar la imagen de México como un aliado incondicional de la dictadura cubana y —sin dejar de oponerse al embargo comercial de los Estados Unidos a Cuba— unirse a las democracias modernas de Europa al defender los derechos humanos como un principio rector en las relaciones internacionales de su país. Todos éstos eran síntomas de progreso, que en algunos casos eran obra del gobierno de Fox, y en otros de la providencia.

Lo cierto es que una parte de la reducción de la pobreza durante el sexenio de Fox se debió a un factor puramente fortuito: el aluvión de remesas familiares de los mexicanos residentes en los Estados Unidos, que se dispararon de 6.500 millones de dólares anuales en 2000 a nada menos que 16.600 millones de dólares en 2004.[20] Se trataba de dinero en efectivo, que iba directamente al bolsillo de los pobres, y que lógicamente tuvo un impacto enorme en rescatar a millones de mexicanos de la pobreza absoluta, aumentar el consumo interno y hacer crecer la economía. Comparativamente, México estaba recibiendo casi tanto dinero de remesas familiares como de inversiones extranjeras. Y, en eso, era poco lo que Fox podía citar como un gran logro de su gobierno.

A Creel le faltó mano firme

El gobierno cometió varios grandes errores desde el arranque, y su secretario de Gobernación y futuro precandidato presidencial, Creel, estuvo en el centro de la escena en muchos —no todos— de ellos. En lugar de aprovechar la enorme popularidad inicial de Fox tras su victoria electoral y concentrarse de entrada en hacer aprobar en el Congreso las reformas hacendarias, laborales y energéticas que según el consenso general necesitaba México para hacerle frente a la competencia de China, India y Europa Oriental, el presidente mexicano perdió sus primeros seis meses de gobierno en la "pacificación" de Chiapas y la búsqueda de un acuerdo político con el subcomandante Marcos y sus tropas zapatistas. El intento no sólo no llegó a nada, como era de preverse, sino que significó la pérdida de un enorme capital político de un gobierno que recién empezaba en un tema que hacía mucho tiempo había dejado de ser una amenaza a la seguridad nacional, y que hacía bastante había desaparecido de las primeras planas.

Poco después, a mediados de 2002, el gobierno sufrió una derrota política mayúscula al tener que cancelar lo que había anunciado como la principal obra de infraestructura del sexenio: un gigantesco nuevo aeropuerto para reemplazar al casi centenario aeródromo de la Ciudad de México, para el que se habían presupuestado nada menos que 2.300 millones de dólares. Tras nueve meses de protestas, cortes de rutas y tomas de rehenes por parte de unos trescientos campesinos apoyados por el PRD que exigían una mayor indemnización por sus tierras a cambio de liberar a varios funcionarios que tenían cautivos, el gobierno decidió abortar la construcción del nuevo aeropuerto. Para muchos mexicanos, Fox había dado una señal de debilidad, o por lo menos había manejado mal el proyecto, al no haber llegado a un acuerdo económico con los campesinos antes de anunciarlo con bombos y platillos. Sea como fuere, la principal obra del sexenio de Fox quedó en la nada, mientras López Obrador comenzaba a inaugurar sus vistosas obras públicas.

En diciembre de 2002, el gobierno dio nuevamente una imagen de indecisión cuando manifestantes del grupo izquierdista El Barzón, algunos de ellos a caballo, irrumpieron en el Congreso, se abrieron paso a golpes y causaron varios destrozos reclamando más recursos para salud y educación. El entonces coordinador de la bancada del PAN, Felipe Calderón, responsabilizó al PRD de financiar las acciones violentas, pero el gobierno permaneció de brazos cruzados, sin tomar acción alguna contra quienes habían causado los desmanes.

Quizás uno de los mayores errores iniciales de Fox fue no meter preso a algún pez gordo de la corrupción en el sexenio anterior, como lo habían hecho sus predecesores priístas, Salinas de Gortari y Zedillo, para entrar al poder pisando fuerte. Asimismo, decidió no apoyar la propuesta de varios miembros de su gabinete, liderados por el canciller Jorge Castañeda y el consejero de Seguridad Nacional Adolfo Aguilar Zinser, de crear una "Comisión de la Verdad" para esclarecer las desapariciones y otras violaciones a los derechos humanos cometidas por el Estado a fines de la década de los sesenta. Aunque se trataba de una promesa de campaña del "gobierno del cambio", la idea fue desechada por recomendación de Creel a los pocos meses del nuevo gobierno.

Las aspiraciones de la primera dama

A medida que avanzaba el sexenio de Fox, el presidente permitió que su esposa, Marta Sahagún, removiera las arenas políticas y monopolizara la atención pública con un permanente jugueteo sobre sus presuntas intenciones de presentarse como candidata en 2006. Era un proyecto político que probablemente nació como un globo de ensayo para una posterior candidatura de mejor jerarquía —a la regencia de Ciudad de México o a una banca en el Senado—, pero que contradecía radicalmente las promesas del "gobierno del cambio" de terminar con la tradición de los presidentes del PRI de nombrar a sus sucesores por "dedazo" y de utilizar los resortes del poder del Estado para posibilitar su elección.

Las noticias sobre las ambiciones de Sahagún no eran inventos de la prensa: en muchas ocasiones, eran alentadas por su propio despacho. Cuando a comienzos de 2004 le pregunté al vocero de la primera dama, David Monjaraz, si las especulaciones periodísticas sobre una candidatura de Sahagún no eran disparatadas, me respondió con una sonrisa cómplice que las encuestas mostraban un gran apoyo a la primera dama. Cuando le pedí una reacción oficial, señaló: "Marta ha dejado abiertas todas las opciones. No ha dicho que sí, ni ha dicho que no".[21] Y cuando meses después le pregunté a la propia Sahagún en mi programa de televisión si estaba pensando en una candidatura cuando terminara el sexenio, respondió: "No es el momento de poderme yo definir por ninguna candidatura. No tengo ahorita la obligación de hacerlo. Pero de lo que estoy absolutamente segura es de que en su momento lo tendré que hacer con apego estricto a la responsabilidad y a mi propia conciencia".[22]

Los propios jerarcas del partido gubernamental veían las aspiraciones de la primera dama como un elemento que perturbaba la agenda del gobierno. "Ella, como muchos otros, está en su derecho de buscar esa candidatura si así le conviene a su proyecto personal. Pero es una verdadera locura estar hablando de candidatos a mitad del sexenio", me dijo en ese momento el jefe de la bancada del PAN en el Senado, Diego Fernández de Cevallos. "Creo que de manera increíble estamos perdiendo el momento histórico para hacer en esta administración los grandes cambios en materia hacendaria y jurídica que tanta falta están haciendo para mejorar las condiciones de los 100 millones de mexicanos." En lugar de ser una meritocracia, México corría el riesgo de convertirse en una "maritocracia".[23] En julio de 2004, las intromisiones políticas de la primera dama se habían vuelto tan frecuentes en el seno del gobierno que el "supersecretario" privado de Fox, Alfonso Durazo, huyó despavorido. Frustrado por lo que veía como incesantes interferencias de Sahagún en las decisiones del gobierno, escribió en su carta de renuncia que era necesario "acabar con la idea cada vez más generalizada de que el poder presidencial se ejerce en pareja".[24]

¿Por qué Fox, en la cima de su popularidad, no había tomado una postura más firme contra la corrupción y los abusos a los derechos humanos de los gobiernos priístas? "Después de la elección de 2000, el PRI estaba anonadado, estupefacto, maltrecho. Ése era el momento para promover las divisiones y usarlas en su favor. Ésa era la coyuntura para seducir con zanahorias y castigar con garrotes. Ésa era la hora para ofrecer cogobierno a los modernizadores y persecución a los corruptos. Ésa era la hora para ofrecer inmunidad a los aliados potenciales y el peso de la ley a todos los demás... Con esa estrategia hubiera construido mayorías en el Congreso y desarticulado el frente unido que después enfrentó allí", concluiría hacia el final del sexenio la analista política Denise Dresser.[25]

Cuando les pregunté a varios miembros del gabinete mexicano por qué Fox había sido tan cauto, tan temeroso de arriesgar la paz con las cúpulas políticas, aun cuando esto significaba la paralización del país, la respuesta era casi siempre la misma: el secretario de Gobernación, Creel, había convencido al presidente de que estaba a punto de obtener el apoyo del PRI en el Congreso para aprobar las reformas fiscales, laborales y energéticas que le darían un empujón sustancial a la economía mexicana. No se podía poner en peligro el futuro económico del país, argumentaba Creel. Pero la estrategia resultó desastrosa: cinco años después, y tras numerosos anuncios de que el gobierno estaba a un paso de lograr los votos en el Congreso para aprobar algunas de las reformas, Fox permanecía con las manos vacías. El Congreso nunca aprobó las reformas económicas propuestas por el gobierno, ni disminuyó sus ataques contra él, ni el gobierno cumplió su promesa de campaña de castigar los abusos de gobiernos anteriores. Para muchos, el PRI se pasó cinco años jugando con la buena voluntad del secretario de Gobernación. "A Creel le faltó mano firme", me señaló Calderón, el ex coordinador de la bancada del PAN en el Congreso, que luego pasaría a ser secretario de Energía y aspirante presidencial de su partido, en momentos de su campaña interna contra Creel a mediados de 2005. "Cualquiera le tomaba la medida."[26]

El negociador conciliador

Por su personalidad y la trayectoria de abogado corporativo especializado en negociaciones con el gobierno, Creel era un negociador —y conciliador— nato. Había ingresado tarde en la vida política, cuando estaba por cumplir los 40 años, en 1993. Hasta entonces, había sido un abogado de Noriega y Escobedo Asociados, uno de los bufetes de abogados más tradicionales de México, fundado en 1934, y que en años recientes se había especializado en representar a corporaciones en proyectos de privatización, especialmente en la industria de las telecomunicaciones, puertos y aeropuertos. En 1993 aceptó una invitación para participar en la organización de un plebiscito para decidir si la capital del país debería elegir a sus propias autoridades. Al año siguiente fue designado miembro de la comisión interpartidaria para investigar las controvertidas elecciones para gobernador de Tabasco, que el priísta Madrazo se había adjudicado en medio de las denuncias de fraude de López Obrador. Aunque no era miembro formal del PAN, se destacó en esa misión como un hombre conciliador, capaz de forjar amistades personales con varios de sus colegas izquierdistas del PRD. Tras ser electo diputado independiente en una boleta de un partido aliado al PAN en 1997, se presentó como candidato a la jefatura de Ciudad de México en 2000. Perdió, pero el triunfante presidente electo Fox lo rescató y lo nombró para el principal puesto político de su gabinete, secretario de Gobernación.

"¿Por qué no apresaron a ningún pez gordo de la corrupción del PRI?", le pregunté a Creel poco después de que abandonó el gobierno para competir por la candidatura presidencial de su partido para las elecciones de 2006. Él respondió que había otras prioridades, como "un cambio en paz, un cambio con estabilidad política, un cambio que permitiera mantener la estabilidad económica. ¿Se podrían haber hecho algunas cosas? Sí, pero poniendo en riesgo la estabilidad".[27]

Su respuesta me pareció pobre, a menos que Creel —que había tenido a su cargo los principales organismos de inteligencia del gobierno— supiera algo que el resto de nosotros no supiéramos sobre las amenazas a la estabilidad política mexicana a principios del sexenio. ¿Había alguna amenaza oculta? ¿Estaban en condiciones el PRI y el PRD, tras perder las elecciones, de alterar el orden público? Viendo que su respuesta no me había convencido, insistió en que el gobierno había actuado de la manera en que lo había hecho por principios, para diferenciarse de las arbitrariedades del pasado. Era evidente que Fox podría haber seguido los pasos de Salinas de Gortari cuando había apresado en 1989 al líder sindical Joaquín Hernández Galicia, alias "La Quina", por todo tipo de delitos, "sembrando cosas" y soslayando algunos procedimientos legales, explicó Creel, "pero era obvio que de esa manera no íbamos a proceder". "Mucha gente quería sangre, querían espectáculo, querían ver al muy poco tiempo a los peces gordos detrás de rejas. Nosotros tomamos medidas muy poco espectaculares, pero que a la postre le van a dar mucha solidez a nuestro país", agregó.[28]

¿Por qué no se había formado una "Comisión de la Verdad" para esclarecer los crímenes de los años sesenta y setenta, cosa que también le hubiera dado al gobierno una herramienta de presión al PRI?, le pregunté a Creel acto seguido. Porque legalmente no hubiera llevado a ningún procedimiento contra los culpables, respondió el ex secretario de Gobernación. Para castigarlos, era preciso que la Corte Suprema primero revocara las leyes según las cuales varios de estos delitos ya habían prescripto. De poco hubiera servido una "Comisión de la Verdad" que señalara a los culpables sin que se pudiera hacer nada contra ellos, dijo. Nuevamente, "decidimos el triste y aburrido camino de la institucionalidad, y hoy en día la Corte ya dijo que el genocidio en el país es imprescriptible. Esto es un logro del presidente Fox y un éxito sobre el debate de quienes querían la 'Comisión de la Verdad'".[29] ¿Y por qué habían invertido todo el capital político de los primeros meses del gobierno en buscar un acuerdo en Chiapas, donde la guerra había terminado seis años antes?, pregunté. Eso había sido un error del gobierno, admitió Creel. Pero no había sido una idea suya, sino de Aguilar Zinser, Castañeda y el entonces encargado de Comunicación Social, Rodolfo 'El Negro' Elizondo, que "estaban muy embolotados en lo que había sido la parte del zapatismo", respondió.[30]

Según recuerda Castañeda, sin embargo, Creel nunca se opuso a la idea, "y hubiera sido inconcebible que Fox hubiera decidido algo así, en asuntos de política interna, en contra de su secretario de Gobernación y a favor del canciller".[31] En cuanto al hecho de que el gobierno de Fox no hubiera logrado aprobar ninguna reforma económica o política sustancial, la respuesta de Creel era que había sido políticamente imposible: México tiene un sistema presidencial sin segunda vuelta, lo que ha resultado en un gobierno de minoría en que "los que estaban frente a nosotros, que eran el 58 por ciento (en el Congreso), no traían dentro de su agenda ni la reforma fiscal, ni la reforma laboral ni la reforma energética, ni mucho menos la de telecomunicaciones".[32] Por eso urgía una reforma política para crear una segunda vuelta electoral, o un gobierno de gabinete, para pasar a ser una democracia de mayoría legislativa, concluyó.

El error de septiembre

Finalmente, le pregunté a Creel si él no había sido el responsable del mal manejo del gobierno de Fox en sus relaciones con los Estados Unidos después de los ataques terroristas del 11 de septiembre de 2001. Aunque nunca me había parecido objetable el voto de México en el Consejo de Seguridad de las Naciones Unidas sobre la decisión de Bush de invadir Irak sin pruebas de que el dictador iraquí Saddam Hussein estaba desarrollando armas de destrucción masiva, ni me parecían mal las críticas posteriores de Fox a la intervención militar de los Estados Unidos en Irak sin el visto bueno de la ONU, el gobierno mexicano había actuado con torpeza en los días posteriores a los ataques de septiembre.

Mientras Canadá y Europa ofrecían su solidaridad absoluta a los Estados Unidos, México se había demorado en expresar abiertamente su apoyo a su vecino. No hizo flamear su bandera a media asta ni siquiera en memoria de los mexicanos que murieron en las Torres Gemelas de Nueva York, ni realizó ningún gesto simbólico —como enviar un grupo de enfermeras o bomberos voluntarios— que le hubiera generado enormes réditos propagandísticos en Estados Unidos sin sacrificar un ápice de su independencia política. Tras los ataques, México se quedó paralizado. Para un país que depende de los Estados Unidos para casi el 90 por ciento de su comercio, que estaba buscando desesperadamente un acuerdo migratorio y que gastaba millones de dólares en cabildeos ante el Congreso estadounidense, era una postura tonta, que les daría munición adicional a los sectores aislacionistas en Washington que votaban en contra de cualquier medida de integración con México. Fox envió un mensaje protocolar de apoyo a Washington, pero su gobierno se enfrascó en una polémica semántica —y totalmente estéril— sobre hasta qué punto México debía apoyar a los Estados Unidos. El canciller Castañeda declaró inmediatamente después de los ataques que México no debía retacear su apoyo a los Estados Unidos, pero Creel lo contradijo públicamente, señalando que no se podía prestar un apoyo incondicional a Washington. Según varios testigos, Creel argumentaba ante Fox que si México tomaba una postura demasiado pro estadounidense, se perdería el apoyo del PRI para la reforma fiscal que tanto ansiaba el presidente.

Cuando Canadá y los entonces aliados europeos de Washington ofrecieron todo tipo de ayuda a los Estados Unidos, y comenzaron a llover las críticas de que México, el segundo mayor socio comercial de Washington, era reacio a solidarizarse con las víctimas del ataque terrorista, los once miembros del gabinete más cercanos a Fox durante su primer año de gobierno sostuvieron una reunión de emergencia en las oficinas del presidente para evaluar qué hacer. Según recuerda el entonces canciller Castañeda, "alguien, creo que (el gobernador del Banco de México, Guillermo) Paco Ortiz, hizo la propuesta de que al salir Fox al balcón para dar el grito (de la independencia) el 15 de septiembre, pidiera un minuto de silencio por los mexicanos, los otros latinoamericanos, los chinos, y todos los demás que murieron en las Torres Gemelas, y 'por supuesto también para nuestros vecinos y socios norteamericanos que constituyen la mayoría de las víctimas'. Incluso, si había rechifla, estaba programado que se apagara el sonido ambiental de la televisora".[33] La propuesta fue aprobada. Sin embargo, cuando Fox salió al balcón a dar el grito, no pidió el minuto de silencio. "Nunca supimos por qué", dice Castañeda. El ex canciller recuerda haber sospechado que Creel estaba entre quienes podrían haber disuadido al presidente a último momento, aunque admite no tener pruebas.

Simultáneamente, la primera dama estaba proponiendo hacer un gesto simbólico para evitar que el silencio de su país resultara en un desastre de relaciones públicas: sugirió que se la dejara convocar a un acto de solidaridad con las víctimas del terrorismo en los jardines de la casa presidencial de Los Pinos, donde ella donaría sangre para los heridos de los ataques del 11 de septiembre ante los fotógrafos de las agencias internacionales de noticias. La foto de la primera dama donando sangre sería más efectiva desde un punto de vista de relaciones públicas que todo el dinero que México gastaba en cabildeos en Washington. Sin embargo, la idea de Sahagún fue rechazada dentro del gabinete. "Quise hacerlo, pero no me dejaron", le comentó ella poco después a un visitante extranjero.[34] Creel había bloqueado la idea, había dicho la primera dama. ¿El motivo? No antagonizar con la oposición priísta en el Congreso.

"¡Mentiras!", me dijo Creel cuando le pregunté sobre ambas iniciativas. "Lo que hubo fue una declaración mía sobre que una nación no apoya a otra incondicionalmente. Punto. Ésa fue mi declaración."[35] Otra figura clave del gabinete de Fox, el jefe de la Oficina de la Presidencia para la Innovación Gubernamental, Ramón Muñoz, me dio una explicación más autocrítica y más plausible: el reciente gobierno de Fox estaba concentrado de lleno en la política interna en ese momento, y le había faltado experiencia internacional para dar una respuesta rápida y apropiada. "Más que una reacción ideológica, fue un pasmo derivado de no estar acostumbrado a manejar este tipo de contingencias a nivel internacional. No estaba la maquinaria preparada. No había la capacidad de respuesta", me dijo Muñoz en una entrevista.[36]

Aunque los Estados Unidos nunca habían admitido oficialmente que había malestar alguno con México, la relación se deterioró significativamente. Años después, en una entrevista para este libro, el entonces jefe del Departamento de Asuntos Hemisféricos del Departamento de Estado, Otto Reich, admitió por primera vez que Bush estaba "profundamente dolido" con México, y con Fox. "Fue como cuando un amigo se vuelve contra ti. Fue exactamente ese sentimiento. No fue exactamente enojo, sino más bien decepción", recordó Reich.[37]

"Nosotros no esperábamos que México enviara tropas a Afganistán", me dijo Reich. Bush sabía que México tenía una tradición de no intervención en conflictos armados, y que —por más grande que fuera su amistad con Fox— el presidente mexicano no podía comprometerse a un apoyo militar sin pagar un altísimo costo político. Además, el ejército mexicano no tenía ni el equipamiento ni la experiencia en operaciones internacionales, con lo que podría haber hecho una contribución más que simbólica en la invasión a Afganistán. Sin embargo, Bush esperaba un gesto de solidaridad. Según recuerda Reich, "lo que sorprendió a todo el mundo (en la Casa Blanca) no era que los mexicanos no ofrecieran tropas, sino que no hubieran hecho algo más para expresar su dolor por lo que había pasado. Varios días transcurrieron después del 11 de septiembre... y nada. En cambio, México se enfrascó en un debate interno sobre qué debían hacer. ¿Te imaginas? Es como si se muere la madre de tu vecino, y en lugar de expresar tus condolencias, empiezas a tener una disputa sobre, y, bueno, la verdad es que era un poco ruidosa, y muchas veces no saludaba... Les tomó un buen rato expresar sus condolencias. Y después, no ofrecieron nada. Todos los países del mundo que ofrecieron ayuda fueron mucho más lejos, y algunos tenían muchos menos recursos. México no lo hizo. Y creo que eso fue un golpe duro para Bush". Cuatro años después, el gobierno de Fox recuperaría parte de la confianza de Washington cuando México envió un convoy con cocineros militares y alimentos para las víctimas del huracán Katrina en Nueva Orleans. Pero se habían perdido años clave, que habían consumido casi toda la presidencia de Fox y el primer mandato de Bush.

El protagonismo de Creel antes y después del 11 de septiembre lo había llevado a permanentes desencuentros con quien luego sería su principal rival para la candidatura del PAN en 2006, Calderón. Durante todo el gobierno de Fox, Calderón había tratado —casi siempre infructuosamente— de convencer al presidente de que no delegara todas las negociaciones con la oposición en Creel, y de que Fox tomara en sus manos las relaciones con miembros claves del Congreso. Pero Calderón se quejaba de que, incluso cuando lideraba la bancada del PAN en el Congreso, estaba aislado del presidente. "Yo era el que más hablaba con Fox, y sólo hablé con él tres veces en un año, porque Santiago le decía que tenía todo controlado", me dijo en una entrevista.[38] En una oportunidad, Calderón le había sugerido a Fox que hiciera como el presidente de Colombia, Álvaro Uribe, que llamaba personalmente a los legisladores de oposición, o como Clinton, que hacía lo mismo. "Aquí eso no ocurrió nunca. Cuatro días antes de la votación del presupuesto, le decían a Fox que iba a haber una reforma fiscal. Yo le dije: 'Se están riendo de nosotros', y tenía razón", me comentó. Aunque luego de su paso por el gabinete como secretario de Energía y su posterior salida del gobierno muchos lo dieron como caído en desgracia, Calderón nunca había perdido apoyo dentro de su partido. El 11 de septiembre de 2005, contra todas las previsiones, Calderón le ganó a Creel la primera elección primaria por la candidatura del PAN. Su lema de campaña, "Mano firme, pasión por México", y su estilo sincero y frontal al mismo tiempo le habían asestado un duro golpe a las esperanzas presidenciales del ex secretario de Gobernación.

El regreso de los dinosaurios

El 3 de julio de 2005, el PRI arrasó en las elecciones para gobernadores del poderoso estado de México, el más poblado del país, y de

Nayarit, en las que serían las últimas contiendas estatales de importancia antes de las elecciones presidenciales de 2006. El PRI ganó la elección en medio de acusaciones de que había excedido todos los topes legales de gastos de campaña. Pero, como en los viejos tiempos, eso no le quitaría el sueño a la dirigencia priísta: el asunto se dirimiría en los tribunales, y en el peor de los casos el PRI recibiría una palmadita en la mano y pagaría una multa manejable. En momentos en que México entraba en la campaña de 2006, el PRI gobernaba 18 de los 31 estados, incluidos algunos de los más grandes, y unos 1.500 de los 2.300 municipios del país, incluidas grandes ciudades como Tijuana, Ciudad Juárez y Monterrey, a la que había recuperado desde su salida del poder en 2000. Los "dinosaurios" del PRI estaban de regreso, y si lograban llegar a la elección presidencial sin fracturas internas terminales, tenían buenas posibilidades de volver al poder en 2006.

No había duda de que, incluso después de su triunfo en el estado de México, el PRI tenía ante sí una batalla cuesta arriba para ganar la presidencia: una encuesta del diario *Reforma* mostraba que López Obrador llevaba una ventaja de 11 puntos sobre su rival más cercano. Tenía un 36 por ciento de apoyo, seguido por el entonces presidente del PRI, Madrazo, con 25, y Creel, con 24.[39] El senador Camacho, el estratega de las relaciones internacionales de López Obrador, decía confiado que "a diferencia de lo que pasó en 2000, no creo que las encuestas cambien mucho entre hoy y la elección de 2006. El número de votantes indecisos esta vez es mucho menor".[40]

Sin embargo, los funcionarios del PRI estaban seguros de que podían ganar si lograban superar sus feroces luchas internas por la candidatura del partido. Su optimismo se basaba, en primer lugar, en que las encuestas que mostraban una gran ventaja de López Obrador habían sido realizadas cuando el alcalde de Ciudad de México era la noticia del día, no sólo por sus conferencias de prensa matinales sino porque acababa de ganar su pelea contra el gobierno por el desafuero. En la medida en que el incidente pasara al olvido y López Obrador ya no estuviera en su cargo de regente, donde era el centro de la atención pública, su popularidad caería indefectiblemente, confiaban los dirigentes priístas. Además, las encuestas mostraban que el PRI, como partido, estaba en el primer puesto en las preferencias nacionales. Cuando se les preguntaba por cuál partido votarían en 2006, el 25 por ciento de los encuestados decía el PRI, mientras el 23 decía el PRD, y el 21 el PAN.[41] En tercer lugar, con 18 gobernaturas y más de 1.500 municipios, el PRI tenía un aparato político impresionante para "acarrear" empleados públicos a sus mítines de campaña y llevarlos a las urnas el día de la votación. Y para las nuevas generaciones que no conocían mucho su tradicional camaleonismo político, el PRI podía asumir ahora un discurso confrontacional que les caía bien a muchos potenciales votantes. "Cuando estábamos en el poder, no podíamos ser muy críticos del gobierno ni abanderar muchas causas sociales. Ahora, podemos", me señaló David Penchyna, un alto funcionario del PRI.[42]

Tras varias visitas a México a fines de 2005, me llevé la impresión de que la confianza de los priístas en su regreso al poder no era una fantasía. Había un nuevo clima político en México que beneficiaba al PRI, por razones independientes de lo que decía o dejaba de decir ese partido. Esto se debía a que el gran ganador en las recientes elecciones del estado de México y Nayarit había sido la apatía política. El que un 60 por ciento de los votantes registrados del estado se hubiera quedado en su casa el día de la votación era un mal augurio para la democracia mexicana, pero uno bueno para el PRI. Reflejaba el creciente desencanto de los mexicanos con la política. El gobierno de Fox no había cumplido con su promesa de campaña de ser "el gobierno del cambio". Según una encuesta del periódico *Reforma*, el 66 por ciento de los mexicanos pensaban que el partido de Fox había sido "igual al PRI" o "peor que el PRI".[43] El estancamiento del país había llevado a muchos a la conclusión de que "todos los políticos son iguales".

Y en un escenario de apatía política y poca participación electoral, los partidos con mayores ventajas en las elecciones presidenciales serían los que tenían más dinero, más votos cautivos por los programas clientelistas de sus gobernadores y alcaldes, y menos escrúpulos para evadir topes de campaña y otras leyes electorales. En otras palabras, el PRI estaba muy bien posicionado para hacer una buena elección en 2006.

El lastre de Madrazo y el desafío de Montiel

El principal problema del PRI era Madrazo, el presidente del partido, que tenía en sus manos el aparato político para convertirse en el candidato para las elecciones presidenciales de 2006, o en su defecto el poder detrás del trono dentro del PRI. Si los priístas eran el partido de los dinosaurios autoritarios que habían gobernado México por más de siete décadas, Madrazo era el tiranosaurio mayor. Su padre era Carlos

Alberto Madrazo Becerra, que había ejercido los mismos cargos que ocuparía su hijo Roberto años después: gobernador de Tabasco y presidente del PRI. El padre de Madrazo tenía la reputación de haber sido un luchador por la democratización del partido, pero su carrera no había sido un cuento de hadas: en la década del cuarenta, siendo diputado federal por Tabasco, había sido desaforado y acusado por la Procuraduría General de la República de haber lucrado con la expedición de tarjetas migratorias a los mexicanos que querían sumarse al "programa bracero", por el cual podían sustituir temporalmente a los estadounidenses que dejaban sus trabajos para combatir en la Segunda Guerra Mundial. Madrazo Becerra pasó casi nueve meses en la cárcel, tras ser hallado culpable de abuso de influencia, en lo que sus defensores dijeron eran cargos inventados por sus enemigos políticos dentro del partido para castigarlo por su apoyo a un precandidato presidencial no apoyado por la dirigencia del partido. Posteriormente fue exculpado, volvió a la política y murió en un accidente aéreo en 1969.[44]

Roberto Madrazo se crió en la crema y nata de la oligarquía política priísta. De chico, cuando su padre era gobernador de Tabasco, jugaba con los hijos de los jerarcas del partido que venían a visitar al gobernador los fines de semana. Entre sus compañeros de juegos —que luego serían sus principales protectores a lo largo de su carrera política— estaban Carlos y Jorge Hank Rohn, los hijos del supermillonario (aunque admitía que había nacido en la pobreza y hecho toda su carrera en el sector público) Carlos Hank González, y Carlos, Raúl y Enrique Salinas de Gortari, los hijos del secretario de Economía Raúl Salinas Lozano.[45]

Madrazo tenía 16 años cuando ocurrió el accidente aéreo en que murió su padre, y había pasado su adolescencia entre Tabasco, donde se quedaba muchos fines de semana, y Ciudad de México, donde estudiaba. En la UNAM, donde obtuvo su licenciatura en Derecho, fue un buen estudiante: no reprobó ninguna materia y terminó la carrera en cinco años con un promedio de 9,2 con mención honorífica.[46] Ya por entonces, bajo la protección de Hank González, se afilió al PRI y comenzó a escalar posiciones dentro de la Confederación Nacional de Organizaciones Populares, uno de los tantos "sectores" del sistema corporativo del partido oficial. Así fue como llegó a diputado federal por Tabasco con apenas 24 años, a pesar de que no había vivido en Tabasco ni tenía mucho de origen "popular".

Poco después, cuando Hank González fue nombrado regente de Ciudad de México, el joven Madrazo trabajó directamente en varios puestos municipales para su protector político, que ya se estaba convirtiendo en uno de los hombres más ricos —y cuestionados— de México. Cuando su amigo de infancia Carlos Salinas llegó al poder tras las elecciones y nombró a Hank González sucesivamente secretario de Turismo y luego de Agricultura, Madrazo se convirtió en uno de los jóvenes políticos del círculo íntimo del nuevo gobierno. Trabajó en la campaña presidencial de Salinas en 1988, y luego —como senador y más tarde diputado federal— fue uno de los principales defensores en el Congreso del cuestionado triunfo electoral del gobierno salinista. Cuando llegaba a su fin el sexenio de Salinas, el PRI nombró a Madrazo como candidato a gobernador de Tabasco. Poco después, levantaba las manos proclamándose ganador de las elecciones del estado en 1994, y —a pesar de una ola de indignación nacional tras conocerse los documentos que probaban las violaciones a las leyes electorales de su campaña, y de las presiones del presidente Zedillo para que renunciara— se aferró a su sillón en el palacio gubernamental. Más tarde sería designado presidente del PRI, desde donde orquestaría su candidatura para las elecciones presidenciales de 2006.

Madrazo tenía a su favor ser un orador fogoso, que podía dar una buena pelea en un debate presidencial y que —con un buen marketing político— podía llegar a proyectar una imagen de eficiencia. Su físico lo ayudaba: es, hasta el día de hoy, corredor de maratones, y no tiene un gramo de grasa en el cuerpo. Un detalle que me llamó la atención en las dos o tres oportunidades en que lo entervisté es su increíble pulcritud personal: sus uñas parecen cuidadas a diario, y no tiene un pelo fuera de lugar.* Y, a diferencia de López Obrador, tenía algo de roce con el mundo exterior, ya que había hecho un posgrado en urbanismo en la Universidad de California en 1981, y era un viajero frecuente a la Florida.

* El extremo cuidado personal de Madrazo parece ser una característica de muchos priístas, que también observé en el fallecido ex secretario de Gobernación Fernando Gutiérrez Barrios, y en el dirigente partidario y ex gobernador Manlio Fabio Beltrones. Los psicólogos dicen que es un rasgo típico de la gente obsesiva y rígida, que necesita tener todo bajo control, y que cree que se le cae el mundo si hay algo fuera de lugar. No sé si esto es cierto, y si como dicen los psicólogos este tipo de gente tiende a ser rígida y poco flexible, como resultado de una niñez con una educación muy estricta, pero me gustaría que alguien hiciera una tesis doctoral titulada: "La extrema pulcritud de los priístas y su impacto en la política mexicana". Sería interesante.

Sin embargo, Madrazo todavía era visto por la mayoría de los mexicanos con memoria política como el protegido de Hank González, el defensor del cuestionado triunfo de Salinas en 1988 y el artífice del fraude electoral de Tabasco en 1994. Sus asesores de imagen tendrían que gastar una fortuna para remontar esa imagen en 2006. Hasta su propia número dos en el PRI, Elba Esther Gordillo, aparecía en la prensa internacional describiendo a Madrazo como "mentiroso y corrupto".[47]

Y el ex gobernador del estado de México, Arturo Montiel, había salido a disputarle la nominación presidencial del PRI con el apoyo de una gran cantidad de priístas que no formaban parte de la jerarquía del partido. Montiel, al igual que Madrazo, un representante de los "dinosaurios" del PRI que también venía del grupo político de Hank González, se había rodeado de varios asesores cosmopolitas para presentarse como un político más moderno que su rival dentro del partido. El principal desafío que enfrentaban Madrazo y Montiel no era sólo vencer a los candidatos de otros partidos, sino resolver su contienda interna pacíficamente y llegar unidos, con el aparato político intacto, a las elecciones presidenciales de 2006.

La apuesta de Fox para 2006

En la residencia oficial de Los Pinos, la visión generalizada en el círculo íntimo de Fox era que, a pesar de que López Obrador estaba muy por encima en las encuestas, el enemigo a vencer para el partido del gobierno en 2006 no era el candidato de izquierda, sino el PRI. Y aunque el partido de Fox, el PAN, estaba último en muchas encuestas a fines de 2005, el oficialismo estaba confiado en hacer una muy buena elección en 2006.

¿En qué se basaban los panistas para ser optimistas, cuando las encuestas mostraban una gran desilusión con el gobierno? Muñoz, el principal estratega de Fox, me señaló que López Obrador ya había llegado al tope de su popularidad tras el episodio del intento fallido de desafuero, y que de allí en más era muy probable que fuera cuesta abajo. La ventaja que tenía López Obrador en las encuestas hacia fines de 2005 no significaba mucho: en noviembre de 1999, el entonces candidato del PRI Francisco Labastida había estado 21 puntos arriba en las encuestas y luego había perdido las elecciones, recordó. A diferencia de sus dos contendientes, López Obrador no planeaba realizar una primaria en su partido, lo que le restaría varias semanas de publicidad gratuita en los medios. Y tras dejar el gobierno de Ciudad de México, ya no disponía de la tribuna diaria en la televisión. Además, tenía poderosos enemigos internos en su partido, empezando por el ex candidato presidencial del PRD, Cuauhtémoc Cárdenas. "Mi tesis es que López Obrador ya llegó al tope, y no tiene forma de crecer. Y en su partido está como en un canasto de cangrejos, en que un cangrejo trata de salir, y los demás de su grupo tratan de bajarlo", señaló Muñoz.[48] Lo que era aun más importante, el candidato de la izquierda era un adversario relativamente conveniente para el partido de Fox: "Es un hombre que no representa una visión de modernidad. Ése puede ser su punto débil más importante. No habla inglés, no tiene idea sobre el resto del mundo", dijo Muñoz.[49]

El PRI, en cambio, era visto en Los Pinos como un adversario formidable. "Están haciendo un mejor trabajo que el PRD para regresar al poder en 2006", señaló Muñoz. Como partido, el no estar atado a la presidencia le permitía al PRI presentarse como una opción de cambio, y el control de los estados más ricos del país le daba una enorme cantidad de dinero para la campaña. Aunque Madrazo podría representar una carga muy fuerte para el partido, el PRI tenía un aparato político bien aceitado, y en un escenario de abstencionismo podría ser el mayor beneficiado.

Pero, según Muñoz, el partido de Fox haría una elección mucho mejor de lo que muchos esperaban, entre otras cosas porque, aunque el gobierno no era muy popular, Fox sí lo era. "Mis cálculos son que para julio de 2006, el presidente Fox va a estar entre 7,5 y 8 puntos de calificación en las encuestas, y con porcentajes de popularidad de entre 65 y 70 puntos. No tengo la menor duda de que el gobierno del presidente Fox va a terminar bien", dijo Muñoz. Cuando le manifesté mi escepticismo y le pregunté qué le hacía pensar eso, respondió: "Por lo que vamos a hacer en lo que resta del gobierno. Un gobierno aquí, y en cualquier lado, le mete muy duro durante varios años a sembrar, y luego al cierre tiene lista la cosecha para entregar a los ciudadanos. Y nosotros vamos a cerrar lo más alto que podamos en materia de obras públicas, salud y cuestiones sociales".

¿Qué tenían planeado para cerrar el sexenio?, pregunté. El gobierno de Fox centraba sus esperanzas en educación y salud. Su estrategia era llegar a las elecciones de 2006 anunciando que todas las escuelas del país ya contaban en sus quinto y sexto grados con Enciclomedia, el nuevo sistema educativo copiado de las escuelas británicas, que permitía a los niños seguir las páginas de sus libros de texto en un pizarrón electrónico. Se trataba de una tecnología asombrosa, por la cual cualquier estudiante podía pasar al frente, tocar una palabra subrayada que le interesaba en la pizarra, y —como en cualquier computadora— acceder a un video explicativo. Si el libro de texto hablaba de las pirámides mayas, por ejemplo, el niño tocaba las palabras "pirámides mayas" en el pizarrón, y toda la clase podía ver un documental de dos o tres minutos, con música, sobre las pirámides mayas. "Para agosto de 2006, ya tendremos unas 115 mil aulas equipadas, o el ciento por ciento de las aulas de quinto y sexto grado. Si me preguntaras con qué me quedo de todo el gobierno, te diría que con esto", me dijo Muñoz.[50] Y el gobierno de Fox tenía planeado anunciar la cobertura universal de salud pública a fines de 2006, antes de que el presidente entregara el mando el 1 de diciembre de ese año. Eran medidas que, además de las obras públicas locales que todo gobierno deja para último momento a fin de que queden frescas en la memoria de los votantes, le podrían dar al partido de gobierno un viento a favor hacia el final de la carrera presidencial, o por lo menos sacarlo del último puesto.

"Arquitectónicamente condenados a la parálisis"

¿Podrá México recuperar el terreno perdido ante China, India y Europa del Este tras las elecciones de 2006? Probablemente no, a menos que el gobierno entrante —aprovechando su luna de miel inicial con el electorado— tome el toro por las astas y logre cambiar la Constitución, para destrabar los escollos estructurales que impidieron aprobar reformas importantes durante el gobierno de Fox. México había pasado de los gobiernos autoritarios del PRI al gobierno dividido, con un presidente sin mayoría en el Congreso cuyas iniciativas más importantes eran bloqueadas rutinariamente por la oposición. Y todo indicaba que eso seguiría así, independientemente de quién ganara la elección. El hecho de que hubiera tres partidos mayoritarios —el PRI, PAN Y PRD— y no existiera una segunda vuelta electoral prácticamente garantizaba que el próximo presidente llegaría al poder con una minoría de alrededor de un tercio de los votos y una mayoría obstruccionista en el Congreso. "Estamos arquitectónicamente condenados a la parálisis", me señaló el senador priísta Genaro Borrego, uno de los dirigentes del ala modernizante del partido de los dinosaurios.[51] Creel, desde el PAN, coincidió, señalando que es urgente aprobar reformas políticas, porque "este sistema que tenemos no tiene incentivos de colaboración... Si aquí el argumento es que solamente la voluntad política y el altruismo nos van a llevar adelante, eso nos va a conducir al fracaso".[52] Y, desde la izquierda, el PRD decía —con razón— que nadie había presentado tantas propuestas para destrabar el gobierno dividido como los legisladores perredistas.

Sin embargo, a pesar de que todos coincidían en el problema, los intereses de quienes se veían con las mejores posibilidades de ganar la próxima presidencia siempre habían terminado por bloquear las reformas políticas. "Todos están de acuerdo con las generalidades y los lugares comunes, pero en el momento en que entras al detalle, se rajan", resumió el ex canciller Castañeda, que tras su salida del gobierno había iniciado una quijotesca campaña presidencial independiente, por fuera de los tres partidos mayoritarios.[53]

Para superar su parálisis política, México debería cambiar su Constitución para permitir las reformas que lograrían quebrar su parálisis política: una segunda vuelta electoral, la creación del puesto de primer ministro o un jefe de gabinete aprobado por el Congreso y la reelección de diputados y senadores. La segunda vuelta electoral haría que ningún presidente llegue al poder con un tercio de los votos, o menos, y esté condenado a liderar un gobierno débil. La creación de un puesto de primer ministro o jefe de gabinete aprobado por el Congreso le daría al presidente un nexo mucho mayor con el Parlamento, además de un "fusible" que se puede cambiar por otro en casos de crisis políticas sin afectar la estabilidad de la presidencia. Y la reelección de legisladores traería aparejada la rendición de cuentas de los congresistas a sus electores, hoy en día inexistente. Bajo el sistema actual, por el cual los diputados y senadores deben irse a su casa después de su mandato, estos últimos tienen más incentivos en quedar bien con sus cúpulas partidarias —de quienes depende su próximo empleo— que con el electorado. Como resultado, hay poca motivación de servir a la ciudadanía, y ningún incentivo para que los legisladores voten según su conciencia, en lugar de seguir las directivas de sus partidos.

La Constitución mexicana sólo estipula que debe haber una elección directa para presidente, y deja los detalles al código electoral. Entre 1998 y 2002 se presentaron tres proyectos de ley en el Congreso para incluir la segunda ronda en el código electoral, sin que se lograra una mayoría en ninguno de los casos. En 1998, cuando el PRI estaba en el poder, la iniciativa había venido del PAN, mientras que en 2001 y 2002, estando Fox en el poder, había provenido de los dos partidos de oposición. O sea, todos están de acuerdo en la reforma política, siempre y cuando los pueda beneficiar. En cuanto a la creación de un sistema semipresidencial, con un primer ministro o un jefe de gobierno aprobado por el Congreso, tan sólo entre 2000 y 2003 se presentaron por lo menos siete proyectos de ley —casi todos del PRD— para enmendar la Constitución y posibilitar la reforma. Ningún partido se opuso de entrada, pero a último momento las iniciativas no lograron una mayoría. Y las propuestas de anular la prohibición de reelección de legisladores, estipulada en la Constitución, existían desde hacía más de cuatro décadas, sin que se hubiera llegado a nada. En 2003, el senador del PRD Demetrio Sodi presentó uno de los proyectos de reelección de legisladores con mayor apoyo legislativo, que estuvo a punto de ser aprobado el 10 de febrero de 2005. Sin embargo, el intento fracasó en el Senado: hubo 50 votos a favor, 51 en contra, y una abstención. Varios senadores priístas, que en un principio habían apoyado el proyecto, se dieron vuelta a último momento bajo presión de la dirección del partido.[54]

"México tiene todo como para despegar, pero está condenado a la mediocridad por la mezquindad de su clase política", le dije a Muñoz, el brazo derecho de Fox, como para obligarlo a proclamarse de acuerdo o en desacuerdo con esa premisa, y que no se saliera por la tangente. Para mi sorpresa, se manifestó optimista de que el gobierno que ganara en 2006 lograría aprobar las reformas que el país necesitaba para destrabar el nudo político que tenía amarradas las manos del gobierno. Según Muñoz, había cada vez mayor presión social por una reforma política, y esa presión aumentaría rápidamente a medida que se acercara el año 2007, cuando entre otras cosas se acabaría el dinero para pagar jubilaciones por falta de acuerdos en el Congreso. "Tenemos calculado que para el 2007 o 2008, el tema (de las pensiones) revienta, como un volcán, y no va a haber plata para pagar a los jubilados", me dijo. "Eso va a hacer que las partes digan: esto no le sirve a nadie, ni a ti ni a mí. Además, quien llegue tendrá más oficio político de lo que tenía este gobierno al entrar. Todos habremos acumulado más experiencia y habrá mejores condiciones para hacerlo", agregó. Puede ser. Pero tras una década de intentos vanos por cambiar el sistema político, había lugar para el escepticismo. Paradójicamente, mientras el mundo político mexicano estaba concentrado en cuál de los tres candidatos triunfaría en 2006, el futuro de México no dependía tanto de quién ganara, sino de que los demás permitieran que el futuro presidente pudiera gobernar.

FUENTES

[1] "Ideología y valores de los mexicanos", encuesta nacional cara a cara de Ipsos-Bimsa, realizada del 9 al 14 de febrero de 2005.

[2] Entrevista del autor con el senador Manuel Camacho, en Ciudad de México, 20 de junio de 2005.

[3] "La izquierda recibe una ayudita... de Powell", *The Miami Herald*, 14 de noviembre de 2004.

[4] *La historia del Partido Acción Nacional, 1939-1940*, publicación del Partido Acción Nacional, 1993, pág. 6.

[5] Enrique Maza, *Revista Proceso*, México, 5 de junio de 1995, pág. 23.

[6] Fondo Monetario Internacional, "World Economic Outlook", abril de 2005.

[7] Secretaría de Economía, con datos del Banco de México, 2005.

[8] Jorge Zepeda Patterson, *Los suspirantes*, Planeta, 2005, pág. 12.

[9] *Reforma*, suplemento "Enfoque", "De calificaciones y sustos varios", 15 de abril de 2005.

[10] "Crece la deuda $ 400 al año", *Reforma*, 22 de febrero de 2005 (per cápita).

[11] Entrevista del autor con Santiago Creel, en Ciudad de México, 23 de junio de 2005.

[12] Entrevista del autor con Carlos de Meer Cerda, en Ciudad de México, 20 de junio de 2005.

[13] "Defiende la CDHDF a Eumex", *Reforma*, 29 de marzo de 2005.

[14] Entrevista del autor con Benjamín Fournier, en Miami, 27 de junio de 2005.

[15] Entrevista del autor con Santiago Creel, en Ciudad de México, 23 de junio de 2005.

[16] "De calificaciones y sustos varios", *Reforma*, suplemento "Enfoque", 15 de abril de 2005.

[17] "Disminuye pobreza, persiste atraso", *Reforma*, 29 de julio de 2004.

[18] "Infla el presidente pobreza superada", *Reforma*, 25 de junio de 2005.

[19] Fondo Monetario Internacional, "World Economic Outlook Database", abril de 2005.

[20] Banco de México, Balanza de Pagos, Citado en *De la alternancia al desarrollo*, por Eduardo Sojo, Fondo de Cultura Económica, 2005, pág. 143, y Banco Interamericano de Desarrollo.

[21] Andrés Oppenheimer, "México, ¿hacia una 'maritocracia'?", *The Miami Herald*, 6 de febrero de 2004.

[22] Entrevista del autor con Marta Sahagún, en "Oppenheimer Presenta", 24 de mayo de 2004.

[23] Andrés Oppenheimer, "México, ¿hacia una 'maritocracia'?", *The Miami Herald*, 6 de febrero de 2004.

[24] "Deja a Fox, culpa a Marta", *Reforma*, 6 de julio de 2004.

[25] Denise Dresser, "Autopsia adelantada", *Reforma*, 4 de julio de 2005.

[26] Entrevista del autor con Felipe Calderón, en Ciudad de México, 21 de junio de 2005.

[27] Entrevista del autor con Santiago Creel, en Ciudad de México, 22 de junio de 2005.

[28] Ídem.

[29] Ídem.

[30] Ídem.

[31] Entrevista telefónica del autor con Jorge Castañeda, 5 de julio de 2005.

[32] Entrevista del autor con Santiago Creel, en Ciudad de México, 23 de junio de 2005.

[33] Entrevista telefónica del autor con Jorge Castañeda, 5 de julio de 2005.

[34] Andrés Oppenheimer, *México en la frontera del caos*, segunda edición, julio de 2002, Ediciones B, México, pág. 19.

[35] Entrevista del autor con Santiago Creel, Ciudad de México, 23 de junio de 2005.

[36] Entrevista del autor con Ramón Muñoz, jefe de la Oficina de la Presidencia para la Innovación Gubernamental, 20 de julio de 2005.

[37] Entrevista del autor con Otto Reich, 3 de agosto de 2004.

[38] Entrevista del autor con Felipe Calderón, Ciudad de México, 21 de junio de 2005.

[39] "Cae PAN al tercer sitio, suben PRI y PRD", *Reforma*, 30 de mayo de 2005.

[40] Entrevista del autor con Manuel Camacho Solís, en Ciudad de México, 22 de junio de 2006.

[41] Ídem.

[42] Entrevista telefónica del autor con David Penchyna, 8 de junio de 2005.

[43] "Desdeñan cambios", *Reforma*, 2 de julio de 2005.

[44] Humberto Musacchio, *Milenios de México*, tomo II, pág. 1698.

[45] Jorge Zepeda Patterson, *Los suspirantes*, Planeta, 2005, pág. 72.

[46] "De calificaciones y sustos varios", *Reforma*, suplemento "Enfoque", 15 de abril de 2005.

[47] Susana Hayward, "México: Presidential campaign off to early, intense start", *The Miami Herald*, 25 de julio de 2005.

[48] Entrevista del autor con Ramón Muñoz, jefe de la Oficina de la Presidencia para la Innovación Gubernamental, 20 de julio de 2005.

[49] Ídem.

[50] Ídem.

[51] Entrevista del autor con Genaro Borrego, Ciudad de México, 20 de junio de 2005.

[52] Entrevista del autor con Santiago Creel, Ciudad de México, 23 de junio de 2005.

[53] Entrevista del autor con Jorge Castañeda, 7 de junio de 2005.

[54] Jeffrey M. Weldon, "State Reform in Mexico", *Mexican Governance*, de CSIS Press, 2005, pág. 27.

CAPÍTULO 10

América latina en el siglo del conocimiento

Cuento chino: "La próxima guerra... va a ser por los recursos naturales, como el petróleo, el gas, el agua" (Evo Morales, líder cocalero y diputado boliviano, *Granma*, 29 de noviembre de 2002).

BEIJING – WASHINGTON D.C. – CIUDAD DE MÉXICO – BUENOS AIRES — La vieja izquierda y la vieja derecha latinoamericanas sostienen que los próximos conflictos mundiales serán por los recursos naturales, y que la prioridad de los países de la región debería ser proteger la soberanía nacional contra los intentos de las grandes potencias de adueñarse de esos recursos. Suena bonito, pero refleja una realidad mundial que pasó a la historia hace mucho tiempo. A diferencia de lo que ocurría hace dos siglos, cuando las materias primas eran una fuente clave de riqueza, hoy día la riqueza de las naciones yace en la producción de ideas. El siglo XXI es el siglo del conocimiento.

Las materias primas no sólo dejaron de ser una garantía de progreso, sino que en muchos casos son una condena al fracaso. Para muestra, basta mirar cualquier mapa: muchos países con enormes recursos naturales están viviendo en la pobreza, mientras que otros que no los tienen se encuentran entre los más prósperos del mundo, porque han apostado a la educación, la ciencia y la tecnología. El índice de los países con ingresos per cápita más altos del mundo está encabezado por Luxemburgo, con 54.000 dólares por habitante, que tiene un territorio minúsculo y no vende materia prima alguna.[1] "En los siglos pasados, cuando el desarrollo económico se basaba en la agricultura, o en la producción industrial masiva, ser más grande y rico en recursos naturales, tener más gente, era una ventaja. Hoy día, es una desventaja", afirma

Juan Enríquez Cabot, el académico mexicano que fue profesor de la Escuela de Negocios de Harvard y escribió varios libros sobre el desarrollo de las naciones.

La ex Unión Soviética, el país con más recursos naturales del mundo, colapsó. Y ni Sudáfrica con sus diamantes, Arabia Saudita, Nigeria, Venezuela y México con su petróleo, ni Brasil y la Argentina con sus productos agrícolas, han logrado superar la pobreza. La mayoría de estos países tienen hoy más pobres que hace veinte años. Por el contrario, naciones sin recursos naturales, como Luxemburgo, Irlanda, Liechtenstein, Malasia, Singapur, Taiwan, Israel y Hong Kong, están entre las que tienen los ingresos per cápita más altos del mundo.

El caso de Singapur es especialmente notable. Era una colonia británica sumida en la pobreza, que recién se convirtió en país en 1965. Y era tan pobre que sus líderes políticos habían acudido a la vecina Malasia para pedir ser anexados, y regresaron con las manos vacías: Malasia se negó, pensando que hacerse cargo del territorio de Singapur sería un pésimo negocio. En agosto de 1965, cuando Singapur se independizó, el *Sydney Morning Star* de Australia señalaba que "no hay nada en la situación actual que permita prever que Singapur será un país viable".[2] Sin embargo, Singapur se convirtió rápidamente en uno de los países más ricos del mundo. Su presidente, Lee Kuan Yew, que había sido abogado de los sindicatos comunistas, concentró todos sus esfuerzos en la educación. Convirtió el inglés en idioma oficial en 1978 y se dedicó a atraer empresas tecnológicas de todas partes del mundo. Al comienzo del siglo XXI, el ingreso per cápita de Singapur era prácticamente igual al de Gran Bretaña, el imperio del que se había independizado. Y tal como lo relatamos en un capítulo anterior, Irlanda siempre había sido la hermana pobre de Gran Bretaña, hasta que su revolución tecnológica le permitió superarla.

Por qué Holanda produce más flores que Colombia

¿Cómo explicar que Holanda produce y exporta más flores que cualquier país latinoamericano? Tal como lo señaló Michael Porter, un profesor de Harvard, América latina debería ser el primer productor mundial de flores: tiene mano de obra barata, un enorme territorio, mucho sol, grandes reservas de agua y una gran variedad de flora. Y, sin embargo, el primer productor mundial de flores es Holanda, uno de los países con menos sol, territorio más pequeño y mano de obra más cara del mundo. La explicación es muy sencilla: lo que importa hoy en la industria de las flores es la ingeniería genética, la capacidad de distribución y el marketing.[3]

Otro ejemplo es el de Starbucks, la empresa de locales de café más grande del mundo. Nació en los Estados Unidos en la década del setenta, y hoy tiene 6.500 tiendas de café en los Estados Unidos y otros 1.500 locales en 31 países. Según Enríquez Cabot, de cada taza de café de 3 dólares que se vende en locales en Estados Unidos, apenas 3 centavos van al productor de café latinoamericano. Lo que se cotiza en la nueva economía global no es el acto de plantar la semilla, ni la tierra donde es sembrada, sino la creación de la semilla en laboratorios genéticos. "En América latina, si seguimos pensando que por tener biodiversidad estamos salvados, vamos a tener cada vez más problemas. Todavía creemos que el petróleo, las minas o las costas marinas son lo más importante. Lo cierto es que, en términos económicos, es más fácil cometer errores cuando eres un país grande y rico en recursos naturales que cuando eres pobre y estás aislado", dice Enríquez Cabot.

Efectivamente, la mayoría de los políticos y académicos latinoamericanos sigue recitando el cuento chino de que sus países tienen el futuro asegurado por ser poseedores de petróleo, gas, agua u otros recursos naturales. Lo que no dicen, quizá porque lo ignoran, es que los precios de las materias primas —incluso tras haber subido considerablemente en los últimos años— se desplomaron en más de un 80 por ciento en el siglo XX, y actualmente constituyen un sector minoritario de la economía mundial. Mientras en 1960, cuando gran parte de los actuales presidentes latinoamericanos se formaron políticamente, las materias primas constituían el 30 por ciento del producto bruto mundial, actualmente representan apenas el 4 por ciento. El grueso de la economía mundial está en el sector de servicios (68 por ciento) y el sector industrial (29 por ciento).[4] Las empresas multinacionales de tecnología como IBM, o Microsoft, tienen ingresos muchísimo más altos que las que producen alimentos u otras materias primas. Mientras que a principios del siglo XX diez de las doce compañías más grandes de los Estados Unidos vendían materias primas (American Cotton Oil, American Steel, American Sugar Refining, Continental Tobacco y U.S. Rubber, entre otras), en la actualidad hay sólo dos en esa categoría (Exxon y Philip Morris).

Lamentablemente, a comienzos del siglo XXI, América latina sigue viviendo en la economía del pasado. La enorme mayoría de las grandes empresas latinoamericanas siguen en el negocio de los productos básicos. Las cuatro mayores empresas de la región —PEMEX, PDVSA, Petrobras y PEMEX Refinación— son petroleras. De las doce compañías más grandes de la región, sólo cuatro venden productos que no sean petróleo o minerales (Wal-Mart de México, Teléfonos de México, América Móvil y General Motors de México).[5]

Una buena parte de Sudamérica centra sus negociaciones comerciales con los Estados Unidos y Europa en exigir mejores condiciones para sus exportaciones agrícolas, algo que es totalmente legítimo y justificado, pero que en muchos casos desvía la atención de los gobiernos de la necesidad de exportar productos de mayor valor agregado. Brasil y la Argentina hacen bien en exigir que los países ricos eliminen sus obscenos subsidios agrícolas, pero están concentrando sus energías en apenas una de las varias batallas comerciales que deberían estar librando. Están poniendo una buena parte de sus energías en ampliar su tajada del 4 por ciento de la economía mundial, en lugar de —además de seguir exigiendo el desmantelamiento de las barreras agrícolas— iniciar una cruzada interna para aumentar la competitividad de sus industrias y entrar en la economía del conocimiento del siglo XXI.

Nokia: de la madera a los celulares

¿Deberían los países latinoamericanos dejar atrás su rol de productores de materias primas? Por supuesto que no. Cuando le hice esta pregunta a David de Ferranti, el ex director para América latina del Banco Mundial, meneó la cabeza, como diciendo que se trataba de una discusión superada. "La agricultura, la minería y la extracción de otras materias primas son áreas de ventajas comparativas para la Argentina, Brasil, Chile y varios otros países. Ellos deberían aprovechar la oportunidad para convertirse en productores más eficientes de estas materias primas, y diversificarse desde esas industrias a otras de productos más sofisticados. Deberían hacer lo que hizo Finlandia", señaló.

Finlandia, uno de los países más desarrollados del mundo, empezó exportando madera, luego pasó a producir y exportar muebles, más tarde se especializó en el diseño de muebles, y finalmente pasó a concentrarse en el diseño de tecnología, que era mucho más rentable. El ejemplo más conocido de este proceso es la compañía finlandesa Nokia, una de las mayores empresas de telefonía celular del mundo.

Nokia comenzó en 1865 como una empresa maderera, fundada por un ingeniero en minas en el sudeste de Finlandia. A mediados del siglo XX ya diseñaba muebles, y empezó a usar su creatividad para todo tipo de diseños industriales. En 1967 se fusionó con una empresa finlandesa de neumáticos y otra de cables, para crear un conglomerado de telecomunicaciones que hoy se conoce como Nokia Corporation y que tiene 51 mil empleados y ventas anuales de 42 mil millones de dólares. Es el equivalente a cinco veces el producto bruto anual de Bolivia, y más del doble del producto bruto anual de Ecuador.

Y algo parecido sucedió con la multinacional Wipro Ltd., de la India, que empezó vendiendo aceite de cocina, y hoy día es una de las empresas de software más grandes del mundo. El empresario Azim Premji —conocido por muchos como el Bill Gates de la India— llegó a ser el hombre más rico de su país, y el número 38 en la lista de los más ricos del mundo de la revista *Forbes*, transformando radicalmente su empresa familiar. Estaba estudiando ingeniería en la Universidad de Stanford, en los Estados Unidos, cuando murió su padre en 1966 y tuvo que regresar a su país a los 21 años para hacerse cargo de la empresa familiar, Western India Vegetable Products Ltd. (Wipro). La compañía estaba valuada en ese entonces en 2 millones de dólares, y vendía sus aceites de cocina en supermercados. Premji inmediatamente comenzó a diversificarse, empezando por producir jabones de tocador. En 1977, aprovechando el vacío creado por la expulsión de IBM del país, empezó a fabricar computadoras. El negocio fue prosperando, y la compañía comenzó a producir software hasta crearse una reputación de empresa innovadora, con gente creativa. Hoy día, Wipro Ltd. tiene ingresos de 1.900 millones de dólares por año, de los cuales el 85 por ciento proviene de su división de software, y el resto de sus departamentos de computadoras, de lámparas eléctricas, de equipos de diagnóstico médico y —aunque parezca un dato sentimental— de jabones de tocador y de aceites de cocina. La empresa ha triplicado su número de empleados desde 2002, a 42.000 personas, y su sede de la ciudad de Bangalore está contratando un promedio de 24 personas por día.

Al igual que Nokia y Wipro, hay cientos de ejemplos de grandes compañías que nacieron produciendo materias primas y se fueron diversificando a sectores más redituables. "El viejo debate sobre si es bueno o malo producir materias primas es un falso dilema", me dijo De Ferranti. "La pregunta válida es cómo aprovechar las industrias que uno tiene, para usarlas como trampolines para los sectores más modernos de la economía." Para hacer eso, la experiencia de China, Irlanda,

Polonia, la República Checa y varios otros países demuestra que hay que invertir más en educación, ciencia y tecnología, para tener una población capaz de producir bienes industriales sofisticados, servicios, o fabricar productos de la economía del conocimiento.

El ranking de las patentes

Hoy día, el progreso de las naciones se puede medir en gran medida por su capacidad para registrar patentes de inventos en los mercados más grandes del mundo. Entre 1977 y 2003, la oficina de patentes de los Estados Unidos registró alrededor de 1.631.000 patentes de ciudadanos o empresas estadounidenses, 537.900 de Japón, 210.000 de Alemania, 1.600 de Brasil, 1.500 de México, 830 de la Argentina, 570 de Venezuela, 180 de Chile, 160 de Colombia y 150 de Costa Rica.[6] En 2003, la oficina registró unas 37.800 patentes de empresas o inversores de Japón, 4.200 de Corea del Sur, 200 de Brasil, 130 de México, 76 de la Argentina, 30 de Venezuela, 16 de Chile, 14 de Colombia y 5 de Ecuador. O sea, mientras las empresas japonesas y surcoreanas generan fortunas en derechos de propiedad por tener una gran cantidad de patentes registradas en los Estados Unidos, las empresas latinoamericanas apenas registran un pequeño porcentaje del total. En las oficinas de patentes de los países latinoamericanos, la situación es parecida: en México, apenas el 4 por ciento de las patentes registradas provienen de personas o empresas mexicanas; el 96 por ciento restante son de compañías multinacionales como Procter & Gamble, 3M, Kimberly-Clark, Pfizer, Hoechst y Motorola.[7]

Los países que más patentes registran, claro, son los que más invierten en ciencia y tecnología. En esa categoría están los Estados Unidos, que invierten el 36 por ciento del total mundial destinado a investigación y desarrollo, la Unión Europea, el 23 por ciento, y Japón, el 13. Comparativamente, los países latinoamericanos y caribeños invirtieron apenas un 2,9 por ciento del total mundial destinado a investigación y desarrollo en 2000, según la publicación *Un mundo de Ciencia* de la Unesco.

Y en materia de crear fuerzas de trabajo calificadas para fabricar productos de alto valor agregado, la situación de los países latinoamericanos no es mucho mejor. En China, por ejemplo, se gradúan 350 mil ingenieros por año, y en India unos 80 mil. Comparativamente, en México se gradúan 13 mil, y en la Argentina 3 mil, según datos oficiales. Claro que China e India tienen poblaciones muchísimo más grandes, y por lo tanto producen más ingenieros. Pero su cantidad de graduados en ingeniería es un factor importante en la economía global: a la hora de escoger en qué países invertir, las empresas de informática y otros productos sofisticados van a buscar aquellos que tengan la mayor mano de obra calificada disponible, al mejor precio.

Según Mark Wall, presidente de General Electric Plastics en China y ex jefe de las operaciones de la empresa en Brasil, "China actualmente es el lugar más dinámico del mundo para la industria manufacturera", no sólo por la mano de obra barata, sino por la mano de obra calificada.[8] En China hay un verdadero ejército de ingenieros recién graduados, ávidos de conseguir empleo en las fábricas y dispuestos a trabajar cuantas horas sean necesarias para mejorar la calidad de sus productos. El clima es parecido al que existía en Silicon Valley, California, en la década de los noventa: un entusiasmo enorme, que se traduce en cada vez más y mejores profesionales, y cada vez más inversiones en plantas de manufacturas, investigación y desarrollo de nuevos productos. General Electric abrió recientemente un centro de investigación en Shanghai, con unos 1.200 ingenieros y técnicos. Motorola ya tiene 19 centros de investigación en China, que producen nuevos productos para ese país, y para exportación. Los teléfonos celulares de Motorola en China ya han sido diseñados allí, para el mercado chino. Y no me extrañaría que, muy pronto, la tecnología de los teléfonos celulares chinos sea exportada a todo el mundo, además del aparato en sí: una de las cosas que más me impresionó en Beijing es que la gente usa sus teléfonos celulares en el subterráneo en movimiento, sin que se les corten las llamadas. En los Estados Unidos, por lo menos en mi caso —y ya he tenido varias marcas de celulares—, las llamadas se caen frecuentemente, incluso al aire libre. Según me enteré más tarde, Motorola desarrolla gran parte de estas nuevas tecnologías en Chengdu, la capital de la provincia de Sichuan, en el sudoeste de China, donde además de ofrecerse incentivos fiscales a las compañías extranjeras hay unas 40 universidades y más de 1 millón de ingenieros.

Los economistas ortodoxos y las instituciones financieras internacionales se acordaron tarde de la importancia de la educación en el desarrollo de las naciones: en la década de los noventa predicaron reformas económicas y políticas, pero sin incluir la educación entre las máximas prioridades. Y si algo quedó demostrado, es que los países latinoamericanos pueden cortar el gasto público, bajar la inflación, pagar la deuda externa, reducir la corrupción y mejorar la calidad de las instituciones políticas —como se los pide el FMI— y seguir siendo pobres, por no poder generar productos sofisticados. "Los mexicanos, los brasileños, los argentinos, los chilenos y los africanos siguen reestructurando sus economías una vez tras otra... y permanecen pobres... y su futuro es cada vez más oscuro... porque generan y exportan muy poco conocimiento", señala Enríquez Cabot.[9] Quizás hemos perdido demasiado tiempo en discutir qué modelo económico seguir, en lugar de cómo mejorar la educación de nuestra gente.

¿Las peores universidades del mundo?

Un ranking de las mejores doscientas universidades del mundo realizado por el suplemento educativo del periódico británico *The Times* les dio una pésima nota a las universidades latinoamericanas: según el estudio, hay una sola universidad de la región que merece estar en esa lista. Y está casi al final: en el puesto 195. ¿Son tan malas las universidades latinoamericanas?, me pregunté cuando leí el estudio. ¿Nos están contando cuentos de hadas quienes dicen que nuestros académicos y científicos triunfan en los Estados Unidos y Europa? ¿O es que el ranking de *The Times* de Londres está sesgado a favor de las universidades de los países ricos?

Según el listado de *The Times*, las mejores universidades del mundo están en los Estados Unidos, encabezadas por Harvard, la Universidad de California en Berkeley y el Instituto Tecnológico de Massachusetts. De las veinte mejores universidades del planeta, once son de los Estados Unidos, y les siguen las de Europa, Australia, Japón, China, India e Israel. La única universidad latinoamericana que aparece en la lista es la Universidad Nacional Autónoma de México (UNAM), un monstruo de 269.000 estudiantes que —salvo unas pocas excepciones, como sus escuelas de Medicina e Ingeniería— se encuentra entre las más obsoletas del mundo, especialmente si se tienen en cuenta los enormes recursos estatales que recibe.

Cuando hice un programa de televisión con varios rectores de universidades latinoamericanas para que opinaran sobre este ranking, la mayoría puso el grito en el cielo. ¡No es cierto!, decían varios. ¡Calumnias! Si nuestras universidades fueran tan malas, no tendríamos tantos profesores en Harvard, Stanford o La Sorbona, proclamaban. El sondeo del *Times* era sesgado, decían: probablemente quienes lo habían hecho se basaron en opiniones de académicos de los Estados Unidos y Europa, y en trabajos científicos publicados en las principales revistas académicas internacionales, que están escritas en ingles. Ahí, las universidades latinoamericanas estaban en clara desventaja, señalaban. Uno de los pocos que dio la nota discordante fue Jeffrey Puryear, uno de los máximos expertos internacionales en temas de educación en América latina, y funcionario del Diálogo Interamericano, un centro de estudios en Washington D.C. "No me extrañan para nada los resultados generales del sondeo", dijo Puryear, encogiéndose de hombros, ante la mirada atónita de algunos de los panelistas. "Gran parte de las universidades latinoamericanas son estatales, y los gobiernos no les exigen mucho en materia de control de calidad. Y cuando intentan exigirles calidad, las universidades se resisten escudándose en el principio de la autonomía universitaria", agregó.

Cuando llamé a *The Times* para preguntar cómo se había hecho el ranking, los responsables del índice me dijeron que se habían basado en cinco criterios, incluyendo una encuesta entre académicos de 88 países, un conteo del número de citas en publicaciones académicas, y la relación numérica entre profesores y estudiantes en cada centro de estudios. Sin embargo, el peso de las citas académicas en la evaluación total era relativamente pequeño: contaban un 20 por ciento del total. Y también había una adecuada representación geográfica, según *The Times*: de 1.300 académicos entrevistados, casi trescientos eran de América latina. Si la encuesta hubiese incluido más académicos de países en desarrollo, los resultados hubieran sido parecidos, agregaron: la Universidad de Shanghai había hecho un ranking de las mejores quinientas universidades del mundo, y su elección de las primeras doscientas había sido bastante parecida.

En efecto, la Universidad Jiao Tong de Shanghai, una de las más antiguas y prominentes de China, había publicado su índice en 2004 con el objeto de orientar al gobierno y las universidades chinas sobre dónde enviar a sus estudiantes más brillantes. Los chinos habían hecho su ranking basados en el número de premios Nobel de cada universidad, la cantidad de investigadores más citados en publicaciones académicas y la calidad de la educación en relación con el tamaño de cada universidad. Y el estudio había concluido que de las diez mejores universidades del mundo, ocho eran de los Estados Unidos —encabezadas por Harvard y Stanford— y dos de Gran Bretaña. En la lista de la Universidad de Jiao Tong había relativamente pocas fuera de los Estados Unidos y Europa: apenas 9 en China, 8 en Corea del Sur, 5 en Hong Kong, 5 en Taiwan, 4 en Sudáfrica, 4 en Brasil, 1 en México, 1 en Chile y 1 en la Argentina. Y las latinoamericanas estaban lejos de los primeros puestos: la UNAM, de México, y la Universidad de São Paulo, de Brasil, estaban empatadas con otras que ocupaban los puestos 153 a 201, mientras que la Universidad de Buenos Aires (UBA) estaba entre las cien empatadas entre los puestos 202 y 301, y la Universidad de Chile, la Universidad Estatal de Campinas y la Universidad Federal de Río de Janeiro, Brasil, aparecían junto con casi un centenar de otras universidades entre los puestos 302 y 403.[10]

Lo cierto es que tanto el ranking de *The Times* como el de la Universidad de Shanghai mostraban que los gobiernos de América latina viven en la negación. La UNAM, que recibe del Estado mexicano 1.500 millones de dólares por año,[11] y la UBA, que recibe del Estado argentino 165 millones de dólares anuales,[12] son ejemplos escandalosos de falta de rendición de cuentas al país. Ambas se niegan a ser evaluadas por los mecanismos de acreditación de sus respectivos Ministerios de Educación, bajo el pretexto de que son demasiado prestigiosas para someterse a un estudio comparativo con otras universidades de su propio país. "La UNAM es una institución cerrada a la evaluación externa", me dijo Reyes Tamés Guerra, el secretario de Educación de México, en una entrevista. "Prácticamente todas las universidades públicas del país se han sometido a la evaluación externa, menos la UNAM."[13] Y en una entrevista en la Argentina, el ministro de Educación Daniel Filmus me decía lo mismo sobre la UBA: "Cuando empezamos a acreditar a las universidades, la UBA decidió no acreditar. Apeló (en los tribunales). El argumento es que tiene un nivel tal que no hay quién la acredite, y que atenta contra la autonomía universitaria que un organismo externo a la universidad la acredite. Hicieron un juicio contra el Ministerio de Educación".[14]

Profesores sin sueldo, aulas sin computadoras

La UNAM de México y la UBA de la Argentina son dos vacas sagradas en sus países, que pocos se atreven a criticar, a pesar de que son monumentos a la ineficiencia, y una receta para el subdesarrollo. Cuando se publicó el sondeo de *The Times* de Londres, por ejemplo, la mayoría de los periódicos mexicanos publicó la noticia —tomada de los jubilosos boletines de prensa de la UNAM— como si la evaluación hubiera sido excelente. El titular en la primera plana del *Reforma*, el periódico más influyente de México, decía: "Está la UNAM entre las doscientas mejores".[15] "La Universidad Nacional Autónoma de México es una de las doscientas mejores del mundo y es la única institución de educación superior latinoamericana en un estudio realizado por el suplemento especializado en educación superior del diario londinense *The Times*", decía el artículo. Y el rector de la UNAM, Juan Ramón de la Fuente, salió a dar entrevistas radiales como si hubiera ganado una competencia deportiva. De manera similar, cuando se dio a conocer el ranking de la Universidad de Shanghai, otro periódico mexicano, *La Jornada*, tituló: "La UNAM, la mejor universidad de América latina: estudio mundial".[16] El subtítulo decía que "ninguna institución de nivel superior privada figura en el ranking internacional", omitiendo señalar que ninguna universidad privada estaba recibiendo un enorme subsidio estatal. De hecho, la pobre ubicación de la UNAM en ambos rankings —a pesar de recibir mucho más dinero del Estado que docenas de universidades de otros países que salieron mejor posicionadas— y la ausencia de otras universidades de América latina en el listado deberían haber generado un debate nacional y regional. En Francia, cuando se conoció que el estudio de la Universidad de Shanghai incluía sólo veintidós universidades francesas entre las mejores del mundo, y que la primera estaba en el lugar número 65, se armó una batahola, y motivó que la Unión Europea iniciara una investigación exhaustiva sobre cómo mejorar el nivel de sus universidades.

Según todos los estudios comparativos, los países latinoamericanos invierten menos en Educación que los de Europa y Asia. Noruega, Suecia, Dinamarca, Finlandia e Israel, por ejemplo, destinan alrededor del 7 por ciento de su producto bruto anual a la educación. Los países de la ex Europa del Este invierten alrededor del 5. Comparativamente, México destina el 4,4; Chile el 4,2; Argentina el 4; Perú el 3,3; Colombia el 2,5 y Guatemala, el 1,7.[17] "Y no sólo gastamos menos, sino que la gastamos mal", me dijo Juan José Llach, un ex ministro de Educación de la Argentina. Según Llach, casi la totalidad del gasto educativo de muchos países de la región se destina a pagar salarios, y ni siquiera del personal docente, sino del personal de mantenimiento y del administrativo. Según un estudio del Banco Mundial, el 90 por ciento del gasto público en las universidades de Brasil es para pagar sueldos de personal actual y jubilado, y en la Argentina la cifra es del 80 por ciento.[18] Como resultado, el sistema universitario latinoamericano padece de "baja calidad", con universidades sobrepobladas, edificios deteriorados, carencia de equipos, materiales de instrucción obsoletos e insuficiente capacitación y dedicación de los profesores. El estudio señala que mientras en Gran Bretaña el 40 por ciento de los profesores universitarios tienen doctorados, en Brasil la cifra es del 30, en la Argentina y Chile del 12, en Venezuela del 6, en México del 3 y en Colombia del 2.[19]

Increíblemente, casi el 40 por ciento de los profesores de la Universidad de Buenos Aires son *ad honorem*: trabajan gratis, porque la universidad más prestigiosa de la Argentina no puede pagarles un sueldo. Según el censo docente de la UBA, hay 11.003 profesores que trabajan gratis en sus trece facultades, la mayoría de ellos alumnos recién graduados que enseñan bajo la denominación de "profesores auxiliares".[20]

¿Hay que subsidiar a los ricos?

Claro, se estarán diciendo muchos, Noruega y Suecia pueden destinar el 7 por ciento de su producto bruto a la educación porque no tienen gente que se muere de hambre. Sin embargo, muchos otros países que han elevado enormemente su calidad de vida en las últimas décadas no lo hicieron desviando fondos estatales de la lucha contra la pobreza, sino haciendo que los estudiantes de clase media y alta paguen por sus estudios, ya sea durante o después de los mismos. América latina, en efecto, es una de las últimas regiones del mundo donde todavía hay países en los que se subsidia el estudio de quienes pueden pagar. Se trata de un sistema absurdo por el cual toda la sociedad —incluidos los pobres— subsidia a un número nada despreciable de estudiantes pudientes. Según el Banco Mundial, más del 30 por ciento de los estudiantes en las universidades estatales de México, Brasil, Colombia, Chile, Venezuela y la Argentina pertenecen al 20 por ciento más rico de la sociedad.[21] "La educación universitaria en América latina sigue siendo altamente elitista, y la mayor parte de los estudiantes provienen de los segmentos más adinerados de la sociedad", dice el informe. En Brasil, un 70 por ciento de los estudiantes universitarios pertenecen al 20 por ciento más rico de la sociedad, mientras que sólo el 3 por ciento del cuerpo estudiantil está compuesto por jóvenes que vienen de los sectores más pobres. En México, el 60 por ciento de la población estudiantil universitaria proviene del 20 por ciento más rico de la sociedad, y en la Argentina, el 32. Otro estudio, de la Unesco, calcula que el 80 por ciento de los estudiantes universitarios brasileños, el 70 de los mexicanos y el 60 de los argentinos vienen de los sectores más ricos de la sociedad.[22] ¿Cómo se explica eso? Los autores del estudio dicen que la razón es muy sencilla: los estudiantes de origen humilde que fueron a escuelas públicas llegan tan mal preparados a la universidad que la mayoría abandona sus estudios al poco tiempo de empezar. Eso lleva a una situación paradójica, en la que los ricos están sobrerrepresentados en las universidades gratuitas, por lo que el sistema "constituye una receta para aumentar la desigualdad", concluye el informe del Banco Mundial. En nombre de la igualdad social, se está excluyendo a los pobres, al no darles la posibilidad de recibir becas.

En años recientes, casi todos los países europeos dejaron atrás la educación universitaria gratuita, para cobrarles a quienes pueden pagar. Las universidades estatales de Gran Bretaña comenzaron a cobrar a sus estudiantes en 1997. En España, los estudiantes en todas las universidades públicas pagan unos 550 dólares por año, menos quienes vienen de hogares pobres, o familias con más de tres hijos. María Jesús San Segundo, la ministra de Educación del gobierno de José Luis Rodríguez Zapatero, me señaló en una entrevista que el número de universitarios que no pagan aranceles en su país es de "cerca de un 40 por ciento".[23] Y los pagos del restante 60 por ciento de los estudiantes de clases medias y altas contribuyen a cubrir un nada despreciable 15 por ciento del presupuesto universitario. La tendencia europea es hacia el pago de los estudios. Según me dijo la ministra, casi todos los países europeos financian alrededor del 20 por ciento de su presupuesto universitario con aranceles que cobran a los estudiantes. En Alemania, luego de una larga batalla legal, la Corte Suprema autorizó a todas las universidades a cobrarles a sus alumnos, algo que ya venían haciendo algunas de ellas en varios estados.

En algunos países latinoamericanos ya se comenzó a corregir el subsidio a los ricos: Chile, Colombia, Ecuador, Jamaica y Costa Rica tienen sistemas por los cuales los estudiantes que pueden pagar deben hacerlo. Pero cuando la UNAM intentó introducir un sistema parecido en México en 1999, durante el gobierno del presidente Ernesto Zedillo, tuvo lugar una huelga estudiantil que paralizó la universidad y obligó a las autoridades a dar marcha atrás. Cuando asumió Fox, ni el gobierno ni las autoridades universitarias se animaron a reflotar el tema.

En China comunista, los estudiantes pagan

Para mi enorme sorpresa, me encontré que hasta en la China comunista los estudiantes universitarios tienen que pagar sus estudios, y contribuir de esa manera a subsidiar el aprendizaje de los más pobres y a mejorar el nivel de las universidades. Eso ayuda a explicar el motivo por el cual, según el ranking de *The Times* de Londres, la Universidad de Beijing está en el puesto 17 a nivel mundial, la de Hong Kong en el 39 y la de Tsing Hua en el puesto 61, muy por encima del puesto 195 en el que aparece la UNAM. Y no es, como uno podría suponer, porque los chinos les están otorgando más dinero a sus universidades públicas. Todo lo contrario: el gobierno chino gasta apenas el 2,1 por ciento del producto bruto nacional en la educación, menos que casi todos los países latinoamericanos, según las cifras del PNUD. Las 1.552 universidades chinas se han modernizado en parte gracias a los pagos de aranceles de sus estudiantes, según me explicaron funcionarios chinos.

Cuando visité el Ministerio de Educación en Beijing y entrevisté a varios de sus funcionarios, lo que más me sorprendió fue que los pagos que hacen los estudiantes universitarios a sus centros de estudios no tienen nada de simbólico. Al contrario, desde que se terminó con la educación universal gratuita en 1996, las cuotas de los estudiantes que están en condiciones de pagar han aumentado progresivamente. Zhu Muju, una alta funcionaria del Ministerio, me dijo que "al principio se cobraba el equivalente a 25 dólares por año por alumno. Pero la cifra ha crecido a entre 500 y 600 dólares anuales. Es mucho dinero para los estudiantes, pero las matrículas constituyen una parte considerable de los ingresos de las universidades".[24]

De hecho, en 2003, las universidades chinas se financiaron en un 65 por ciento con fondos del Estado, y en un 35 por ciento con las cuotas que pagan sus alumnos, según cifras oficiales. ¿Pero eso no iba contra todos los principios de la izquierda en todo el mundo?, pregunté. La funcionaria me miró extrañada, y explicó: "China es un país con enormes necesidades educativas que el gobierno no puede satisfacer. No podemos ofrecer educación gratuita. Creo que el sistema actual es bueno: promueve el desarrollo de la educación y es un estímulo para que los estudiantes se tomen su estudio más en serio y estudien más fuerte". "Sólo los estudiantes más pobres, la mayoría de ellos en zonas rurales, no pagan por sus estudios, y en muchos casos reciben subsidios adicionales para poder estudiar sin necesidad de trabajar al mismo tiempo", agregó Zhu.

Qué ironía, pensé. Mientras los sectores mas retrógrados de América latina seguían defendiendo la educación universitaria gratuita, y las universidades latinoamericanas tenían cada vez menos dinero para comprar computadoras o pagarles a sus profesores, la mayor potencia comunista del mundo estaba cobrando aranceles a millones de estudiantes, y logrando colocar a sus universidades entre las mejores del planeta. ¿Por qué la vieja guardia de la izquierda latinoamericana seguía insistiendo en la educación gratuita para todos, incluso los ricos, cuando ni los chinos comunistas lo hacían? Unos lo hacían por dogmatismo, otros por ignorancia, y otros por considerar que, dados los niveles de corrupción en América latina, el sistema de cobrarles a los ricos para becar a los pobres nunca funcionaría. Según este argumento, la burocracia del sistema educativo se encargaría de robarse una buena parte del dinero, y el resultado final sería que los pobres se quedarían sin educación gratuita y sin becas. Teóricamente, el argumento tiene cierto mérito, pero se desmorona ante el hecho de que en China hay tanta o más corrupción que en América latina, y que, en el estado calamitoso en que se encuentran las universidades latinoamericanas ahora, están perdiendo ricos y pobres por igual. En lugar de tener escuelas ricas para estudiantes pobres, tenemos un sistema de escuelas pobres que subvencionan a estudiantes ricos.

¿Habría que instituir de inmediato la universidad paga en países como la Argentina y México? Probablemente sería un golpe demasiado fuerte para los sectores medios, que en muchos países han sido los más castigados por recientes crisis económicas. Pero existen alternativas intermedias, que ayudarían enormemente a aumentar el presupuesto de las universidades y a becar a los pobres. Lo mejor, según deduje después de entrevistar a docenas de educadores, sería adoptar sistemas mixtos, como el de Australia, donde los jóvenes pueden estudiar gratuitamente, pero deben pagar una vez que se gradúan y obtienen empleos bien remunerados. Las universidades australianas se nutren en un 40 por ciento del presupuesto estatal, otro 40 de los pagos que hacen los graduados una vez que alcanzan un cierto nivel de salarios, y el 20 por ciento restante de la venta de servicios al sector privado. Es un sistema mucho más generoso para los estudiantes que el chino o el estadounidense, pero que podría contribuir en mucho a mejorar la calidad y la igualdad social en las universidades latinoamericanas.

Entran casi todos, pero terminan pocos

Otro de los grandes absurdos de algunas de las grandes universidades estatales latinoamericanas, que hace mucho se abandonó en China, es el ingreso irrestricto, y la falta de controles para impedir que haya estudiantes eternos. Bajo la premisa de que todos tienen derecho a estudiar, muchas de las grandes universidades de México, Brasil y la Argentina están garantizando que casi nadie pueda estudiar bien. Con los pocos recursos que tienen, están manteniendo una enorme cantidad de estudiantes que nunca terminan de recibirse. En la Argentina sólo egresan dos de cada diez estudiantes que entran en las universidades estatales.[25] Eso significa que, en el sistema universitario argentino, de casi 1,5 millones de estudiantes, los contribuyentes están manteniendo a cientos de miles que nunca van a terminar sus estudios. En México hay unos 1,8 millones de estudiantes de licenciatura, pero se terminan titulando apenas poco más del 30 por ciento de los que ingresan anualmente.[26] En Chile y Colombia, que tienen cupos para entrar en las universidades, la eficiencia universitaria es algo superior: se reciben entre tres y cuatro de cada diez estudiantes que entran en las universidades estatales.[27]

En China existe un examen de ingreso obligatorio para todas las universidades, que dura dos días y es rendido anualmente por más de 6 millones de estudiantes. Y no es un examen fácil: un 40 por ciento de los aspirantes son reprobados, según el Ministerio de Educación. La competencia para entrar en las mejores universidades es durísima. Poco antes de mi visita a China, había explotado un escándalo de corrupción tras la revelación del programa televisivo "Focus TV", de la Cadena Central de Televisión China (CCTV), de que tres empleados de la Universidad de Aeronáutica y Astronáutica de Beijing habían extorsionado a varios estudiantes, exigiéndoles el equivalente de 12 mil dólares a cada uno para ingresar en la universidad. La CCTV había grabado las conversaciones telefónicas, y el caso había terminado en condenas judiciales. Según la agencia de noticias oficial Xinhua, no se trataba de un hecho aislado. Pocos meses antes, funcionarios del Conservatorio de Música Xian, en la provincia norteña de Shaanxi, habían exigido sobornos de 3.620 dólares por cada estudiante admitido. El escándalo salió a la luz cuando algunos estudiantes se negaron a pagar y avisaron a las autoridades. "Algunos críticos aseguran que estos incidentes representan la punta del iceberg", reconoció luego el periódico gubernamental *China Daily*.[28] Obviamente, todos estos incidentes ilustraban el extremo al que llegaba la competencia entre los jóvenes chinos para entrar en las universidades.

Aunque las universidades chinas admiten en su conjunto un promedio del 60 por ciento de los estudiantes que dan el examen de ingreso, los porcentajes de quienes logran entrar en las mejores universidades del país son del 10 o el 20 por ciento. En México, en cambio, la universidad más grande del país —la UNAM— admite a un 85 por ciento de sus alumnos sin examen de ingreso, según estimaciones de Julio Rubio, el subsecretario de Educación Superior de México.[29] La UNAM les concede un "pase automático" a todos los estudiantes de la escuela secundaria de su red escolar, lo que hace que muchos estudiantes vayan a estas escuelas para no tener que rendir un examen de ingreso. "Eso ha hecho caer la calidad de la UNAM," me dijo Rubio en una entrevista. Comparativamente, unas 428 universidades públicas y privadas de México ya están aplicando un examen de ingreso común.

En la Argentina pasa otro tanto. Cuando le pregunté a Filmus, el ministro de Educación, por qué no existe un examen de ingreso a la UBA, me señaló que en países con alta desigualdad social, como la Argentina, un examen de ese tipo sería socialmente injusto. Los jóvenes salen de la escuela secundaria mal preparados, y someterlos a un examen de ingreso equivaldría a premiar a quienes fueron a escuelas secundarias privadas. Por eso hay un curso de ingreso básico, en el que si el joven aprueba seis materias, entra en la universidad, explicó. Filmus agregó que, en la práctica, el curso de ingreso es un filtro: el 50 por ciento de los alumnos no aprueba las seis materias, y por lo tanto no ingresa en la universidad. "En la práctica, tenés seis exámenes de ingreso, o ninguno, según cómo lo quieras mirar", concluyó.[30] Puede ser, pero la mayoría de los expertos internacionales en políticas educativas coinciden en que sería muchísimo más provechoso que el Estado destinara esos recursos a las escuelas primarias y secundarias, y evitara el hacinamiento universitario, pues el 80 por ciento de los estudiantes no llegan a recibirse.

El auge de los estudiantes extranjeros

China, al igual que India, está creando una élite científico-técnica globalizada, capaz de competir con los grandes países industrializados. Y lo está haciendo no sólo al modernizar sus casas de altos estudios, sino al enviar a una enorme masa de estudiantes a las mejores casas de altos estudios de los Estados Unidos y Europa. No sólo China e India lo están haciendo: hay una avalancha de estudiantes de Corea del Sur, Japón, Singapur y otros países asiáticos en las universidades estadounidenses y europeas. Mientras tanto, el número de estudiantes latinoamericanos permanece estancado o tiende a la baja.

En los Estados Unidos, la mayor parte de los 572 mil estudiantes universitarios extranjeros son de países asiáticos. En total, hay 325 mil estudiantes de ese origen en las universidades norteamericanas, comparados con 68 mil latinoamericanos. El país con más universitarios en los Estados Unidos es India, con 80 mil estudiantes, seguido por China, con 62 mil, Corea del Sur, con 52 mil, y Japón, con 46 mil. O sea que China, por sí sola, tiene casi tantos estudiantes en Estados Unidos como todos los países de América latina juntos. México tiene apenas 13 mil estudiantes universitarios en los Estados Unidos, Brasil y Colombia unos 8 mil cada uno, la Argentina 3.600 y Perú 3.400. Y la tendencia es a una brecha cada vez mayor: mientras que India y China aumentaron en 13 y 11 por ciento, respectivamente, sus estudiantes en universidades estadounidenses en 2003, el número de latinoamericanos permaneció estancado, y el de sudamericanos cayó.[31]

Contrariamente a lo que yo creía, la avalancha de estudiantes extranjeros asiáticos no es resultado de becas gubernamentales de sus países de origen. Cuando les pregunté a los directivos del Instituto de Educación Internacional (IEI) en Nueva York a qué se debe el extraordinario aumento de estudiantes de India y China, me respondieron que es en gran medida por el auge de la inversión en educación de parte de las familias asiáticas. Allan E. Goodman, el presidente del IEI, una organización no gubernamental que promueve mayores intercambios estudiantiles internacionales, me dijo que "la globalización está creando una clase media muy grande en India y China, y de personas que valoran mucho la educación. La gente allí está dispuesta a hacer un gran esfuerzo financiero para invertir en la educación de sus hijos". Según Goodman, sólo el 2,5 por ciento de los estudiantes universitarios extranjeros en los Estados Unidos tienen becas de sus respectivos gobiernos o universidades, y los estudiantes asiáticos no son la excepción a la regla.[32]

Todo esto no es una buena noticia para América latina. Significa que los asiáticos están creando una clase política y empresarial más globalizada que los países latinoamericanos, lo que les dará mayores ventajas en el mundo de los negocios, las ciencias y la tecnología. Si el consenso entre los académicos de todo el mundo es que los Estados Unidos y Europa tienen las mejores universidades, como lo dicen los rankings de *The Times* de Londres y la Universidad de Shanghai, no hay que ser un futurólogo para sospechar que —en la era de la economía del conocimiento— quienes se gradúen allí saldrán mejor preparados y tendrán mejores conexiones personales y culturales con los países industrializados.

Sobran psicólogos, faltan ingenieros

Por increíble que parezca, en la UNAM se gradúan quince veces más psicólogos que ingenieros petroleros por año. Efectivamente, en un país donde el petróleo continúa siendo una importante industria, la UNAM produce unos 620 egresados con licenciatura en Psicología, 70 en Sociología y sólo 40 en Ingeniería Petrolera por año.[33] Y México dista de ser un caso aislado. En la UBA, de la Argentina, se reciben 2.400 abogados por año, 1.300 psicólogos, y apenas 240 ingenieros y 173 licenciados en Ciencias Agropecuarias. El Estado está produciendo cinco veces más psicólogos que ingenieros.[34] Si examinamos la población estudiantil en general, y no sólo los egresados, los datos son más asombrosos aún: en el momento de escribirse estas líneas, en la UNAM hay 6.485 estudiantes de Filosofía y Letras, y apenas 343 estudiando Ciencias de la Computación. En total, el 80 por ciento de los 269 mil estudiantes de la UNAM están siguiendo carreras de Ciencias Sociales, Humanidades, Artes y Medicina, mientras que sólo el 20 por ciento estudia Ingeniería, Física o Matemática.[35] En muchos casos, la falta de conexión entre los programas educativos y las necesidades del mercado laboral hace que las grandes universidades estén produciendo legiones de profesionales desempleados. Un estudio de la Asociación Nacional de Universidades Mexicanas e Instituciones de Educación Superior (ANUIES) advierte que si México no hace algo para corregir su sobreproducción de graduados universitarios sin potencial de trabajo, se encontrará muy pronto con 1,5 millones de profesionales desempleados. "Esto podría generar un problema social sin precedentes", dice el estudio.

En la Argentina, el 40 por ciento de los 152 mil estudiantes de la UBA está matriculado en Ciencias Sociales, Psicología y Filosofía, mientras que sólo el 3 por ciento estudia carreras relacionadas con la computación, Física y Matemática. En estos momentos, hay unos 27 mil estudiantes de Psicología en la UBA, contra apenas 6 mil que cursan Ingeniería.[36] "En la Argentina, hasta el año 2003, se graduaban sólo 3 ingenieros textiles por año", me comentó el ministro Filmus, con horror. En las universidades más grandes de Brasil, el 52 por ciento de los estudiantes está matriculado en Ciencias Sociales y Humanidades, mientras que sólo el 17 estudia Ingeniería, Física y Matemática, según el Ministerio de Educación. "En vez de invertir tanto en formar más abogados, los gobiernos latinoamericanos deberían invertir en la creación de escuelas intermedias e institutos técnicos", dice Eduardo Gamarra, profesor de Ciencia Política y director del Centro de Latinoamérica y el Caribe de la Universidad Internacional de La Florida. "Las economías latinoamericanas van hacia industrias con mayores requerimientos tecnológicos, para producir exportaciones de mayor valor agregado. Necesitan mas técnicos y menos licenciados en Ciencia Política".

La UNAM: modelo de ineficiencia

El rector de la UNAM, Juan Ramón de la Fuente, se fue por la tangente cuando le pregunté en una entrevista televisiva si no le parecía absurdo que su universidad estuviera creando tantos filósofos y tan pocos ingenieros. "Mire, Andrés, lo primero que me gustaría puntualizar es que la UNAM realiza el 50 por ciento de toda la investigación que se hace en México. La UNAM ha venido desde hace muchísimos años impulsando el desarrollo de la investigación científica, que en México se hace fundamentalmente en universidades públicas", dijo el rector.

¿Cómo no va a ser así, si el Estado mexicano —o sea, los contribuyentes— otorga 1.500 millones de dólares anuales a la universidad?, pensaba yo, mientras lo dejaba hablar. ¿Cómo no va a ser así, cuando la UNAM se lleva el 30 por ciento del presupuesto nacional para educación superior, que cubre las 99 universidades públicas del país? ¿Y cuánto de ese dinero queda para dar una educación adecuada a los estudiantes de la universidad? De la Fuente continuó hablando sin parar. "Creo que el problema radica fundamentalmente en que no ha habido en México una política de Estado con una visión de mediano y de largo plazo que nos hubiese permitido, como ocurrió en algunos de los países de la cuenca del Pacífico, tener un desarrollo que hubiera resultado mucho más fructífero", dijo.

"¿No le está usted pasando la pelota al Estado?", le pregunté, luego de varios intentos vanos por hacer una pregunta. "¿No es responsabilidad de la universidad complementar los ingresos que recibe del Estado con otras fuentes de financiamiento? Porque, fíjese, por ejemplo, el número de científicos e ingenieros por millón de habitantes en varios países: Finlandia tiene 5 mil científicos e ingenieros por millón de habitantes, la Argentina 713, Chile 370, y México solamente 225. O sea, menos que nadie."

"La inmensa mayoría formados en la UNAM", respondió el rector. Acto seguido, le pasó la pelota nuevamente al Estado. "Está faltando en México una política de Estado, para que puedan concurrir universidades, sector privado y el propio Estado, que no debe eludir su responsabilidad. Porque una sola institución, insisto, por más que tenga un compromiso como lo ha tenido la UNAM con la ciencia, es imposible que pueda ser el detonante de todo el desarrollo. Se necesita, Andrés, una visión de mediano y de largo plazo, porque la inversión en ciencia no es una inversión rentable de inmediato. Estamos metidos todo el tiempo en la coyuntura."

Hummm. Quizá De la Fuente no tenía el respaldo del gobierno para hacer reformas profundas, o quizá no tenía la valentía intelectual para hacerlas, o quizá ni siquiera era consciente de la necesidad de hacerlas, pero lo cierto es que el rector de la UNAM estaba —como la mayoría de sus colegas— desviando responsabilidades. Que la UNAM estaba recibiendo 1.500 millones de dólares anuales para enseñar a 260 mil estudiantes, mientras que Harvard estaba recibiendo 2.600 millones para enseñar a apenas 20 mil estudiantes. ¿Por qué Harvard tiene tantos recursos más? Porque mientras la UNAM pide más dinero del Estado, Harvard recauda generosas donaciones de sus ex alumnos, cobra a los estudiantes que pueden pagar y firma millonarios contratos de investigación con el sector privado y el Estado, que favorecen a todas las partes.

Lo cierto era que la UNAM es ineficiente por donde se la mire. Decenas de miles de sus estudiantes transcurren siete o más años en sus aulas, aumentando enormemente los costos de la enseñanza. El ex regente de Ciudad de México, López Obrador, por ejemplo, transcurrió nada menos que catorce años en la UNAM, según reportó el periódico *Reforma* basado en documentos de la universidad.[37] Y la negativa de la universidad a someter sus carreras a una evaluación externa, como la mayoría de las demás universidades mexicanas, es escandalosa. Según me explicaron funcionarios de la Secretaría de Educación, es un resultado de la huelga estudiantil de 1999. "Al final de la huelga, uno de los acuerdos fue que la UNAM rompió relaciones con el (instituto acreditador) CENEVAL, bajo el argumento de que es un organismo neoliberal vinculado a empresas privadas", explicó Rubio, el subsecretario de Educación. En 2005, el 66 por ciento de las universidades públicas y privadas de México, incluyendo el Tecnológico de Monterrey y la Universidad del Valle de México, ya habían aceptado ser evaluadas por la CENEVAL. Incluso dentro de la UNAM, la negativa a la evaluación externa causó tanto rechazo en ciertos sectores, que algunas de las carreras más prestigiosas de la universidad —como Ingeniería— se rebelaron contra la mediocridad de las autoridades centrales y pidieron someterse a la evaluación externa. Otras, como Medicina, lo hicieron a la fuerza, porque el gobierno dictó una norma oficial exigiendo que los estudiantes de esa carrera se formaran en escuelas acreditadas, para asegurar que no se estuvieran graduando médicos improvisados. Pero, en la tabla de universidades mexicanas con carreras acreditadas por el organismo independiente autorizado por la Secretaría de Educación, en 2005, la UNAM estaba al final de la lista: mientras que la Universidad Tecnológica de Tlaxcala tenía el 100 por ciento de sus carreras de licenciatura acreditadas, la UNAM apenas tenía un 22 por ciento de sus carreras en esa situación.[38] ¿Conclusión? "La UNAM figura muy alto en investigación, pero eso no se refleja en sus programas académicos", me dijo Rubio. "Desde el conflicto de 1999, la UNAM deterioró mucho su calidad y su imagen."[39]

Cuando los chinos hablen inglés

Parece un chiste, pero en este preciso instante hay más niños estudiando inglés en China que en los Estados Unidos. Efectivamente, China ha lanzado un programa masivo de enseñanza de inglés en todas las escuelas del país, que alcanza a unos 250 millones de niños. La cifra es varias veces superior al número de estudiantes en las escuelas primarias y secundarias de los Estados Unidos. Y mientras en China el programa escolar de estudio intensivo de inglés empieza en el tercer grado de la primaria, en casi todos los países de América latina, incluido México, la enseñanza obligatoria de inglés comienza en séptimo grado. El dato es impresionante. ¿Cómo se explica que China, un país gobernado por el Partido Comunista, en la otra punta del planeta, y con un alfabeto totalmente diferente del nuestro, esté enseñando inglés mucho más intensivamente que México, un país lindante con los Estados Unidos, que tiene un tratado de libre comercio con su vecino del norte y exporta un 90 por ciento de sus productos a ese país? ¿Y cómo explicar que los jóvenes chinos estén estudiando más inglés que los argentinos, peruanos o colombianos, que no sólo comparten el mismo alfabeto con los países de habla inglesa sino que tienen muchos más lazos culturales con los Estados Unidos y Gran Bretaña?

La enseñanza de inglés en China fue una decisión política del gobierno, que comenzó tímidamente con el inicio de la apertura económica de 1978, y se aceleró enormemente a partir de 1999, cuando se hizo obligatoria en todas las escuelas. Antes de viajar a China, había entrevistado telefónicamente a Chen Lin, el presidente del comité del Ministerio de Educación a cargo del programa de enseñanza de inglés, quien me aseguró con orgullo —en perfecto inglés— que "China ya es el país de habla inglesa más grande del mundo".[40] Según Chen, la enseñanza de inglés en su país se disparó a partir de la decisión de ingresar en la Organización Mundial del Comercio en 1999, y de competir para ser la sede de las Olimpíadas de 2008. "Empezamos un movimiento llamado 'Beijing speaks English', por el cual todos los ciudadanos de Beijing tienen que hablar por lo menos un idioma extranjero para cuando vengan los turistas en 2008", me dijo Chen. "Y la gente participa entusiastamente, porque saben que si uno habla inglés, le será más fácil encontrar un buen empleo." Entre otras cosas, se aumentaron las horas semanales obligatorias de estudio de un idioma extranjero, y se introdujo un examen de idiomas para todo estudiante que quisiera ingresar en la universidad. "En algunos estados del nordeste, se estudia ruso o japonés, pero el 96 por ciento de los estudiantes se anotan en las clases de inglés", me señaló Chen.

Tengo que confesar que en mis viajes a Beijing y Shanghai no me encontré con muchos chinos que hablaran inglés. De hecho, la mayoría de las vendedoras en las tiendas no entendían una jota cuando uno les hablaba en esa lengua. Ni siquiera entendían los números en inglés cuando se les preguntaba por el precio de algún producto. Y los taxistas, menos. Como casi todos los turistas, tuve que pedir a los conserjes del hotel, o a algún conocido, que me anotaran en un papel la dirección adonde me proponía ir, para que el taxista la leyera y me llevara sin problemas. Y, de hecho, el sistema funcionó a las mil maravillas. ¿Era un cuento el programa oficial de enseñanza de inglés, o había millones de personas que habían aprendido el idioma con quienes yo no me había topado? Según me dijeron los funcionarios cuando les comenté que no me había encontrado en las calles con muchos chinos angloparlantes, esto debería cambiar en los próximos cinco o diez años, a medida que las nuevas generaciones que acaban de empezar a estudiar inglés se incorporen al mercado de trabajo.

Zhu Muju, la directora de Desarrollo de Libros Escolares del Ministerio de Educación, me dijo que aunque la directiva de enseñanza obligatoria de inglés se anunció en 1999, recién ahora se está comenzando a implementar en casi todas las escuelas del país. En un principio, no había suficientes maestros entrenados para enseñar inglés, sobre todo en escuelas rurales, ni para acompañar las clases a distancia, por televisión. Recién en 2005 se pudo cubrir el 90 por ciento de las escuelas del país, dijo Zhu. ¿Y cuántas clases de inglés por semana van a tener los escolares?, le pregunté. "Las escuelas deben dar cuatro cursos por semana a partir del tercer grado de la primaria, de los cuales dos son clases de una hora cada uno, y los otros dos son de 25 minutos", dijo.[41] "Además, el plan exige que las escuelas tengan actividades en inglés, incluyendo debates, juegos, aprendizaje de canciones y clases de actuación." A la salida de la entrevista, uno de los asistentes de Zhu me señaló: "En tres o cuatro años, ya habrá muchos menos casos de turistas extranjeros que no puedan encontrar a alguien en la calle que les pueda dar indicaciones en inglés. Bastará con que busquen a cualquier niño, y podrán comunicarse por lo menos a un nivel básico".

Sólo en Beijing, mil escuelas de inglés

Pero quizás el dato más impresionante sobre la enseñanza de inglés en China es la cantidad de niños que están estudiando ese idioma después de cursar horas en academias privadas. Tan sólo en Beijing, hay unas mil escuelas e institutos privados dedicados a la enseñanza de inglés. Unos treinta de estos institutos privados son ya instituciones inmensas, que hacen publicidad en los medios y en carteles en las calles, describiendo sus cursos como un pasaporte a la modernidad.

Por curiosidad, pedí una entrevista con el director del instituto privado de enseñanza de inglés más grande de China, el New Oriental School. La sede del instituto es un edificio de tres pisos, que ocupa toda una cuadra en el corazón de Beijing. Me recibió Zhou Chenggang, el vicepresidente de la escuela, un hombre de 42 años que había hecho su maestría en Comunicaciones en Australia, y luego había trabajado durante muchos años como corresponsal de la BBC de Londres en Asia. Según me contó, a mediados de la década de los noventa le había llevado la idea de crear un instituto privado de enseñanza de inglés y matemáticas a un inversionista amigo, su ex compañero de la escuela secundaria Yu Minhong. Este último inmediatamente vio una oportunidad de negocio y aportó el dinero para fundar la primera escuela. Diez años después, el instituto tenía escuelas en once ciudades y estaba abriendo sedes en otras cuatro. ¿Y cuántos estudiantes de inglés tienen ahora?, le pregunté a Zhou. Cuando me respondió, casi me caigo de espaldas: "En 2004, teníamos unos 600 mil. Alrededor de la mitad son estudiantes que necesitan reforzar su inglés para pasar exámenes en las escuelas, y la otra mitad son adultos que quieren estudiar para mejorar su currículum", respondió. "Para 2007, calculamos tener un millón de estudiantes de inglés."[42]

Según me explicó Zhou, el estudio de inglés es considerado en China como una inversión para el futuro. "Cuando yo me recibí, en la década de los ochenta, un graduado universitario podía conseguir un buen empleo sin mayores problemas. Eso ya no es así. Hoy día, uno necesita más conocimientos. Un diploma no basta: hace falta un segundo diploma, o un tercer diploma, o estudios en el extranjero", me señaló. El fenómeno se había iniciado hacía quince años, cuando China se abrió al mundo. "Debido a las reformas económicas, las empresas estatales comenzaron a cerrar. Y en su lugar vinieron las compañías extranjeras, que son mucho más exigentes. Por eso, los padres chinos gastan más que los de la mayoría de los otros países en la educación de sus hijos. La mayor parte de las familias chinas ahorran durante toda su vida para darles la mejor educación a sus hijos." La New Oriental School, cobrando unos 100 dólares por alumno para sus cursos más cortos, estaba haciendo una fortuna: reportaba ingresos anuales de 70 millones de dólares. Y, según Zhou, espera aumentar sus ingresos próximamente con una serie de nuevos cursos. Entre los más promisorios estaba uno de enseñanza de técnicas para desempeñarse correctamente en entrevistas de búsqueda de empleo.

Los pasos de Chile, México, Brasil y la Argentina

A comienzos de 2004, Chile anunció que, en aras de aumentar su inserción en la economía global, había tomado la decisión de adoptar el inglés como segundo idioma oficial, y de convertirse en el primer país latinoamericano en hacerlo. El país se aprestaba a ser la sede de una reunión de ministros de Educación del Foro de Países de la Cuenca del Pacífico (APEC) en abril de 2004. Como organizadores de la reunión, los chilenos decidieron que la enseñanza de inglés fuera el primer punto en la agenda. Chile ya sospechaba que América latina había quedado rezagada en la materia y que los asiáticos llevaban mucha ventaja. Y un estudio comparativo de la APEC sobre la enseñanza de inglés en los países miembros había confirmado con creces las sospechas chilenas. Los resultados, dados a conocer en la reunión, eran escalofriantes: Singapur, Tailandia y Malasia estaban enseñando inglés en todas las escuelas a partir de primer grado, mientras que China y Corea del Sur lo hacían en tercer grado, y la mayoría de los países latinoamericanos en séptimo grado. Pero eso no era todo: el estudio mostraba que mientras en Singapur se empezaba con 8 horas por semana de inglés y en China con cuatro horas, en Chile y en México se comenzaba con dos horas semanales, varios años después. Las diferencias eran abismales. La enseñanza de inglés por sí sola no explicaba el avance económico de los países asiáticos, pero era un elemento más de la fórmula que les había permitido insertarse en la economía global, crecer aceleradamente y reducir la pobreza.

Cuando Chile anunció que adoptaría el inglés como segundo idioma en 2004, la noticia pasó casi inadvertida en el resto de la región. En Chile, como en la mayoría de sus países vecinos, sólo el 2 por ciento de la población podía leer en inglés y tener un nivel de conversación básico en ese idioma, según indicaban estudios oficiales. Pero el gobierno del Partido Socialista chileno había convertido la enseñanza de inglés en su caballito de batalla político. Según decía el ministro de Educación, Sergio Bitar: "El inglés abre las puertas para emprender un negocio exportador, y abre las puertas para la alfabetización digital. El inglés, en definitiva, abre las puertas del mundo".[43] A partir de 2004, además de hacer obligatoria la enseñanza de inglés desde quinto grado de primaria, Chile entregó gratuitamente libros de texto de inglés a todos los estudiantes de quinto y sexto grado, y se fijó como meta que para 2010 todos los estudiantes de octavo grado tuvieran que aprobar el Key English Test (KET) —un examen internacional de comprensión y lectura de inglés como segunda lengua— para pasar de grado. Al mismo tiempo, empezó a ofrecer descuentos impositivos a las empresas que pagaran cursos de inglés a sus empleados, para ayudar a que el país fuera más hospitalario hacia el turismo internacional y pudiera competir con los asiáticos en atraer "call-centers" a su territorio. Y CORFO, la Corporación de Fomento de Chile, invirtió 700 mil dólares en 2004 para tomar un examen de inglés a unas 17 mil personas y crear un banco de datos de individuos bilingües o medianamente bilingües. Unos 12 mil aprobaron el examen y fueron incorporados en el registro. "Tenemos sus nombres y teléfonos en un banco de datos, que está a disposición de cualquier empresa que quiera establecerse en Chile", me explicó Bitar.

En México, aunque la vecindad con los Estados Unidos teóricamente podría facilitar los intercambios de profesores de idiomas, el gobierno de Fox llegó a la conclusión de que no podía hacer lo mismo que Chile, por carecer de suficientes maestros de inglés para enseñar a todos los niños de quinto grado. Y aunque México tiene la misma tasa de alfabetización que Chile —un 96 por ciento de los niños de ambos países completaban la escuela primaria—, el gobierno consideraba que había mayores carencias en rubros como la malnutrición y la mortandad infantil, que requerían más recursos que la enseñanza de inglés. De manera que optó por la enseñanza de inglés a distancia, por el programa de pizarras electrónicas Enciclomedia, en todas las aulas de quinto y sexto grado. "La idea es que no quede ninguna escuela del país, así sea rural o indígena, sin equipamiento para 2006", decía el secretario de Educación, Reyes Tames.[44] En el principal socio comercial de los Estados Unidos en América latina, y el principal competidor de China en el mercado norteamericano, la enseñanza personalizada de inglés seguía siendo una meta difusa, y a largo plazo.

En la Argentina, la enseñanza obligatoria de inglés en casi todas las provincias del país comienza en séptimo grado, según me dijo Filmus, el ministro de Educación. Pero tras la debacle económica de 2001, la idea de invertir tiempo y dinero en la enseñanza de un segundo idioma había sido eclipsada por otras prioridades: unos 511 mil jóvenes de la población total de 8,2 millones de estudiantes a nivel nacional estaban abandonando la escuela, la mayoría de ellos en los últimos tres años del nivel secundario. Los gobiernos que se habían sucedido después de la crisis concluyeron que los alumnos abandonaban la escuela por condiciones de pobreza extrema, y que la prioridad educativa debía ser detener la deserción escolar.

Para los países sudamericanos, el inglés no era la única opción recomendable. Los expertos en educación internacional señalaban que muchos Estados de la región también se beneficiarían con la enseñanza del portugués, el idioma del país que ya representaba más del 50 por ciento del producto bruto sudamericano. A fines de la década de los noventa, en pleno auge del Mercosur, se habían iniciado ambiciosos programas de estudio de portugués en la Argentina y de español en Brasil. En la Argentina, la entonces ministra de Educación Susana B. Decibe proclamaba que, para el año 2000, una buena parte de las escuelas estarían enseñando portugués. "Durante mucho tiempo, nuestros países se habían dado la espalda. Pero ahora estamos viendo un proceso muy interesante de integración cultural", me había dicho Decibe en una entrevista en agosto de 1998. Sin embargo, la devaluación brasileña de 1999 asestaría un durísimo golpe al Mercosur y a la integración sudamericana. Años después, otro ministro de Educación argentino, Andrés Delich, me comentaría que lo único que había quedado del plan nacional de enseñanza de portugués eran programas escolares en la provincia norteña de Misiones, lindante con Brasil, que tenía un 5 por ciento de la matrícula escolar argentina. Era una idea excelente, pero la realidad económica había abortado el plan.

En Brasil, el Congreso había empezado a debatir en 1998 un plan para enseñar español en todas las escuelas, que se plasmó en un proyecto de ley en 2000. Varios estados del sur, como Rio Grande do Sul, Paraná y São Paulo, ya habían empezado con cursos de español, y el plan del Congreso era que esos programas se extendieran a todo el país en los próximos diez años, siempre y cuando los 27 estados se las arreglaran para encontrar los 75 mil maestros de español que se necesitaban. El Congreso aprobó la ley en 2005 y ordenó al Ministerio de Educación implementar la oferta de cursos de español optativos en todas las escuelas primarias del país, entre quinto y octavo año, en un plazo de cinco años.

¿No es un lujo extravagante enseñar un segundo idioma para países que todavía no han terminado de erradicar el analfabetismo?, les pregunté a varios ministros de Educación en los últimos años. ¿Está bien que Chile se zambulla de lleno en la enseñanza de inglés cuando todavía tiene 4 por ciento de ciudadanos que no han terminado la primaria? ¿Y debería México gastar millones de dólares en la enseñanza de inglés cuando casi un 3 por ciento de sus niños en edad escolar son analfabetos? ¿Y debería hacerlo la Argentina, con medio millón de estudiantes por año abandonando la escuela?[45]

Varios ministros me señalaron que en países con altas tasas de analfabetismo, como Honduras o Nicaragua, no tendría sentido destinar un gran porcentaje del gasto educativo a la enseñanza de idiomas. Pero en la mayoría de los países latinoamericanos, las tasas de analfabetismo no son altas, y están mayormente concentradas en adultos mayores de 50 años. Para estos países, la enseñanza de inglés u otros idiomas en las escuelas sería una buena inversión. Y en cuanto a si no habría que dedicarle más dinero a la enseñanza del idioma nacional, para evitar problemas como el de egresados de la escuela secundaria que escriben con errores ortográficos, el ministro de Educación chileno, Bitar, me dijo que "no creo que los chilenos estemos imposibilitados de caminar y mascar chicle al mismo tiempo. Se puede estudiar español, ciencias e inglés al mismo tiempo".

Es probable que así sea, concluí tras escuchar a varios expertos. Cualquier persona que haya viajado a Suecia, Holanda o Dinamarca puede constatar que la gente es capaz de hablar perfectamente dos, tres y hasta cuatro idiomas, si los empieza a estudiar de niños. Y en varios países en vías de desarrollo ocurre lo mismo: en la isla caribeña de Curaçao, o en las poblaciones negras de habla inglesa de Nicaragua y Honduras, me encontré con gente que vive en las condiciones más precarias y es perfectamente bilingüe, sin mayores problemas. Y si los chinos van a aprender inglés, no hay razón por la cual millones de latinoamericanos que crecieron viendo películas de Hollywood, cantando canciones de rock y explorando sitios de habla inglesa en Internet no puedan hacerlo.

Por qué los asiáticos estudian más

Quizá de todas las personas que conocí en China, la que más me impresionó fue Xue Shang Jie, un niño de 10 años que encontré en una visita a otro instituto privado de inglés, la escuela Boya. Tras entrevistar al director de la escuela, había pedido observar una clase, y me habían permitido entrar en un aula. Eran como las seis de la tarde, y una docena de niños estaba tomando clases después de su horario escolar. En la primera fila, había unos diez chicos sentados en sus pupitres. Atrás, en el fondo del aula, estaban sentados varios hombres y mujeres que obviamente eran los abuelos, y estaban leyendo o haciendo crucigramas para matar el tiempo.

Cuando el director de la escuela abrió la puerta y me presentó como un visitante de los Estados Unidos, hubo sorpresa generalizada, risas y gestos de bienvenida por parte de la profesora. Me senté, presencié la clase, y al poco rato me llamó la atención un niño en particular. Estaba en la primera fila, tenía unos anteojos enormes, se expresaba en inglés admirablemente bien y desbordaba buen humor. No me extrañó que, al finalizar la lección, me dijeran que Xue era el mejor alumno de su clase en la escuela, y que estaba tomando clases privadas de inglés y matemática después de horas para mejorar aun más sus calificaciones y poder competir en olimpíadas estudiantiles internacionales.

¿Qué quieres ser cuando seas grande?, le pregunté a Xue más tarde, conversando en el pasillo. "Un cantante, quizá", me dijo el niño, encogiéndose de hombros y riéndose, mientras sus compañeros festejaban su respuesta y bromeaban sobre su futuro en el *show business*. Tras sumarme a la celebración, le pregunté a qué se dedicaban sus padres. Por el dominio que tenía del inglés, supuse que era hijo de diplomáticos que habían vivido en el extranjero, o que provenía de una familia acomodada que le había contratado clases particulares desde hacía varios años. Pero me equivocaba. Xue me contó que su padre era un militar del Ejército Popular de Liberación, las fuerzas armadas de China, y su madre era una empleada. Por la descripción que hizo de su familia, y por lo que me corroboraron más tarde el director de la escuela y el asistente chino que me acompañaba, la familia de Xue era de clase media, o media baja.

¿Cómo es un día típico de tu vida?, le pregunté a continuación. Él me contó que se despertaba a las siete de la mañana, entraba a la escuela a las ocho, y tenía clases hasta las tres o cuatro de la tarde, según el día de la semana. Después, hacía sus deberes en la escuela hasta las seis, cuando venía a buscarlo su padre. ¿Entonces, puedes ver televisión por el resto del día?, le pregunté, asumiendo que ése era el caso. "Sólo puedo ver televisión 30 minutos por día", respondió, sin abandonar su sonrisa. "Cuando llego a casa, toco el piano, y hago más deberes, hasta eso de las siete y media de la noche. Entonces, veo televisión media hora, y me acuesto a eso de las nueve." Pero eso no era todo: una tarde por semana, después de la escuela, y los domingos por la tarde tomaba clases particulares de inglés en la escuela Boya. Y los sábados por la tarde, durante dos horas, tomaba clases de matemática y chino en el mismo instituto privado. ¿Y te gusta estudiar tanto?, le pregunté, intrigado. "Sí", me contestó, sonriendo de oreja a oreja. "Es muy interesante. Y si estudio mucho, mi padre me regala un juguete."[46]

El caso de Corea del Sur

La obsesión por el estudio no es un fenómeno que se da sólo en China, sino en toda Asia. Al igual que en China, los niños en Corea del Sur, Singapur y varios otros países de la región estudian casi el doble de horas diarias que los de los Estados Unidos o de América latina. En Corea del Sur, el promedio de horas de estudio diarias de los alumnos de primaria es de diez horas, el doble que en México, Brasil o la Argentina. Jae-Ho Lee, un niño coreano de 14 años, tiene una disciplina diaria casi militar: sale de su casa a las siete de la mañana, llega a la escuela media hora antes del inicio de las clases para repasar las lecciones del día anterior, y regresa a su casa a las cuatro de la tarde. Y después, toma cursos particulares de inglés y matemática, no porque se esté quedando atrás en estas asignaturas sino, por el contrario, para mantener su alto puntaje. "Quiero seguir estando en los primeros puestos de mi clase, porque de eso depende mi futuro", le dijo el niño a la revista brasileña *Veja*, que le dedicó una portada al fenómeno de la educación en Corea del Sur.[47]

Según el Ministerio de Educación de Corea del Sur, el 80 por ciento de los niños estudian por lo menos diez horas diarias, y el 83 por ciento toma clases complementarias de matemática o ciencias. La revolución educativa ha permitido aumentar el porcentaje de estudiantes universitarios del 7 por ciento de la población general en 1960 al 82 de la actualidad. Comparativamente, la mayoría de los países latinoamericanos tienen un 20 por ciento de sus jóvenes estudiando en la universidad, y en muchos casos menos. Y mientras un 30 por ciento de los graduados universitarios coreanos se diploman en Ingeniería, el promedio de egresados en esa disciplina en América latina es del 15 por ciento.[48]

En Corea del Sur, hace años que la enorme mayoría de las escuelas tienen pizarrones electrónicos —como los que acaba de adoptar México— en los que los profesores muestran películas para ilustrar sus lecciones. Además, tienen salas de computación conectadas a Internet con banda ancha, y los maestros ganan un salario medio equivalente a 6 mil dólares mensuales, seis veces más que sus equivalentes latinoamericanos. "Es una carrera que confiere mucho estatus", señaló el artículo de *Veja*. En efecto, una encuesta de la Universidad Nacional de Seúl reveló que, para las mujeres coreanas, los profesores son vistos como "el mejor partido para casarse": tienen un buen salario, empleo estable, vacaciones largas y les gusta tratar con niños. Y tienen condiciones de trabajo excelentes, que incluyen dedicación exclusiva y cuatro horas diarias —pagas, por supuesto— para preparar sus clases y recibir a los estudiantes. La educación en Corea se toma tan en serio, que hasta los profesores de jardín de infantes necesitan un diploma universitario.*

En términos generales, los economistas coinciden en que la apuesta coreana a la educación ha pagado con creces: gracias a la avalancha de inversiones internacionales para aprovechar la mano de obra calificada, Corea pasó de tener un ingreso per cápita equivalente a la mitad del de Brasil en 1960, a uno de tres veces más que aquél actualmente.[49]

---

* Claro que la enorme presión sobre los jóvenes coreanos tiene también su lado negativo: Corea figura entre los países con mayor tasa de suicidios entre adolescentes, y un 20 por ciento de sus estudiantes de la escuela secundaria ha acudido alguna vez al psicólogo en busca de consejos para reducir el estrés.

¿Por qué estudian más los jóvenes asiáticos? La respuesta más común que escuché en China cuando hice esta pregunta es que no se trata de un fenómeno reciente, sino la continuación de una tradición histórica que viene de las enseñanzas del filósofo Confucio, quien ya difundía valores como la dedicación al trabajo y al estudio en el siglo V antes de Cristo. Confucio decía: "Si tu objetivo es progresar un año, siembra trigo. Si tu objetivo es progresar diez años, siembra árboles. Si tu objetivo es progresar cien años, educa a tus hijos". La fiebre del estudio había quedado relegada durante la Revolución Cultural china, pero volvió con toda la fuerza a partir de las reformas económicas de los años ochenta, cuando —como me lo había hecho notar Zhou, el vicedirector de la New Oriental School en Beijing— las nuevas empresas privatizadas comenzaron a exigir un nivel académico superior a quienes buscaban empleo.

Sin embargo, en China existe otro motivo clave que explica la fiebre por el estudio, que no sería deseable imitar en el resto del mundo: la política del hijo único. Desde la década del setenta, las parejas sólo pueden tener un niño, y quienes tienen más de uno deben pagar impuestos altísimos por su segundo hijo. Eso hace que cada niño o niña —más los varoncitos que las mujercitas, por cierto, ya que los bebés de sexo masculino son recibidos con mucha mayor alegría que los de sexo femenino— sea el centro de atención y las expectativas de progreso de sus dos padres, sus cuatro abuelos y sus ocho bisabuelos, cuando los hay. En China, como en pocos otros países, toda la atención de la familia extendida está centrada en un hijo. "Somos un país de pequeños emperadores y pequeñas emperatrices", me dijo una guía de turismo en Beijing. Y eso se traduce en una presión social de padres y abuelos sobre los jóvenes para que estudien. "Toda la familia ahorra para que el niño pueda estudiar en las mejores universidades y pueda conseguir un buen empleo", me explicó Zhou. "Aquí tenemos un refrán que dice: hijo único, esperanza única, futuro único." Eso explica por qué tantas familias envían a sus niños a cursos particulares de inglés después de hora, o ahorran toda la vida para mandar a sus hijos a universidades en los Estados Unidos.

Y el otro factor propio de la cultura asiática es que los jóvenes deben estudiar más desde muy niños, por el simple hecho de que mientras la mayoría de los idiomas occidentales tienen alfabetos de 26 o 27 letras, varios idiomas orientales tienen unos 22 mil caracteres, aunque hacen falta unos 2.500 para tener un conocimiento básico del lenguaje, y unos 5 mil para leer un periódico. Los chicos asiáticos comienzan a aprender los caracteres de su idioma mucho antes de entrar en primer grado. El jardín de infantes ya es un curso intensivo de escritura. "Cuando los niños entran en primer grado, ya deben estar familiarizados con unos 2 mil caracteres", me dijo Chen Quan, un profesor en Beijing. El aprendizaje es tan difícil, que los padres y abuelos se pasan horas los fines de semana enseñando a dibujar los caracteres a sus hijos y nietos. De manera que cuando entran en la escuela primaria, los estudiantes ya tienen una disciplina de estudio muchísimo mayor que la de los niños norteamericanos o latinoamericanos. De allí en más, los asiáticos dan por sentado que deben estudiar unas diez horas por día. No hay televisión, ni fútbol, ni fiesta que valga.

La cultura de la evaluación

Existe un consenso cada vez mayor entre los expertos internacionales en educación en que la mejor receta para mejorar el nivel educativo de los jóvenes no es simplemente invertir más dinero en las escuelas, ni aumentar las horas de estudio, ni reducir el número de estudiantes por aula, sino crear una cultura de la evaluación que obligue a los estudiantes a superarse cada vez más. Si fuera una cuestión de dinero, China y Corea del Sur, cuyos gobiernos le destinan mucho menos dinero a la educación que otros países, deberían estar entre los más atrasados del mundo en la materia. Y tampoco es una cuestión de horas de clase ni de tamaño de los grupos, ya que varios países como Noruega y Austria, con una gran diferencia en estos parámetros, alcanzan los mismos resultados en exámenes estandarizados. Sin embargo, hay una constante: la mayoría de los países cuyos alumnos resultan bien posicionados en los estudios comparativos son los que realizan rankings de sus estudiantes, sus profesores y sus escuelas. O sea, los que fomentan una cultura de la competencia, en la que el sistema educativo debe rendir cuentas constantemente ante el gobierno y ante los padres.

Zhu Muju, la alta funcionaria del Ministerio de Educación que entrevisté en Beijing, me dijo que los maestros en China hacen rankings de las notas que sacan los alumnos de sus clases, y las ponen en la pizarra para que todos las vean. "Los estudiantes chinos son muy buenos en los exámenes, porque están acostumbrados desde muy chicos a que los evalúen desde el primero hasta el último de la clase. Eso hace que sean muy competitivos y se esfuercen por ver cómo mejorar sus notas para subir en la lista", dijo Zhu. La funcionaria agregó que "nosotros en el gobierno no alentamos esta práctica de hacer rankings", pero era claro que tampoco la estaban desalentando. Lo mismo con los rankings de las universidades, agregó: estimulan a que las universidades se superen, y permiten al Estado evaluar los resultados de su inversión en educación.

Para Jeffrey Puryear, el experto en educación internacional del Diálogo Interamericano en Washington D.C., los países con rezagos educativos deberían adoptar tres objetivos básicos, además de una mayor participación de los padres en la educación de sus hijos: la aplicación de estándares más exigentes desde la escuela primaria, la evaluación de los estudiantes, y el sistema de rendición de cuentas de profesores y directores de escuela. Sobre este último punto, señaló que "los productores de la educación tienen que rendir cuentas ante alguien, tal vez los padres de familia, o la sociedad en general. No se puede permitir que hagan cualquier cosa, y que no existan consecuencias para su desempeño".[50] Según Puryear, "en los sistemas educativos latinoamericanos prácticamente no hay consecuencias. Pueden existir profesores bueno o malos, pero eso no importa, ya que no hay ninguna diferencia en cómo son tratados: un maestro no pierde su trabajo por un mal desempeño, ni gana más por su buen desempeño". En varios países de Asia, al igual que en Nueva Zelanda, Australia y Holanda, se han hecho reformas educativas para incentivar la rendición de cuentas y la evaluación de los estudiantes y sus escuelas, con excelentes resultados, agregó. "En América latina se consideró prioritaria la cantidad, pero no la calidad. Y eso es un grave problema", concluyó.

Sin embargo, aunque muchos ministros de Educación latinoamericanos están de acuerdo en que los países que adoptaron una cultura de la calidad mejoraron sus sistemas educativos, la mayoría considera que dichas reformas son un privilegio para países más desarrollados. Filmus, el ministro de Educación argentino, me dijo que "el problema nuestro con los rankings es que muchas veces terminan defendiendo no la capacidad, ni la calidad, sino el nivel socioeconómico". En la Argentina hay enormes desigualdades sociales, que hacen que los jóvenes vayan a escuelas primarias y secundarias de calidades diametralmente opuestas y lleguen a la universidad con niveles de preparación muy distintos. "Si el chico no fue al jardín de infantes, después fue a una pésima escuela básica, y después fue a una escuela media donde no se estudia, va a estar en desventaja con otro que va a un muy buen jardín de infantes, y después fue a una muy buena escuela bilingüe privada... Entonces, la pregunta es cómo nivelar", dijo. Y la forma de nivelar, según Filmus, no es implementando un examen de ingreso drástico en las universidades que castigue a los menos privilegiados, sino dándoles cursos adicionales en la secundaria para capacitarlos, y un curso de ingreso en la universidad para posibilitarles ponerse al día. Sin embargo, el ministro coincidió en que su país se beneficiaría de una mayor cultura de la evaluación. "Acá en la Argentina tenemos un retraso en ese sentido. En los últimos treinta años no ha habido una cultura de la excelencia, ni del esfuerzo, ni del trabajo. Tenés un desarrollo y una cultura que está mucho más vinculada a lo que los argentinos llaman el zafe, o sea, pasar de grado, que al éxito basado en el esfuerzo, el trabajo y la investigación. El tema es cómo introducir la cultura de la calidad", afirmó. Las actuales autoridades argentinas habían decidido que la mejor manera de hacerlo era empezando por la evaluación y acreditación de las carreras universitarias. No se trataba de una mala estrategia. Pero, al igual que en México, se estaban estrellando contra una muralla de hierro en la universidad más grande del país.

"Snuppy" y el futuro del mundo

Dos noticias recientes, una proveniente de Corea del Sur y otra de China, pueden darnos una idea del extraordinario rédito económico que sacarán los países asiáticos de su inversión en educación, ciencia y tecnología. A fines de 2005, el profesor Hwang Woo-suk y su equipo de quince científicos de la Universidad Nacional de Seúl se adjudicaron la primera clonación de un perro en la historia. "Snuppy", un cachorro afgano que cuando fue presentado al mundo ya tenía catorce semanas de vida, fue citado como un hito científico, aunque denuncias de posible fraude por parte del científico posteriormente pondrían en duda semejante logro. En los diez años previos, se habían clonado exitosamente en varias partes del mundo ovejas —como la famosa "Dolly"— y otros animales como ratones, vacas, cerdos y cabras. Pero nadie había logrado clonar un perro, uno de los mamíferos más parecidos al hombre. Una empresa de los Estados Unidos, Genetic Savings & Clone, había invertido 19 millones de dólares en los últimos siete años en la clonación de un perro, sin resultado. El laboratorio de la Universidad Nacional de Seúl le ganó de mano. Al margen del debate ético sobre la clonación, lo cierto es que será un fenómeno imparable, que cambiará totalmente la medicina moderna tal como la conocemos, y dará lugar a una industria biotecnológica que muy probablemente se convierta en el motor de la economía mundial de las próximas décadas. Los científicos confían en que a través de la clonación se encontrará la forma de reparar tejidos humanos lesionados, como el corazón, e incluso reemplazar orejas, narices y otros órganos dañados.

"Los coreanos se han convertido en una verdadera potencia digna de ser reconocida en materia de clonación e investigaciones de células madre", comentaba un editorial de The New York Times poco después del anuncio.[51] "Este equipo (coreano) fue el primero en clonar embriones humanos y extraerles células madre, y ahora es el primero en clonar un perro, lo que quizá sea la mayor hazaña en la clonación de mamíferos. El centro de gravedad en la clonación y la investigación sobre células madre podría estar desplazándose hacia otros países, mientras las investigaciones en los Estados Unidos están siendo frenadas por tabúes (políticos) y restricciones financieras (del gobierno de Bush)." Aunque todo hace prever que los conservadores en la Casa Blanca pronto darán marcha atrás en sus reservas a las investigaciones de células madre y Estados Unidos será el país líder de la medicina genética del siglo XXI, estará lejos de tener un monopolio en la nueva industria.

Casi al mismo tiempo que el profesor Hwang anunciaba la clonación de "Snuppy" y salía en las primeras planas de todo el mundo —además de afianzarse como el ídolo nacional de Corea, donde es más venerado que cualquier jugador de fútbol—, se dio a conocer otra noticia proveniente de China, que pasó mucho más inadvertida. Sin mucha fanfarria, con el perfil bajo que los caracteriza, los chinos exportaban su primer automóvil a Europa. Se trataba de una camioneta 4x4 de cinco puertas parecida al jeep Cherokee, fabricada por Jiangling Motors Group, que arribó al puerto belga de Antwerp, como parte de un primer embarque de unos doscientos vehículos que se venderán a unos 22 mil dólares cada uno. Pocos días después, llegaba a Europa el primer embarque de ciento cincuenta automóviles Honda producidos en China, bajo el nombre de Jazz. Los distribuidores chinos esperaban vender unas 2 mil camionetas Jiangling y unos 10 mil Honda Jazz en Europa en los doce meses siguientes.[52]

Casi todos los vehículos de exportación chinos venían de Guangzhou, el centro industrial que se ha convertido en un paradigma de la globalización: las terminales de su aeropuerto fueron construidas por una empresa norteamericana, los puentes que llevan a los pasajeros a los aviones son de una compañía holandesa, y su torre de control está operada por una firma de Singapur. En las fábricas automotrices de

Guangzhou, los trabajadores ganan alrededor de 1,50 dólares la hora, comparado con 55 dólares la hora de sus contrapartes en los Estados Unidos. Sin embargo, una buena porción de las operaciones funcionan con robots, creados y supervisados por ingenieros chinos. No hay que ser un genio para sospechar que, muy pronto, los automóviles chinos conquistarán los mercados más grandes del mundo, como en las últimas décadas lo hicieron los japoneses.

El debut de China como exportador de automóviles es un ejemplo de cuán rápido los chinos están saltando etapas, y pasando de ser exportadores de baratijas a vendedores de productos mucho más sofisticados. Y ahí es donde los países latinoamericanos corren los mayores riesgos de quedarse cada vez más atrás, como productores de materias primas librados a la suerte de los precios internacionales de lo que extraen del suelo, en lugar de entrar en los mercados más grandes del mundo con productos de mayor valor agregado y ventajas comparativas. Como señaló el ex presidente brasileño Cardoso en las primeras páginas de este libro, el desafío para las naciones latinoamericanas será aun mayor a partir de 2007, cuando los países asiáticos pongan en marcha el bloque de libre comercio más grande del mundo, integrado por China y los países de ASEAN. Integrando sus cadenas productivas, y aprovechando su mano de obra calificada y barata, el bloque asiático será un competidor formidable en la lucha por ganar cuotas de mercado en los Estados Unidos y Europa, los más grandes del mundo.

Sin embargo, "Snuppy" y las nuevas plantas de camionetas de exportación chinas en Guanghzou, lejos de asustar a los países latinoamericanos, deberían movilizarlos a ponerse las pilas. El tren del progreso avanza, y el que no se sube se queda cada vez más atrás. Y hay ejemplos promisorios en América latina que demuestran que nuestros países pueden competir produciendo bienes de alto valor agregado. La empresa brasileña Embraer ya se ha convertido en una líder mundial en la fabricación de aviones intermedios, de unos 110 asientos, que está vendiendo a compañías aéreas como JetBlue de los Estados Unidos, Air Canada, Hong Kong Express Airways y Saudi Arabian Airlines, logrando ventas anuales que superan los 3.400 millones de dólares. Embraer recientemente firmó un contrato con el Departamento de Defensa de los Estados Unidos para la venta de aviones de reconocimiento por un valor potencial de 7 mil millones de dólares en los próximos veinte años. En México, la cervecera Corona y la cementera Cemex están ganando mercados en todo el mundo. En Costa Rica, las exportaciones de microprocesadores de la fábrica de Intel ya representan el 22 por ciento de las exportaciones totales. En Chile y la Argentina, se están exportando cada vez más variedades de vinos a todas partes del planeta.

Por ahora, estos y otros casos son excepciones a la regla. Las mayores corporaciones latinoamericanas, como observamos antes, siguen vendiendo materias primas, sujetas a los vaivenes de los mercados internacionales y a los precios cada vez más bajos de todo lo que sea ajeno a la economía del conocimiento. Sin embargo, bastarían unas pocas reformas relativamente sencillas para que los países latinoamericanos atrajeran inversiones masivas y despegaran tan rápido como lo hicieron Irlanda, España, la República Checa, China, India y los Tigres Asiáticos. Con un marco legal que ofrezca mayor seguridad jurídica —ya sea producto de un acuerdo supranacional o de consensos internos— y una cultura de mayor competitividad comercial, educativa y científica con el resto del mundo, los países latinoamericanos podrían vencer la pobreza y aumentar el bienestar de la noche a la mañana. Los ejemplos de los países que funcionan están a la vista. Los que no quieren verlo, es porque están más interesados en vender teorías conspirativas e ideologías huecas para su propio beneficio que en reducir la pobreza.

FUENTES

[1] PNUD, Human Development Report, 2003, pág. 278.

[2] Juan Enríquez Cabot, *As the Future Catches You*, Crown Business, 2000, pág. 51.

[3] "Behold the Indigenous Brain", Juan Rendon, revista *Loft*, junio de 2005, pág. 59.

[4] Banco Mundial, "World Development Indicators", 2004.

[5] "Ranking 2005 de las 500 mayores empresas de América latina", revista *América Economía*, 15 de julio de 2005.

[6] Juan Rendon, "Behold the Indigenous Brain", revista *Loft*, junio de 2005, pág. 59.

[7] Ídem, págs. 64-66.

[8] Ted Fishman, *China Inc.*, Editorial Scribner, pág. 217.

[9] Juan Enríquez Cabot, *As the Future Catches You*, Crown Business, 2000.

[10] Shanghai Jiao Tong University, "Academic Ranking of World Universities, 2004", 2004.

[11] UNAM, Agenda Estadística 2004, pág. 24.

[12] Estadísticas Universitarias, Anuario 99-03, Ministerio de Educación, pág. 148.

[13] Entrevista del autor a Reyes Tamés Guerra, secretario de Educación de México, en Ciudad de México, 21 de junio de 2005.

[14] Entrevista del autor con el ministro de Educación Daniel Filmus, Buenos Aires, 20 de abril de 2005.

[15] *Reforma*, 12 de noviembre de 2004.

[16] *La Jornada*, 1 de marzo de 2004.

[17] PNUD, Human Development Report, 2003, pág. 295.

[18] Lauritz Holm y Kristian Thorn, "Higher Education in Latin America: A regional overview", Banco Mundial.

[19] Ídem.

[20] "En la UBA, hay más de 11.000 docentes que no cobran sueldo", *La Nación*, 23 de mayo de 2005.

[21] Lauritz Holm y Kristian Thorn, "Higher Education in Latin America: A regional overview", pág. 12, Banco Mundial.

[22] "Relevamiento de la Unesco: En Argentina, los pobres están muy lejos de la Universidad", *La Nación*, 14 de julio de 2005.

[23] Entrevista del autor a la ministra de Educación de España, María Jesús San Segundo, 18 de julio de 2005, en Miami.

[24] Entrevista del autor con Zhu Muju, directora de Desarrollo de Libros Escolares del Ministerio de Educación de China, Beijing, 2 de febrero de 2005.

[25] "Universidad: Entran diez, pero ocho no se reciben", *Clarín*, 10 de abril de 2005.

[26] ANUIES, Anuario Estadístico 2003.

[27] "Universidad: Entran diez, pero ocho no se reciben", *Clarín*, 10 de abril de 2005.

[28] "Stopping university admission abuse", *China Daily*, 19 de agosto de 2004.

[29] Entrevista del autor con Julio Rubio, subsecretario de Educación Superior de México, Ciudad de México, 22 de junio de 2005.

[30] Entrevista del autor con el ministro de Educación Daniel Filmus, Buenos Aires, 20 de abril de 2005.

[31] Open Doors, Estadísticas Anuales de Estudiantes Extranjeros, International Education Institute, Estados Unidos, 2004.

[32] "La brecha de estudiantes extranjeros en EE.UU.", "El Informe Oppenheimer", *The Miami Herald*, 7 de diciembre de 2004.

[33] UNAM, Agenda Estadística, 2004, págs. 81-84.

[34] Estadísticas Universitarias, Anuario 1999-2003, Ministerio de Educación, 2004, Argentina, pág. 53.

[35] UNAM, Agenda Estadística 2004, pág. 56.

[36] Estadísticas Universitarias, Anuario 99-03, Ministerio de Educación, 2004, pág. 31.

[37] "De calificaciones y sustos varios", *Reforma*, suplemento "Enfoque", 15 de abril de 2005.

[38] Subsecretaría de Educación Superior, Programa Integral de Fortalecimiento Institucional, 2005.

[39] Entrevista del autor con Julio Rubio, en Ciudad de México, 22 de junio de 2005.

[40] Chen Lin, presidente del Comité del Programa de Estudios de Inglés, Ministerio de Educación de China. Entrevista telefónica desde Santiago, Chile, 29 de abril de 2004.

[41] Entrevista del autor con Zhu Muju, directora de Desarrollo de Libros Escolares del Ministerio de Educación de China, Beijing, 2 de febrero de 2005.

[42] Entrevista del autor con Zhou Ghenggang, vicepresidente del New Oriental School, Beijing, 1 de febrero de 2005.

[43] Entrevista del autor con el ministro de Educación de Chile, Sergio Bitar, 10 de abril de 2004.

[44] Entrevista telefónica con el secretario de Educación de México, Reyes Tames, 22 de abril de 2004.

[45] PNUD, Human Development Report, 2003, págs. 270-271.

[46] Entrevista del autor con Xue Shang Jie, en Beijing, 1 de febrero de 2005.

[47] *Veja*, N° 1892, 16 de febrero de 2005, pág. 62.

[48] Ídem.

[49] PNUD, United Nations Human Development Report, 2003, págs. 278-279.

[50] Entrevista a Jeffrey Puryear, por Mariza Carvajal, publicada por el Diálogo Interamericano, octubre de 2004.

[51] "The Duplicate Dog", *The New York Times*, 5 de agosto de 2005.

[52] "First Chinese cars arrive in Western Europe", *China Daily*, 6 de julio de 2005.

Epílogo

❧❧

Cuando estaba escribiendo las últimas páginas de este libro, leí una noticia que me reafirmó que no hay impedimentos biológicos o culturales por los cuales los países latinoamericanos no puedan entrar en el Primer Mundo. La noticia, de la agencia EFE, estaba fechada en Santiago de Chile, y su titular decía: "En Chile ya se contratan créditos a cuarenta años". Según el cable noticioso, el Banco BBVA, controlado por el grupo español Bilbao Vizcaya Argentina, estaba anunciando el lanzamiento de sus nuevos préstamos hipotecarios que cubrirían hasta el ciento por ciento del valor de las viviendas, al igual que en Gran Bretaña, Japón y España.

¿Cómo hacer para que, lejos de llamar la atención, noticias como ésa se conviertan en cosa de todos los días en nuestros países? América latina tiene dos caminos: el de atraer más inversiones y exportar productos de mayor valor agregado, como lo están haciendo China, India, Chile, Irlanda, Polonia, la República Checa, Letonia y todos los demás países que están creciendo y reduciendo la pobreza, o el de caer en el engaño populista de los capitanes del micrófono que —como Chávez y Castro— culpan a otros por la pobreza en sus países para justificar sus propios desaciertos y perpetuarse en el poder. La elección es fácil, salvo para quienes viven con anteojeras y no quieren ver la realidad: en el mundo hay docenas de países que están reduciendo la pobreza a pasos agigantados aprovechando la globalización, mientras que no existe un solo ejemplo de una nación que esté reduciendo la pobreza ahuyentando el capital y dando golpes en la mesa. Para muestra, baste ver que la pobreza en Venezuela aumentó en un 10 por ciento desde la llegada de Chávez al poder, según el propio Instituto Nacional de Estadística de ese país, y que en Cuba no se permite el menor espacio de pensamiento independiente para evaluar las cifras alegres del gobierno.

¿Hay esperanzas de un renacer latinoamericano?

Claro que las hay, siempre y cuando nuestros países se miren menos el ombligo, y más a su alrededor. En la medida en que nos adentramos en lo que parece ser el siglo asiático, la clave del éxito de las naciones —cualquiera sea su ideología política— es la competitividad. Y para eso hace falta que los países, como las empresas, atraigan inversiones productivas y busquen nichos de mercado donde puedan insertarse en las economías más grandes del mundo, como lo están haciendo con gran éxito los asiáticos.

En momentos de escribirse estas líneas, a fines de 2005, la Comisión Económica para América Latina y el Caribe de las Naciones Unidas (CEPAL) anunciaba jubilosamente que 2006 sería un buen año para la región. Según la CEPAL, América latina crecerá un 4 por ciento en 2006, lo que significará un cuarto año consecutivo de crecimiento económico, y un ciclo que permite un "cierto optimismo" sobre el futuro de largo plazo. La mayoría de los países verá un crecimiento algo menor, pero nada despreciable, en 2006: la Argentina crecerá 4,5 por ciento; Brasil 3,5; Chile 5,5; Colombia 4; México 3,5; Perú 4,5, y Venezuela 4,5, dicen las proyecciones del organismo regional. El problema de estas cifras es que, aunque provienen de una institución seria y con excelentes economistas, sufren de "autismo económico". Según el diccionario Larousse, el autismo es una tendencia a "desintegrarse del mundo exterior" y vivir ensimismado. Y casi todas las instituciones internacionales incurren en esa tendencia, al medir la economía latinoamericana contra su propio desempeño en años anteriores, en lugar de hacerlo en relación con las economías de otras partes del mundo.

En una economía global, donde los países compiten por mercados de exportación y una reserva limitada de fuentes de inversiones, medirse en relación con el desempeño de uno mismo en el pasado es engañoso. Si otras regiones están creciendo más aceleradamente y sentando bases más sólidas para el crecimiento de largo plazo —al incrementar sus estándares de educación, por ejemplo— uno se puede quedar cada vez más atrás, y crecer cada vez menos. Aunque las proyecciones para el futuro próximo en la región no son malas, deberían ser un llamado de atención para aprovechar el respiro, y sentar las bases para hacer a nuestros países más competitivos. Porque, como la propia CEPAL lo admite en las páginas interiores de su informe, el buen desempeño de la región en los últimos cuatro años no se debió a que los países latinoamericanos ganaran nuevos mercados, sino a factores externos como el crecimiento de las economías de los Estados Unidos y China, que hicieron aumentar las exportaciones de todo el mundo. El hecho es que, mientras América latina creció un 4 por ciento anual en los últimos tres años, sus principales competidores han estado creciendo a tasas mucho mayores durante más de una década, y están creando industrias de exportación de bienes de alto valor agregado con las que están conquistando los mayores mercados del mundo. China ha crecido a un 9 por ciento anual en los últimos veinte años, logrando sacar de la pobreza a 250 millones de personas. India ha estado creciendo a un 7 por ciento anual en los últimos diez años, y los países de la ex Europa del Este, como Polonia, la República Checa y Letonia, están emergiendo como nuevos centros industriales. Todos estos países exitosos han hecho drásticos —y dolorosos— cambios económicos que muchos de nuestros países no han querido realizar. Como lo relaté en este libro, incluso China, el último gigante comunista, está recortando subsidios estatales con fervor religioso y dándole una bienvenida de alfombra roja a los inversionistas extranjeros. Y, al mismo tiempo, está elevando estándares educativos para crear una fuerza de trabajo cada vez más sofisticada.

China, India y la ex Europa del Este están demostrando que la globalización funciona a su favor, al punto de que sus detractores se han visto obligados a bajarle el tono a sus críticas a la economía global, y han optado por centrarlas en algo más difuso, a lo que llaman "neoliberalismo". En Europa, los más beneficiados con la globalización y el libre comercio han sido los países emergentes. Hasta en México, donde la vieja izquierda se opuso frontalmente al acuerdo de libre comercio con los Estados Unidos en 1994, la triplicación de las exportaciones en la última década ha hecho que hoy día los otrora críticos del TLC ya no quieran salirse del tratado, sino que sólo exijan renegociar algunas cláusulas que han perjudicado a sectores minoritarios de la agricultura mexicana. Paradójicamente, como se vio en 2005 durante la aprobación del tratado de libre comercio con Centroamérica y la República Dominicana por apenas 2 votos en el Congreso de los Estados Unidos, y en el voto de Francia y Holanda en contra de la Constitución europea, las resistencias a la globalización están creciendo en los países ricos, que temen que sus industrias se desmoronen por la avalancha de productos importados cada vez más sofisticados.

Ojalá prevalezca en los Estados Unidos y Europa el sentido común, y los países ricos entiendan que la única manera de reducir la inmigración ilegal, el tráfico de drogas y el crimen organizado es abriendo aun más sus economías, y ayudando a reducir la brecha que los separa de los países con más pobreza. Y ojalá prevalezca en los países latinoamericanos el sentido común de mirar a su alrededor, hacer lo que están haciendo las naciones que crecen —desde la China comunista hasta la Corea del Sur capitalista, pasando por el Chile del Partido Socialista— y no escuchar los cantos de sirenas de los que aumentan la pobreza y reducen las libertades en nombre de utopías totalitarias. Si este libro contribuyó un ápice en dar a algún lector una visión más amplia de lo que está ocurriendo en el mundo, me doy por satisfecho.

Índice

✠

Esta edición de 6.000 ejemplares
se terminó de imprimir en
Verlap S.A.,
Comandante Spurr 653, Avellaneda, Bs. As.,
en el mes de agosto de 2006.